Process Philosophy and
Constructive Postmodernism

过程哲学与
建设性后现代主义

曲跃厚 著

中国社会科学出版社

图书在版编目(CIP)数据

过程哲学与建设性后现代主义 / 曲跃厚著. —北京:中国社会
科学出版社,2017.4
ISBN 978-7-5161-9071-5

Ⅰ.①过… Ⅱ.①曲… Ⅲ.①过程哲学—文集②后现代主义—
文集 Ⅳ.①B089-53

中国版本图书馆 CIP 数据核字(2016)第 241730 号

出 版 人	赵剑英
责任编辑	冯春凤
责任校对	张爱华
责任印制	张雪娇

出　　版	中国社会科学出版社
社　　址	北京鼓楼西大街甲 158 号
邮　　编	100720
网　　址	http://www.csspw.cn
发 行 部	010-84083685
门 市 部	010-84029450
经　　销	新华书店及其他书店

印　　刷	北京君升印刷有限公司
装　　订	廊坊市广阳区广增装订厂
版　　次	2017 年 4 月第 1 版
印　　次	2017 年 4 月第 1 次印刷

开　　本	710×1000　1/16
印　　张	22
插　　页	2
字　　数	359 千字
定　　价	98.00 元

凡购买中国社会科学出版社图书,如有质量问题请与本社营销中心联系调换
电话:010-84083683

目　录

自　序

　　过程哲学，又称机体哲学，特指当代英国著名哲学家阿尔弗雷德·诺斯·怀特海（Alfred North Whitehead，1861—1947）的哲学，是建设性后现代主义的理论源头和基础。建设性后现代主义是相对于以法国哲学家雅克·德里达（Jacques Derrida）、美国哲学家理查德·罗蒂（Richard Rorty）等人为代表的解构性后现代主义而言的，其主要代表人物有美国哲学家小约翰·B.科布（John B. Cobb，Jr.）和大卫·R.格里芬（David Ray Griffin）等人。本书之所以定名为《过程哲学与建设性后现代主义》，是因为其中收录的论文、译文绝大多数都和过程哲学与建设性后现代主义相关。这些论文、译文大多发表在中国社会科学院主办的《哲学研究》《哲学动态》《哲学译丛》（现名《世界哲学》）和《国外社会科学》等期刊上，是从我自20世纪80年代中期以后至今撰写和翻译的100多篇论文、译文中挑选出来的。本书的出版，是我多年来在这一领域里耕耘劳作的一个小结，也是我对这个时代和社会的一种回报，尽管这种回报是如此之渺小和微不足道。

　　关于过程哲学与建设性后现代主义，该说的在我的论文中都已经说了。这里，主要谈的是我的求学和治学之路，或许可能对年轻学子多少有些启发。

　　我祖籍山东夏津，1959年6月出生于江苏省南京市。在南京，我从小学一直上到大学，从一个一无所知的孩童成长为一个曾被誉为"科学的科学"和"皇冠上的钻石"的学科——哲学的门生。我的小学和中学生涯正值"文革"十年时期，1966年入小学，就读于南京市下关区一中心小学；1972年上初中，就读于南京市第二十一中学，直至1977年高中毕业。那时，对学生而言，"榜样"和"英雄"是黄帅和张铁生。了解那段历史的人都知道，在那种环境下，要在学校里真正学到点什么知识是很难的。好在我的父亲曲传玺、母亲张泽庭都是教师，小学班主任顾宝银、初中班主任刘尚英、高中班主任施小芹也都很敬业，因而即使是在那个年代，我的学习成绩一直不错，为日后考上大学打下了良好的基础。这里，除了父母和老师以外，还要感谢的是我的一位邻居钱松年，特别是我从未谋面、甚至不知道其姓名的安徽人民广播电台的两位英语老师。记得是20世纪70年代初，安徽人民广播电台在全国较早开设了广播英语教学。我的邻居、毕业于清华大学机械系、因"文革"军校被砍赋闲在家的海军军械学校教员钱松年跟着广播学英语，非得拉上当时还是小学六年级学生的我一起学，一起对话，一起背单词。每周一、四两次课，其他时间重播，而且是中午吃饭的时候听。我虽不很情愿、也不是很刻苦，但因为年少、对新事物感兴趣，久而久之竟也坚持了好几年，直到高中毕业。安徽人民广播电台的那两位英语老师，一男一女，发音标准，教得有方，再加上进度不快，我的英语水平在当时的普通学校中也算是"佼佼者"，一度还当起了"小老师"。当然，和外语学校里的那些"正规军"相比，水平自然不在一个层次上，一到高考便被打回了原形。但无论如何，那几年的自学对我后来的学习和翻译来说还是帮助很大的，以致成年后有同事问我怎么记得那么多英语单词时，我会骄傲地回答："童子功。"

更加幸运的是，在我即将高中毕业时，"文革"被画上了句号，我赶上了改革开放这一伟大的历史机遇。改革开放是我们时代最鲜明的特征，教育是最早改革的领域之一。1977年11月，经过匆匆准备，我参加了"文革"时中断了十年的高考。年少气盛的我总觉得自己一定能够考上，有一种"我不上大学谁上大学"的预感，但对考上什么样的大学和专业并无把握。我报考的是外语类院校。成绩出来后被告之，凭我的英语成绩只能上师范院校；但由于我的文科成绩很好，不学英语专业可以上更好的院校。可怜当时的我幼稚地认为文科就是中文，真是"不知有汉，无论魏晋"，根本不知文科还包括了更多的领域，又不愿放弃自学了多年的英语，于是便报考了自认为在外语类院校中最远、最差的四川外国语学院。没想到还是没能如愿，最终被我并未报考的南京大学政治系（后改为哲学系）录取。我后来才知道，由于是"文革"后的第一次高考，全国570多万考生只有27万人被录取，录取率仅为5%。而且各省都在争优质生源，除了那些报考北大、清华或中国科大的考生，否则高分生源都被当地的院校近水楼台先瓜分了。就这样，我便阴差阳错、稀里糊涂地被录取到了南京大学。教数学的家父对我的专业不甚满意，要我来年再考，但对大学充满了向往、又处在叛逆期的我坚持顺其自然。于是，1978 年 2 月，我进入南京大学，成了"文革"后第一批通过高考被录取的大学生，从此步入了哲学这个神圣的殿堂。对于被动地被哲学系录取，我从未感到过后悔，甚至感到有点庆幸。2007 年年底，为纪念高考入学 30 周年，中国教育电视台曾邀请北大、清华、复旦、南大等七所高校当年入学的同学制作了一套来年春节播放的特别节目——"春天里的聚会"。我在节目中说过："如果来生让我再选专业，我会主动地选择学习哲学，因为它能使人变得更聪明。"回想起高中毕业前夕，我和汪健、刘晓龙等同学一起骑着自行车，遍访南京的高校，在鼓楼汉口路南大大门前戏言"我一定要来这里上学"时的情境，真是不禁嘘唏，感慨万千，命运的安排是多么神奇哪！

　　南京大学的综合实力，在全国无疑是第一流的。而且我想说的是，改革开放后，这所大学没有合并过任何一所大学，其综合实力仍在全国名列前茅，更加难能可贵。大学四年，对我们影响最大的事件，莫过于我们的老师、时任哲学系副主任的胡福明以"特约评论员"的名义于 1978 年 5 月 17 日在《光明日报》上发表了"实践是检验真理的唯一标准"这篇宏文。这件事对当代中国历史走向的影响，无论如何评价都不过分。遗憾的只是我当时还是一个哲学系一年级的新生，对这类理论问题还处于懵懂状态，不像我的那些年龄大得多的同学那样兴奋不已和积极参与。南京大学哲学系七七级共 70 多名同学，有人称我们是"七十二贤"。这里确有许多"贤达"，仅就做学问而言，做得好的同学就有中国社会学会会长宋林飞（江苏省社会科学院院长），清华大学国学院教授刘东（《中国学术》主编），香港中文大学哲学系教授王庆节（海德格尔《存在与时间》中译者之一），南京大学知名教授童星、严强、洪修平，以及担任过第十六届中共中央政治局集体学习主讲人的高小平（中国行政学会副会长）、齐彪（国防大学教授），等等。和这些"学霸"级的同学比起来，我们这些年龄小的同学真是自叹不如。

　　哲学系的学生要学的东西是很多的。尤其是在那个年代，除了要学习本专业必学的一些知识（如马克思主义哲学、西方哲学、中国哲学、逻辑学、伦理学、宗教学、美学，等等）以外，还要学习大量的自然科学知识。数学、物理学、化学、天文学、地学、生物学这六大基础学科的课程我们都学过，南京大学在这方面有着得天独厚的条件。比如，我们上天文学课就可以到学校的天文台去上，这在国内其他高校是不可想象的。在学习这些自然科学课程时，印象最深的是教数学的黄正中和教数理逻辑的莫绍揆两位教授。黄先生个子不高，又患有腿疾。但他却是"文革"前全国理工类高等院校统编教材《数学分析》的主编，而且每讲一个数学概念都要在旁边标上它的英文。不知不觉中，一门课程学下来，其基本概念的英文也就记得差不多了。莫教授有点口吃，但他别的地方不结巴，经常是在讲到"逻辑"这个词的时候卡壳：总是"逻、逻、逻……辑"，大家想笑又不敢笑，只好心里偷着乐。再加上还要学习政治学、经济学、历史学、心理学、法学、外语等大量人文社会科学知识，学习任务是很重的。好在那时的学生基本上是教室—图书馆—宿舍三点成一线，学习虽苦，但乐在其中，四年的大学生活竟也一晃而过。1982 年 2 月，我完成毕业论文《马克思〈数学手稿〉中的哲学问题》，顺利毕业并获得南京大学哲学学士学位，被分配到位于上海的中国人民解放军第二军医大学政治教研室工作。从此，我成为一名军人，成为军队院校的一名年轻哲学教员，开始了自己人生生涯的又一个重要阶段。

说实在话，虽然自己毕业于名牌大学哲学系，但刚走上工作岗位的我还真说不好究竟什么是哲学。当学生和当先生是不一样的。而且，以其昏昏使人昭昭更不行。怎么办？还得学。一方面，继续向书本学，进一步加深对基本原理的理解和把握，力图真正做到在理论上弄懂弄通；另一方面，更重要的是在实践中学，向社会生活学，向老教员学，向自己的教学对象学，在实践中增长自己的才干。几年下来，随着社会阅历和教学经验的增加，随着自己对当时一些理论热点问题（如实践标准、人道主义、异化）的思考，我对什么是哲学、如何思考哲学问题有了一些启蒙和觉悟，开始逐步走上治学之路。

我的治学之路是从翻译开始的。之所以从这里切入，和改革开放新时期、现代西方哲学在中国的流行以及我的英语专长有一定的联系。当时，对我影响比较大的是邓小平 1979 年 3 月底在党的理论工作务虚会上发表的《坚持四项基本原则》这篇讲话中的这样一段话："我们绝大多数思想理论工作者都应该钻研一到几门专业，凡是能学外国语的都要学外国语，要学到能毫无困难地阅读外国的重要社会科学著作。我们已经承认自然科学比外国落后了，现在也应该承认社会科学的研究工作（就可比的方面说）比外国落后了。"（《邓小平文选》第二卷，第181页，人民出版社1983年版）如果说以往的理论工作者由于历史条件的限制不太容易做到这一点还情有可原的话，那么改革开放以后成长起来的理论工作者还不能做到这一点，那就应该更多地从自身查找原因了。于是，我利用第二军医大学图书馆有限的哲学社会科学资源，查找了"教育哲学的目的""逻辑实证主义的历史"等资料，开始翻译并投稿给中国社会科学院文献中心和哲学研究所主办的《国外社会科学》《哲学译丛》，得到段合珊、孟庆时等编辑的肯定，很快发表出来，这给了我很大的鼓励和自信。

　　1984年9月，是我治学道路上的一个重要里程碑。这一年，我考入北京大学哲学系助教进修班，来到北大这个全国最高学府进一步深造。在北大，我聆听了哲学系黄楠森、朱德生、赵光武、赵家祥、楼宇烈、王太庆、叶朗、施德福、赵敦华和外国哲学研究所张世英、陈启伟、杜小真等老师的课程，对哲学有了更深的了解。从老师的层面讲，我受益最大的是王太庆和陈启伟两位先生，这两位先生都是西方哲学的大家。王先生早年毕业于西南联大，随陈康先生研习西方哲学，在国内哲学界享有盛誉。先生精通英、德、法、俄、拉丁、希腊和希伯来等多门外语，经他之手翻译的西方哲学经典，或煌煌巨著，或箴言残篇，洋洋洒洒，达数百万字。由他担任主要译者的《西方古典哲学原著选辑》（包括《古希腊罗马哲学》《16—18世纪西欧各国哲学》《18世纪法国哲学》《18世纪末—19世纪初德国哲学》），特别是他和贺麟先生合译的黑格尔《哲学史讲演录》（1—4卷）更是脍炙人口，堪称经典，成为每个中国学子学习西方哲学的必读书目。1985年上半年，王先生在北大开设"西方哲学史史料学"，我有幸担任课代表，和先生有过较多的接触。先生平日不苟言笑，给人以大智若愚的感觉，但讲起课来却如数家珍，字字珠玑。课下，同学们总喜欢围住先生问这问那，问得最多的当然是学习外语的问题。这本是题外话，所以先生的回答总也很干脆："师父领进门，修行在个人。"我从王先生那里学到的外语知识和翻译技巧几乎为零，但他的这一回答看似什么也没说，其实把一切都告诉了你。我想，聪明的学生是不难从中悟出点什么的。多年后，我曾在《光明日报》发表过短文"太庆先生二三事"，其中就记载了这一趣事。遗憾的只是经过多次搬家，我手头已无那张报纸，也记不清是哪年哪月哪天的，只记得是"文荟"版，而且是竖排版。

陈启伟先生讲授的"西方分析哲学"课程在当时是很新的，而且讲得很细。他对我帮助最大的，是帮我根据德文校对了"科学的世界概念：维也纳学派"（Scientific World – Concept：Vienna Circle）这篇当代西方哲学的重要文献。我上大学时就听说过这份文献，复旦大学哲学系教授刘放桐主编的《现代西方哲学》和南京大学哲学系教授夏基松在《光明日报》上连载的"现代西方哲学"等论著，都把这份文献译为"科学的世界观：维也纳学派"。但我找遍南京、上海和北京的各大图书馆，都没有查到这份文献的外文原文。后来还是通过我的同学、美国图兰大学哲学系留学生王庆节，在这份文献三位作者之一 O. 纽拉特的夫人 M. 纽拉特主编的《经验主义与社会学》（Empiricism and Sociology）一书中找到了它。1988年，我译完这份文献时已经离开北大，并因为夫妻分居两地从上海第二军医大学调到了天津军事交通学院工作。由于这份文献是以英德对照文本发表的，而我又不懂德文，为慎重起见，我冒昧地将译文寄给了时任北大外国哲学研究所所长的陈先生，请他根据德文进行校对。我知道陈先生很忙，身体也不是很好，除了给我们上过课以外没有任何私交，对我这个哲学系的旁听生也不太了解。没想到陈先生很快就认真仔细地用铅笔校对完毕，并在给我的回信中说明，我原译稿标题中的"世界观"（World – Concept）一词译得不合适，因为维也纳学派明确地反对本义上的形而上学，反对对世界作整体的把握，主张的是经验主义、实证主义、逻辑分析，因而这里的"Concept"一词不应译为"观"（outlook），而应直译为"概念"。他特别强调，如有不同意见还可以再商量。1989年年初，在维也纳学派诞生60周年之际，经陈先生校对过的这篇译文首次发表在中国社会科学院哲学研究所主办的《自然科学哲学问题》第1期上。1991年，陈先生把这篇译文收入他主编的《现代西方哲学论著选读》（北京大学出版社1991年版）一书。1993年，陈先生又给我来信，邀请我出席由中国人民对外友协、中国社会科学院哲学研究所、北京大学外国哲学研究所和奥地利驻中国大使馆等单位在北京新大都饭店联合举办的"纪念洪谦先生：国际科学哲学暨维也纳学派学术研讨会"，这是我第一次参加国际学术研讨会。陈先生的帮携，可谓"不思量，自难忘"。他是大家，我是学生，大家的严谨和虚怀令学生感佩仰止。

在北大，另一位要感谢的就是我在南大时的同班同学、当时师从外国哲学研究所熊伟先生学习的王庆节兄。说起来，庆节和我还是南京市下关区第一中心小学的校友，只是他高我两届，中学考入南京外国语学校，这是一所在全国享有盛誉的外国语学校。在南大，我们是同系同班的同学。毕业后他考入北大，我分配至上海，没想到两年后又在北大重逢，第三次成为校友。印象最深的是这几件事：一是他介绍我旁听外哲所老师的课程，这些课程大都要阅读外文原文，对我是一个严格训练，收获当然也很大；二是他正在和熊先生的另一位弟子陈嘉映一起翻译德国哲学家海德格尔的《存在与时间》，我在帮他抄译稿时对"此在"和"上手状态"这样的语词可以说是一头雾水；三是他和甘阳、刘小枫、王炜等一批青年学者一起为三联书店筹划出版"现代西方学术文库"和"新知文库"两套丛书，这两套丛书和早些年四川人民出版社出版的"走向未来丛书"在当时有着很大的影响；四是他指导我翻译美国学者 R. S. 拉德勒（R. S. Rudner）的《社会科学哲学》（*Philosophy of Social Science*）一书，这本书 1989 年由生活·读书·新知三联书店出版，也是我最早的一本学术译著。

1989 年 1 月，经过严格的考试和答辩，我以《脑科学研究中的直觉问题》一文获得北京大学哲学硕士学位。这要特别感谢我的两位恩师，一是时任哲学系副主任、后任北京大学研究生院副院长的赵光武老师；二是担任我们助教进修班班主任的赵家祥老师。可以说，没有他们的鼎力相助，我们班的同学要获得硕士学位是不可能的。教育部当时曾公开发文，明确规定助教进修班的优秀毕业生可以申请硕士学位，但对如何操作又没有具体规定。在两位赵老师的大力帮助和我们班同学的不懈努力下，全班47 名同学中有 18 名同学申请并通过了论文答辩，获得硕士学位，这其中就包括了在北大、清华、浙大、南开任教的谢立中、吴倬、庞学铨、阎孟伟等知名教授。饮水思源，知恩图报，这里要对所有呕心沥血培养过我们的老师发自内心地说一声：谢谢你们！

天津是我的第二故乡，我在这里生活了 18 年，可以说我人生最美好的时光是在这里度过的。1988 年，因夫妻分居，妻子姜红随军调至上海有困难，我便从上海调到了天津工作。俗话说："人往高处走，水往低处流。"我调动时上海的很多同事和朋友不理解，让我再等等。我戏称，我属于那种没出息的、老婆孩子热炕头的人。再加上我和妻子都出生于军人家庭，是那种四海为家、打起背包就出发的人。于是，两个同属总后勤部的军校干部处之间的一纸调令，加上组织处的党员介绍信和军需处的供给关系一转，我就从黄浦江畔的第二军医大学来到了渤海之滨的军事交通学院。很显然，天津各方面的条件和上海不可同日而语，包括做学问的环境。但天津有一个好处，那就是让我的心静。在天津，除了上课，我有大量的时间可以自己支配。我的许多论文和译文是在天津完成的，以致2003 年我去南京政治学院讲学时，时任哲学系主任的何怀远教授和我开玩笑："你在那个哲学的穷乡僻壤怎么能做出我们在专业院校都做不出的学问来？"我也曾想过这个问题，除了自己心静和教研室王述宁、王精等领导及同事的理解宽容以外，一个重要原因就是我在天津确立了自己的研究方向——过程哲学。这又要感谢我的挚友、时任中国社会科学院文献信息中心《国外社会科学》编辑部副主任、现任美国加州克莱尔蒙特大学过程研究中心中国部主任的王治河博士，以及过程哲学的第三代传人、世界著名过程思想家小约翰·B. 科布和大卫·R. 格里芬。

　　1997 年的某一天，我去中国社会科学院《国外社会科学》编辑部送稿件，正好遇上治河君值班。他以为我是一个老作者（我 1986 年起就为该杂志写稿译稿），一定是个上了岁数的人，没想到是他的同龄人，又是北大哲学系友，没聊几句，就递给我一本科布和格里芬合著的《过程神学》（*Process Theology*）要我翻译。当时我对过程哲学并不十分了解，因为国内现有的西方哲学史教材和论著几乎很少提到怀特海，我只是在美国哲学家 M. 怀特（M. White）的《分析的时代》（*The Age of Analysis*）一书中看到过关于他的一个章节，再就是复旦大学哲学系陈奎德博士写过一本《怀特海哲学演化概论》。但由于和治河君相见恨晚，我也是个爽快人，便毫不犹豫地接了下来。这一接，就命里注定地和过程哲学结下了不解之缘。后来我才知道，早在 20 世纪三四十年代，方东美、程石泉等老一辈哲学家就研究过怀特海。只是这些人后来到了台湾，加上大陆"文革"等因素的影响，国内一直很少有人研究怀特海这位大哲学家。当然，这只是一个因素，另一个很重要的因素是，即使是在西方哲学界，在很长一个时期，怀特海哲学也不处于主流地位，因为20世纪30年代以后西方占主导地位的哲学之一是以维也纳学派为代表的分析哲学，而不是以研究宇宙论为旨归的形而上学哲学，因而怀特海哲学在很大程度上被边缘化了。但是，金子总是会发光的；哲学毕竟不是逻辑分析和语言分析，分析不能回答和解决人类面临的一切问题。20世纪后期，随着建设性后现代主义的兴起，作为其理论源头和基础的过程哲学又被重新挖掘出来，成为哲学研究的一个新亮点。通过对过程哲学的研究，我想说，相比较而言，过程哲学确实要比分析哲学高一个层次。怀特海是大哲学家、大科学家、大教育家。在哲学上，他的《过程与实在》堪与康德的《纯粹理性批判》、海德格尔的《存在与时间》相媲美；在科学上，他和罗素合写的《数学原理》堪与牛顿的《自然哲学之数学原理》相比肩；在教育上，B.罗素、W. V. O.奎因、J. M.凯恩斯都曾是他的高徒。而维也纳学派的相关成员，充其量只是一些对哲学感兴趣的自然科学家，并非真正意义上悲天悯人的哲学家。因而其成员虽不乏精确的算计，但缺乏高远的整合，过程哲学在哲学史上的意义要大于分析哲学。

2001年年底，经已赴美留学的治河君介绍，美国加州克莱尔蒙特大学过程研究中心名誉主任科布和执行主任格里芬联名邀请并赞助我赴该中心访学，我在美国西部洛杉矶附近的克莱尔蒙特这个号称"西部小哈佛"的大学里度过了令人难忘的半年时光，并成为过程研究中心1973年创立以来接待的第一个来自中国大陆的访问学者。过程研究中心是以过程思想为对象的研究机构，但又不仅仅局限于此，还包括了生态、教育、女权、宗教甚至自然科学等众多领域，用科布的话来说，这是一个无中心的中心。作为中心名誉主任，科布是当代世界过程思想的巨擘。早在1972年，他就出版了《地球主义》（*Earthism*）一书，并自称是一个"地球主义者"。可以说，和罗马俱乐部《增长的极限》及斯德哥尔摩《宣言》的作者们一样，科布是世界上最早的一批生态主义者。他和美国著名经济学家M. 达利（M. Dali）合写的《为了共同福祉》（*For the Commom Goods*）一书，获得过美国政府5万美元的奖励。正是由于他的杰出贡献，科布当选为美国国家人文社会科学院院士，成为克莱尔蒙特大学终身教授。和我所熟悉的维也纳学派及南斯拉夫实践派一样，这个中心在世界各地（如美国的克莱尔蒙特、日本的东京、韩国的首尔、印度的班加罗尔、奥地利的萨尔斯堡、南非的比勒陀利亚等地）举办过多次国际学术研讨会，包括 2002 年在北京举办的研讨会，有着广泛的世界性影响。在克莱尔蒙特这座美丽的小城，我旁听了相关课程，参加了许多研讨，收集了大量资料，采访了学界名流，并用英文作了"中国大陆的过程哲学研究"的演讲。我所撰写和翻译并在《哲学研究》《哲学动态》《世界哲学》等刊物上发表的许多关于过程哲学的论文和译文，大都是在克莱尔蒙特和天津完成的。这些论文和译文有一些被《新华文摘》《人大复印报刊资料》全文转载，"评格里芬的后现代人权观""走向一种后现代教育哲学"还获得过全军政治理论研究优秀成果奖。后来，我还协助治河君在北京师范大学、黑龙江大学等高校建立了若干个过程研究中心，创办了由中国社会科学出版社出版的《中国过程研究》年刊并担任执行主编。我也成为改革开放后国内研究过程哲学的知名学者，确立了自己在这一领域的学术地位。

2006 年下半年，由于工作需要，我在时任总后勤部政治部宣传部部长杨杨（女）、副部长王建仁、后勤学院副政委张宝全等领导的关心帮助下，从天津调至总后勤部干部轮训大队工作。到北京后，我的工作性质发生了相应的变化，自由支配的时间也不像在天津那么多了。但北京的平台明显要比天津大，尽管工作起来是很忙的。轮训大队挂靠在后勤学院，主要工作是轮训总后的高中级领导干部和后备干部。我除了要上好课、做好本职工作外，还经常被总部机关抽调承担其他相关的任务（如参加全军宣讲团宣传党的理论和路线方针政策、编写学习纲要和统编教材、担任各类评委等等），同时还要协助邵维正教授担负后勤学院马克思主义理论学科硕士授权点的建设。这些工作大都时间紧、任务重、要求高，忙起来有时真够呛。有一段时间，我办公室门背后就放一张席梦思床垫，晚上干脆不回家，夏天有蚊子叮咬，冬天没热水洗脚，根本就睡不了多一会。近十年我撰写的东西，有许多是关于党的创新理论和军事指导理论方面的。相关的成果获得过全军政治理论研究优秀成果一、二等奖，入选过全国全军理论研讨会，受到了中央军委领导和总部机关的肯定和表彰。

这一时期，我在学术研究上尽管也间或地涉足过程哲学，如多次应邀赴北大、北师大、首师大等院校讲学，为赵光武教授主编的《后现代哲学概论》撰写"过程哲学"一章，译校怀特海的《科学与哲学论文集》并由首都师范大学出版社出版，等等，但主要精力已经不在过程哲学上了。近几年，我受中央编译局原局长衣俊卿的委托，为他主编的"东欧新马克思主义译丛"翻译了南斯拉夫实践派代表人物之一 M. 马尔科维奇（M. Marković）的三部著作，撰写了关于马尔科维奇的一些论文。原本我还想趁热打铁，借着自己多年的积累，写两本关于过程哲学和南斯拉夫实践派的专著，但随着年龄的增大，自己的体力、精力包括眼力已经不像年轻时那样充沛，有一种"廉颇老矣"的感觉，因而萌发了编一本文集的念头，想给自己的学术生涯画上一个句号。这本文集就是这一想法的产物，也不知它是否是一个句号，或是这个句号是否圆满。但我相信奥斯托洛夫斯基关于"人生无悔"的名言，我应该而且必须用自己的努力回报这个时代和社会。

论文部分

怀特海哲学若干术语简释[*]

1. Actual Entity，现实实有。Entity 这个概念通常译为"实体"，但怀特海是反对现代哲学中的实体思维模式即一种关于实在的机械模式的。他反对所谓主体/客体、主观/客观、物质/精神、概念/实体的二元划分，故作为怀特海哲学的一个基本概念，Actual Entity 拟译成"现实实有"为好。怀特海认为，现实实有"是世界借以构成的终极的现实事物"，[①] 是岩石、树木和人等复合世界的"建材"（building blocks）。"现实实有"这个语词是中立的，所以人们可以根据其何为现实实有的观念来比较不同的哲学家。一个哲学家可能假定它们是柏拉图的形式，另一个哲学家则可能假定它们是一些质料。怀特海所说的现实实有乃是"一些充满生机、转瞬即逝的复合的与互依的经验的点滴（drops）"，[②] 是终极实在之过程的微观单位。

2. Actual Occasion，现实际遇，又译现实机遇。现实实有又称"现实际遇"，[③] "现实际遇这个词和现实实有是在同一意义上使用的。"[④] 其区别只是在于，"际遇"含有一种空—时的意义，是宇宙之空—时广延性中的一个点；而上帝则被理解为一个无时间性的现实实有，因此现实际遇只能用于有限的实有，不能用于上帝。或者换言之，上帝总是用来指一个现实实有，但决不能用来指一种现实际遇。怀特海相信，现实实有是感受与活动的脉动（pulses），它们是所有更复杂的事件和事物借以构成的基

---

* 原载《世界哲学》2003 年第 1 期。

① Whitehead, *Process and Reality*, New York：Macmillan, 1929, p. 27.

② Ibid., p. 28.

③ Ibid., p. 27.

④ Ibid., p. 119.

本事件。怀特海选用"际遇"这个语词来表明它们的空—时性，即四维性、暂时性，但"机遇"似乎只表明了它的时间性，而没有完全揭示其空间性意义，故"际遇"这一译法似乎更好。"际遇"不仅是客观的或客体的，同时也是主观的或主体的，所以人的经验的瞬间也是一种现实际遇，正如能量子的实现是一种现实际遇一样。

3. Adventure，历险，又译冒险。怀特海认为，"纯保守的力量是和宇宙的本质相抵触的"。[①] 因此，宇宙的进化和文明的进步都必须有历险。怀特海所说的历险，主要是指观念的历险，包括两个方面的意思：一是某些观念在加速人类文明中所产生的影响；二是这些观念对人类历史的历险所作出的解释。他自始至终强调的一个观点是，要促进和维持文明，历险是至关重要的。他说："一种文明若要以其最初的热情来维持，历险精神是不可或缺的，而所谓历险精神就是对新的完美的追求。"[②] 在怀特海看来，文明的一般定义应该包括五个要素，即真、美、历险、艺术、平和。"没有历险，文明就必然会衰败"。[③]

4. Causal Efficacy，因果效应性。因果性的问题是现代哲学的一个主要问题。休谟认为，我们不能在连续的感觉材料（如色斑）的关系中找到原因。康德赞同并论证到，人的心灵把因果关系强加给了来自未知世界的材料。怀特海认为，在知觉的两种纯粹的模式中，因果效应性是更为原初和根本的（另一种模式是表象直接性）。作为一种纯粹的知觉模式，因果效应性尽管不包括意识和生命，但在任何一种现实实有中都是在场的（present）。当我们把经验主义扩展到包括了经验的总体时，我们才能在我们自身的经验中发现因果效应性（尽管是模糊的），它是在基于我们过去的经验和我们的身体而产生的经验中被发现的。因果效应性模式中的知觉乃是从过去材料继承而来的感受的基本模式，而且它所传达的那些感受是模糊的、大量的、不可言喻的。

5. Change，变化。"变化这个概念的基本意义是某个既定事件中各种现实际遇之间的区别"，[④]"变化是对进化着的现实事物的宇宙中的永恒

---

① Whitehead, *Adventures of Ideas*, New York: Macmillan, 1933, p. 354.

② Ibid., p. 332.

③ Ibid., p. 360.

④ Whitehead, *Process and Reality*, New York: Macmillan, 1929, p. 114.

客体之历险的描述。"① 现实实有的生成过程同时也是其灭亡过程。

6. Concrescence，共生。"共生"一词来源于拉丁文，原意为"共同生长"。共生"是赋予过程（它是任何一个既定的现实实有）的一个名称，是一种特殊存在之实际的内在构成"。② 共生的最初阶段是由对分离的各种实有的不同感受构成的，其后继阶段则影响着从多种不同的感受到一种统一的感受的共生。不仅是感受，共生还指每一种现实际遇之生成的活动，即多种共生统一为单一的现实际遇。在共生中，共生在被整合为最终的统一体之前是对立的。人之经验瞬间的共生远比亚原子量子的共生要复杂得多，怀特海对澄清这一过程予以了广泛的注意。

7. Creativity，创造性。"创造性"、"多"和"一"都属于怀特海所说的"终极性的范畴"。"终极性的范畴"表达的是过程哲学或机体哲学的所有其他方面所预设的一般原则，创造性的概念对理解过程来说是至关重要的。创造性的原则表示的是"多"和"一"之间的下列关系：第一，宇宙构成了分离的杂多；第二，"它位于那些从多进入复合的统一体的事物的本质之中"；③ 第三，来自这种统一的、共生的新的"一"的确是崭新的。创造性包括了共生，但共生只涉及每个际遇中所发生的事情，而创造性则涉及多种际遇生成为一种际遇，以及使这些际遇融入未来这一更广阔的图景。不仅如此，怀特海在《科学与现代世界》中认为，创造性和领悟密切相关，"没有创造性就没有领悟，没有领悟也就没有创造性。"④ 一切现实都是创造性（或过去的多种际遇统一到一个新的主体的过程）的一个例证。怀特海在《观念的历险》中还认为，创造性和真正的潜力密切相关，"创造性就是潜力的实现。"⑤

8. Enjoyment，享受。怀特海经常使用的"享受"这个语词比"过程"这个语词更富有启发。怀特海认为，过程的所有单位（无论是在人的层次上还是在电子的层次上）都是以享受为特征的，都具有内在的价值，因而是一种自在自为的实在。这是因为，缺乏享受，乃是纯客体的标

---

① Whitehead, *Process and Reality*, New York：Macmillan, 1929, p. 92.

② Ibid., p. 320.

③ Ibid., p. 31.

④ Ibid., p. 191.

⑤ Whitehead, *Adventures of Ideas*, New York：Macmillan, 1933, p. 230.

志。而所有的经验都是享受，成为现实的，同时也就是成为一种经验际遇，因而成为一种享受际遇。用怀特海的话来说，"一个现实实有所享受的经验，就是自在自为的现实实有。"① 而且，享受同时是一个丰富的意义母体（matrix），具有更广泛的意蕴，"它乃是多种存在中的一种存在的自我享受，以及一种基于多种成分而产生的存在的自我享受。"②

9. Eternal Object，永恒客体。永恒客体是指那些"其概念认识不包括与暂时世界之有限现实实有的必然关联的实有"。③ 怀特海认为，一个现实实有的生成过程就是通过一系列选择或拒斥各种有限性的形式而达到有限性的过程。他区分了客观形式的永恒客体和主观形式的永恒客体，并明确指出，一种客观形式的永恒客体在这个意义上是客观的，即"它们是某种有限的客观化了的关联（nexus）中的一个要素"；④ 而一种主观形式的永恒客体则在这个意义上是主观的，即"它们是有限的主观感受形式中的一个要素。"⑤ 怀特海在《科学与现代世界》中还谈道，永恒客体在本质上是抽象的，它不涉及任何特殊的经验事态，或者说，它超越了实际的特殊具体事态。怀特海认为，要理解一种永恒客体，必须认识到以下几点：（1）它的特殊个性；（2）它与其他永恒客体的一般关联；（3）它进入特殊事态的一般原则。从这三个方面可以得出两个形而上学原理：第一，每一个永恒客体都是一个个体，在其特殊的形式下形成其自身，这种特殊的个性就是该客体本身的实质。第二，一个永恒客体作为抽象的实有，不能脱离与其他永恒客体的关联，即每个永恒客体都有一种"关联性的本质"，都处于关联之中。⑥ 这表明，事件过程中可能发生的任何东西都是一个永恒（或非暂时的）客体。

10. Event，事件。在怀特海的早期著作里，事件的概念是主要的概念，它起着一种在其后期著作中类似于由现实实有所起的那种作用。在后期著作中，尽管怀特海保留了事件的概念，但它已不像其在早期著作中那

① Whitehead, *Process and Reality*, New York：Macmillan, 1929, p. 81.

② Ibid., p. 220.

③ Ibid., p. 70.

④ Ibid., p. 445.

⑤ Ibid., p. 446.

⑥ 怀特海：《科学与现代世界》，北京：商务印书馆1959年版，第152—153页。

样是一个主要概念了。在《过程与实在》中，一个事件就是某种张量中以某种既定方式互相关联的现实际遇的一种关系：它或者是其形式完美中的一种关系，或者是一种对象化了的关系。一种现实际遇乃是一个只有一个数目的事件的有限类型，例如，一个分子就是现实际遇的一个历史的轨迹，而这种轨迹就是一个事件。① 怀特海在《科学与近代世界》中指出："我必须从事件出发，把事件当成自然事物的终极单位。事件与一切存在都相关，尤其与其他事件相关。"② 他在谈到事件与事件的关联时还指出，"一个事件的关联就其本身来说是内在相关的，也就是说，这些关联是构成事件本身的要素。"③ "每一种关联都参与到事件的本质里，所以离开这种关联，事件甚至就不能成其为本身了。"④

11. Feeling，感受。一种感受就是一种积极的领悟。"感受这个语词是一个纯技术的语词，它被选来表示共生的现实借以拥有那些构成其自身的材料的功能"，⑤ 亦即从材料的客观性过渡到现实实有的主体性之基本的总体运作。⑥ 怀特海经常用"感受"这个日常语词来指一种现实际遇考量其过去的际遇、并把它们部分地组合进其自身生成中去的方式。一种感受既是与他者的关系，也是这种关联在主观上、情感上被感受的方式。怀特海所说的"感受"类似于洛克所说的"观念"。这种关于一个现实实有的直接感受的概念，也是关于所有常识的一个预设。每一个现实实有都被视为来自材料的经验的活动，这就是感受多种材料的过程，结果把它们都引入了一个个体"满足"的统一体之中了。怀特海在《观念的历险》中还把感受分解为"材料"、"主观形式"、"主体"三个方面，指出："感受这个语词有一个优点，它保留了主观形式和领悟客体的双重意义，并避免了抽象所造成的残缺不全。"⑦

12. God，上帝。在怀特海哲学中，"上帝不是被当作所有形而上学

---

① Whitehead, *Process and Reality*, New York：Macmillan, 1929, p. 113, 124.

② 怀特海：《科学与现代世界》，北京：商务印书馆1959年版，第100页。

③ 同上书，第101页。

④ 同上书，第119页。

⑤ Whitehead, *Process and Reality*, New York：Macmillan, 1929, p. 249.

⑥ Ibid. , p.65.

⑦ Whitehead, *Adventures of Ideas*, New York：Macmillan, 1933, p. 299.

的一个例外，它乃是其主要的例证。"① 怀特海认为，"上帝是一种现实实有"，② 但又不能等同于其他暂时的现实实有。世界是不完善的，在其本性中，它要求一种实有作为万物的基础以完善它，这个实有就是上帝。而且，作为完善了这个世界的那个实有，上帝乃是完善的世界，但上帝又具有不同等级的本质，如上帝的原初本质、后设本质和超体本质。"上帝可以被视为每一个暂时的现实实有的创造者。"③

13. Novelty，新质，又译新颖性。一切事件都包含了无数可能性的实现，这些实现了的可能性或者是感受的客观内容，或者是感受的主观形式。当先前表现为主观形式的可能性现在成为一种经验的客观内容时，它就成了新质。新质是指那些在过去未曾实现过的可能性，它丰富了经验并增进了经验的享受。在怀特海看来，上帝既是秩序之根，又是新质之根。这表明，秩序和新质并不矛盾，秩序是一种变化和发展着的秩序，即一种必然不断地符合新质的秩序。如果一种秩序不能向更高的秩序发展，不能使其成员实现更大的享受和满足，即不能实现新质，那么就应该变革这种秩序。因此，"进步的艺术就在于既维护旨在变革的秩序，又维护旨在秩序的变革。"④

14. Objective Immortality，客观不朽。一切现实际遇都作用于一切后继者，这种作用乃是通过转变的创造性实现其自身的价值向另一种价值的转换。每一个曾经发生过的事件（无论它多么简单）都是所有新的事件必须考量的过去的组成部分。在这个意义上，一切际遇都是"不朽的"，即它永远是作用于现在的那个过去的组成部分。不过，这种不朽是"客观的"，这表明，这个事件已经不再是一个感受的主体或内在活动的主体了。在客观不朽中，既可能有重复性的要素，也可能有转变性的要素。一切实有都要求与其自身相一致，或考量其在宇宙中的特殊价值。但更复杂的实有也可能指望其自身在某个更大的事物框架中的分有，从而成为客观不朽中的一种转变力量。怀特海在《观念的历险》中还谈道，在过程的因果关联中，事件从过去的"在"到目前的"不在"，并不意味着

---

① Whitehead, *Process and Reality*, New York: Macmillan, 1929, p. 521.

② Ibid. , p. 28.

③ Ibid. , p. 348.

④ Ibid. , p. 515.

它们就成了虚无，"它们仍然是顽固的事实即永恒的不朽（*pereunt et imputantur*）"①，亦即客观不朽。

15. Organism，机体，又译有机体。怀特海哲学又称机体哲学或过程哲学，可见，"机体"和"过程"这两个概念是密不可分的。"机体的概念与过程的概念以双重方式相关。现实事物的共同体是一个机体，但它又不是一个静止的机体，它乃是生产的过程中的一种不甚完善的状态。因此，与现实事物相关的宇宙的扩张是过程的首要意义，而其扩张的任一阶段上的宇宙则是机体的首要意义。在这个意义上，一个机体就是一种关联。其次，每一个现实实有本身都只能描述为一个机体过程，它在微观中重复了宏观中的宇宙，它乃是从一个阶段进展到另一个阶段的过程，其中每一个阶段都是其后继阶段走向完善的现实基础。"② 怀特海反对"自然（机体）是死的"那种机械论的观点，认为"自然是活的"。只有赋予自然以生命、生成、目的、创造、享受等内涵，它才有意义。

16. Physical Pole and Mental Pole，物理极和心理极。为了分析的目的，怀特海把现实实有分为两个部分，即物理极和心理极。怀特海认为，一切现实实有都既有物理极，也有心理极。物理极回答的是用来表明共生之第一阶段即共同感受之最初阶段的东西，是一种现实实有的这样一个方面，其中它并没有对其自身作出什么贡献，只是一种生成际遇借以领悟过去的转变的创造性的手段。怀特海认为，活的机体和无机环境之间之质的区别在于现实实有的心理极。心理极回答的则是概念感受之最初阶段的东西，是现实实有之回应其所予（given）的方面。"心理极是对与主体自身相关的各种可能性的把握，它引领了实有对从物理极到主体统一性的各种感受的整合，引入了作为其自身共生的决定因素的主体，它就是那个决定了其自身的理念的主体。"③ 简单地说，心理极就是主体之自决的能力。它引入了新质要素，增加了经验强度，因而也增进了享受的强度。在怀特海看来，没有一种现实实有能避开这两极，尽管在不同的现实实有中其相对的意义是不同的。所以，现实实有在本质上是两极的，都具有其物理极

① Whitehead, *Adventures of Ideas*, New York: Macmillan, 1933, p. 305.

② Whitehead, *Process and Reality*, New York: Macmillan, 1929, p. 327.

③ Ibid. , p. 380.

和心理极，离开了其相关的另一极，彼此都不可能恰当地得到理解。在怀特海看来，现实际遇来自物理极，而上帝则来自心理极。

17. Prehension，领悟，又译把握、摄受。 怀特海认为，宇宙中的万物都是以某种方式相关的，因此领悟便被定义为"关于相关性的具体事实"。① "一切领悟都包括了三个要素：第一，领悟的主体；第二，被领悟的材料；第三，主体如何领悟材料的主观形式。"② 领悟揭示的是现实实有（无论是一种现实际遇，还是一种永恒客体）之间的相互关系。在前一种情况中，领悟是物理的；在后一种情况中，领悟则是概念的。或者换言之，物理的领悟是那些其材料包括了现实际遇的领悟，概念的领悟则是那些其材料包括了永恒客体的领悟。在两种情况中，一种领悟就是把客观的东西组合为主观的东西，或是从转变的创造性转化为共生的创造性的过程。领悟又可被分为肯定的领悟和否定的领悟，一种肯定的领悟（又被称为感受）将其材料包括在了主体际遇的综合之中，而否定的领悟则将其材料排除在了这种综合以外。怀特海所说的领悟"表示的是经验际遇将任何其他现实实有包容在内的一般方式"。③

18. Presentational Immediacy，表象直接性。 表象直接性是两种纯知觉模式中更为思辨和复杂的一种模式（另一种模式是因果效应性模式）。它是这样一种模式，"其中，人对世界之广延的关系有着清晰而独特的意识。在这种模式中，世界被自觉地领悟成了各种广延关系的一种延续。"④ 因果效应性模式把来自过去的遗产转变成了现在的材料，表象直接性模式则是对那些已经呈现于因果效应性中的东西的某些方面的阐发。这种阐发之所以可能是因为，尽管因果效应性模式中的知觉发生在共生的第一阶段，但表象直接性模式中的知觉却发生在后来的各个阶段，并假定了因果效应性。更何况因果效应性模式只是以一种模糊的、几乎无关的方式包括了感觉，而表象直接性模式则把握了这些模糊的情感感受，使之具有鲜明的性质。大多数西方哲学家都把世界当作是通过我们的感官而赋予我们的，这种感觉材料的世界将其自身直接呈现给我们。怀特海则把实践生活

---

① Whitehead, *Process and Reality*, New York：Macmillan, 1929, p. 32.

② Ibid. , p. 35.

③ Whitehead, *Adventures of Ideas*, New York：Macmillan, 1933, p. 300.

④ Whitehead, *Process and Reality*, New York：Macmillan, 1929, p. 95.

中的表象直接性的意义当作我们与我们的环境的关系的向导，但它所以能如此，只是因为它源于世界对我们的现实的因果效应性。怀特海把我们关于现实世界的经验视为"符号关联"中因果效应性与表象直接性的整合，即感觉材料与因果效应性模式中模糊地感受到的关联。

19. Primordial Nature and Consequent Nature，原初本质和后设本质。原初本质是上帝中心理极的对应词，是上帝对全部可能性的把握，这种把握包括了可能性到和谐（它被称为原初远见或原初想象）的一种有序进化。后设本质指上帝中的物理极，亦即上帝对世界的感受。它在双重的意义上是后设的：第一，它来自上帝中的原初本质；第二，它来自现实中的现实事件。

20. Process，过程。在怀特海看来，过程是根本的，成为现实的就是成为过程的。过程承继的是过去，立足的是现在，面向的是未来。怀特海所理解的过程包括多方面的内容，在他的体系中，只有一个过程，不存在两个过程；但这并不是说我们不可以从不同的角度或不同的关系中去讨论同一个过程的不同层面。在怀特海看来，过程是外在的客观际遇和内在的主观享受的统一。一方面，过程体现为转变和共生。转变即一种现实实有向另一种现实实有的转化，它构成了暂时性，因为每一个现实实有都是一些转瞬即逝的事件，灭亡就意味着转向下一个事件；共生则意味着生成具体，它构成了永恒性，因为在共生的过程中没有时间，每一个瞬间都是崭新的，都是"现在"，在这个意义上，它又是永恒的。另一方面，过程又体现为享受，即领悟和感受。现在的际遇领悟和感受了先前的际遇，并对全部过去和未来开放。因而，在现实实有共生的瞬间，过程的每一个单位都享受着某种主观的直接性，都具有内在的价值，因而成为现实的即过程的，就是成为一种经验际遇亦即一种享受际遇，两者在本质上是相关的。怀特海还认为，"有两种类型的过程，一种是宏观过程，另一种是微观过程。宏观过程是从已经达到的现实向正在达到的现实的转变，微观过程则是从纯实在的条件向决定性的现实的过渡。"① 总之，过程既是内在的，又是外在的；既是主观的，又是客观的；既是宏观的，又是微观的。但所有这些方面又都是统一的，是一个过程的不同方面。此外，过程的概念还

---

① Whitehead, *Process and Reality*, New York: Macmillan, 1929, p. 326.

与"机体"、"创造性"、"多"和"一"等概念有着密切的关联。怀特海在《思想方式》一书中还谈到了"过程"概念与"材料、形式、转化和结果"等概念的相互交织。①

21. Satisfaction，满足。"一个现实实有在一种复合的感受中终止了其生成，这种终止就是现实实有的满足。"② 它"标志着这一个体的创造性冲动已经穷尽。"③ 满足体现了从"共生的过程"抽象而来的"作为具体的实有"的概念，它既是共生的目标，也是际遇的实现。"满足是超体而非实有或主体，它遮蔽了实体"，④ 这种遮蔽"体现了何种现实实有超越了自身"。⑤

22. Subjective Aim，主观目的。现代思想试图把目的排除在世界之外，怀特海则认为，目的的要素存在于一切际遇之中。在怀特海看来，一个现实实有的主观目的就是那个可能生成的主体的理想，它构成了那个正在形成着的主体的真正本质。际遇占有了其世界，并和经过选择的永恒客体潜在相关。这种选择不是偶然的，相反，它是通过实现一个具体的统一体（或满足）的目的而形成的。这个目的反过来也可以在共生的过程中再次形成。我们不难理解，这个目的或意图在我们自身的经验中起一种作用，即使这种作用大多是无意识的。

23. Subjective Form，主观形式。一切领悟都是通过一种在感受主体看来具有肯定的或否定的价值而被感受的。这就构成了他者"如何"被感受，或者换言之，一种感受的主观形式就是感受的主体如何去感受那种领悟的材料。而同一种材料在不同的感受主体看来也许是完全不同的，因此"存在着多种主观形式，诸如情感、评价、目的、敌视、厌恶、意识，等等。"⑥ 各种领悟的主观形式构成了一个不能独立产生的既定主体，它们相互影响着，而且其全部特征是由一种支配了这个共生着的主体的自我形成的主观目的决定的。

---

① Whitehead, *Modes of Thought*, New York：Macmillan, 1938, ch5.

② Whitehead, *Process and Reality*, New York：Macmillan, 1929, p. 71.

③ Whitehead, *Adventures of Ideas*, New York：Macmillan, 1933, p. 248.

④ Whitehead, *Process and Reality*, New York：Macmillan, 1929, p. 129.

⑤ Ibid. , p. 335.

⑥ Ibid. , p. 35.

24. Subjective Immediacy，主观直接性。主观直接性指的是实有对共生过程中其自身的经验。一种际遇具有自为的实在，这就是它的主观直接性。它包括主观目的和主观形式，这表明，过程的每一个单位都享受着怀特海所说的主观直接性，一切际遇都是自为的某物。正如当它达到满足并不再是自为的某物时，它就成了客观上为他的某物。在西方哲学中如此之突出的主体和客体的二元论被一切际遇所起的这种二元的作用替代了。在生成过程中，其共生就是一个主体。当它已经生成时，它就成了一个为他的客体。

25. Superject，超体。"一个现实实有既被视做一个统辖了其自身当下生成的主体，又被视做一个超体，即执行其客观永恒性功能的原子受造物。这就是主体—超体。"[①] 一个现实实有的这种超体性"乃是其特定满足（它限定了超验的创造性）的实用价值"。[②] 超体的概念和上帝密切相关。作为一个超体，上帝为每一个现实实有提供了一种该现实实有可能成为某物的远见，即构成了这个现实实有之生长理想的主观目的，这正是上帝在世界中运作的模式。

---

① 　Whitehead, *Process and Reality*, New York：Macmillan, 1929, p. 71.
② 　Ibid. , p. 134.

过程哲学:当代哲学发展的一个新生长点[*]

—— 科布教授访谈录

小约翰·B.科布（John B. Cobe, Jr. 1925—　　），美国加利福尼亚州克莱尔蒙特大学终身教授、过程研究中心主任、建设性后现代主义的主要代表人物之一。著有《地球主义》、《为了共同福祉》、《生命的解放》、《超越对话》、《可持续的共同利益》、《生与死的问题》等30部著作，在西方学术界享有盛誉。过程哲学对机体、关系、共同体及生态等问题的关注，具有积极的建设性、创造性和广泛的包容性，是当代哲学发展的一个新的生长点。

二月的北京，乍暖还寒。但美国加州风景如画的小城克莱尔蒙特已是桃花盛开，姹紫嫣红。在幽静的剑桥街777号家中的客厅里，科布教授愉快地接受了我的采访。在两个小时的采访中，年近80岁的科布教授精神矍铄，回答了我所关心的过程哲学的主要原则、过程思想与马克思主义、现代主义和解构性后现代主义之间的关系等理论和现实问题。

问：科布教授，谢谢您接受我的采访。您和大卫·R.格里芬教授合著的《后现代科学》、《后现代精神》、《过程神学》和《建设性后现代哲学的奠基者》等著作已经在中国出版，您的《后现代公共政策》不久也将出版中译本，这些著作对推动中国的后现代主义研究起到了积极的作用。我们注意到了您的怀特海哲学的背景，您能否简要地概括一下怀特海哲学的主要原则，以便中国学者更好地了解您的思想呢？

答：全面地概括怀特海哲学的主要原则并不是一件容易的事情，但我

* 原载《哲学动态》2002年第8期。

可以列出一些论题，以助于理解这个问题。①哲学的任务在于提供对实在的一种全面的理解。② 这种哲学是由一些总是面向进一步的检验的假说和理论构成的。③ 西方思想一直是以"世界是由有属性的实体构成的"这一信念为基础的，但最好是把世界当作一个事件的领域。④ 这一领域是以多种复杂的方式构造的，它导致了诸多构成了我们日常经验的世界的实体以及只有通过科学才能了解的实体。⑤ 较大的事件可以被分解为较小的事件，基本的事件包括瞬间的人类经验。⑥ 这些经验在很大程度上是由它们和其他事件的关系构成的，所有这些事件都处于其过去之中。⑦ 但这些事件并不只是其过去的产物，它们也决定着它们将如何整合过去并融入它。因此，尽管关于它们的许多事情是可以预测的，但也有一种自决的要素是不可预测的。⑧ 所有事件都既有物理的特征，又有心理的特征，因而没有纯物理的或纯心理的事件。⑨ 构成世界的大多数事件都比瞬间的人类经验要简单得多，但又都具有那种包括了其过去、并把它们整合到一个新的事件中去的要素。所有事件都可以被认为是经验的际遇（occasions of experience），尽管大多数过去的可疑的经验是完全无意识的。⑩ 际遇中所具有的创造性的新质取决于那些不只是由过去提供的可能性的有效在场，这些可能性的源泉乃是实在中的神圣要素。

问：正如您所知道的，马克思主义是中国占统治地位的意识形态，马克思主义哲学和怀特海哲学之间是一种什么样的关系呢？

答：马克思主义往往把自身当作唯物主义，而怀特海则把他的观点表述为自然主义的。他否认西方形而上学所说的"物质"的实在，并用能量来代替它。这种物理学家的研究方法，怀特海称之为"创造性"。我认为，这里的区别主要是术语学上的区别。马克思并没有用"物质"来表示怀特海所说的东西。对他们两个人来说，人生都是为自然条件所限制的，马克思比怀特海更强调的是经济条件。尽管怀特海也承认它们的重要性，但他并没有发展一种详尽的批判或分析。

我认为，马克思和怀特海都相信，人类不只是其环境的产物，但这些环境又可能很重要。怀特海避免讨论决定论，因为它可能很容易被理解为排除了任何自由或自决。

马克思和怀特海都没有广泛地涉猎过生态学，但怀特海关于人与自然界其他部分关系的理解推动了他的追随者往这一方向努力，这似乎也是马克思所希望的出发点。在怀特海主义者看来，这种观点以及事物的内在相关性的观点对思考我们和我们是其组成部分的自然界的关系来说是十分重要的。

我所知道的马克思并没有发展一种内在关系的理论。对怀特海来说，我们分有构成他物的方式乃是至关重要的。这就导致了对共同体的一种强调，而马克思似乎是根据集体来思考问题的。马克思主义的实践往往是要破坏现有的共同体，以实现生产中的更高效率和更高质量，而怀特海主义则惧怕对共同体的解构，即依据生活的现实价值而消解人。通常来说，最好是与现有的共同体一起工作，以促使它们迈向更高的效率和质量，而不是破坏这种共同体。马克思对历史过程的许多分析对怀特海主义者来说是有意义的，而且他对穷人的同情在根本上是令人钦佩的。怀特海主义者可从马克思对经济过程的敏锐分析中学到很多东西。但我相信，怀特海的哲学提供了一种更好的框架。

问：根据我的理解，过程哲学的主要代表人物有怀特海、哈茨霍恩、您和格里芬等人，但在中国很少有人知道哈茨霍恩，他的著作也从未在中国出版过。您能介绍一下哈茨霍恩的主要贡献以及他在过程思想史上的地位吗？

答：查尔斯·哈茨霍恩（Charles Hartshorn，1897—2000）是美国当代著名哲学家和神学家，他对那些其旨趣主要是哲学和宗教中的过程思想的人有着特殊的影响。哈茨霍恩在哈佛大学以"论万物的统一"为题获哲学博士学位，他的老师中有 R. B. 佩里（R. B. Perry）和 C. I. 刘易斯（C. I. Lewis）这样的学界名流。1925 年后怀特海在哈佛讲授哲学时期，哈茨霍恩任其助手，并从怀特海那里学到了许多东西。1928 年至 1955 年他担任芝加哥大学教授，对创立过程神学和芝加哥学派发挥了极为重要的作用。1956 年起先后任爱默里大学和得克萨斯大学教授，1978 年退休。哈茨霍恩一生著述等身，出版并发表了 20 多部著作和 500 多篇文章，其主要著作有《哲学和感觉心理学》、《神的相对性》、《创造的综合与哲学的方法》、《鸟的歌》（这是一本非常独特的著作，在鸟类学研究中占有重要地位），等等。

哈茨霍恩的性格平和，但是他的许多著作却是辩论式的。他反对古典有神论，认为其观点既不一以贯之，也不令人满意。在他看来，它只体现了神的完美的一个方面即绝对性和不变性，而没体现它的另一个方面即相对性和可变性。他反对那种认为上帝决定了一切事件和一切细节的古典万能论，认为上帝只是创造了秩序和自由之最佳平衡的条件，在一定条件下，受造物乃是决策的受造物，决定了事件的细节。他还对上帝存在的本体论证明给予了特别的关注，他坚持认为，上帝的存在既是有限的也是无限的，既是暂时的也是永恒的，既是偶然的也是必然的。他的这种观点又被称为两极有神论或新古典形而上学。他还广泛地讨论了生态危机、人口膨胀、伦理价值和美学领域中的许多问题。

哈茨霍恩一生的主要贡献是拓展了怀特海的学说，但他在许多方面又独立地得出了怀特海所肯定的思想。他的方法和风格完全不同于怀特海；哈茨霍恩往往根据形式的论据把他的思想公式化，而怀特海的研究方法则是创造性的想象的方法，并常常提出一些通过其成果来检验的假说；哈茨霍恩发展了关于上帝存在的多种论证，而怀特海则从未评论过这样的论证；哈茨霍恩非常直接地介入了当代哲学问题和神学问题，而怀特海只是在和传统的某种对话中发展了他自己的远见；哈茨霍恩用一种类似于其他哲学家的语汇来写作，而怀特海则发现必须发展他自己的技术语汇。但是，他们都在过程思想的发展中发挥了重要的作用。

问：建设性后现代主义是相对于现代主义和解构性后现代主义而言的，后两种思潮在今天的中国也有很大的影响。作为建设性后现代主义的主要代表人物之一，您是如何看待哈贝马斯这样的现代主义者和德里达这样的解构性后现代主义者的呢？

答：尽管哈贝马斯所说的许多东西从一种怀特海式的观点来看是十分合理的，但哈贝马斯对理性的各种思辨形而上学的用法并不感兴趣。据我对他的理解，他并不认为理性能够得出关于有待证明和论证的实在的本质的结论。因此，怀特海的工作在很多方面不同于哈贝马斯。哈贝马斯总想给出一个人人接受的理性，这似乎是建立在他的欧洲中心论基础之上的，但美国这样的多元社会则很难接受它。

德里达和其他解构主义者所解构的很多东西也是怀特海所解构的。例如，他们都解构了那种曾在西方思想中起着重要作用的实体的自我（在此，怀特海的观点是和佛教的观点密切相关的），他们也都解构了仍在控制我们的大学和政府的那种启蒙运动的或现代主义的世界观。重大的区别在于，解构主义者相信，现代世界观的错误内在于世界观本身之中，因此，现代性应该被那些不主张普遍性的思维方式所取代。怀特海则相信，我们大家（包括解构主义者）都是基于各种明确的理解我们的世界的方式而运作的，而且我们应该致力于最好的可能的世界观。因此，解构应该是由重构相伴随的。重构在这样一种意义上应该是临时性的（provisional），即我们都知道，我们的知觉和我们的思想在历史上是受到限制的。但是，我们应该力图听取批评，向他人的创造性劳动学习，并不断地根据我们所学到的东西修正我们的思想。

问：创造性是过程思想的一个重要特征。我们还注意到，您在《地球主义》、《为了共同福祉》、《超越对话》等著作中，在生态学、经济学和跨文化研究方面提出了许多富有创见的思想。您能谈一谈您从纯哲学或神学领域转向较为实际的研究领域的原因吗？

答：怀特海认为，一切都是内在相关的，这就促使人们反对那种学科间的相互隔离。作为一个基督教神学家，我关注的是整个世界的健康存在。某些世界问题之所以产生正是因为我们有一些坏的神学，基督教当然也曾由于各种错误信念在历史上导致过巨大的恶，基督教神学所产生的一个重大危害就是和其他宗教传统的关系，今天仍在延续的基督教排外主义就是一种可怕的解构。因此，一个神学家有责任对各种遗产学说进行批判，并在与其他宗教传统的互动中反思我们和它们的关系。此外，恶的产生还有其他一些原因，如生态的和经济的原因等等，我们必须对这些问题予以更多的关注。

问：您刚才提到了恶的问题，您是怎样看待"9·11"事件这样的恶呢？

答：我对"9·11"事件悲剧的回应首先是震惊、愤怒、恐惧和对死难者及其亲朋的深切同情。但接下来要思考的就是为什么会有这样的悲剧以及怎样避免它重演。现在，在美国，对这一灾难的回应采取了两种完全不同的方式。一些人认为，我们无辜受到伤害，必须要复仇；另一些人则认为，应该通过合法的渠道将对这一事件负有特殊责任的人送上法庭。在我看来，了解近东和中东历史的人都知道，我们并非是无辜的。在"冷战"时期，我们曾煽动穆斯林仇恨共产主义，并利用穆斯林极端主义者破坏阿富汗的共产主义政府，中央情报局就曾训练过本·拉登。我们的政策间接地导致了塔利班的胜利，但它并没有给阿富汗人民带来好处。我们后来的反塔利班政策又造成了广泛的苦难。他们仇视我们，我们不应感到意外。萨达姆是另一个我们曾在两伊战争中训练过的人，当他不再服从我们的意志并侵略科威特时，我们又试图在战场上推翻他，结果在海湾战争中伤害了成千上万的儿童。他们的父母仇视我们，我们也不应感到意外。还有，我们支持以色列的政策也使得许多巴勒斯坦人仇视我们，这一点也不令人意外。现在，是反省我们的外交政策的时候了。我们应该更加坚定"世界的所有组成部分都是内在相关的"这一信念，我们的善意而非我们作为世界唯一"超级大国"的地位应该成为我们真正持久的力量。让我们以这种善意为基础，并采取与其他国家的人民友谊与合作而非操纵他们的政策吧！现在正是抛弃强迫他人屈服于我们的政策，并面向一个更好的、符合所有人之长远利益的世界的时机。

　　问：中国不同于美国，中国尚处于现代化的过程之中。某些人（包括学者）认为，现在还不是在中国谈论后现代主义的时候。您是如何看待这一问题的呢？

　　答：对我来说似乎十分重要的是，中国不要简单地重复西方现代时期所犯的大规模的错误。我们片面地追求技术过程和经济过程造成了各种可怕的后果。恶在很大程度上存在于社会领域和生态领域。我相信，这些恶的某些方面在中国也显现出来了。简单地遵循现代的道路，对一个其人口已经对环境的极限造成了压力的国家来说，将是灾难性的。因此，我希望中国人要关注处于现代性过程中的西方人对现代性的批判。另一方面，只有消极的批判不可能提供一种可供选择的远见，而且我相信，这种消极的批判支配了大多数解构性后现代主义者。我希望，建设性后现代主义能够对现在占统治地位的现代化的形式提供各种实际的和现实的选择。

过程哲学视域中的邓小平理论[*]

——关于怀特海哲学和邓小平理论的一种比较研究

　　英国哲学家阿尔弗雷德·诺斯·怀特海（1861—1947）的过程哲学，是当代西方建设性后现代主义哲学的重要组成部分。邓小平（1904—1997）理论是当代中国的马克思主义，是马克思主义在中国发展的崭新阶段。这两种学说都以其睿智性、深邃性和创造性对人类文明的发展产生了巨大而深远的影响，并日益显现出其强大的伟力和活力。从过程哲学的角度看邓小平理论，可以使我们以一种世界性和学术性的眼光，把邓小平理论放在当代世界学术发展的流向和脉络中进行考察，为进一步深化邓小平理论研究提供一个新的更加广泛的视角。

一　比较怀特海哲学和邓小平理论的学理依据

　　过程思想源远流长，其源头至少可以追溯到古希腊哲学家赫拉克利特（公元前 530—前 470）。他的至理名言"一切皆流"、"人不能两次踏进同一条河流"，乃是过程思想最早、最经典的表述，赫拉克利特也因此而被列宁称为"辩证法的奠基人之一。"① 从那时以来，尽管西方思想史上强调绝对、永恒、静止、不变的观念长期居主流话语的地位，甚至以辩证思想著称的黑格尔也坚持绝对观念的无时间性，但过程思想仍有着顽强的生命力。自现代以降，柏格森的延绵学说、詹姆士的经验之流、怀特海的过

---

* 原载《中国过程研究》第二辑,中国社会科学出版社 2008 年版;英文稿见 2004 年首尔国际怀特海哲学大会论文集。

① 《列宁全集》第 55 卷，北京：人民出版社 1995 年版，第 296 页。

程哲学都从不同角度阐发了过程思想，而其中对过程思想作出最详尽阐述的当首推怀特海的《过程与实在》一书，这部著作在哲学史上的地位堪与其和伯特兰·罗素（1872—1970）合著的《数学原理》一书在数学史上的地位相媲美。

马克思主义哲学是人类思想史上一切优秀成果的集大成，是一种开放的和发展的学说，同样包含着丰富的过程思想。在马克思主义哲学看来，"世界不是既成事物的集合体，而是过程的集合体"的思想，"是一个伟大的基本思想"。不仅"自然科学本质上是整理材料的科学，是关于过程、关于这些事物的发生和发展以及关于联系——把这些自然过程结合为一个大的整体——的科学"，而且社会经济形态的发展也是一种自然历史过程，"历史总是像一种自然过程一样地进行，而且实质上也是服从同一运动规律的。"① 马克思主义哲学中所包含的这些丰富的过程思想，是我们比较怀特海哲学和邓小平理论的学理依据。

过程的思想和联系的思想是密不可分的。怀特海的过程哲学又称机体哲学，这里的"机体"（organism）即有机整体，亦即现实实有（actual entity）诸多要素之间的内在联系。这种整体性和内在相关性的思想，是怀特海哲学的一个重要特征。它较之于现代西方哲学中以"分析"为主要旨趣的逻辑实证主义和后现代哲学中以"消解"为主要旨趣的解构性后现代主义，更具有建设性的向度，更具有辩证整合的色彩，也更接近于马克思主义哲学。马克思主义哲学在考察自然、社会和人类精神时同样贯穿着丰富的联系的思想，"当我们深思熟虑地考察自然界或人类历史或我们自己的精神活动的时候，首先呈现在我们眼前的，是一幅由各种联系和相互作用无穷无尽地交织起来的画面，其中没有任何东西是不动的和不变的，而是一切都在运动、变化、生成和消失。"② 马克思主义哲学中的这种整体的、内在相关的视域，是我们比较怀特海哲学和邓小平理论的又一个学理依据。

特别需要指出的是，怀特海本人曾明确指出，他的思想就其实质而言，更接近于东方特别是中国的思想而非西方的思想。他的思想和中国思想的这种亲姻性（kinship）在有中华文明百经之首之美誉的《周易》的

---

① 《马克思恩格斯选集》第 4 卷，北京：人民出版社 1995 年版，第 244，245，478 页。
② 《马克思恩格斯选集》第 3 卷，北京：人民出版社 1995 年版，第 359 页。

名言"生生之谓易"中得到了鲜明的体现。另一方面，邓小平也一再强调，要以开放的眼光看待世界，要大胆地吸收西方一切先进的思想、观念。这种互趋性（inter - tendtiousness）是我们比较怀特海哲学和邓小平理论的再一个学理依据。

邓小平理论属于马克思主义的理论谱系，是马克思主义基本原理与当代中国实际和时代特征相结合的产物，是当代中国的马克思主义。这一理论科学地把握了社会主义的本质，第一次比较系统地回答了中国这样一个经济文化相对落后的国家如何建设、巩固和发展社会主义的一系列基本的理论和实践问题，实现了马克思主义和中国实际相结合的第二次历史性飞跃，开拓了马克思主义理论的新境界。

邓小平理论的哲学基础是马克思主义哲学。马克思主义哲学所具有的理论品质，邓小平理论也都具有。就马克思主义哲学而言，最根本和最鲜明的特质是它的实践性，这也是邓小平理论所具有的一个根本特质，而且是怀特海哲学所不具有的。但就马克思主义哲学和怀特海哲学所共有的一些理论品质（如前面提到的过程性、整体性，以及后面将要提到的开放性、历险性和创造性，等等）而言，邓小平理论又都具有这些理论品质。这也应验了一句有名的格言："伟人的心灵都是相通的。"马克思、怀特海、邓小平就是这样一些具有世界性和跨世纪性影响的、心有灵犀且息息相通的伟人。

二　怀特海哲学和邓小平理论的共同之处

怀特海哲学博大精深，涉及本体论、认识论、方法论、自然观、历史观、价值观等多个层面，怀特海本人在数学、物理学、哲学、教育和宗教等领域都作出过重大的贡献。邓小平理论同样是一个博大精深的科学理论体系，贯通哲学、政治经济学、科学社会主义等领域，涵盖经济、政治、科技、教育、文化、民族、军事、外交、统一战线和党的建设等各个方面。从过程哲学的角度看，这两种学说都强调以下诸多特性：

——过程性。怀特海反对那种认为"自然（宇宙）是死的"机械论观点，认为"自然（宇宙）是活的"，只有赋予自然（宇宙）以过程、生命、生成等内涵，它才有意义。怀特海哲学所说的"过程"是现实实有运动发展的过程，是一个具有空—时性意义的本体论概念。在怀特海看来，"现实实有是世界借以构成的终极的现实事物。"①成为现实的就是成为过程的，过程乃是现实实有最根本的属性之一。过程承继的是过去，立足的是现在，面向的是未来。过程既包括转变和共生，又包括领悟和感受；既体现为暂时性，又构成了永恒性；既是客观外在的，又是主观内在的；而所有这些方面又都是同一个过程的不同方面。总之，在怀特海哲学中，过程是一个基本的、包括了多方面内涵的哲学概念。

在邓小平理论中，这种过程的思想突出地体现在社会主义初级阶段理论、"三步走"的经济发展战略和把握发展机遇的理论中。1981年，邓小平主持制定的《关于建国以来党的若干历史问题的决议》第一次明确提出："我们的社会主义制度还是处于初级的阶段。"随后，党的十二大报告和十二届六中全会决议对此又进一步作了阐述；直至党的十三大全面系统地阐述了社会主义初级阶段的理论，对科学社会主义理论作出了重大贡献。在这一理论的指导下，邓小平又提出了"三步走"的经济发展战略，即到1990年实现国民生产总值比1980年翻一番，解决人民的温饱问题（第一步）；到20世纪末使国民生产总值再翻一番，人民生活达到小康水平（第二步）；到21世纪中叶再翻两番，使人均国民生产总值达到中等发达国家水平，人民生活比较富裕，基本实现现代化（第三步）。要实现这一经济发展战略，邓小平还提出了抓住机遇和"台阶式"发展的理论，为我国经济走上高效快速增长指明了方向。这些阶段性、"三步走"、"台阶式"的理论，无不充满了辩证法和过程哲学的睿智。而且，和怀特海一样，在过程之过去、现在和未来这三个维度中，邓小平更强调的是现在和未来这两个维度。他在为党的十一届三中全会作准备的中央工作会议上的讲话《解放思想，实事求是，团结一致向前看》，他为北京景山学校的题词"面向现代化，面向世界，面向未来"，他强调一切都要从社会主义初级阶段"这个实际出发，根据这个实际来制订规划"，②都体现了他这种立足现实的求实态度和面向未来的远大情怀。

——整体性。怀特海所说的机体即有机整体。在他看来，世界是一个

---

① 怀特海：《过程与实在》，纽约：麦克米兰出版公司1929年版，第27页。

② 《邓小平文选》第三卷，北京：人民出版社1993年版，第252页。

有机整体，一切都是内在相关的。他指出：作为世界的基本单位，"事件
（'事件'这个概念是早期怀特海哲学的一个基本概念，相当于其后期哲
学中的'现实实有'的概念，参见拙文'怀特海哲学若干术语简释'，载
《世界哲学》2003年第1期——引者注）与一切存在都相关，尤其与其他
事件相关……一个事件的关联就其本身来说是内在相关的，也就是说这些
关联是构成事件本身的要素……离开这种关联，事件甚至就不能成其为本
身了。"① 基于这种整体观，他反对对世界和事物作各种二元对立的和分
离的、僵化的理解（如所谓上帝/世界、主体/客体、精神/物质、概念/
实体的二元划分），认为这种机械论的模式割裂了世界和事物之间内在的
联系。这种整体主义的观点是建设性后现代哲学的一个重要特征。

邓小平的整体性思想突出地表现在他的战略思想当中。战略亦即整体
和全局。邓小平是一个伟大的战略家和整体主义者，他总是以马克思主义
的世界性的眼光来考虑中国建设、发展和改革的大局，总是从中国最广大
人民的根本利益出发来观察、研究和解决问题，总是善于总揽全局、统筹
兼顾、见微知著、纵横捭阖，并抓住具有决定性意义的关键性环节，以非
凡的勇气开拓新局面，表现出伟大战略家的雄韬伟略和远见卓识。在战略
问题上，邓小平讲到了全球战略、国际战略、发展战略、战略决策、战略
设想、战略规划、战略目标、战略方针、战略重点、战略布局、战略措施
等不同概念，这些概念的层次也不尽相同（因为战略本身就是一个相对
的概念），但邓小平这种高瞻远瞩、高屋建瓴的思维方式无疑是一种整体
主义的思维方式。在我们看来，邓小平对战略问题的思考是以"和平与
发展是当今时代的主题"和"中国正处在社会主义初级阶段"这两大战
略判断为基本前提的。在表明"中国的发展离不开世界，世界的发展也
离不开中国"这一中国与世界之基本关系的同时，邓小平认为，最重要
的是干好中国自己的事情，而其中首要的和最基本的就是要回答和解决
"什么是社会主义、怎样建设社会主义"这个基本的理论和实践问题。解
决好这个问题，实际上就是处理好各种关系（如"一个中心、两个基本
点"之间的关系，改革、发展、稳定之间的关系，物质文明、政治文明
和精神文明建设之间的关系，公平与效率之间的关系，党的建设、军队建

① 怀特海：《科学与近代世界》，北京：商务印书馆1989年版，第100页。

设和其他各项建设之间的关系，等等）。显然，没有整体主义的思维和视角即全局的、战略的、长远的、根本的眼光，要解决好这个问题是不可能的。邓小平在解决这些问题时所表现出来的高超的运筹帷幄、驾驭全局的水平和艺术，对当代中国社会的发展起到了关键的不可替代的作用。

——开放性。过程和整体这个伟大的基本思想本身就内在地蕴含着开放性的思想，因为面向未来的过程充满了无数的可能性，作为系统的整体也只有在开放的状态下（即与其他系统有物质、能量和信息的交换状态下）才不至于走向熵增加甚至系统的退化。"新质"（novelty）这个概念鲜明地表明了怀特海哲学的这种开放性的思想。怀特海认为，一切事件都包含了无数可能性的实现，新质就是那些在过去未曾实现过的可能性，换言之，新实现的可能性就是新质。我们的任务就在于创造各种开放的际遇（occasions），促进新质的增长，进而增进人的享受。这种开放的心态和现代哲学中的各种狭隘的、封闭的、多少有一点那喀索斯情结（Narcissus），即自恋情结的话语霸权（如逻各斯中心主义、人类中心主义、西方中心主义、男性中心主义，等等）是截然不同的。例如，怀特海提倡要尊重"他者"（others），并特别提到了要面向整合了阴阳两个层面的东方哲学。

邓小平理论的开放性具有鲜明的时代特色。他根据对当代世界经济、政治、文化和国际形势发展的分析，深刻地总结了中国长期停滞落后的历史教训，敏锐地认识到，当今的世界是一个开放的世界，"任何国家要发达起来，闭关自守都不可能。"因此，我们的"眼界要非常宽阔，胸襟要非常宽阔"。在邓小平理论中，"开放"不仅是一个经济概念，同时也是一个政治概念和哲学概念。在经济层面上，它指的是在发展经济的过程中实行全方位、多层次、宽领域的开放；在政治层面上，它指的是一项我们党必须长期坚持的基本国策，是党在现阶段的基本路线的一个基本点；在哲学层面上，它指的是开放和改革之间的互依性（inter-dependence），进而进一步表明了"一个中心，两个基本点"之间的互依性。邓小平理论的开放性还表现在这样两个方面：一是他对人类文明特别是资本主义文明的一种开放的心态上；二是他对马克思主义理论（包括他自己的理论）的开放心态上。关于第一点，他指出："社会主义要赢得与资本主义相比较的优势，就必须大胆吸收和借鉴人类社会创造的一切文明成果，吸收和借鉴当今世界各国包括资本主义发达国家的一切反映现代社会化生产规律的先进经营方式、管理方法。"① 关于第二点，我们将在后面结合邓小平理论的创造性特点进一步予以阐述。这种开放性表明了邓小平宽广的胸怀和博大的心襟，也表明了他对真理的不懈追求。

——历险性。"历险"（adventure）是怀特海哲学的一个重要概念，他所说的历险主要是指观念的历险，它包括两个方面的意思：一是某些先进观念在加速人类文明中所产生的积极影响；二是这些观念对人类历史的历险所作出的解释。他坚持认为，宇宙的进化和文明的进步都必须有历险。要维持和发展一种文明，历险是至关重要的。他说："没有历险，文明就必然会衰败"，"纯保守的力量是和宇宙的本质相抵触的"，"一种文明若要以其最初的热情来维持，历险精神是不可或缺的，而所谓历险精神就是对新的完美的追求。"②

邓小平理论的历险性突出地表现在他关于解放思想的相关论述上。解放思想就是观念的历险，就是使我们的思想从个人崇拜和教条主义的精神枷锁中解放出来，从主观主义和形而上学的樊篱桎梏中解放出来，从那些被实践证明为不合乎中国实际、不合乎时代进步、不合乎经济和社会发展客观规律的条条框框中解放出来。概而言之，解放思想就是"在马克思主义指导下，打破习惯势力和主观偏见的束缚，研究新情况，解决新问题。"③ 1992 年年初，邓小平在南方讲话中指出："没有一点闯的精神，没有一点'冒'的精神，没有一股气呀、劲呀，就走不出一条好路，走不出一条新路，就干不出新的事业。不冒点风险，办什么事情都有百分之百的把握，万无一失，谁敢说这样的话？"④ 这段话最充分反映了邓小平探索的精神、历险的勇气和必胜的信念。而且，特别需要指出的是，在这个问题上，邓小平和怀特海的一个重要区别是，他并没有局限于观念或思想本身来谈历险或解放，而是把解放思想和实事求是紧密联系起来，并把它们上升到党的思想路线的高度，从而既坚持了唯物主义，又坚持了辩证法，体现了其革命胆略和科学精神的高度统一。正是在这个意义上我们说，解放思想，实事求是，是邓小平对马克思主义理论和党的思想路线的

---

① 《邓小平文选》第三卷，北京：人民出版社 1993 年版，第 373 页。
② 怀特海：《观念的历险》，纽约：麦克米兰出版公司 1933 年版，第 360，354，332 页。
③ 《邓小平文选》第二卷，北京：人民出版社 1983 年版，第 279 页。
④ 同上书，第 372 页。

重大发展，是邓小平理论的精髓和活的灵魂。

——创造性。在怀特海主义者看来，"从根本上说，我们是创造性的存在物，每个人都体现了创造性的能量，人类作为整体显然最大限度地体现了这种创造性的能量。"① 作为建设性后现代哲学的理论基础，过程哲学最推崇的活动是创造的活动，最推崇的人生是创造的人生。怀特海所说的创造性（creativity），属于他所谓的"终极性范畴"即基本范畴，这一范畴对理解过程和机体有着至关重要的作用。根据怀特海在《过程与实在》、《观念的历险》和《科学与近代世界》中的相关论述，我们可以把创造性简要地理解为从"多"到"一"的一种整合，或者更简单地用他自己的话说：创造性就是新质的产生即潜力的实现。

邓小平理论充满了创造性。"有中国特色的社会主义"这个短语中的"特色"一词，是邓小平理论创造性最本真的写照。他的至理名言"就是要有创造性"充分地表达了他那种敢为人先、开风气之先河的勇气和自信。他既强调坚持马克思主义又强调发展马克思主义，他既继承前人又突破陈规，表现出了开辟社会主义建设新道路的巨大政治勇气和开拓马克思主义新境界的巨大理论勇气。他创造性地把马克思主义的普遍真理和中国社会主义建设的具体实际结合起来，第一次比较系统地初步回答了中国这样的经济文化相对落后的国家如何建设社会主义、怎样建设社会主义的问题，用一系列新的思想、理论和观点，极大地继承、丰富和发展了马克思主义。他关于党的思想路线和基本路线的论述，关于社会主义本质和发展道路的论述，关于社会主义初级阶段的理论，关于社会主义根本任务、发展战略和发展动力的理论，关于对外开放的理论，关于社会主义经济体制改革、政治体制改革和精神文明建设的理论，关于外交战略和祖国统一的理论，关于社会主义事业依靠力量的理论，关于军队建设和党的建设的理论，无不充满了新的创造。而且，他的许多形象的、精练的、极具创造性的、具有中国作风和中国气派的话语，如"白猫黑猫"、"小康社会"、"一国两制"、"第一生产力"、"三个有利于"、"摸着石头过河"、"发展才是硬道理"、"学马列要精，要管用"、"两手抓，两手都要硬"，等等，

---

① 格里芬：《和平与后现代范式》，载《精神与社会：后现代的远见》，奥尔巴尼：纽约州立大学出版社1988年版，第149页。

也早已成为中国人民耳熟能详的经典语汇。

总之，怀特海哲学和邓小平理论具有许多相通之处（当然，他们之间也有一些区别，我们在文中已经有所涉及），他们都是伟大的思想家，都是为人类命运操心的、具有古道热肠的、直面现实和时代并为历史和文明作出了巨大贡献的人，他们的理论也都具有超越时空和国界及不同文明形态的意义。历史将永远铭记他们。

三　几点结论

从过程哲学的视域看，邓小平理论是一种发展的学说，是一个统一的整体。这种发展性源于其理论的特质——实践性，"与时俱进"这个语词就揭示了包括邓小平理论在内的马克思主义的这一理论品质；其整体性既表现在邓小平理论和马克思主义与毛泽东思想的一脉相承性上，是对马克思主义和毛泽东思想的丰富与发展，也表现在"三个代表"重要思想和邓小平理论的一脉相承性上，是对邓小平理论的丰富与发展。

通过怀特海哲学和邓小平理论的比较研究，我们想从世界性和学术性的角度提出以下一些观点，以期进一步拓宽和加深邓小平理论研究的广度和深度。

第一，邓小平理论既是民族的，也是世界的。邓小平是中国人民的伟大儿子（他曾经深情地说道："我是中国人民的儿子"），邓小平理论是中国特色的社会主义理论，邓小平理论具有鲜明的民族性。但是，越是民族的，往往越是世界的。在怀特海哲学中，"一"（世界）并不是抽象的"一"，而是由无数个"多"（民族）构成的"一"；用马克思主义哲学的话来说，"一"是"多样性的统一"。这表明，邓小平理论的民族性和它的世界性并不矛盾，这一点恰恰是我们有时所忽视的。1984 年，邓小平在应邀为英国培格曼出版社出版《邓小平文选》撰写的序言中说："我荣幸地以中华民族一员的资格而成为世界公民"，就印证了邓小平理论之民族性和世界性的统一。邓小平"世界公民"的思想来源于马克思，马克思主义本来就是一种世界性的学说和运动。邓小平理论作为当代马克思主义的重要组成部分，中华文明作为当代世界文明的重要组成部分（邓小平理论是当代中国时代精神的精华），逻辑地具有世界性的意义。

第二，邓小平理论既是政治的，也是学术的。邓小平理论是中国共产党集体智慧的结晶，是党的基本理论、基本路线和基本纲领最集中的体现。在党的十五大上，邓小平理论被确立为我们党的指导思想。邓小平理论具有很强的政治性或意识形态性，但这并不排斥它同时也具有很强的学术性，而后者往往也是我们有时所忽视的。这里涉及学术的标准或价值问题。在相当一部分人看来，似乎只有学院派的高头讲章或逻辑体系才是学术的；甚至越是隐晦玄远，似乎越有学术价值。其实，从建设性后现代哲学的观点看，只有创造的，才是科学的和学术的；学术的标准或价值本身就是多元的而不是一元的，一元性和单极性恰恰是现代性话语的霸权和表征之一，是后现代哲学力图超越的东西。邓小平理论无疑是一种创造，而且是一种在现实中有用并经过实践检验和正在发展着的创造，换言之，其学术性不仅仅表现在其理论的逻辑体系、基本概念和科学判断上，而且表现在它对实践的科学指导上，这一点正是许多看似学术的理论所不具备的一个优点。实际上，通过对怀特海哲学和邓小平理论的比较研究，我们已经看到了邓小平理论的学术性（否则就没有这种比较可言）；而且，在我们看来，这种比较只是一个开始，还可以扩大到更大的学术范围中去（比如，还可以进行邓小平理论和当代西方其他学说的比较研究）。但无论怎样，只要我们承认创造性是学术研究的一个特质，只要我们承认马克思主义是一门科学，我们就应该逻辑地承认邓小平理论的学术性，并在强调其政治性的同时进一步光大其学术性。

第三，邓小平理论既是历史的，也是当代的。作为一个已经故去了的、曾经在当代中国历史和世界历史上产生过重大影响的伟人，在一定意义上，邓小平及其理论正在成为一种历史现象。但是，正如意大利著名思想家本尼戴托·克罗齐（1866—1956）指出的那样：“每一部真正的历史都是当代的历史。”①这种历史性和当代性的融合，在马克思主义发展的长河中，在今天的中国，在“三个代表”重要思想当中，仍有着强大的潜能和生命力。当代中国的一切成就都是与邓小平的名字紧紧地联系在一起的，都是在邓小平理论的指导下取得的。党的十六大也明确指出，邓小平理论是我们必须长期高举的旗帜。这不禁使我们想起周恩来在《学习毛

① 《现代西方历史哲学译文集》，上海：上海译文出版社1984年版，第293页。

泽东》一文中的一句名言：毛泽东的旗帜就是中国人民的旗帜，毛泽东的方向就是中国人民的方向。① 在今天，在当代，我们完全有理由说，邓小平的旗帜就是中国人民的旗帜，邓小平的方向就是中国人民的方向。在今天，在中国，邓小平理论的伟大旗帜和"三个代表"重要思想的伟大旗帜交相辉映，"三个代表"重要思想不断续写着邓小平理论的辉煌。在今天，在当代，在邓小平理论和"三个代表"重要思想的旗帜下，我们看到了当代中国历史发展的基本走向，看到了未来中国的宏伟蓝图。我们相信，邓小平理论既是邓小平遗留给我们的最宝贵的历史遗产，也是当代中国共产党人和中国人民最宝贵的精神财富。

---

① 《周恩来选集》（上卷），北京：人民出版社1983年版，第333页。

过程哲学的硬核学说及其神学旨趣[*]

过程哲学特指英国哲学家阿尔弗雷德·诺斯·怀特海（Alfred North Whitehead，1861—1947）的哲学，泛指以怀特海哲学为旨趣的其他哲学家的思想和学说。过程哲学起源于 20 世纪 20 年代中期怀特海在哈佛大学讲授哲学的时期，经 50 年代以后直至当今美国哲学家查尔斯·哈茨霍恩（Charles Hartshorne，1897—2000）、小约翰·B. 科布（John B. Cobb, Jr.，1925— ）和大卫·R. 格里芬（David R. Griffin，1939— ）等人的发展，现已成为当代西方哲学中一个有着广泛而深刻影响的重要派别。

一　过程哲学的历史流变

过程思想源远流长，其源头至少可以追溯到古希腊哲学家赫拉克利特。他的至理名言"一切皆流"、"人不能两次踏进同一条河流"，乃是过程思想最早、最经典的表述。从那时以来，尽管西方思想史上强调绝对、永恒、静止、不变的观念长期居主流话语的地位，甚至以辩证思想著称的黑格尔也坚持绝对观念的无时间性，但过程思想仍有着顽强的生命力，过程哲学便是过程思想的集大成者。

过程哲学可以分为怀特海时期、哈茨霍恩时期、科布和格里芬时期三个时期。这三个时期各有其特点，但其基本旨趣又是共同的。怀特海要构建的是一种宇宙论体系，他更注重的是形而上学思辨，是在和传统哲学的对话中发展他自己的远见卓识和技术语汇，因而更具有创造性和想象力。哈茨霍恩在强烈认同怀特海哲学的同时，习惯于用一种类似于其他哲学家

---

　*　原载《求是学刊》2004 年第 5 期。

的语汇来写作，往往根据形式的论据把他的思想公式化，而且更多地具有浓厚的宗教色彩。科布和格里芬则从过程哲学的视域出发，在坚守哲学精神家园的同时，更加广泛和直接地涉猎并介入了当代社会的许多重大理论和现实问题（包括对"9·11"事件的反思）。

怀特海时期大体上可以分为数学—自然科学哲学和哲学—形而上学两个阶段。第一个阶段（1880—1924）以他在英国的学术生涯为主；第二个阶段（1924—1947）以他退休后到美国的学术生涯为主，这两个阶段都很辉煌。无论是作为数学家还是作为哲学家，怀特海都可以当之无愧地被列入 20 世纪世界最伟大的学者的行列。

1880 年秋，怀特海考入剑桥大学三一学院后，一直致力于数学研究。其最主要的数学著作有《泛代数论及其应用》（1898）和四卷本的《数学原理》（与他的学生伯特兰·罗素合著，1910—1913）。前者使他在 1903 年当选为英国皇家学会会员，后者在数学史上的地位堪与牛顿的《自然哲学之数学原理》相媲美。怀特海关于数学基础的逻辑主义观点对现代西方哲学特别是逻辑实证主义有着重大影响，维也纳学派因此把他列为其思想先驱之一。1910 年，怀特海赴伦敦大学任教，开始了从数学向自然科学哲学的转向，这种转向在他的《自然的概念》（1898）一书提出的"事件"这个概念中得到了鲜明的体现。怀特海认为，自然是活的，"自然是作为事件（event）而呈现的"，"最终的事实就是事件。"① 关于"事件"这一概念，我们至少可以指出它的以下三层意蕴：一是它和那种自笛卡儿以来在西方哲学中占主导地位并在牛顿力学中达到极致的、认为"自然是死的"机械论的实体（substance）概念之间的明显区别。二是它和维特根斯坦的"事实"（fact）概念（"世界就是所发生的一切东西"，"世界是事实的总和"②）之间的区别，即在我看来，尽管"事实"与"事件"密切相关，但从过程的观点看，"事实"显然是一个过去完成时意义上的概念（这一点可以从早期维特根斯坦在提出语言图式说时受到一幅交通事故图的启发这一逸事看出），而怀特海的"事件"概念则是一个现在进行时意义上的开放概念。三是它的内在相关性，即在怀特海看来，事

---

① 怀特海：《自然的概念》，张桂权译，北京：中国城市出版社 2002 年版，第 14—15 页。

② 维特根斯坦：《逻辑哲学论》，郭英译，北京：商务印书馆 1985 年版，第 22 页。

件就是真实的关联物，① 自然科学哲学的任务是"揭示基本的存在物和存在物之间的基本关系。"②在后来的《科学与近代世界》（1925）中，怀特海进一步阐明了"事件"概念的地位和特质，指出："我必须从事件出发，把事件当成自然事物的终极单位。事件与一切存在相关，尤其是与其他事件相关"，③"事件的关联就其本身来说是内在相关的，也就是说这些关联是构成事件本身的要素"，④"事件的关联在一个事件本身来说完全是内在关系。……每一种关联都参与到事件的本质里，所以离开这种关联，事件甚至就不能成其为本身了。内在关系这个概念的意义正是如此。"⑤

1924 年，怀特海从伦敦大学退休后赴美国哈佛大学哲学系任教，并于 1927—1928 年主持著名的"吉福德讲座"（Gifford Lecture），开始了其学术生涯的又一个辉煌阶段，即哲学—形而上学阶段。怀特海的大多数严格意义上的哲学著作都是在哈佛完成的，其中最主要的当首推《过程与实在》这部巨著，"这是一部在难度上可与康德的《纯粹理性批判》相媲美的著作"，⑥ 被公为当代西方哲学最艰深的著作之一。在这部著作中，怀特海用"现实实有"（actual entity）、"现实际遇"（actual occasion）等概念代替了早先的"事件"概念，进一步发展了他的形而上学。怀特海反对现代哲学中的实体思维模式，这种模式的一个主要特征就是对世界的一种简单的二元划分，即把世界划分为所谓主体/客体、物质/精神、概念/实体，等等。他所说的"现实实有"是一个中立的、同时蕴含了上述二元划分之两个看似对立的方面、但在经验中却是统一的语汇。怀特海认为，现实实有（又称现实际遇、经验际遇）是"世界借以构成的终极的现实事物，……是一些充满生机、转瞬即逝的复合的与互依的经验点滴（drops）"，⑦ 是终极实在之过程的微观单位。怀特海哲学在很大程度上是原创的，其原创性对过程哲学乃至当代西方哲学的影响无疑是深邃的。

① 怀特海：《自然的概念》，张桂权译，北京：中国城市出版社 2002 年版，第 23 页。
② 同上书，第 43—44 页。
③ 怀特海：《科学与近代世界》，何钦译，北京：商务印书馆 1989 年版，第 100 页。
④ 同上书，第 101 页。
⑤ 同上书，第 119 页。
⑥ 罗斯：《怀特海》，李超杰译，北京：中华书局 2002 年版，第 1 页。
⑦ 怀特海：《过程与实在》，周邦宪译，贵阳：贵州人民出版社 2006 年版，第 27—28 页。

哈茨霍恩时期是过程哲学的一个承上启下的时期。承上，是指他作为怀特海在哈佛时的助手，秉承了怀特海哲学的真谛，把怀特海的洞见乃至语汇都融入了他自己的形而上学；启下，是指他把过程哲学思想应用于神学领域，创立了过程神学，开启了当代西方神学领域一个不同于传统神学的新派别。哈茨霍恩一生出版并发表了 20 多部著作和 500 多篇论文，并担任过美国哲学协会西部分会主席、美国形而上学学会主席、美国国家文理科学院院士等职，在美国哲学界具有重要影响。

作为怀特海哲学的精神传人和过程神学最主要的代表人物，哈茨霍恩始终致力于对宗教特别是对上帝观念的理解，比怀特海更为彻底地发展了上帝论这一主题。在《哲学和感觉心理学》中，他驳斥了所谓第二性质和第三性质即感觉和价值之间的绝对对立，认为两者的差异只是相对的，无论是感觉还是价值都是一个过程。在《人对上帝的想象和有神论的逻辑》中，他论证道，那种在某些方面绝对完美、而在其他方面相对完美的上帝观，在理性和宗教上优越于其他的逻辑可能性。在《神的相对性》中，他提出，上帝是随时代而更新和发展的，现实中的一切都是面向未来的，而未来是没有尽头的。传统有神论只讨论上帝的绝对性无疑是有失偏颇的，过程神学同时还应该讨论上帝的相对性，并断言这两者皆真。在《安瑟伦的发现：再论上帝的本体论证明》中，哈茨霍恩提供了对安瑟伦的本体论证明的一种批判概观（他也是 20 世纪少数几个敢于捍卫安瑟伦观点的学者之一），认为安瑟伦的证明尽管由于恪守上帝是绝对不变的古典观点而被削弱，但事实上，正是因为这种抽象本质的不变性和上帝在具体现实中的可变性的结合，才使得上帝的存在是不可褫夺的。在其最主要的著作《创造的综合与哲学的方法》中，他指出："所有的论证都是一种全面论证的一个侧面，这种适当形式的有神论的关于生活和实在的宗教观，乃是能够想象得到的最明智、最一贯和最令人满意的观点。"① 因此，过程神学要求的是对上帝问题的一种较之古典有神论更为自由的探究和对"有神论"这个语词之更为宽泛的使用。正是因为如此，他自称是一个"新古典有神论者"，以表明他和传统有神论之连续性和间断性的关系；是一个"两极有神论者"，以强调他对传统有神论之片面性的批判；是一

① Hartshorne. *Creative Synthesis and Philosophic Method*, London, SCM Press, 1970, p. 276.

个"万有在神论者",以表达他对上帝和世界关系的看法。哈茨霍恩的贡献不仅是在过程哲学领域,他所编辑的六卷本的《皮尔斯文集》对美国实用主义的发展起到了积极的推动作用,他撰写的《为唱而生:鸟的歌》一书在鸟类学中独树一帜,享有盛誉。

过程哲学在当代的主要代表人物是科布和格里芬。除了思想上的贡献以外,他们对过程哲学最重要的贡献是1973年在美国加利福尼亚州克莱尔蒙特创立了过程研究中心和《过程研究》杂志,使克莱尔蒙特成为当今世界过程研究的主要基地。迄今为止,科布共出版了近30部著作,格里芬共出版了20多部著作,他们还发表了大量论文,并组织了多次世界性的过程哲学大会。过程哲学由一种在欧美主流哲学界多少被边缘化了的学说成为在当今世界有着广泛影响的学说,科布与格里芬功不可没。

二 过程哲学的硬核学说

过程哲学究竟是什么?这个问题并不是一个很容易回答的问题。尽管怀特海本人在《过程与实在》一书伊始便简要地谈到,他的学说是关于生成(becoming)、存在(being)和现实实有的相关性,即事物之生成、消亡(perish)以及成为客观不朽(objective immortality)的过程的学说,但这一学说具体包括哪些硬核学说,他并没有明确地予以阐释。然而,正如马克思没有给我们留下马克思主义的教科书、但却给我们留下了《资本论》的逻辑一样,怀特海留下的过程的视角和方法为我们对这一学说的深度解读提供了很好的指南。我以为,过程哲学的硬核学说至少应包括以下几个方面的内容:

1. 宇宙论学说。过程哲学是一种宇宙论的观念体系,是关于实在的一种全面的理解。这个问题回答的实际上是"什么是哲学"的问题。它表明,在过程哲学看来,第一,哲学的对象是实在;第二,哲学是对实在整体的一种观念解读。过程哲学要构建的是一个能把各种审美的、道德的、宗教的、科学的概念结合起来的观念体系,① 这种学说之思辨的、全面的、整体的宇宙论色彩,和当时西方如日中天、以实证和分析为主要特

---

① 怀特海:《过程与实在》,周邦宪译,贵阳:贵州人民出版社2006年版,p. xii。

征、并在今后很长一个时期居主流话语地位的逻辑实证主义（又称逻辑分析主义）思潮是大相径庭、截然不同的。众所周知，哲学是关于世界观的学说，宇宙论是哲学最重要的组成部分，但哲学的这一特质自 20 世纪 20 年代末以来受到了逻辑实证主义的强烈挑战。在语言分析这把新的"奥康姆剃刀"下，哲学甚至成了连错误也不是的无意义的"胡说八道"，甚至有人声称"哲学死了"。一时间，哲学面临着严重的生存危机。在这种境遇中，过程哲学的诞生对捍卫哲学的尊严和地位有着特殊的重要意义。过程哲学坚守的是传统的哲学和哲学的传统，用怀特海的话来说，哲学史上有两种宇宙论（一是柏拉图的《蒂迈欧篇》；一是 17 世纪的宇宙论），要进行同样的事业，"明智之举便是追踪前贤所提供的线索。"但是另一方面，过程哲学又是对传统的哲学和哲学的传统的一种超越，是随着知识的进步对以上两种宇宙论的整合和修正。[①] 过程哲学所承继的宇宙论传统及其创新，在当代最鲜明地体现在科布根据怀特海的思想和生态学的观点提出的一种后现代生态学世界观之中。科布认为，现代世界观是一种以忽视和牺牲自然为特征的世界观，其基本特征是人类与自然的分离。过程哲学寻求的是一种承认人与自然之复杂的内在关系、因而承认事物之间的相互依赖性的观念体系。这种后现代生态世界观认为，人类对自然的大规模干预以及由此而造成的生态系统的破坏，已经使得许多物种灭绝或濒临灭绝，并威胁到人类自身的存在，如不予以遏制，人类也必将招致相同的命运。因此，后现代生态世界观诉诸的是一种系统的和整体的世界观（它能够、而且应该做到既充分有效地运用自然资源，同时又善待自然），并拒斥那种大规模地破坏其他生物因而破坏其享受以及未来人类的享受的"进步"形式。科布在《生态学、科学和宗教：走向一种后现代世界观》一文中指出，我们必须从机械论的、二元论的世界观以及实证论的和其他的反世界观转向一种生态世界观。[②] 他坚信，这种生态学世界观乃是正在形成的后现代世界观的主要载体和基本要素，对自然及人类社会的未来走向具有重要意义。

2. 可检验性学说。过程哲学是一种可检验的学说，是由一系列假说

---

① 怀特海：《过程与实在》，周邦宪译，贵阳：贵州人民出版社 2006 年版，p. xiv。

② 格里芬编：《后现代科学》，马季方译，北京：中央编译出版社 1995 年版，第 129 页。

和理论构成的。怀特海认为，过程哲学既是一致的和逻辑的（即它的宇宙论观念体系借以发展的各个基本观念是互为前提、前后一致的），又是适用的和充分的（即人的任何经验都可以用这一体系来解释）。前者表明的是过程哲学的理性方面，后者表明的是它的经验方面。① 一种哲学要真正成为建设性的最佳体系，就应该坚持不懈地使之能够接受批判和改善，即不断地对它进行检验，而检验成功的一个标准就是看这一观念体系是否能充分地阐释和包容各种经验。② 人们不难发现，尽管在对待形而上学的问题上过程哲学和逻辑实证主义是彼此对立的，但在可检验性的问题上两者又是共同的。在我看来，其原因在于，怀特海本人既是一个哲学家又是一个科学家，因而既坚持哲学的思辨性又恪守科学的实证性；而逻辑实证主义者大多是自然科学某个领域里的专门家，并不是严格意义上的哲学家（尽管他们对哲学有着这样或那样的兴趣），因而难免在涉足哲学问题时有失偏颇，甚至过于激进。而且，在可检验性问题上，和逻辑实证主义者不同的是，过程哲学除了表明其假说和理论在科学上即在经验上的可检验性以外，还强调了它们在逻辑上即概念上的可检验性。格里芬认为，我们的假说和理论只有在包括了某些全人类在实践中必然要预设的硬核常识概念（即哲学和神学概念）时才是合理的，否则就必然会违反不矛盾律。这些硬核常识概念乃是对一种假说和理论的恰当性的终极检验。③ 显然，这是一种比经验检验更高层次的检验。不仅如此，格里芬还进一步强调，过程哲学的全部目的既是理论的又是实践的，④ 即过程哲学应该在为当代文明所必需的各种理想提供一种宇宙论支持的同时把它应用于实践，这就使过程哲学从理论的维度上升到了实践的层面。

3. 过程—机体学说。过程哲学又称机体哲学，过程和机体密不可分。怀特海指出，"'机体'的概念与'过程'的概念以双重方式相关。现实事物的共同体是一个机体，但它又不是一个静止的机体，而是生成过程中的一个不甚完善的状态。因此，与现实事物相关的宇宙的扩张是'过程'的首要意义，而其扩张的任一阶段上的宇宙则是'机体'的首要意义。

---

① 怀特海：《过程与实在》，周邦宪译，贵阳：贵州人民出版社 2006 年版，第 3—4 页。
② 同上书，第 4—5 页。
③ Griffin. *Reenchantment Without Supernaturalism*, New York, Cornell University Press, 2011, p. 5.
④ 同上书，第 7 页。

其次，每一个现实实有本身只能被描述为一个机体过程，它在微观中重复了宏观中的宇宙，它乃是从一个阶段进展到另一个阶段的过程，其中每一个阶段都是其后继阶段走向完善的现实基础。"① 怀特海的这一论述表明，过程和机体对其哲学来说是至关重要的，它们是一枚硬币的两面。过程是根本的，机体（自然）是活的，只有赋予机体以生命和生成（即过程）的内涵，它才有意义。因而，成为现实的就是成为过程的，过程立足的是现在，承继的是过去，面向的是未来。怀特海所理解的过程包括了多方面的含义。比如，过程既是客观的又是主观的，说它是客观的是指它是一种外在的际遇，即一种现实实有向另一种现实实有的转化；说它是主观的是指它是一种内在的享受，即它所具有的某种主观直接性（经验）和内在的价值。一方面，过程体现为转变和共生。转变即一种现实实有向另一种现实实有的转化，它构成了暂时性，因为每一个现实实有都是一些转瞬即逝的事件，灭亡就意味着转向下一个事件；共生则意味着生成具体，它构成了永恒性，因为在共生的过程中没有时间，每一个瞬间都是崭新的，都是"现在"，在这个意义上，它又是永恒的。另一方面，过程又体现为享受，即领悟（prehension，又译"摄入"）和感受。现在的际遇领悟和感受了先前的际遇，并对全部过去和未来开放，因而，在现实实有共生的瞬间，过程的每一个单位都享受着某种主观的直接性，都具有内在的价值，因而成为现实的即过程的，就是成为一种经验际遇亦即一种享受际遇，两者在本质上是相关的。又比如，过程既是微观的又是宏观的，说它是微观的是指它是一种从纯实在的条件向决定性的现实的过渡，即它的目的性；说它是宏观的则是指它是一种从已经达到的现实向正在达到的现实的转变，即它的效验性。再比如，过程既是"多"又是"一"，说它是"多"是指它所表达的宇宙所具有的分离性和杂多性，它构成了暂时性；说它是"一"则是指它对多种分离的现实实有的整合，它构成了永恒性。但是，需要强调指出的是，在过程哲学的体系中，只有一个过程，即宇宙（包括自然和人类）之从过去到现在再到未来的发展，过程的上述所有方面都是统一的、不可分割的。用马克思主义哲学的术语说，过程是"多样性的统一"。

---

① 怀特海：《过程与实在》，周邦宪译，贵阳：贵州人民出版社 2006 年版，第 294 页。

4. 关系—联系学说。过程哲学还被称为关系—联系哲学，怀特海用来表示关系—联系的语词除了"relation"以外，还包括"relevance"、"relativity"、"nexus"，等等。在《过程与实在》中，"联系"（nexus）和"现实实有"、"领悟"、"存在论原理"（ontological principle），是怀特海所预设的四个基本概念，属于存在性范畴。在怀特海看来，所谓联系就是现实实有的集合（sets），它们以各自的领悟构成了相关的统一体。① 怀特海说，"现实实有相互联系，其原因是它们相互领悟。正因为如此，便存在着现实实有共在的实在个体事实，它们是实在的、个体的，也是特殊的，正如现实实有和领悟是实在的、个体的和特殊的一样。现实实有中任何这样的共在的特殊事实，都被称为'联系'。直接现实经验的那些终极事实便是现实实有、领悟以及联系。对于我们的经验来说，其余的都是派生的抽象物。"② 根据这一定义，一切现实实有在根本上都是相关的（首先是在和先前的现实实有内在相关的意义上，其次是在和后继的现实实有外在相关的意义上），换言之，相关性是构成事物的终极单位的现实实有的根本属性之一。现实实有的相关性决定了其互依（inter‑dependence）。过程哲学的这一学说，对我们反思人与自然的关系、人与人的关系以及人自身的心—身关系，有着重要的启迪。

5. 知觉的非感觉论学说。关于知觉，怀特海认为，有两种纯粹的模式。一种是因果效应性模式（mode of causal efficacy）；一种是表象直接性模式（mode of presentational immediacy）。前者更为原初和根本，后者更为复杂和思辨。作为一种纯粹的知觉模式，因果效应性尽管不包括意识和生命，但在任何一个现实实有中都是在场的，这种模式中的知觉是过去承继而来的感受的基本模式，它所传达的那些感受是大量的和模糊的。表象直接性模式中的知觉则有着清晰而独特的意识，并领悟了那些已经呈现于因果效应性模式中的东西。在大多数西方哲学家都把世界当作是通过我们的感官将其自身直接呈现给我们的时候，怀特海却把我们关于现实世界的经验当作了"符号关联"中的因果效应性和表象直接性的一种整合，在更高层次上领悟了世界。因此，根据这种关于知觉的非感觉论学说，感性知

---

① 怀特海：《过程与实在》，周邦宪译，贵阳：贵州人民出版社2006年版，第31页。

② 同上书，第26页。

觉是知觉的一种次要模式，它派生于一种更为根本的、非感性的领悟。这种领悟，用怀特海的话来说，乃是"相关性的具体事实"。① "一切领悟都包括了三个要素：第一，领悟的主体；第二，被领悟的材料；第三，主体如何领悟材料的主观形式。"② 领悟揭示的是现实实有（无论是一种现实际遇，还是一种永恒客体）之间的相互关系。在前一种情况中，领悟是物理的；在后一种情况中，领悟则是心理的。或者换言之，物理领悟是那些其材料包括了现实实有的领悟，心理领悟则是那些其材料包括了永恒客体的领悟。领悟又可被分为肯定的领悟和否定的领悟，一种肯定的领悟（又被称为感受）将其材料包括在了主体际遇的综合之中，而否定的领悟则将其材料排除在了这种综合以外。这里，似乎有必要顺便讨论一下"领悟"这个语词的翻译。有学者认为，"领悟"一词可以译为"摄入"（如艾彦和周邦宪）或"摄持"（如俞懿娴），据说这样译更具佛教色彩。但从怀特海本人的界定和分析看，③ 一种领悟就是把客观的东西整合为主观的东西（无论是在物理领悟中还是在心理领悟中，也无论是在肯定的领悟中还是在否定的领悟中）。这里讨论的实质上还是主观和客观的关系问题，尽管怀特海所理解的现实实有既是主观的又是客观的，既是物理的又是心理的。"摄入"或"摄持"有佛教色彩，"悟"就没有佛教色彩吗？两相比较，"领悟"一词似更通俗。吾师王太庆先生曾说过，哲学翻译既要"信、达、雅"，也要"俗"（即通俗），不啻为他的真感悟。

6. 两极有神论学说。 怀特海把现实实有分为物理极和心理极（physical pole and mental pole）两极，并认为一切现实实有既有物理极，也有心理极。物理极回答的是用来表明共生（concrescence）之第一阶段即共同感受之最初阶段的东西，是生成际遇借以领悟过去的转变的创造性的手段。怀特海认为，活的机体和无机环境之间之质的区别在于现实实有的心理极，而心理极回答的是概念感受之最初阶段的东西，是现实实有之回应其所予（given）的方面，是对与主体自身相关的各种可能性的把握，是主体之自决的能力。在怀特海看来，尽管在不同的现实实有中物理极和心

---

① 怀特海：《过程与实在》，周邦宪译，贵阳：贵州人民出版社 2006 年版，第 28 页。

② 同上书，第 31 页。

③ 同上。

理极的相对意义是不同的，但现实实有在本质上是两极的这一点却是共同的。而且，根据过程哲学的关系性学说，现实实有的两极是不可分割的，离开了相关的另一极，彼此都不可能得到理解。在过程哲学中，上帝不是形而上学的一个例外，而是其主要例证。上帝也是一种现实实有，也有两个极性。但和其他暂时的、不完善的现实实有不同的是，上帝是完善的世界，是其他现实实有的基础。和现实实有具有物理极和心理极两极一样，上帝也有不同等级的本质即两个极性。怀特海称之为上帝的原初本质和后设本质（primordial nature and consequent nature）；哈茨霍恩称之为上帝的抽象本质和具体本质（abstract nature and concrete nature）。原初本质是上帝中心理极的对应词，是上帝对全部可能性的把握，这种把握包括了从可能性到和谐（它被称为原初远见或原初想象）的一种有序进化。后设本质指上帝中的物理极，亦即上帝对世界的感受。原初本质是上帝本身内在固有的，因而是绝对的、永恒的、不变的；后设本质则要么来自上帝的原初本质，要么来自各种现实事件，因而是相对的、暂时的、可变的。显然，这种两极有神论比单极的传统有神论更具辩证整合色彩，是对传统有神论的一种反叛。例如，怀特海在《科学与近代世界》中就一反传统男性中心主义的上帝观，用"她"（She）来表示上帝的领域，[①] 进一步丰富和澄明了上帝观。

总之，过程哲学的内涵是十分丰富的，其硬核学说也可以多方面进行概括——如科布就从十个方面对它进行了概括。[②] 尽管不同的概括可能彰显的是过程哲学的不同方面，但只要这种概括没有消解其硬核，都将有助于进一步阐发和运用过程哲学，这正是过程哲学的创造性、历险性、开放性的冀盼之所在。

三 过程神学对上帝本质的丰富与澄明

过程哲学的影响是多方面的，这种影响最直接地显现在过程神学中。

---

① 怀特海：《科学与近代世界》，何钦译，北京：商务印书馆 1989 年版，第 172 页。

② 曲跃厚：《过程哲学：当代哲学发展的一个新的生长点——科布访谈录》，《哲学动态》2002 年第 8 期。

怀特海在《形成中的宗教》中指出："提出一种宇宙观，也就提出了一种宗教。"① 这一论述表明，过程哲学本身就具有浓厚的神学意蕴，过程神学是过程哲学之逻辑的伸延。过程神学的主要旨趣是对传统上帝观的拒斥和对上帝本质的丰富与澄清，其主题是上帝论。

关于上帝的本质，过程神学拒斥传统神学的那个作为宇宙道德主义者、现状之维护者和控制力量的不变的、冷漠的、绝对的、男性的上帝。在传统神学中，道德和享受往往是根本对立的。传统神学把上帝理解为宇宙道德主义者即反对享受的人，他压抑了大多数人的欲望及其自然的享受形式，他不想使世界成为一个"享乐主义者的乐园"，而想使之成为一个"失乐园"即"塑造灵魂的峡谷"，因而教会不是一个鼓励人们享受生活的共同体，而是一种禁止或妨碍大多数享受形式的社会制度。上帝是宇宙的立法者和裁判官，为世界确立了不变的秩序，因而顺从上帝就是维护现状（如《罗马书》第 13 章中保罗说："我们应顺服掌权者，因为凡掌权的都是上帝所命的，所以抗拒掌权的就是抗拒上帝的命"）。上帝是全决的（all－determine），是事件的始因，自然则是次因，上帝控制了世界过程的一切细节。上帝是永恒不变、全知全能的。上帝是完美的故缺乏变化，是冷漠的故不受任何他物影响，是绝对的故与世界无关（如奥古斯丁在《教义手册》中说："一切事物都是由那具有至上、同等、永不改变的善的三一体的神创造的"；托马斯·阿奎那在《神学大全》中也说："上帝是绝对的最初存在者，它不依赖于任何他物，没有任何分沾的形式"，"上帝的理智中的真理是完全不变的"）。而且，上帝的三个位格及其形象都是男性的，没有任何女性之被动的、回应的、热情的、可变的和忍耐的色彩。

过程神学则认为，上帝的根本目的是要增进受造物的享受，他最关心的是增进享受而非道德态度的发展，故成为道德的就是以最大限度地实现享受这种方式来实现自我，因为享受和过程在本质上是内在相关的，而道德态度对享受而言只是一种次要的派生关系。在科布和格里芬看来，当我们把"我们部分地是自我创造的，部分地是环境创造的"，以及"我们在本质上是以享受为特点的"这种观点结合起来的时候，我们也就获得了

---

① Whitehead. *Religion in the Making* (1926), Cleveland, World, 1960, p. 141.

"自由"这个概念的宗教意义。① 而且，秩序只有在有助于享受的意义上才是善，秩序是否合理乃是根据其是否能增进享受的程度来评价的。上帝既是宇宙的秩序之根，同时又是宇宙的不安之根和新质之根。秩序固然重要，但过分地维护现存秩序，就不可能有变化和发展即过程，就不可能有际遇和享受，而这些要素对过程神学来说恰恰是至关重要的。用怀特海的话来说："纯粹的保守是和宇宙的本质相抵触的。"② 在这个意义上，上帝决不是现状的维护者，而是某种混沌之根、不安之根、新质之根，上帝的本质就在于驱策宇宙中的新质，导向一种更高的秩序。既然如此，上帝的活动在本质上就是一种与世界和人的活动相关的面向未来、面向多种选择的活动，而未来是不确定的，即使是神的认识也未必能完全预知其一切细节，上帝也不知道其活动的最终结果究竟会怎样。换言之，上帝的创造性影响必定是说服的、感召的，而非控制的、强制的。因此，过程神学在传统神学只强调神的永恒性和绝对性的地方又强调神的暂时性和相对性，认为上帝既是永恒的、绝对的、独立的和不变的，又是暂时的、相对的、依赖的和可变的，这种"两极有神论"乃是过程神学区别于传统神学的最鲜明特质之一。过程神学还根据怀特海对上帝之女性的理解鼓励人们对神的形象的女性想象，赋予了上帝形象以更丰富的色彩。

关于上帝和善恶，过程神学一方面依据基督教信仰的观念而运作；另一方面又处于怀特海和哈茨霍恩的过程哲学及其上帝观所提供的形而上学背景中。证明上帝的存在并不是过程神学工作的本质部分，它要求的是对上帝问题的一种更为自由的讨论，即既讨论上帝的绝对性，又讨论上帝的相对性。正是基于对上帝的这种辩证的理解，过程神学把上帝视为一种在混沌中创造了秩序的神圣的、永恒的、独特的创造力，它的运动和发展是一个由多而一、由一而多的过程，因而在上帝身上体现了一种最为有效的创造力。换言之，上帝即完全的爱，亦即纯爱。格里芬认为，善即爱，恶即爱的阙如。上帝的这种神圣的创造力必然体现为爱，故上帝必然为善。纯爱、创造性的爱和回应性的爱即上帝的三一性，三者皆为初始，并无派生关系。在《过程神学》一书中，科布和格里芬专设一章，从作为回应

---

① 科布、格里芬：《过程神学》，曲跃厚译，北京：中央编译出版社1999年版，第15页。

② 怀特海：《观念的冒险》，周邦宪译，贵阳：贵州人民出版社2000年版，第323页。

之爱的上帝、作为创造之爱的上帝、作为说服性的上帝之爱的创造之爱、作为历险性的上帝的创造之爱等方面论证了上帝的爱。既然上帝为纯爱，世界上何以又有那么多恶呢？这是因为，上帝的活动是以世界的回应为基础的，但上帝并不能保证这种回应不出任何舛误，故世界有恶。科布和格里芬从三个方面回答了这个题：首先，上帝的权力只能是说服性的而非强制性的，所以上帝虽为全善，但不能保证无恶，即恶非必然，但恶的可能性为必然。其次，浅薄与不和也是恶的两种表现形式，而不和（即身心的痛苦）在任何时候都可能发生，用怀特海在《观念的历险》中的话说：不和的恶"乃是完美和浅薄之间的中间站"（half – way house）。① 最后，也是最主要的是，恶的可能性之所以是必然的乃是因为，在经验层面和各种有限的创造力的相互作用中，存在着以下几种关系：1. 内在善的力量；2. 内在恶的力量；3. 工具善的力量；4. 工具恶的力量。"这些经验层面中的相互关系是一种正关联（positive correlation），即果它们当中的任何一个关系增加了，则其他关系也相应地增加，而且这种相互关联是必然的、而非偶然的。"②故它在使善的可能性增加的同时，也使恶的可能性增加了。

关于希望和救赎，科布和格里芬认为，有两个与之密切相关的概念：一是新质；一是未来。这也是怀特海过程思想的两个重要概念。在他们看来，上帝既为创造性的爱，则必然给人以希望，因为上帝的创造力包括了无数新的可能性即新质要素（novel elements）的实现，这些新质足以涤荡和扫除一切阴霾，并呈现一片光明，故神乃新质之根、希望之根。首先，未来是完全彻底开放的，未来能够引入全新的要素，这些要素改变了那些从现在承继而来的要素的力量和意义。其次，进步能够实现，新的理想能够进入历史，并产生各种新的更好的变化。因此，有上帝在，就有希望在；只有根据对未来的神圣感召，才能实现新的可能即希望。和这种反对只重现在、忽视未来的后现代世界观密切相关的是，未来是真正彻底开放的；而且，只有开放，才有希望和救赎。过程神学主张，上帝的创造性目的在于渗透到环境之中，并成为创造性的未来。上帝使得世界面临各种未

---

① 怀特海：《观念的冒险》，周邦宪译，贵阳：贵州人民出版社 2000 年版，第 324 页。
② 科布、格里芬：《过程神学》，曲跃厚译，北京：中央编译出版社 1999 年版，第 69 页。

曾实现的机会，并为自由和自我创造开拓了空间。过程神学所坚持的开放，不是由上帝的控制性力量产生的，而是由上帝的说服性力量决定的，上帝在我们是自由的意义上为我们开辟了未来的空间。如果没有上帝，就不可能有自由，而且未来也不可能是开放的。正是由于上帝，我们才是自由的，而且未来也才可能是开放的。在这个意义上我们说，上帝使万物常新，上帝乃是我们的希望之根。当然，这并不是说，人是完全被动的。用科布和格里芬的话说："上帝在诱惑、驱策和说服，我们在决定。"① 人对生即希望亦即上帝感召的那种选择的选择，乃是人之最高的自由。在开放的未来中，生即希望伴随着对上帝的回应的能力而增长，死即绝望则伴随着自我封闭而增长。因此，是否以一种开放的态度对待未来，实际上是一种世界观、宗教观和人生观。

---

① 科布、格里芬：《过程神学》，曲跃厚译，北京：中央编译出版社1999年版，第169页。

二十世纪过程神学发展概观[*]

过程神学是一种哲学神学,是一场深受英国哲学家阿尔弗雷德·诺斯·怀特海 (Alfred North Whitehead) 和美国哲学家查尔斯·哈茨霍恩 (Charles Hartshorne) 的过程哲学思想影响的神学运动。

过程神学起源于 20 世纪 20 年代中期怀特海晚年在哈佛大学讲授哲学的时期。经 50 年代哈茨霍恩、芝加哥学派和 70 年代后期小约翰·B. 科布 (John B. Cobb Jr.) 和大卫·R. 格里芬 (David R. Griffin) 等人的发展,迄今已成为现代西方有别于新正统神学和自由主义神学等神学流派的一个重要派别,并成为建设性后现代主义的重要组成部分。过程神学的发展可分为怀特海与哈茨霍恩、芝加哥学派以及科布与格里芬三个时期,其主题是上帝论。

一 怀特海与哈茨霍恩

英国哲学家怀特海的影响是多方面的,但其思想对神学的影响在我国还很少被人提及。人们更多地了解的是作为哲学家或数学家而非神学家的怀特海。

怀特海 1861 年生于英国肯特郡,1914 年任伦敦大学帝国科学技术学院数学教授。他和罗素合著的《数学原理》一书,对数学和数理逻辑的发展有着重大的影响。怀特海 1924 年退休后以哲学教授的身份受聘于美国哈佛大学,开始了其学术生涯中最重要的一个时期。

---

　　* 原载《国外社会科学》1998 年第 4 期;中国人民大学复印报刊资料《宗教》1998 年第 5 期全文转载。

出身于牧师家庭的怀特海一生对宗教都有着浓厚的兴趣。1925 年，他在《科学与近代世界》（麦克米兰出版公司）中，第一次在严格的意义上讨论了上帝。翌年，在《形成中的宗教》（麦克米兰出版公司）中，他再次讨论了上帝的本质及其作用。1927 年至 1928 年，怀特海主持了研究自然神学的吉福德讲座（Gifford Lecture），并写下了其代表作《过程与实在》（麦克米兰出版公司，1929），系统地阐述了他的宇宙观和宗教观。

怀特海指出："提出一种宇宙观，也就提出了一种宗教。"[1] 在这个意义上，怀特海的哲学思想和神学思想是互为一体的，其哲学概念也都直接或间接地有着某种宗教意蕴。在《科学与近代世界》中，怀特海认为，亚里士多德的上帝即"第一推动者"的思想在近代已经陷入了错误的物理学和宇宙观的迷津之中。今天，这种陈旧的上帝观显然已经不合时宜。我们需要的不再是一种抽象的第一推动者，而是一种新的上帝观，即作为"具体原理"的上帝，这个上帝，简单地说，就是现实的事态过程。

怀特海断言，过程是根本的，成为现实的，就是成为过程的。过程承继的是过去，立足的是现在，面向的是未来。怀特海所理解的过程，是外在客观的机遇（occasion）和内在的主观的享受（enjoyment）的统一。一方面，过程体现为转变（transition）和共生（concrescence）。转变即一种现实个体（又称现实机遇或经验际遇）向另一种现实个体的转化，它构成了暂时性，因为每一个现实个体都是一些转瞬即逝的事件，灭亡就意味着转向下一件事件；共生则意味着生成具体，它构成了永恒性，因为在共生的过程中没有时间，每一个瞬间都是崭新的，都是"现在"，在这个意义上，它又是永恒的。另一方面，过程又体现为享受，即领悟（prehension）和感受（feeling）。现在的机遇领悟和感受了先前的机遇，并对全部过去和未来开放（这和莱布尼茨强调单子的封闭性和独立性是不同的），因而，在现实个体共生的瞬间，过程的每一个单位都享受着某种主观的直接性，都具有内在的价值，因而成为现实的即过程的，就是成为一种经验际遇亦即一种享受机遇。两者在本质上是相关的。不仅如此，怀特海还认为，享受的过程同时也是自我创造的过程。这就是说，尽管每个经验际遇都是以过去的影响为开端的，但现在的主体如何准确地回应过去，体现过

---

[1]　Whitehead：*Religion in the Making*，New York，Macmillan，1926，p.141.

去的感受并将其整合为统一的经验，则是由现在的现实决定的。因此，尽管我们在总体上是被决定的（即部分地是由我们的过去和环境决定的），但我们又是自由的（即部分地是自我创造的）。

在《科学与近代世界》中，怀特海还认为，仅仅从形而上学的意义上讨论上帝是不够的，上帝的具体原理不是抽象理性所能发现的，它更多是从人的宗教经验中习得的。"我们所能进一步知道的关于上帝的东西都必须在特殊经验的领域中去寻求，因而也就必须建筑在经验的基础上。"①在《形成中的宗教》一书中，怀特海进一步说明了这种宗教经验，论述了上帝的本质及其在世界上的作用。怀特海的这些思想奠定了过程神学的基础，因而成为过程神学的开山鼻祖。

哈茨霍恩，美国著名哲学家，1897年生于宾夕法尼亚，先后就读于哈佛大学、马堡大学和弗莱堡大学，获博士学位。1925年至1928年任哈佛大学讲师和研究员。1928年至1955年任芝加哥大学哲学讲师、教授。曾任美国哲学协会西部分会主席、美国形而上学学会主席、国家文理科学院院士等职。

哈茨霍恩在过程神学的形成和发展中起着重要作用，特别是在芝加哥大学任职期间，他的哲学和神学思想对芝加哥学派的影响尤为强烈。严格地说，他本人并不是怀特海的学生，但他无疑是怀特海哲学的精神传人。1927年至1928年间，他系统地聆听了怀特海在哈佛大学主持的研究自然神学的吉福德讲座，并为怀特海评判学生的试卷，成为他的一名助手。但是，哈茨霍恩并没有拘泥于怀特海的思想，而是将之融入自己的思想，在强烈认同怀特海哲学的同时，把怀特海的洞见甚至语汇都综合进了他自己的形而上学。他们两人的观点之间尽管有着某种区别，但这种区别相对于其一致而言乃是微不足道的，他们两人都坚持"过程哲学"，正是因为如此，受其影响的这场神学运动才被称之为"过程神学"，也正是在这个意义上说，哈茨霍恩也是过程神学运动的第一代代表人物。

哈茨霍恩始终致力于对宗教特别是对上帝观念的理解，比怀特海更为彻底地发展了上帝论这一主题。哈茨霍恩的第一部著作是《哲学和感

---

① 怀特海：《科学与近代世界》，北京：商务印书馆1989年版，第171页。

觉心理学》（芝加哥大学出版社，1934）。在这部著作中，他和怀特海
一样驳斥了所谓的第二性质和第三性质即感觉和价值之间的绝对对立，
认为两者的差异只是相对的，无论是感觉还是价值都是一个过程。在
《超越人道主义：新自然哲学论》（威尔特·克拉克出版社，1937）中，
他主张自然不论是作为一个整体（作为上帝）还是在其亚人类的个体
部分中，都是可爱的（lovable），因为自然规律依赖于神灵的决定，上
帝不仅使所有生灵都成为实在，而且在自己的经验中拥护和维护它们，
并不断地充实着自己的新经验，从而不断地超越人类和自我。在《人对
上帝的想象和有神论的逻辑》（威尔特·克拉克出版社，1941）中，哈
茨霍恩论证道，那种在某些方面绝对完美而在其他方面相对完美的上帝
观（在后一种情况中，上帝可以为他自己所超越），在理性和宗教上优
越于所有其他的逻辑可能性。在《神的相对性：关于上帝的一种社会
观》（耶鲁大学出版社，1948）中，他驳斥了托马斯主义者关于上帝的
理解，认为传统有神论只讨论上帝的绝对性无疑是有失偏颇的，过程神
学同时还应讨论上帝的相对性，并断言这两者皆真。《作为社会过程的
实在：形而上学和宗教研究》（灯塔出版社，1953）一书，提供了哈茨霍
恩在对上帝和世界的理解中借以把哲学旨趣和宗教旨趣结合起来的良好开
端。在《宗教的逻辑和论新古典形而上学》（开放法庭出版社，1962）
中，他把对这种本体论证明的广泛辩护同其他论证结合起来，给出了其哲
学和神学的一个相当完整的图景。在《安瑟伦的发现：再论上帝的本体
论证明》（开放法庭出版社，1965）中，哈茨霍恩提供了对安瑟伦的本体
论证明的一种批判概观，他也是 20 世纪少数几个敢于捍卫安瑟伦观点的
学者之一。他认为，安瑟伦的证明尽管由于恪守上帝是绝对不变的古典观
点而被削弱，但事实上，正是因为这种抽象本质的不变性和上帝在具体现
实中的可变性的结合，才使得上帝的存在是不可褫夺的。他指出："所有
的论证都是一种全面的论证的侧面，这种适当形式的有神论的关于生活和
实在的宗教观，乃是能够想象得到的最明智、最一贯和最令人满意的观
点。"① 因此，尽管过程神学并没有对上帝的存在提出新的论证，但它要
求的是对上帝问题的一种较之古典论证更为自由的探究和对"有神论"

---

① Hartshorn：*Creative Synthesis and Philosophical Method*，Open Court，1970，p. 276.

这个语词之更为宽泛的使用。也正是因为如此，哈茨霍恩在其最主要的著作《创造的综合与哲学的方法》（开放法庭出版社，1970）中描述他自己的上帝观时，自称是一个"新古典有神论者"，以表明他和传统有神论之连续性和间断性的关系；是一个"两极有神论者"，以强调他对传统有神论之片面性的批判；是一个"万有在神论者"，以表达他对上帝和世界的关系的看法。

二　芝加哥学派

尽管过程神学直接发轫于 20 世纪 20 年代怀特海晚年在哈佛大学讲授哲学的时期，但芝加哥大学神学院（芝加哥学派）则是怀特海和哈茨霍恩思想影响的主要神学中心，在 50 年代成为过程神学最主要的重镇。正如过程神学第三代代表人物科布和格里芬所说："今天，所谓的过程神学在很大程度上乃是怀特海的影响、哈茨霍恩的教学和这一学派成员修正的结果。"① 因此，我们几乎可以像从怀特海那里一样从芝加哥神学院那里追溯过程神学的历史。

芝加哥大学神学院始创于 1892 年。这一年，浸礼联合神学院的一个系迁入芝加哥大学，并很快成为该大学的一个核心系。在芝加哥学派众多的学者中，至少应该提到这样两位主要代表人物：

谢勒·马修斯（Shailer Mathews）　1894 年起，马修斯开始在该学院讲授《新约》史和神学，后任系主任，直到 1933 年退休，是该学派形成过程中的一个主要代表人物。他所应用的社会历史的研究方法把基督教理解为一种处于变化中的信仰的社会历史运动，反对将它理解为一种固定不变的信仰并试图在其内部找到一种恒常的核心。这种方法以一种高度相对的方式描述了基督教，尽管它并不意味着要取代正统的神学研究。他坚持认为，神学的任务在于以一种既关注耶稣所发现的宗教运动，又通过科学适应世界的方式，来系统地阐述关于实在的理念。他的这些思想和方法，体现在《耶稣的社会教义》（麦克米兰出版公司，1897）、《历史的精神解

---

① Cobb & Griffin: *Process Theology*, Philadephia, Westminst, 1976, p. 176, p. 158, p. 71, p. 112, p. 136, p. 62.

释》（哈佛大学出版社，1916）、《基督教与社会过程》（哈珀兄弟出版社，1934）等几部主要著作中，并成为芝加哥学派的奠基之作。

亨利·纳尔逊·魏曼（Herry Nelson Wieman） 1926 年，魏曼应芝加哥大学神学院邀请，专门开设讲座，系统讲授怀特海的新著《形成中的宗教》，开始了他在该院长达 20 多年的任教生涯，并使芝加哥学派的研究方向从社会历史研究转向了宗教哲学。在早期，魏曼注重的是对宗教经验的研究，这种旨趣体现在麦克米兰出版公司出版的他的几部早期著作中，如《宗教经验与科学方法》（1926）、《宗教和真理的角力》（1927），等等。在中期，其旨趣的焦点从宗教经验转向了对人类善的借以增长的过程的考察。魏曼在《人类善根》（芝加哥大学出版社，1946）、《人的终极义务》（南伊利诺斯大学出版社，1958）等著作中，认真地分析了这种过程，并认为人不能控制和摆布这一过程，而只能服务于这一过程。他要求人们完全献身于这一过程，并把这一过程称之为上帝。在后期，魏曼疏远了基督教和怀特海哲学，主张不必拘泥于各种标签和哲学思辨来阐发创造性的过程的意义，以进一步满足有效性的要求。这种观点在他后期的《信仰的理智基础》（哲学文库出版公司，1961）和《宗教研究》（灯塔出版社，1968）等著作中得到了明确的表达。

此外，关于芝加哥学派，我们还应提及的学者有：舍利·杰克逊·凯斯（Shieley Jackson Case）、丹尼尔·戴·威廉斯（Daniel Day Williams）、伯纳德·梅兰（Bernard Meland）、伯纳德·鲁默（Bernard Loomer）、舒伯特·奥格登（Schubert M. Ogden）、威廉·A.比尔兹利（William A. Beardslee）、罗曼·皮坦哲（Norman Pittengen），等等，正是这些人的共同努力，以及他们发表的大量关于过程思想的神学著作，构成了芝加哥学派这一当代神学思想中的一个重要派别。

三 科布与格里芬

科布本人尽管也是芝加哥学派的重要成员，但考虑到他现在在过程思想研究领域仍很活跃，特别是考虑到他和格里芬的师生关系及其密切合作，亦可视其为过程神学运动的第三代代表人物。科布现任美国加利福尼亚州克尔莱蒙特大学神学院教授，《过程研究》杂志创办者之一，"过程研究中心"主任。主要著作有：《基督教自然神学：以怀特海的思想为基础》（1965）、《基督教存在的结构》（1967）、《上帝与世界》（1969）、《太晚了吗？一种生态学的神学》（1972）、《处在十字路口的自由基督教》（1973）、《多元时代中的基督》（1975）、《建设性的后现代哲学的奠基者》（1993）等；与他人合著《过程神学：一个导引性的说明》（1976）、《自然之心》（1977）等。

作为过程神学的主要思想家，科布深受怀特海的过程哲学思想的影响，并试图根据怀特海的观点来讲授当代神学问题，尽管他力图避免使用专门的怀特海式的技术术语。科布认为，怀特海关于"全部现实都是过程"的观点本身就具有神学的意义，并观照了关于上帝的理解，为神学家反思神的道成肉身（incarnation）开辟了新的可能。在科布看来，上帝基于混沌而非虚无创造了世界，上帝乃是原初的创造力。这种创造力表现为完的爱，即上帝的创造之爱（原生本质）和回应之爱（后设本质）的统一，此乃上帝的三一性，亦即世界的新质之根。这种新质之根同时也是道（Logos），其道成肉身就是基督。哪里有基督，哪里就有创造性的改造。这种改造乃是生产和生活的本质。

根据怀特海的思想和生态学的观点，科布提出了一种后现代的生态学世界观。科布认为，现代的世界观是一种以忽视和牺牲自然为特征的世界观，换言之，这种世界观的基本特征是人类与自然的分离。过程神学寻求的是一种后现代的生态学态度，即一种承认人类与自然之复杂的相互关系因而承认事物之间的相互依赖性的态度。这种世界观认为，人类对自然的大规模干预以及由此而造成的生态系统的破坏，已经使得许多物种灭绝或濒临灭绝，并威胁到人类自身的存在，如不予以遏制，人类也必将招致相同的命运。因此，后现代的生态学的世界观诉诸的是一种系统的和整体的世界观，它能够而且应该做到既充分有效地运用自然资源，同时又善待自然，并反对那种大规模地破坏其他生物并因而破坏其享受以及未来人类的享受的"进步"形式。他在《生态学、科学和宗教：走向一种后现代世界观》一文中，揭示了这样一个十分明了的真理："事物不能从与其他事物的关系中分离出去"，① 否则就不能认识它们的真相。他坚信，这种生

① 格里芬编：《后现代科学》，北京：中央编译出版社1995年版，第135页。

态学的观点乃是正在形成的后现代世界观的主要载体和基本要素,对基督教神学有着极其重要的意义。

和这种反对只重视现在、忽视未来的后现代世界观相联系的是,科布认为,未来是真正彻底开放的。过程神学反对传统有神论的那个作为现状之维护者的上帝,反对把秩序当作绝对不变的东西,主张一切现实都处于变化之中,都是一个从过去到现在再到未来的过程。上帝的创造性目的在于渗透到环境之中,并成为创造性的未来。上帝使得世界面临各种未曾实现的机会,并为自由和自我创造开拓了空间。科布指出,过程神学"坚持未来是真正开放的",这种开放性不是由上帝的控制性力量产生的,而是由上帝的说服性力量决定的,上帝在我们是自由的意义上为我们开辟了未来的空间。如果没有上帝,就不可能有自由,而且未来也不可能是开放的。正是由于上帝,我们才是自由的,而且未来也才可能是开放的。在这个意义上我们说,上帝使万物常新,上帝乃是我们的希望之根。当然,这并不是说,人是完全被动的。用科布的话说,"上帝在诱惑、驱策和说服,我们在决定"。① 人对生即希望亦即上帝感召的那种选择的选择,乃是人之最高的自由。在开放的未来中,生即希望伴随着对上帝的回应的能力而增长,死即绝望则伴随着自我封闭而增长,因此,是否以一种开放的态度对待未来,实际上是一种世界观、宗教观和人生观。

格里芬是科布的高足,曾任美国加州克莱尔蒙特大学神学院宗教哲学教授,现任位于圣巴巴拉的"后现代研究中心"主任。他和科布共同创立的"过程研究中心"是当代世界研究过程思想的主要基地。格里芬的主要著作有:《上帝、权力与恶:过程神正论》、《再恶论》(1991)、《物理学和时间的终极意义:伯姆、普里格林和过程哲学》(1993),与科布合著有《过程神学:一个导引性的说明》(1976)等。

关于上帝和善恶,格里芬认为,过程神学一方面依据基督教信仰的观念而运作;另一方面又处于怀特海和哈茨霍恩的过程哲学及其上帝观所提供的形而上学背景中。证明上帝的存在并不是过程神学工作的本质部分,它要求的是对上帝问题的一种更为自由的讨论,即既讨论上帝的绝对性,

---

① Cobb & Griffin: *Process Theology*, Philadephia, Westminst, 1976, p. 176, p. 158, p. 71, p. 112, p. 136, p. 62.

又讨论上帝的相对性。正是基于对上帝的这种辩证的理解，格里芬把上帝视为一种在混沌中创造了秩序的神圣的、永恒的、独特的创造力，它的运动和发展是一个由多而一、由一而多的过程，因而在上帝身上体现了一种最为有效的创造力，换言之，上帝即完全的爱，亦即纯爱。

格里芬认为，善即爱，恶即爱的阙如。上帝这种神圣的创造力必然体现为爱，故上帝必然为善。纯爱、创造性的爱和回应性的爱即上帝的三一性，三者皆为初始，并无派生关系。在《过程神学：一个导引性的说明》中，格里芬专设一章，从作为回应之爱的上帝、作为创造之爱的上帝、作为说服性的上帝之爱的创造之爱、作为历险性的上帝的创造之爱等方面论证了上帝的存在，使得过程神学的上帝观更具回应的、被动的、可变的、相对的、忍耐的、热情的色彩，从而和传统上帝观的那个非回应的、主动的、不变、绝对的、急躁的、冷漠的上帝区分开来了。既然上帝为纯爱，世界上何以又有那么多恶呢？这是因为，上帝的活动是以世界的回应为基础的，但上帝并不能保证这种回应不出任何舛误，故世界有恶。格里芬从三个方面回答了这个题：首先，上帝的权力只能是说服性的而非强制性的，所以上帝虽为全善，但不能保证无恶，即恶非必然，但恶的可能性为必然。其次，浅薄与不和也是恶的两种表现形式，而不和（即身心的痛苦）在任何时候都可能发生，用怀特海的话说：不和的恶"乃是完美和浅薄之间的中间站（half－way house）"。① 最后，也是最主要的是，恶的可能性之所以是必然的乃是因为，在经验层面和各种有限的创造力的相互作用中，存在着以下几种关系：1. 内在善的力量；2. 内在恶的力量；3. 工具善的力量；4. 工具恶的力量。"这些经验层面中的相互关系是一种正关联（positive correlation），即如果它们当中的任何一个关系增加了，则其他关系也相应地增加，而且这种相互关系是必然的而非偶然的"，② 故它在使善的可能性增加的同时，也使恶的可能性增加了。

关于希望和救赎，格里芬认为，有两个与之密切相关的概念：一是新质；一是未来。这也是怀特海过程思想的两个重要概念。在格里芬看来，

① Whitehead: *Adventures of Ideas*, New York, Macmillan, 1933, p. 355, p. 354.
② Cobb & Griffin: *Process Theology*, Philadephia, Westminst, 1976, p. 176, p. 158, p. 71, p. 112, p. 136, p. 62.

上帝既为创造性的爱，则必然给人以希望，因为上帝的创造力包括了无数新的可能性即新质要素（novel elements）的实现，这些新质足以涤荡和扫除一切阴霾，并呈现一片光明，故神乃新质之根、希望之根。格里芬指出："怀特海为历史提供了希望之根。首先，未来是完全彻底开放的，未来能够引入全新的要素，这些要素改变了那些从现在承继而来的要素的力量和意义。其次，怀特海断言，进步能够实现，新的理想能够进入历史，并产生各种新的更好的变化。"① 因此，有上帝在，就有希望在，只有根据对未来的神圣感召，才能实现新的可能即希望。

四　过程神学的上帝观

过程神学的主题是上帝论。过程神学对上帝教义的主要贡献并不在于它对上帝存在提出了新的论证，而在于它对传统上帝观的拒斥和对神的本质的丰富与澄明。这种拒斥、丰富与澄明表现在：

第一，过程神学拒斥作为宇宙道德主义者的上帝。传统神学把上帝理解为一个宇宙道德主义者即反对享受的人；上帝压抑了大多数人的欲望，压抑了自然的享受形式；上帝不想使世界成为一个"享乐主义者的乐园"，而想使之成为一个"塑造灵魂的峡谷"。因而教会不是被看作一个鼓励人们充分享受生活的共同体，而是被看作一种禁止或妨碍大多数享受形式的制度，这种严厉的、禁欲的、毫无生气的上帝观乃是一种和享受处于紧张状态的存在，因此在传统神学中，道德和享受往往是根本对立的。过程神学认为，上帝的根本目的是要增进所有受造物的享受，上帝在创造进化中最关心的是增进享受而非道德态度的发展。换言之，上帝要求我们都去享受，既最大限度地实现自我享受，又不禁止或妨碍他人的享受，故成为道德的，就是以最大限度地实现未来现实的享受这种方式实现自我，故享受相对于道德而言更为重要，道德态度的发展对主要的价值即享受来说只是一种次要的派生关系。过程神学的这种上帝观直接来源于怀特海的享受观。怀特海认为，过程是根本的，现实的就是过程的，而所谓过程，

---

① Cobb & Griffin：*Process Theology*, Philadephia, Westminst, 1976, p. 176, p. 158, p. 71, p. 112, p. 136, p. 62.

就是外在的、客观的机遇和内在的、主观的享受的统一。因此，一切过程，无论是在人的层次上还是在电子事件的层次上，都有享受；成为现实的，就是成为一种经验的机遇，因而成为一种享受的机遇，享受和过程在本质上是相关的。当我们把"我们部分地是自我创造的，部分地是环境创造的"，以及"我们在本质上是以享受为特点的"这种观点结合起来的时候，我们也就获得了"自由"这个概念的宗教意义。

第二，过程神学拒斥作为不变的、冷漠的、绝对的上帝。传统神学主张，上帝是永恒不变、全知全能的。上帝是完美的，故缺乏变化；上帝是冷漠的，故不受任何他物的影响；上帝是绝对的，故与世界无关。奥古斯丁在《教义手册》中说："一切事物都是由那具有至上、同等、永不改变的善的三一体的神创造的"；托马斯·阿奎那在《神学大全》中也说："上帝是绝对的最初存在者"；它不依赖于任何他物，没有任何"分沾的形式"，"上帝的理智中的真理是全不能变化的。"① 而过程神学则拒绝任何静止的现实，并断言全部现实都是过程，任何静止不变的东西都是不存在的。科布和格里芬认为，这一断言本身就有着深刻的宗教意蕴，而且它和犹太—基督教的实在观的主要结论在根本上是一致的，即在这一传统中，上帝被看作是在历史过程中活动的，因而历史活动在那些没有神圣实在之目的—天意在场（presence）的教义的传统中比在历史中更有意义。因此，过程神学在传统神学只强调神的永恒性和绝对性的地方又强调神的暂时性和相对性，认为上帝具有两种不同的本质（怀特海称之为上帝的"原生本质"和"后设本质"，哈茨霍恩称之为上帝的"抽象本质"和"具体现实"），前者是永恒的、绝对的、独立的和不变的，后者则是暂时的、相对的、依赖的和可变的，两者是不可分割，互为一体的，因而有时又被称为"两极有神论"（dipolar theism）。

第三，过程神学拒斥作为控制力量的上帝。在传统神学中，所有事件都被理解为完全是由上帝引起的，因此所有事件都是上帝的活动。上帝乃是事件的始因，而自然则是次因。这种神的万能说最终意味着，上帝控制了世界过程的一切细节，神是全决的（all-determine）。过程神学则认

---

① 北京大学哲学系编：《西方哲学原著选读（上）》，北京：商务印书馆 1985 年版，第219，265，276 页。

为，上帝的活动在本质上是与世界和人的活动相关的，上帝根据其"原初目的"提供了世界上的一切活动，但这种"原初目的"乃是一种面向未来、面向多种选择的冲动，而未来是不确定的，即使是神的认识也未必能完全预知其一切细节和其活动的最终结果，故上帝的创造性影响是以对世界的回应为基础的。它只能说服一切经验的和享受的机遇面向其最佳选择和最佳可能，因而其影响也同样包括了历险，上帝也不知道其活动的结果将会怎样。换言之，上帝的创造影响必定是说服性的、召唤性的，而非控制性的、强制性的。更何况过程神学对神之爱的理解是和这样一种洞见相一致的，即如果上帝真的爱人，就不会要去控制他们，恰如《路加福音4：18》所说，上帝"叫那受压迫的人得自由"。

第四，过程神学拒斥作为现状之维护者的上帝。传统神学把上帝视为宇宙的立法者和法官，认为上帝为世界确立了不变的秩序，因而顺从上帝就是维护现状。如《罗马书》第13章中保罗说："我们应顺服掌权者，因为凡掌权的都是上帝所命的，所以抗拒掌权的就是抗拒上帝的命。"过程神学则强调，上帝是宇宙的秩序之根，但它同时也是宇宙的不安之根和新质之根。秩序固然重要，但过分地维护现存秩序，就不可能有变化和发展即过程，就不可能有机遇和享受，而这些要素对过程神学来说恰恰是至关重要的。因此，如果一种秩序不能向更高的秩序发展，不能使其成员得到最大限度的满足，就不应该维护这种秩序，而应推翻它。因为秩序只有在有助于享受的意义上才是善，秩序是否合理乃是根据其是否能增进享受的程度来评价的。因此，既不能不要秩序，又不能僵化地维护它，进步的艺术就在于"既维护旨在变革的秩序，又维护旨在秩序的变革"，[①] 即明确地把上帝理解为宇宙的不安之根，这种不安乃是新质即新的秩序和可能性的重要前提。用怀特海的话来说："纯粹的保守是和宇宙的本质相抵触的。"[②] 在这个意义上，上帝决不是现状的维护者，而是某种混沌之根、不安之根、新质之根，上帝的本质就在于驱策宇宙中的新质，它必然导向一种更高的秩序。

第五，过程神学拒斥作为男性的上帝。传统神学刻板地把三一体的三

---

① Whitehead: *Process and Reality*, New York, Macmillan, 1929, p.515.

② Whitehead: *Adventures of Ideas*, New York, Macmillan, 1933, p.355, p.354.

个位格及其形象和称谓都理解为男性的，认为上帝完全是主动的、非回应的、冷漠的、不变的和急躁的，没有任何女性的即被动的、回应的、热情的、可变的和忍耐的色彩，从而导致了一种颇为片面、不甚健康的上帝观。这种上帝观使我们生活在一个由男性统治制度构成的社会中，它代表了教会的、压迫的和不义的社会力量，特别是对妇女而言。过程神学则根据怀特海关于上帝的形而上学教义（如怀特海在《科学与近代世界》中用"在她的领域中"来表示"在上帝的领域中"，见中译本第 172 页），不再把上帝理解为纯男性的，而是强调了上帝的回应之爱，鼓励人们对神的形象的女性想象，认为"只有当妇女在一个对女性原则和男性原则同样受到尊重的社会中获得和男人一样平等的地位时"，① 才有正义、享受、秩序和创造。正是基于这样的观念，过程神学在反对传统男性上帝观的同时，对整合了阴阳两个层面的道教颇为赞赏，认为"道教关于神的这种远见应该始终成为基督教远见的组成部分"，② 只有这样，才能铸造一种健康的、作为一个整体的上帝观，它无疑是当代女性主义运动的重要原则。因此，过程神学主张创造性地整合那些曾被基督教视为异端的学说，对印度和中国的伟大宗教运动即佛教和道教予以更大的关注，并从中吸取有益的材料和价值。因为这些伟大的宗教运动显然不是教会的产物，它们早就在教会产生之前就已经产生并证明了其价值。对这种值得敬佩的他性（otherness）的任何简单排斥，都不利于教会之创造性的改造。

---

① Cobb & Griffin：*Process Theology*, Philadephia, Westminst, 1976, p. 176, p. 158, p. 71, p. 112, p. 136, p. 62.

② Ibid., p. 62.

起步阶段中的过程神学研究[*]

过程神学是一种哲学神学，其主题是上帝论。过程神学起源于 20 世纪 20 年代中期怀特海在哈佛大学讲授哲学的时期，经 30—50 年代哈茨霍恩和芝加哥学派，特别 70 年代以后科布和格里芬的发展，迄今已成为在西方颇有影响的一个神学流派。但中国的过程神学研究尚处于起步阶段。

一　国内过程神学研究的现状

中国的西方宗教神学研究可以从不同角度考察。从教派的角度，可以划分为天主教神学、新教神学、东正教神学和犹太教神学；从和传统神学的关系的角度，可以划分为正统派神学、新正统派神学和自由派神学；从其神学特征的角度，可以划分为希望神学、辩证神学、解放神学、生态神学、文化神学和过程神学；从神学家的角度，可以划分为蒂利希的神学、巴特的神学、尼布尔的神学、布尔特曼的神学、孔汉思的神学；等等。但无论在哪一种划分中，过程神学都不是中国西方宗教神学研究的重点，至少目前是如此。

中国的过程神学研究是和国内关于建设性后现代主义的研究密切相关的。以反基础主义、反本质主义、反理性主义为特征的后现代思潮尽管不无合理性，但却充满了破坏性。如何整合现代主义和解构性的后现代主义，换言之，寻求一种建设性的后现代主义，便成为中国学术界的一个新的旨趣。在此背景下，科布和格里芬为代表的建设性后现代主义开始被介绍到中国来，中国的后现代主义研究形成了一个新的向度，从宗教神学的

---

*　原载《哲学动态》2001 年第 12 期。

视域积极参与和直接回应这种建设性的后现代主义也被提到中国西方宗教神学研究的日程上来了。

总的来说，中国的过程神学研究尚处于刚刚起步的阶段。既无专门的研究机构，也无相应的学术刊物，只有少数学者在从事这方面的研究。相对于中国土生土长的道教研究、外来的佛教和伊斯兰教研究特别是基督教其他学派的研究而言，还十分的薄弱。但既已起步，就有希望。随着研究的不断发展，中国的过程神学研究应该而且能够取得更大的成绩。

二　过程神学研究者的主要观点

在中国，研究过程神学的主要学者有金陵神学院院长丁光训主教，北京大学宗教学系教授张志刚，中国社会科学院世界宗教研究所研究员卓新平、唐逸，天津军事交通学院教授曲跃厚，武汉大学哲学系教授赵凯荣等人。

丁光训主教是最早将过程神学思想介绍到中国来的学者。早在 1985年，他就在"来自解放神学、德日进神学和过程神学的启示"（《金陵神学志》1985 年第 12 期）一文中指出："海外有三个神学学派同中国基督教知识分子的寻求和摸索最为合拍：一是解放神学；二是受到过程哲学影响的神学著作；三是德日进的思想。"后两个方面其实是一个方面，因为德日进的神学思想正是过程神学的理论源头之一。在介绍并汲取怀特海等人的过程神学思想的同时，他还提出了"神学是教会在思考"、"爱是上帝的最高属性"、"上帝的创造需要人的同工"等思想，其中最富创见的是"世界和人都是上帝创造过程中的半成品"的思想。丁光训认为，上帝的创造永无止境，创造的进程悠远绵长，"上帝的创造既未完成，世界和人就是上帝创造工程在进行中出现的不同程度的半成品。"世界既有美好的一面，又有灾祸的一面；人既有智慧和美德，又有败坏和罪恶。人是半成品，就是说，人不是废品，毫无价值和尊严；也不是成品，绝对完美和圣洁。换言之，人既不是天使，也不是野兽；既不是魔鬼，也不是上帝。"人是半成品，其使命是参与上帝的创造，是上帝创造工程的帮手。在帮助这工程的同时，使自己越来越从半成品变为成品。"丁光训主教对中国神学的贡献是巨大的和多方面的，从其对过程神学的阐发中即可窥见一斑。

张志刚的《猫头鹰与上帝的对话——基督教哲学问题举要》（东方出版社，1993 年）是中国学术界较早介绍和研究过程神学的专著之一。在该书第三章，作者专设"过程神学的神正论"一节，介绍和研究了过程神正论的主要观点。在他看来，过程神正论的形成标志是大卫·R. 格里芬的《上帝、力量和罪恶：过程神正论》，其学理根据是过程神学，而过程神学则直接派生于怀特海的过程哲学。在介绍了"实有"（actual entity）、"共生"（concrescence）、"过程"（process）、"领悟"（prehension）、"原初本质"（primordial nature）、"后继本质"（consequent nature）等过程哲学和过程神学的基本概念之后，他认为，格里芬的过程神正论的显著特征在于，以过程哲学的宇宙观为基本思考框架，进而再把过程化了的上帝置于善与恶的价值比较之中加以证明。这种证明主要是围绕"从善与恶的相互冲突来论证上帝存在的必然性"和"从善与恶的总体权衡来论证上帝存在的合理性"这两个方面展开的。关于神正论的这种当代解释由于从根本上避免了由上帝的全能性而引起的传统争论，因而较之于奥古斯丁的经典学说和伊里奈乌对古典理论的现代阐释更具活力、更能引发当代学者的兴趣。张志刚评论道，过程神正论的出现在信仰问题的罪恶研究中大大改变了传统观念久居统治地位的沉闷局面，以一种系统的逻辑迫使神学家和哲学家重新思考和重新否定传统的上帝概念，使基督教信仰适应现今这个布满了罪恶的世界。但是，过程神正论也受到了来自基督教内部的学术批评和外部的现实批评。在学术上，批评者们认为，过程神正论的两个失误在于，一是把上帝看成是"力量的垄断者"或"极权主义者"，并把"强制性的力量"和"说服性的力量"简单地对立起来；二是主要是从审美而不是道德的意义上来理解"善"。在现实上，批评者们认为，根据过程神正论的逻辑，善的创造是和恶的生成相伴随的，但无论是就可能性还是就现实性而言，格里芬所推崇的杰出人物和上帝所创造的芸芸众生都是不成比例的。因而一旦把过程神正论关于善恶问题的解释和社会历史现实加以对照，就必然陷入"精英统治论"（elitism）的困境。

卓新平在《当代西方新教神学》（上海三联书店，1998 年）中对怀特海、哈茨霍恩和科布的过程神学观点进行了评述。他认为，作为 20 世纪的一种神学思潮，过程神学代表了现代神学对现代哲学认知和现代科学理论的一种积极回应，体现了神学和科学的一种妥协。关于怀特海，他重点介绍了其"原初本质"（其特征是"自由、完善、永恒、空场"）和"后继本质"（其特征是"受定、欠缺、结果、在场"）的概念，认为上帝也和所有实体一样具有精神和物质这两个维度：上帝的精神维度即原初本质无时空之限，永恒不变，圆满完善，为一切观念和潜能之源；但原初本质因缺乏实际之完美尚不足以完全说明上帝，所以需要另一维度即上帝的物质维度，亦即后继本质来补充。前者展示的是无限相关，后者则为有限相关。两者的结合表明，上帝参与了现实世界的形成过程，并达到了其结果与原初的有机统一。卓新平认为，怀特海的过程神学包括了三个层面的基本原则：第一，上帝并非游离于世界之外、不受世界的影响，而是与世界相互依存、不可分割的；第二，上帝对世界的影响主要是说服性的而非强迫性的；第三，上帝并非全知全能的，而是与世界一同受难的。关于哈茨霍恩，卓新平认为，他是怀特海过程神学思想的集大成者之一，并发展了一种超泛神论即万有在神论来取代传统有神论。哈茨霍恩认为，人们关于上帝有三种不同的认识：一是传统有神论的观点，就是相信有一个绝对完善、不可超越的存在即上帝；二是无神论的观点，即完全否认有一个绝对完善、不可超越的存在即上帝；三是他的超泛神论的观点，就是既不相信有一个在任何方面都绝对完善的存在即上帝，又相信有一个在一切方面都相对完善的存在即上帝。这种超泛神论的观点乃是避免争吵、求得共识的最佳选择。关于科布，卓新平从理论和实践两个层面研究了他的过程神学思想。在理论层面，他认为，"创造性转变"的概念是科布过程神学的核心概念。它来源于神圣的逻各斯，体现在基督所代表的道成肉身中。基督的亲在性乃是这种创造性转变得以存在的根本原因。"创造性转变"的概念反映了科布神学理论中基督论、圣灵论、宇宙论的综合统一，体现了过程神学的精神真谛。在实践层面，科布主张基督教应面对现实问题，回应自然科学、生态危机、种族歧视、女权运动、军备竞赛的挑战，加强不同宗教之间的对话，从而拓展了过程思想的深度和广度。

　　唐逸在"过程神正论"（《哲学研究》1995 年第 9、10 期）这篇长达近两万字的论文中，对过程神学思想做了较为详尽的论述。这篇论文无论是就其篇幅还是就其深度而言，可以说是目前中国国内介绍过程神学思想最深入的一篇论文，在中国过程神学研究中占有重要地位。该论文从

"过程神学的核心思想"、"'永恒不变'的哲学"、"变化与过程"、"神学背景"、"终极实在与上帝"、"罪恶并非必然但罪恶的可能性为必然"、"恶与善成正比"、"恶魔力量"、"希望与救赎"、"评价与结语"等十个方面，系统地阐述了过程神学特别是过程神正论的思想。唐逸认为，过程神学不同于新正统神学的地方在于：过程神学的核心是上帝论，而新正统神学的核心则是基督中心论。过程神学诉诸理性、现代科学的新成就、多元文化精神乃至世俗化、非教义化的个人信仰，并以此作为武器反对基督中心论把信仰只是当作教会内部活动的褊狭观念，对新正统神学之后的价值危机提出了一种新的、具有浓厚的建设性的后现代主义色彩的哲学神学解释。在对大卫·R.格里芬的《再恶论》逐节进行了研讨之后，唐逸指出，过程神正论与传统神正论的根本不同之处在于其上帝论。传统神正论坚持上帝的绝对超越性，视上帝的大能为全能；而过程神正论的逻辑基础则是过程宇宙论，视上帝的大能为有限，为感召而非控制，但又认为上帝乃宇宙终极实在的原初创造力。正是在神圣的创造力、创造性的爱、回应性的爱的统一中，上帝的三一性得到了体现。他还特别指出了过程神正论的逻辑难题和格里芬在救赎论话语中的不一致：认为过程神正论既称创造力体现为上帝又称体现为非神圣的个体，既称创造力外在于上帝又称内在于上帝，在逻辑上难以自圆其说；再者，在整体上，过程神正论自始至终维持本体论的神学话语，但在救赎论中又大量使用"道成肉身"等传统神学话语，从而影响了其结构上的完整性。特别需要指出的是，在本篇论文的最后，作者还给出了关于柏格森、怀特海、德日进、哈茨霍恩、科布和格里芬等过程思想家的诸多外文文献，为进一步研究过程神学提供了指南。

曲跃厚翻译的科布和格里芬的《过程神学：一个引导性的说明》一书（中央编译出版社，1999年）是国内第一部全面介绍过程神学思想的译著。他在"20世纪过程神学发展概观"（《国外社会科学》1998年第4期）一文中，把过程神学的发展分为怀特海、哈茨霍恩和芝加哥学派、科布和格里芬三个前后相继的阶段，并认为：怀特海乃过程神学的奠基者；哈茨霍恩是过程神学的集大成者，在过程神学的发展中起着承上启下的作用，对芝加哥学派有着重要影响；科布和格里芬则代表了过程神学最新的发展，是建设性后现代主义的重要组成部分。在专门介绍了谢勒·马修斯（Shailer Mathews）、亨利·纳尔逊·魏曼（Herry Nalson Wieman）等芝加哥学派成员的主要观点之后（这是其他研究者几乎未曾提及的），他还根据科布和格里芬的论述，较为充分地阐述了过程神学上帝观的主要观点，即过程神学对作为宇宙道德主义者的上帝、作为不变的冷漠的绝对的上帝、作为控制力量的上帝、作为现状之维护者的上帝、作为男性的上帝的拒斥。在《过程神学》一书中译本的"译序"中他还特别提到，作为在中国占统治地位的意识形态，马克思主义同样包含着丰富的过程思想。例如，马克思认为人类社会发展是一个自然历史过程；恩格斯认为"世界不是既成事物的集合体，而是过程的集合体"的思想是一个"伟大的基本思想"；列宁十分赞赏赫拉克利特"一切皆流"、"人不能两次踏进同一条河流"的至理名言，把他赞誉为"辩证法的奠基人之一"，等等。这都表明，对过程神学这样在当今有着重要影响的后现代思想，马克思主义不应简单地拒斥，而应积极地进行回应，批判地予以分析。

武汉大学赵凯荣是在"后现代宗教"的同义上研究过程神学的。他在"后现代宗教简述"（《哲学动态》1999 年第 10 期）一文中认为，后现代宗教的学术活动是围绕以下三个方面的问题而展开的：对自然科学理论的局限性进行批判；复兴宗教精神；创建一种后现代宗教。关于第一个问题，后现代宗教批判主要针对的是全球性的生态问题、人类精神问题、世界秩序问题，以及自然科学本身的问题（量子力学和牛顿经典力学的纷争）。关于第二个问题，后现代宗教认为，现有的一切恶果都是由于自然科学排挤了宗教但又由于自身的局限不能替代宗教而造成的，因此后现代宗教的任务便在于宗教的复兴，这种复兴当然不是回到传统宗教的老路上去，而是一种宗教精神即仁爱、谦卑、宽容、和睦精神的复兴。关于第三个问题，后现代宗教认为，当代新科学和宗教精神是相容的，只有借自然的返魅复活泛神论，借科学性质的新认识改变因果的优先权，借科学与宗教的统一倒向二元论，借创造自由走向宗教神话，借生态危机走向生态宗教，才能创造出一种崭新的宗教。

三　过程神学研究中存在的问题

1. 研究队伍的匮乏。在中国，西方宗教神学的研究主要集中在少数重点大学的宗教学系、神学院及中国社会科学院、上海社会科学院等学术机构，教学和科研力量并不雄厚。而且大多是主攻西方哲学，兼治西方神学，专门研究过程神学的学者人数更少。相对于道教、佛教研究而言，西方宗教神学的研究本来就不占主流地位，加上过程神学研究在西方宗教神学研究中又不是重头，更缺乏一定的学术氛围，可以说是步履维艰，短期内很难达到较高的研究水平。

2. 研究资料和研究成果的匮乏。中国的过程神学研究目前所依据的资料极为匮乏，这种匮乏首先是第一手资料即过程神学主要代表人物的主要著作至今尚未译成中文：如怀特海的著作，除《科学与近代世界》（商务印书馆，1989 年）、《思想方式》（华夏出版社，1998 年）外，其他著作特别是其代表作《过程与实在》未译成中文；哈茨霍恩的《人关于上帝的远见和有神论的逻辑》、《神的相对性：一种上帝的社会观》、《创造的综合与哲学的方法》以及芝加哥学派主要代表人物的著作更是没有移译；科布的《多元时代的基督》、《过程哲学和社会思想》、格里芬的《上帝、权力和罪恶》及《再论恶》等著作也都没有译介到中国，更遑论一些第二手的资料了。国家图书馆及中国各级图书馆有关过程神学著作的藏书甚少，严重地制约了中国过程神学研究的深入进行。

相关的是研究成果的匮乏。在中国西方哲学和神学的教学与研究中，几乎很少提及怀特海。研究怀特海的专著，就笔者所见，只有陈奎德先生的《怀特海哲学演化概论》（上海人民出版社，1988 年）和美籍华人学者唐力权先生的《脉络与实在——怀特海机体哲学之批判的诠释》（宋继杰译，中国社会科学出版社，1998 年）等有限的几部著作，以及为数甚少的一些论文，但其中均殊少涉及过程神学的问题。关于哈茨霍恩和芝加哥学派，未见有专著或专文研讨。对科布和格里芬思想的研究尽管要多一些，但也主要集中在其后现代思想的研究上，其过程神学思想的研究上文已有论述，恕不赘言。

此外，国际交流匮乏，学者们往往只能通过个人所积累的资料进行研究（进入网络时代后，这种情况有所好转）。这在很大程度上也限制了自身的研究。

参考文献

［1］丁光训：《来自解放神学、德日进神学和过程神学的启示》，《金陵神学志》1985 年第 12 期。

［2］张志刚：《猫头鹰与上帝的对话——基督教哲学问题举要》，北京：东方出版社 1993 年版。

［3］卓新平：《当代西方新教神学》，上海：上海三联书店 1998 年版。

［4］唐逸：《过程神正论》，《哲学研究》1995 年第 9、10 期。

［5］曲跃厚、宇杰：《二十世纪过程神学发展概观》，《国外社会科学》1998 年第 4 期。

［6］赵凯荣：《后现代宗教简述》，《哲学动态》1999 年第 10 期。

［7］王治河：《评科布的〈太晚了吗?〉》，《国外社会科学》1998 年第 5 期。

走向一种后现代教育哲学[*]

——怀特海过程教育哲学述评

作为一个具有世界性、跨世纪性影响的思想家，英国思想家阿尔弗雷德·诺斯·怀特海（Alfred North Whitehead，1861—1947）的贡献是多方面的。其过程思想的睿智性、深刻性、广泛性、原创性、建设性和兼容性，在诸多领域（例如，在哲学、科学和宗教领域）中已经得到阐释，并日益显现出其强大的伟力和活力；对人类文明的发展产生了巨大而深远的影响。但是，就怀特海的过程教育哲学而言，在我国学术界还没有引起足够的重视（我国关于教育哲学的许多论著很少提及怀特海就是一个明证），其诸多富有创见的思想和智慧还没有得到应有的彰显和弘扬。本文要探讨的正是怀特海的过程教育哲学思想，以期引起国内学界对这个问题的高度重视。

一

教育哲学是从哲学层面对教育的本质、目的、过程及其规律的思考，这种思考对教育的发展有着重要的指导。在很大意义上说，教育哲学正确与否，对教育发展的方向和质量起着巨大的作用，进而对一个国家和民族的发展起着巨大的作用。这是因为，教育对任何一个国家和民族而言，都是一个十分重大的事业。在今天，尤其是对中国这样一个整个教育模式从应试教育向素质教育转变、并把科教兴国当作国家发展战略的发展中国家

　＊　原载《哲学研究》2004 年第 5 期；中国人民大学复印报刊资料《教育学》2004 年第 8 期全文转载。

来说，能否以一种先进的教育哲学理念来引领教育的发展，更是事关重大。在这一方面，怀特海的那种既克服了现代教育之种种弊端、又展望了一种建设性后现代教育模式的过程教育哲学，无疑会给我们以诸多有益的启示。

全面地概括怀特海哲学显然不是一件轻而易举的事情，而且这也不是本文的主旨；但从与教育相关的角度，我们至少可以简要地把它概括为以下一些命题，以期有助于对其教育哲学的理解。

第一，一切都是发展变化的。在怀特海看来，过程是根本的，成为现实的就是成为过程的。过程承继的是过去，立足的是现在，面向的是未来。他反对"自然（机体）是死的"那种机械论的观点，认为"自然是活的。"只有赋予自然以生命、生成、目的、创造、享受等内涵，它才有意义。怀特海所理解的过程包括多方面的内容，它既是内在的，又是外在的；既是主观的，又是客观的；既是宏观的，又是微观的；但所有这些方面又都是统一的，是一个过程的不同方面。"'变化'这个概念就是对进化着的宇宙之历险的描述。"①

第二，一切都是内在相关的。世界是一个有机整体，现实实有（actual entity）"是世界借以构成的终极的现实事物。"② "机体"和"过程"密不可分，它们"以双重方式相关：现实事物的共同体是一个机体，但它又不是一个静止的机体，它乃是生成过程中的一种不甚完善的状态。……在这个意义上，一个机体就是一种关联。其次，每一个现实实有本身都只能描述为一个机体过程，……都是其后继阶段走向完善的现实基础。"③ 因此，怀特海反对现代哲学中的实体思维模式即一种关于实在的机械论模式，反对二元对立（如所谓主体/客体、精神/物质、上帝/世界、概念/实体的二元划分），反对对世界作分离的和僵化的理解。

第三，过程和机体是历险的和创造的。怀特海认为，宇宙的进化和文明的进步都必须有历险，"纯保守的力量是和宇宙的本质相抵触的。"④ 换

---

① 怀特海：《过程与实在》，纽约：麦克米兰出版公司 1929 年版；参见北京中国城市出版社 2003 年版，第 92 页。

② 同上书，第 27 页。

③ 同上书，第 327 页。

④ 同上书，第 354 页。

言之，过程和机体都必须有历险和创造。怀特海所说的历险，主要是指观念的历险，是某些先进观念在加速人类文明中所产生的积极影响，"是对新的完美的追求。"① 他强调指出："没有历险，文明就必然会衰败。"② 怀特海所说的创造属于他所谓的"终极性范畴"（它表达的是过程哲学或机体哲学所预设的一般原则），对理解过程和机体有着至关重要的作用。创造表示的是"多"和"一"的关系。在怀特海看来，一切事件都包含了无数可能性的实现。当我们把宇宙之过去的、分离的杂多融入一个新的、未来的统一体之中时，亦即把先前表现为主观形式的多种可能性融入一种经验的客观内容时，就会产生一种丰富了经验并增进了经验享受的新质（novelty），这种新质即过去未曾实现过的可能性就是创造。因此，创造性和真正的潜力密切相关，"创造性就是潜力的实现。"③

第四，过程和机体是享受的和艺术的。怀特海经常使用的"享受"（enjoyment）这个语词比"过程"这个语词更富有启发。怀特海认为，过程的所有单位（无论是在人的层次上还是在电子的层次上）都是以享受为特征的，都具有内在的价值。成为现实的就是成为享受的，缺乏享受乃是纯客体的标志。与此同时，享受还是一个丰富的意义母体（matrix），具有更广泛的意蕴，"它乃是多种存在中的一种存在的自我享受，以及一种基于多种成分而产生的存在的自我享受。"④ 享受的过程也是审美的过程，因而享受和真、美、历险、艺术、平和一样，也是文明的一个不可或缺的因素。

怀特海是一个后现代思想家，尽管他本人并没有直接使用过"后现代"这个语词。而且，和福柯、德里达等一些以"摧毁"、"消解"、"否定"为特征的解构性后现代主义者不同的是，怀特海的后现代主义是一种建设性的后现代主义。它和现代性的关系是一种"既爱又恨"（ambivalent）而非"非此即彼"（either/ or）的关系，即它对现代性的批判是一种辩证的扬弃

---

① 怀特海：《观念的历险》，纽约：弗里出版社 1967 年版；参见贵州人民出版社 2000 年版，第 332 页。

② 同上书，第 360 页。

③ 同上书，第 230 页。

④ 怀特海：《过程与实在》，纽约：麦克米兰出版公司 1929 年版；参见北京中国城市出版社 2003 年版，第 220 页。

而非全盘否定，它反对的只是现代性的霸权而非要拒斥它的成就。怀特海过程哲学的这种建设性向度对他的教育哲学有着直接而深刻的影响，他的教育哲学是其过程思想中的一块瑰宝，是过程思想在教育领域中的一种延伸或应用，这种伸延和应用无不打上了其过程思想的烙印。在这个意义上我们说，不了解他的过程哲学便很难把握其教育哲学；反过来，对其教育哲学的把握无疑又有助于我们进一步加深对其过程哲学的领悟。

二

怀特海的过程教育思想集中体现在他的《教育的目的及其他论文》(1929) 一书中。英国著名教育家、前牛津大学副校长亚历山大·邓洛普·林塞 (Alexander Dunlop Lindsay, 1879—1952) 在为该书再版时撰写的序言中指出：这是 "一位伟人的观点。他那广博的知识涉及人类探索各个领域所取得的成就，加上他天赋特有的洞察力，使他的观点有着不同寻常的新意。……怀特海教授的这些论文充满了真正的智慧。"① 美国著名学者马尔康姆·伊万斯 (Malcolm Evans) 在谈到怀特海教育哲学的影响时也指出："怀特海的教育哲学对现时代的影响，是后现代思想中的一个重要因素。"②

怀特海出身于一个教育世家，其祖父和父亲都曾长期从事与教育相关的工作，他本人也曾在英美的剑桥大学、伦敦大学和哈佛大学这些顶级大学里担任过包括教授、系主任、教务委员会主任、理事会主席在内的多个不同职务，对教育有着极大的兴趣。这种家庭背景和个人经历，使得他对现代工业文明中教育的理念、制度和实践（特别是其中的弊端，如保守的观念、狭隘的偏见、僵化的体制）有着切身的体验和深刻的见解，因而他所提出的各种富有创造性变革意义的后现代教育理念也更具有针对性、启示性和可操作性。

第一，超越僵化观念。创造性是怀特海哲学最鲜明的特征之一，也是过程教育哲学的一个根本属性。过程在本质上是创造的，一切过程都面向

---

① 怀特海：《教育的目的》，北京：生活·读书·新知三联书店 2002 年版，第 1—3 页。
② Malcolm Evans: *Whitehead and Philosophy of Education*, Atlanta, Amsterdam, 1998, p. 21.

了无数的可能性，都具有一种更为根本的新质。要实现这种新质，一个重要前提就是要超越过去，因为现在不完全是由过去决定的，它总是面向未来的。过程哲学的这一特征决定了过程教育哲学必然是一种创新的教育哲学，即一种超越了现代教育之僵化观念（inert ideas）的学说。

怀特海认为，在教育发展史上，特别是在现代教育史上，除了少数知识蓬勃发展的时期以外，过去的教育几乎完全受着各种僵化观念的可怕束缚，这种僵化观念在现代发展到了极致。他界定道，僵化的观念是一种仅为大脑所接受却不加以利用，或不进行检验，或没有与其他新颖的思想融为一体的观念；简言之，是一种缺乏想象力和创造性的观念。囿于这种观念的教育消极被动，没有节奏，满足于传授陈腐的知识，脱离了活生生的生活和实践，割裂了学科间的内在关联，扼杀了人之天才的创造活力，是一种毫无价值、极其有害的教育。怀特海认为，使知识充满活力而不是使之僵化，是一切教育的核心问题。人类走向伟大和崇高的每一次革命，无不是对各种僵化观念的反动。教育要承担起服务人类、增进自由的重任，就必须超越以被动的方式接受他人的思想，就必须超越现代教育的僵化观念，就必须加强首创精神（包括思想上的首创精神和行动中的首创精神）。他指出："成功的教育所传授的知识必有某种创新。"① "教育如果不以激发首创精神开始，不以促进这种精神而结束，那必然是错误的教育。"②

在过程教育哲学中，创造、历险、享受和自由是密切相关、不可分割的。创造性教育的过程同时也是进行历险、增进享受和获得自由的过程。在怀特海看来，教育作为一种创造性活动，决不是一个机械的、被动的、往行李箱里装物品的过程，它充满了历险、享受和自由。要创造，就会有历险。教育的每一种创新都是对传统教育模式和现有教育秩序的突破，因而都是一种历险。现代教育的一大弊端正是受机械论的世界观所束缚，循规蹈矩，按部就班，把教学秩序固定化，长时间地使人按照固定的程序从事教学，从而使人的想象力变得迟钝不堪。怀特海认为，秩序和创新并不矛盾，秩序是一种变化和发展着的秩序，即一种必然包含着新质的秩序。

① Malcolm Evans：*Whitehead and Philosophy of Education*, Atlanta, Amsterdan, 1998, p.146.
② Ibid., p.66.

如果一种秩序不能迈向更高的秩序即不能实现新质,那么就应当变革这种秩序。因此,在教育中,不能没有秩序,但更不能没有创造和历险。这似乎是一个两难,但"进步的艺术就在于既维护旨在变革的秩序,又维护旨在秩序的变革。"① 正是在这种创新与守旧、变革与秩序、自由与纪律的互动中,教育向前发展了。怀特海坚持认为,自由的本质就是不受任何规定的限制,而且,"惟有自我约束才是纪律,惟有通过享有广泛的自由才能得到这种纪律。"② 这就把创造、历险与秩序、纪律统一起来了。他十分欣赏英国剧作家萧伯纳在《英国佬的另一个岛屿》(John Bull's Other Island)中的这样一句台词:"工作就是娱乐,娱乐就是生活",认为教育也应该成为一种乐趣和享受。

第二,克服二元对立。二元对立或两极对立是现代性的根本特征之一。这一特征具体到现代教育上,便表现为传授知识和启迪智慧的对立、倡导自由和遵守纪律的对立、科技教育和人文教育的对立。怀特海的过程教育哲学要克服的正是这种两极对立的现代教育观,他主张教育的多元性和差异性,倡导的是一种超越了这些对立的后现代教育观。

怀特海认为:"教育的全部目的就是使人具有活跃的思维。"③ 这是一个比传授知识更加伟大、因而也更有重要意义的目的。知识是智慧的基础,但知识不等于智慧。不掌握某些知识就不可能有智慧,但人们也可能很容易地获得知识却仍没有智慧。何谓智慧?在怀特海看来,智慧就是对知识的掌握或掌握知识的方式。显然,智慧高于知识,是人可以获得的最本质的自由。现代教育把知识和智慧对立起来,只注重知识的灌输,忽视智慧的启迪,必然导致大量的书呆子和空泛无益、微不足道、缺乏创新的死板知识,甚至根本无知识可言。他还进一步指出:知识和智慧并非总是呈正相关,"在某种意义上说,随着智慧增长,知识将减少。"④ 当我们摆脱了教科书、烧掉了笔记本、忘记了为了考试而背得滚瓜烂熟的细节知识的时候,换言之,当我们不是成为知识的奴隶,而学会了积极地创造知识

---

① 怀特海:《过程与实在》,纽约:麦克米兰出版公司1929年版;参见北京中国城市出版社2003年版,第515页。

② Malcolm Evans: Whitehead and Philosophy of Education, Atlanta, Amsterdan, 1998, p. 62.

③ 怀特海:《教育的目的》,北京:生活·读书·新知三联书店2002年版,第66页。

④ 同上。

和运用知识的时候，我们才最终拥有了智慧。

从知识通达智慧有一个前提，这一前提就是自由。在知识面前享有自由，是通往智慧的唯一道路，但自由不是随心所欲的，必须遵守相关的纪律。怀特海认为，在获取知识时，必须遵守相关的法则和方法，必须有条理即有纪律，这是知识的精确性的必然要求；但智慧只能在自由的氛围中产生，在教育中过分地强调纪律必然使人的大脑变得麻木不仁。现代教育按照固定的模式和程序，把自由和纪律对立起来，把分析和精确性当作唯一的方法，把大量充满活力的青年人培养成了头脑迟钝、缺乏智慧即想象力和创造力的"书呆子"，乃是"人类的悲剧"。①

怀特海认为，科学教育、技术教育和人文教育是教育的三种主要形式，三者相辅相成，缺一不可。科学教育是训练观察自然的艺术，侧重于逻辑思维（用脑）；技术教育是训练生产物质产品的艺术，侧重于知识的运用（动手）。人文教育则是通过语言、文学、历史、哲学等课程的学习，学会观察社会、进而学会生活的艺术。但是，源于现代哲学之精神与躯体、思想与行动之二元对立的现代教育却割裂了三者的内在联系，或是把科学教育和技术教育对立起来，或是把两者与人文教育对立起来，导致了狭隘的专门化，是一种"最糟糕的教育"。②我们看到的大量眼高手低、高分低能或是虽有一定的科技修养、但又缺乏社会责任感的学生，就是这种现代教育的畸形产物。在怀特海看来，只进行一种教育必然会有失偏颇，但三者的机械混合同样难以通达真理。关键是把握三者之间的必要张力，实现其最佳平衡。

第三，注重教育过程。在过程之过去、现在和未来这三个维度中，怀特海最注重的是"现在"这个维度。这是因为，在怀特海看来，过程体现为转变（transformation）和共生（concrescence）这两个不同的但又密切相关的环节。转变即一种现实实有向另一种现实实有的转化，它构成了暂时性，因为每一个现实实有都是一些转瞬即逝的事件，灭亡就意味着转向下一个事件；共生则意味着生成具体，它构成了永恒性，因为在共生的过程中没有时间，每一个瞬间都是崭新的，都是"现在"，在这个意义上

———————————

① 怀特海：《教育的目的》，北京：生活·读书·新知三联书店2002年版，第138页。

② 同上书，第92页。

它又是永恒的。因此，怀特海认为，教育要提供对生活的一种理解，最根本的是应提供一种"对现在的理解"。因为过去的知识只有有助于我们对现在的理解，才是有价值的；因为"现在包含一切。现在是神圣的境界，它包含了过去，又孕育着未来。"① 对"现在"的这种理解和把握表明，过程教育哲学强调的既不是念旧怀古，也不是好高骛远，而是为解决现实问题服务。这正是过程教育哲学的价值之所在。

教育的过程具体地体现在教育的节奏上。根据我们的理解，教育的节奏简单地说就是教育必须因时施教。怀特海认为，自然是活的，"生命在本质上是周期性的。"② 四季交替、劳逸结合，都是这种周期性的反映。人的智力的发展也是如此，教育必须根据这种周期性或阶段性即节奏性来把握教育的特点和规律。他把一个人从婴儿到成年受教育的过程具体地分为浪漫阶段、精确阶段和综合运用阶段三个阶段，并对它们进行了详尽阐述。浪漫阶段是开始领悟的阶段，覆盖了儿童生活最初的 12 年。这一时期，人专注于语言，尚处于直接认识事实的阶段，人的知识也不具有条理性。精确阶段包含了青少年在中等学校受教育的整个时期。在这一阶段，人专注于科学，分析成为主要的方法，知识居于次要地位，从属于系统性和精确性。综合运用阶段则是青年迈向成人的阶段，是将一般概念应用于具体事实、并将孩子的知识转变为成人的力量的阶段。在这一阶段，知识的细节可能会减少，但人获取知识的能力却提高了。怀特海指出："一般来说，教育的全过程受这种三重节奏的支配。"③ 整个智力的发展就是由多个这样的三重循环阶段交替构成的，其中每一个阶段都是整个过程发展中的一个"小旋涡"，都比较地上升到了更高的阶段，教育必须适应每个阶段的特点，这是一个普遍规律。无视这种节奏乃是现代教育失败的一个主要原因，我们的孩童在最富浪漫激情的金色年华中被动地接受着过多的、他们的年龄还难以理解的知识灌输，穷于应付各种填鸭式的教学和考试，就是那种用怀特海的话来说"墨守成规"、"胆怯守旧"、"死板无效"的现代教育的一个例证。

① 怀特海：《教育的目的》，北京：生活·读书·新知三联书店 2002 年版，第 4 页。
② 同上书，第 31 页。
③ 同上书，第 67 页。

　　现代教育在一定意义上说就是应试教育，支撑这种教育的是那种在精神上缺乏远见的、单调的物质主义的、现代机械论的世界观。这种教育割裂了学校和社会、认识与实践的联系，把学生当作考试机器，只注重书本知识，是对学生的灵魂和肉体的双重扼杀。怀特海并不完全否认考试的作用和意义，认为考试是教育节奏之精确阶段的一个必要手段。但是，当学生成为考试的机器和奴隶，当考试成了教育的目的甚至唯一目的的时候，在理论上说，它就成了一种非人的教育。美国著名学者罗伯特·S. 布鲁姆鲍格（Robert S. Brumbaugh）在《怀特海、过程哲学和教育》一书中指出："在怀特海看来，学生是活生生的人，是一种具有创造性和审美旨趣的具体存在。"① 应试教育这种非人教育不仅在理论上误导了教育的发展，而且在实践中造成了大量的悲剧。这种教育虽然培养了大批会考试的学生，但社会需要的却是创造性的人才。它的悲哀恰恰在于，它对解决我们时代面临的问题贡献甚少。

　　第四，把握教育艺术。教育是一门艺术，是教人们掌握如何运用知识、领悟生活的艺术。而且，这是一种很难传授的艺术，不可能用一个简单的公式来表示。因为它涉及力、美、鉴赏、风格这样一些极为简约的特质。怀特海认为，在苏格拉底看来，"教育"这个语词本身就蕴含了这样一种观念，即教育就是教师来诱导学生固有的知识。因此，教育的艺术应该是一种诱导的即说服的艺术，其根本和关键是激发学生的兴趣。激发兴趣进而增进自由，是教育艺术的一个重要方面。因为，"兴趣是专注和颖悟的先决条件，没有兴趣就不会有进步。"② 人们在兴趣中学到了知识，体验了快乐，增进了享受，实现了价值，获得了自由。而这一切，在现代教育之僵化的观念、体制和实践中是不可能实现的。

　　在我们看来，教育艺术的另一个重要方面是对他者（包括学生）的尊重，这是后现代教育的一个极为重要的特征。尊重也是一门艺术。在传统教育模式中，教师通常扮演着真理的拥有者的角色，具有极大的权威，"师道尊严"就是这种模式的反映。而过程教育哲学则对尊重他者提供了

---

　　① Robert S. *Brumbaugh*：*Whitehead*，*Process Philosophy and Education*，State of New York，1982，p. 124.

　　② 怀特海：《教育的目的》，北京：生活·读书·新知三联书店 2002 年版，第 56 页。

本体论的支持。根据过程哲学的观点，每一个现实实有都有价值，都处于一种共生的过程中。和教师一样，学生也有其经验、感情和价值。学生需要向教师学习，教师同样也需要向学生学习；教师并不先天地拥有真理。这种尊重他者的后现代教育观，使得我们听到了包括学生在内的那些"边缘化了的"甚或"异化了的"他者的声音，看到了他们认识事物的方式，理解了他们的叙述，因而扩大了教育的视界，拓展了通达真理的道路。在这种后现代教育模式中，教师的作用就在于唤起学生挑战其想象，激发学生进行创造。用理查德·罗蒂（Richard Rorty）的话来说，一个后现代的教师应该具有丰富的想象力，应该经常能够提出一些原创的、可以选择的、超越了旧的传统模式的新观念，应该鼓励学生不要接受书本知识并提出其他新问题。① 而要成为这样一个教师，一个重要的前提就是尊重差异，尊重他者。

三

关于教育的本质和目的，历史上的教育哲学大体有以下几种代表性的观点。一是认为教育的本质和目的在于鼓励，这种观点的主要代表人物是柏拉图和卢梭。他们认为，教育是一项鼓舞人心的事业，其目的在鼓励人们成为多才多艺而又富有责任心的公民。柏拉图的《乌托邦》和卢梭的《爱弥儿》为我们展示的就是这样一幅以鼓励为目的的理想的教育图景，但由于这一图景过于理想化，在现实中不可能得以实现。二是认为教育的本质和目的在于分析，这种观点的主要代表人物在英国有彼得斯（R. S. Peters），在美国有谢夫勒（I. Schefler），其主要著作分别是《教育哲学》和《教育的语言》。这些深受逻辑实证主义影响的教育哲学家们反对充斥于教育中的各种空洞理论，主张通过语言分析使教育成为一项明晰的和精确的科学事业，因而他们主张，分析是教育的唯一目的。三是认为教育的本质和目的在于指导，这种观点的主要代表是德国教育家赫尔巴特（J. F. Herbart）。他在《教育科学》中指出："教育的全部工作可以用一个

① Richard Rorty："Is Derrida a Transcendental Philosopher?", in *Essays on Heidegger and Others*, Cambridge, Cambridge University Press, 1991, p. 56.

概念来概括——道德。"这种观点假定，宇宙是有序的，全部现实（包括人）都应该服从这种设计，教育的目的在于启迪人发现这种设计并指导其生活与之相适应，而这种指导的源泉就蕴藏在道德中。四是认为教育的本质和目的在于研究，这种观点的主要代表是美国哲学家杜威（John Dewey）。他在《民主和教育》一书中认为，教育是一种旨在推动社会前进的实验，然而没有任何人能够先验地得知教育是如何促进社会发展的。教育哲学尽管可能提供对各种教育实验的评估，但它不是权威性的和指导性的，即它不能告诉教育工作者应该或不应该做什么以及如何做什么，而只是对教育实践做出评价和判断，换言之进行研究，因为实验才是对一切事物的最终检验。

以上这些观点对怀特海都有着不同的启发，但他的过程教育哲学在根本上和上述教育哲学又有着明显的不同。如前所述，在过程的三个维度中，怀特海最看重的是"现在"这个维度，因而他的教育哲学和柏拉图与卢梭的那种面向未来的理想教育模式完全不同。怀特海并不完全否认分析，认为分析是教育之精确阶段的主要方法，但他更看重的是有机的整体，是知识的综合运用，这和当时如日中天的分析哲学又不相同。怀特海主张，"教育的本质在于它那虔诚的宗教性，"① 它培养的是受教育者的一种类似宗教情感的责任感和崇敬感（这是我们在研究怀特海的过程教育哲学时少数几个不能完全苟同的观点），而"道德，就这个词的否定意义来看，它是宗教的死敌。"② ——怀特海反对把上帝理解为一个宇宙道德主义者即反对享受的人，认为上帝在创造进化中最关心的不是道德态度的发展而是增进所有受造物的享受（参见拙文"二十世纪过程神学发展概观"，载《国外社会科学》1998 年第 4 期）——因此，怀特海的观点和赫尔巴特的观点也不相同。在上述观点中，和怀特海最接近的是杜威的观点。所不同的只是在于，杜威更看重的似乎是各种教育实验的比较研究，而怀特海更看重的则是教育的创造作用。

怀特海认为，生活和实践是教育的唯一源泉。如果生活和实践是开放的、动态的和创造的，那么教育也理应如此。教育没有游离于生活和实践

---

① 怀特海：《教育的目的》，北京：生活·读书·新知三联书店 2002 年版，第 26 页。

② 同上书，第 69 页。

之外的主题，它"只有一个主题，那就是五彩缤纷的生活。"① 而且，教育对生活的理解决不是现代教育所传授的那种片面的、分离的、"只见树木不见森林"式的理解，而是一种全面的、有机的、"既见树木又见森林"式的理解。进而，教育所要传授的不是对生活之杂多现象的表面把握，而是对思想的美和力的一种深刻认识，这种认识和教育者的生活"有着特别的关系"。② 他非常赞赏英国著名教育家弗雷德里克·威廉·桑德斯（Frederick William Sanderson，1892—1922）的这样一句名言："通过接触来学习"，认为这句话的重要意义涉及了"真正的教育实践的核心问题"。③ 这种通过直接经验获得的知识乃是智慧生活的首要基础，而现代教育片面强调的书本知识充其量不过是第二手的知识，永远不具有那种直接实践的重要意义。

通过生活和实践所获得的知识必然是有用的，必然会服务于社会的发展和人类的进步。他诘问道："教育若无用，它又何成其为教育？教育当然应该有用，不管你的生活的目的是什么。教育有用，因为理解生活是有用的。"④ 他特别地谈到了现代大学教育。他认为，现代大学的发展对推动社会的进步起到了积极的作用，几乎所有国家都分享了大学的蓬勃发展这一好运。但是，现代大学发展与社会需求的脱节、大学数量和规模的庞大与办学质量的下降、大学内部的各种复杂组织和刻板机制、尤其是那种根据发表论文的数量来评价教师价值的评估方法，已经暴露出某种危险；如不加以正确地引导，将给教育进而给文明的发展带来严重的危害。

大学对社会的推动作用突出地表现在以充满想象力的方式进行思想的探险，并把它和行动的探险结合起来，从而在传授知识和追求生命的热情之间架起桥梁。在怀特海看来，想象不能脱离事实，知识的探险不能脱离生活的探险。正是通过大学的推动，思想的探险和行动的探险相汇合了；而承担这一重任的，正是那些本身就充满了丰富想象力并具有巨大感染力的教师。怀特海把这种想象力称作"光明的火炬"，并把充满想象力的生活上升到了一种"生存方式"的高度。他说："一所大学是充满想象力

---

① 怀特海：《教育的目的》，北京：生活·读书·新知三联书店 2002 年版，第 12 页。

② 同上书，第 21 页。

③ 同上书，第 111 页。

④ 同上书，第 4 页。

的，否则它便什么也不是——至少毫无用处。"① 广而言之，一所大学也好，一种教育也好，如果没有想象力和创造力的话，如果不能服务于社会的话，就失去了其存在的价值。

总之，怀特海的过程教育哲学内容十分丰富，意义非常重大，它给我们的启示也是极为深刻的。随着社会主义市场经济的发展，我国的教育事业有了长足的进步，但是可以说，怀特海所揭示的现代教育中的诸多问题在今天的中国都不同程度地存在着，有的甚至还相当严重（特别是应试教育的问题）。这些问题严重地阻碍了我国教育事业的健康发展，影响了社会的全面进步。在现代化的进程中，我国的教育正面临着双重的任务：既发展现代性，继续为教育的现代化而不懈努力；又反思现代性，力图克服现代教育的种种弊端，迈向新的更高的后现代教育。怀特海的过程教育哲学所提供的一种建设性的后现代远见，为我们超越西方现代教育的发展模式，找到一条适合中国国情的后现代教育路径，提供了一个有益的参照。

---

① 怀特海：《教育的目的》，北京：生活·读书·新知三联书店 2002 年版，第 144 页。

评科布的后现代生态经济观[*]

作为当今世界上有影响的后现代思想家，美国学者小约翰·B.科布的哲学思想、科学思想、神学思想在国内均有人研究和介绍，但其经济理论人们研究得还很少。科布并没有直接研究经济学中的具体问题，而是把经济学放在更大的视域之中，对它进行后现代的审视。他的经济理论可以被称为后现代生态经济理论。它之所以是后现代的，是因为科布提倡的思维方式超越了二分法即传统的二极对立。他自觉地超越了"不是……就是……"的思维方式，超越了各种二维推理。他最热衷的是第三种可能性即"创造性的改造"。而且，他还以一种新的、后现代的洞见对世界是由实体构成的这一现代思维的核心假定提出了挑战。和现代性的主要特征之一"同质化"（homogenization）不同，科布强调的是多样性。它所以是生态的，则是因为他的经济问题和生态问题密切相关，它们是相互交织的。正如科布所说："由于经济学关怀来自生态学关怀，并充斥于其中，因而一种新的经济学必须建立在生态学的人生模式上。"①

一

科布对占统治地位的现代经济理论的挑战是多层面的。首先是对人性概念的挑战。科布认为，个人主义的经济理论模式导致了削弱现存社会关系模式的政策，这种政策未能注意到生活中的人际关系。他的基本信念是，人们彼此之间是内在相关的，任何一种把他们当作自给自足的个人的

---

* 原载《理论与现代化》2000 年第 9 期。

① 科布：《生命的解放》，伦敦：剑桥大学出版社 1981 年版，第 295 页。

观点都歪曲了现实的状况。其次，挑战经济增长。经济增长一直被视为解决我们的环境问题和社会问题的终极答案，但在科布看来，日益增长的全球经济正是我们的许多社会问题和环境问题的真正原因。当然，拒斥基于经济主义的经济增长是要表明，我们应该寻求的是那种大写的增长，即经济利益之实际的改善。再次，挑战自由贸易。科布认为，自由贸易并没有摆脱控制，尽管资本摆脱了政治实体的控制，跨国合作摆脱了民族政府的限制，但全球权力却从政治控制转向了经济控制。科布的解决办法是，从自由贸易逐渐转变为地区自给，这才是各国人民的最高利益。再次，挑战全球经济。根据科布的观点，一种互相依赖的全球经济将削弱每一个人的权利（除了少数资本的操纵者以外），结果将不只是贫困化，而且对世界上大多数人来说在根本上将是非人化。它将扩大穷人与富人之间的鸿沟，并加速资源的耗竭和环境的污染。最后，挑战人类中心论。科布坚持超越人类中心论，并倾向于以一种生物中心论或地理中心论的方式进行思考。他的现实目标是非中心化。他认为，后现代经济的一般原则是，权力应该被局限于能够着眼当前问题而采取行动的最小共同体之中。

这些挑战揭示了现代经济理论的局限性，即从人类众多的特性中进行抽象，把自私自利当成了人类活动的唯一动机。科布认为，事实上，在人类经济中，其他动机也起着一定的作用。他的后现代生态经济理论克服了现代经济理论的这种局限性，并充满了创新和启迪。他提出了许多新的选择，如地球主义（earthism）的概念。根据这一概念，地球主义是一种新的范式，一种不同的存在方式。他指出："我的论点是，今天，只有地球主义才能起到作为一个健康的凝聚中心的作用，才足以抵制经济主义，并产生激情和能量。"[1]他不能容忍现代经济理论继续统治我们的生活。在他看来，现代经济理论忽视了自然环境的意义，而且国民生产总值并没有说明生活的质量，未能对经济"增长"之社会的、心理的和生态的后果给予足够的重视。这种崇尚经济"增长"的宗教一直是以一种关于人性和人的本质的粗俗的个人主义观点为依据的，它把人的存在当作了"市场中的个体"（individuals – in – a – market），而后现代经济理论则把人视为"共同体中的人"（person – in – community）。

---

① 科布：《可持续的共同利益》，俄亥俄：朝圣出版社1994年版，第40页。

科布寻求的社会是一个既是可持续的又是可生活的社会。他提供了一种替代现代西方经济理论的选择，他的后现代经济理论诉诸的是共同体的发展和可持续的发展。在他看来，现代经济理论未能说明共同体和人的关系，其唯一的目标就是日益增长的生产和消费。相反，后现代生态经济理论则回到了这样一种传统的观点，即经济应该为共同体服务，而且共同体的价值决定了那些被视为发展的东西。

二

和对现代经济理论的挑战密切相关，科布的后现代生态经济理论的基本特征是：

——强调每个人的内在价值。这种价值是通过经验的丰富性来衡量的。正是而且只是在个人中，人们才发现了内在价值，任何一种不指向个人经验丰富性的政策都会使人误入歧途。现代经济理论尽管也同意个人的内在价值，但它强调的不是经验的丰富性，而是对商品和服务的占有与消费。如现代科学管理之父弗·泰勒认为，在科学管理中，工作被分解为最小的单位，人被分解为生产者和消费者。科学管理的主要原则是思想和行动的分离、概念和操作的分离。管理者成了心灵，生产者则成了肉体。生产者在劳动中的享受或在创造性活动中的满足让位给了对产品质量的考察和他人的支配。而科布的后现代生态经济理论则坚持认为，作为生产者，人的经验的丰富性与人作为消费者的经验的丰富性是同样重要的；当生产者的享受被忽视的时候，他们并不是真正的生产者。

——强调关系性。个人是由其关系构成的，经验的丰富性就是关系的丰富性，并依赖于经验对象的丰富性。这表明，个人存在于共同体之中，并由他们借以存在的共同体构成。现代经济理论也表达了世界不完全是由个人构成的这样一种认识，而且目标也指向了其他层次的社会组织，但两者之间仍存在着某些区别。对现代经济理论来说，目标是由国家设定的，而且最重要的政治单位就是民族国家；经济学家的任务只是在实现这些目标时支持政府。而后现代生态经济理论尽管不能忽视这些现实，但却指向了共同体的其他定义。在科布看来，共同体就是人和其他创造物的群体，这些群体密切相关，并以各种既富于解构性又富于建构性的方式互相交织在一起。和现代经济理论强调个人不同的是，后现代生态经济理论认为，我们既是某个共同体的成员，又和其他共同体的成员密切相关，而且我们的个人幸福和他人的幸福是不可分割的。因此，共同体应该以各种允许、并能使其他共同体获益的方式获得其自身的健康发展。

——强调超越。现代经济理论也承认新质（特别是技术创新）的重要性，它也希望技术上的改进能使我们从我们的资源基础那里获得更多的消费品，并用新的资源代替旧的资源。但后现代生态经济理论却以一种不同的方式衡量这种创新，它认为，最好的技术是旨在生产真正必需的商品而又消耗最少资源的技术，而且这种技术不会损害自然环境和人的共同体，它强调的是克服人之互动的破坏性形式和对环境的滥用。尽管个人是由其和他人的关系构成的，但他们也超越了他们与之相关的其他人。没有一个人完全是关系的产物，每一个人都对关系进行了一种创造性的综合。关系的丰富性和经验的丰富性取决于新的个人的创造性自由。所有个人都超越了与之密切相关的世界，在每一个瞬间，都存在着创造性新质的可能性。它展望的是新的生活的能力。

——强调超越的极限。强调超越的极限与强调其现实性和价值同样重要。有的时候，人们并没有认识到这些极限。有人假定存在着一个超越的领域，如理想的领域。他们认为，科学事业不受科学家的社会、经济和政治境遇的影响。这种思维方式受到了后现代生态经济理论的严峻挑战。科布认为，科学不是、也决不会在真空中产生，它必然受到其社会关系的影响，是一种映照了它借以产生的社会的反思。后现代生态经济理论既强调超越之普遍的存在，又强调超越的每一个行动都受到它借以产生的具体境遇的制约。人们能够通过认识到他们是受到限制的、并通过对他们自己的观念和心理习惯进行批判而超越其限制，但这种超越又总是十分有限的。因此，后现代生态经济理论有助于揭示那些基于现代经济理论的模型何以会有各种困难，有助于承认任何"合理的"研究方法的极限，有助于人们认识到没有一种政治经济体制适合于所有人。

——强调奋斗目标之可能的共生（symbiosis）。现代经济理论认为，人们的奋斗目标是相互矛盾和竞争的。根据这种理论，要战胜通胀，就必须接受利率、贬值、失业；同样，如果一个共同体要注意环境保护，它就必须接受不断增长的通胀和失业。这些目标总是以一方受益、一方受损的方式交替实现的，这种交替观乃是现代经济理论的一个根本的方面。而后现代生态经济理论则认为，经济和社会的发展并不是一种非赢即输的游戏。可持续发展不必付出正义的代价，充分就业也不必依赖破坏性的增长。环境的质量、资源的利用和通胀的减少并不是矛盾的，它们一开始就以一种负责的方式被考虑到了。后现代生态经济理论诉诸的正是各种奋斗目标之可能的共生。

三

科布的后现代生态经济理论对我们是富有启发的，但它也存在着某些问题。例如，人的内在价值的标准是什么呢？科布的答案是经验的丰富性。他的意思是鼓励人们超越单一的、一元的和一成不变的经验，如消费的经验或占有的经验，因而希望人们具有更多的或不同的经验。但问题是，人的经验有好坏之分，好的经验可以作为内在价值的标准，坏的经验（如偷窃、抢劫、吸毒、诈骗甚至屠杀，总之犯罪）显然不能作为我们的内在价值的构成要素。

又比如，科布的理论忽视了经济全球主义之积极的意蕴。显然，作为一个后现代思想家，科布试图挑战或消解跨国公司的霸权。用科布的话来说，我们需要地方或地区经济。后现代经济理论支持的是经济民族主义，反对的是经济全球主义。但是，经济全球主义乃是社会化大生产发展的必然要求，在经济全球化已经成为当今世界一种客观和重要的经济现象的条件下回到小国寡民的民族经济，既不可能也无必要，完全否定经济全球主义将导致忽视其积极的意义。更何况对第三世界特别是中国这样的有着漫长封建社会历史的国家来说，经济全球主义具有一种反封建主义的意义，它有助于挑战封闭的、传统的、否认资本主义和市场经济的封建主义，并提供一种新的开放的视角。

再比如，科布的后现代生态经济理论并没有对共同体的消极方面给予充分的注意。强调共同体必将相应地强调其利益。有的时候，共同体的利益和全球利益与长期利益是一致的；但有的时候，它们往往又是矛盾的。科布并没有揭示共同体之消极的方面，如共同体对个人的控制。根据后现代生态经济理论的一般原则，权力应该被置于能够涉及当前问题而活动的最小共同体之中，因为它更能控制人。我们的问题是，是否有第三条道路即既寻求共同体的价值又尊重个人的价值的道路呢？我们的建议是，是否可以把个人的内在价值和共同体的健康发展联系起来呢？我们想要指出的是，科布的后现代生态经济理论是一个相互联系的整体，其中每一个要素都应该是、而且能够是密切相关的。例如，我们可以把个人经验的丰富性整合到改进共同体的健康发展中去，并把"艺术地生活"整合到个人经验的丰富性之中去。此外，如果我们能够提出一种"可持续精神发展的概念"（它坚持灵魂与肉体、理性与感性、审美与价值之间的内在和谐），也可以把它整合到科布的后现代生态经济理论中去。

评格里芬的后现代人权观[*]

随着建设性后现代主义在中国影响的渐增，D. R. 格里芬的名字也日益为中国学界所熟悉。他的《后现代科学》、《后现代精神》、《过程神学》、《建设性后现代哲学的奠基者人》、《超越无政府状态和寡头政治》等著作的中译本已经或即将出版，为中国的后现代主义研究吹来一股清新的风，使得人们对后现代主义的理解相对于解构性后现代主义而言更具某种辩证整合的色彩。

格里芬的后现代人权观集中体现在他的《超越无政府状态和寡头政治》（该书中译本即将出版，以下引文未注明出处者均引自该书手稿）一书中。在这本刚刚杀青的新作中，格里芬对占统治地位的现代人权观进行了反思和批判，提出了一种新的超越了这种人权观的后现代人权观，为我们重新考察人权提供了一条新思路。

一

人权观念源远流长。在西方，人权思想的萌芽在哲学上可以追溯到古希腊的普罗泰哥拉（"人是万物的尺度"），在宗教上可以追溯到几千年以前基督教关于自由地位（autonomous status）和人格之不可替代的价值信仰的观念，但严格意义上的人权观则是一种现代观念。

"现代"一词既可以从时间意义上理解，也可以从思维方式上理解。但这里所说的"现代"不是"时代化"意义上的一个历史时期，而是一

---

* 原载《理论与现代化》2001 年第 3 期；中国人民大学复印报刊资料《政治学》2001 年第 4 期全文转载。

种以基础主义、本质主义、理性主义、二元论、人类中心论为特征的思维方式。相应地，这里所说的"后现代"也不是一个时间概念，而是以一种反基础主义、反本质主义、反理性主义、反二元论、反人类中心论为特征的思维方式。基于这样的理解，作为一种思维方式的现代人权观在时间跨度上便要比时间意义上的"现代"更为宽泛。

现代人权观之直接的理论渊源是 17—18 世纪英法资产阶级思想家，特别是洛克和霍布斯的自然权利论以及卢梭的社会权利论。现代人权观反对神权，反对任何形式的奴隶制和封建制，在历史上曾经起过十分重要的进步作用。自现代以降，西方各国根据现代人权观制定的人权法规，如1679 年英国的《人身保护法》和 1689 年的《权利法案》，1776 年美国的《独立宣言》和《弗吉尼亚权利法案》及 1791 年的《宪法修正案》（又称《人权法案》），1789 年法国的《人权和公民权宣言》，一直是西方各国人权理论与实践的基本准则。

现代人权观的发展是一个过程，在其发展的不同阶段，在不同的文化背景中（如在西方和东方）具有不同的形式。正如美国学者 R. P. 克劳德和 B. H. 韦斯顿指出的："在现代史的各个阶段，自 17 和 18 世纪的资本主义革命、20 世纪的社会主义革命和马克思主义革命以及第二次世界大战后立即开始的反殖民主义革命以来，人权的内容得到了广泛的定义。"①这表明，现代人权观经历了三个不同的阶段，即第一代的公民权和政治权；第二代的经济权、社会权和文化权；第三代的协同权（solidarity）。其中，第一代人权观奉个人主义的自由概念为圭臬；第二代人权观以社会主义的平等原则为旨归；第三代人权观则致力于人权之个人层面和集体层面的协同、共生和整合。在格里芬看来，第一代人权观和第二代人权观都是"现代的"，因为它们强调的只是人权观的某个侧面。第三代人权观则可以被视为一种后现代的人权观，它克服了前两种人权观的局限，并反映了非西方国家对经济和社会发展的权利、对和平的权利，以及对健康与平衡的环境的要求。格里芬的人权观正是这样一种后现代人权观，当他呼吁超越现代性的同时，在逻辑上已经包含了抛弃现代人权观。

---

① R. P. 克劳德、B. H. 韦斯顿编：《世界共同体中的人权》，费城：宾夕法尼亚大学出版社1989 年版，第 18 页。

现代人权观的主要局限在于：

首先，它是西方中心主义的。现代人权观发轫于西方，并一直声称具有普适性，但它实际上却是西方中心主义的。在本质上，它是一种西方的自由人权观念。现代人权观在历史上和哲学上是新兴的资产阶级的意识形态。而且，这种现代人权观在 1945 年成立联合国暨发表《世界人权宣言》的时候，正是大多数第三世界国家处于殖民统治下的时候。因此，这种现代人权观乃是一种特殊的价值体系。认为这种名为"世界"实则"特殊"的人权观念具有一种普适性的地位，显然是同历史与现实相矛盾的。这一点甚至连西方学者也看得很清楚，正如 A. 波利斯和 P. 施瓦布指出的：现代人权观不是中立的，而是西方中心主义的，西方国家致力于把这种人权观强加给世界，"不仅反映了一种道德沙文主义和种族中心论的偏见，而且注定要失败"。①

其次，它是个人主义的。众所周知，资产阶级意识形态的核心是个人主义。在西方，人权主要是指个人的权利，并用来表示个人的尊严。现代人权观强调的诸如信仰自由、选举自由、言论自由、结社自由、出版自由甚至游行自由这样的权利，无一不是指个人的权利。例如，在《世界人权宣言》的 30 条条款中，只有 2 条（第 28 和 29 条）与共同体直接相关。而且即使是涉及共同体的时候，目的也还是为了个人权利和自由的实现。可见，现代人权观是以原子化的个人为基础的，根据这种人权观，维护人权就是保护个人。正如 S. 勒克斯指出的："现代人权与一种个人主义和人道主义的世界观密切相关，它已经成为我们社会中日常生活中的硬通货（currency）。"②这就解释了现代人权观何以把人权只是当作与个人自由相关的概念的原因。

最后，现代人权观是抽象和片面的。一方面，它没有把人权看作一个相互联系的整体，只注重政治权利，而忽视了其他权利（如经济的、社会的和文化的权利）。如《世界人权宣言》大量关注的是政治权利，很少有条款致力于人类之根本的权利——经济权利。根据 A. 波利斯和 P. 施

① A. 波利斯、P. 施瓦布编：《人权：文化的和意识形态的视域》，纽约：帕拉格出版社 1979 年版，第 14 页。

② S. 沙特、S. 赫尔利编：《论人权》，纽约：基本书库 1993 年版，第 3 页。

瓦布的分析，该宣言 30 条条款中只有 3 条涉及经济权利，其结论是：在《世界人权宣言》中，政治的首要性是显而易见的。由于忽视了经济的、社会的和文化的权利，这种人权观便是空洞的或不切实际的。另一方面，它缺乏责任的内涵，因而不能为其他国家特别是第三世界国家所接受。现代人权观强调的是权利而不是责任，它强调每个人都有这样或者那样的权利，但它并没有强调每个人也都有责任尊重并帮助他人实现其权利。每个人都处于特定的社会之中，人与人之间的权利冲突是不可避免的。因此，和权利一样重要的是责任，责任和自我牺牲是必需的。没有责任的人权观念只能是抽象的和片面的。

二

格里芬的后现代人权观是对现代人权观的反思、批判和超越。尽管他并没有使用"后现代"这个语词，但他在《超越无政府状态和寡头政治》中讨论的人权观就是后现代的人权观。

首先，后现代人权观整合了个人与集体、权利与责任。同以个人主义为基础的现代人权观相反，格里芬的后现代人权观的哲学基础是泛经验论。根据泛经验论，一切现实都有经验，都是过程。新的共生（concrescence）的过程开始于对现实实有之复杂网络的领悟（prehension）。这就是说，人类存在和其他存在是内在相关的。换言之，它们的关系限定了其作为个体的特性。

正是由于泛经验论，我们才能抛弃一种虚假的个人主义，才能解构个别与一般、私人的与公共的之间的二分法，从而克服现代世界观，特别是其个人主义、人类中心主义、父权制、机械化、经验主义、消费主义、民族主义，实现个人主义与利他主义之间、权利与责任之间的整合。另一方面，格里芬的后现代人权观揭示了人权与责任之间的内在联系，把人权与责任自觉地联系起来了。格里芬认为，责任的概念是"内在于真正的人权观当中的"。这就是说，西方人不仅有责任"避免剥夺任何人类同伴的食物，而且有责任保护和支持他们"。用格里芬的话来说："我们应该支持那些给予各国人民的切身利益以优先地位的政府。"这就丰富了人权的概念，扩展了其内涵，整合了权利与责任，并将被非西方国家人民所接受。正如我们知道的那样，即使是最好的法律，当它们不被理解和尊重时，或者没有得到有效实施时，是很少能发挥作用的；人权观也是如此。

其次，后现代人权观假定了西方价值与东方价值的统一。格里芬等后现代思想家们意识到，现代人权观是西方特权地位的一种表达，其旨趣不是非西方国家人民的利益，其个人主义的价值体系也是和以共同利益为主旨的东方价值体系相抵触的。因此，对非西方国家人民来说，拒斥这种人权观是很自然的。由于农业这样一种传统的生产方式，在东方传统中，特别是在中国传统文化中，存在着某些东方所共有的、不同于西方的价值观念，其核心便是人与天以及人与人之间的和谐与统一的理想。根据中国传统文化，个人不是在自我表现中而是在天意中，不是在个人主义中而是在共同体的成员中找到了尊严。所谓"天人合一"、"人和圆融"说的就是这个意思。因此，在东方传统文化中，"人权问题不可能获得一种独立的和真正的问题的地位，因为人与人之间的关系只是迈向所有存在物的和谐这一更高目标的一个步骤。个人必须放在与一般共同体的价值的关系中来考察。"①人们很容易把这种传统指责为和人权相对立的，就像许多西方知识分子经常所做的那样。但是，在他们这样做的时候，却失去了一个关于人权的重要的思想源头。后现代人权观则假定了这两种价值的统一，认为"西方的血统和人权取向在一个更伟大的文明时期也许是一个负担"，②我们应该承认这两种价值之间的巨大差异，并尊重而不是拒斥东方价值。而且，由于西方霸权话语的过去和现在，对东西方之间的对话来说，尤为重要的是对其他非西方国家关于人权的声音给予更多的关注。这种依据后现代视域的人权观既不是西方的也不是东方的，而是一种全球的人权观；同时，它既是西方的又是东方的，从而能够回应来自东西方关于人权的各种挑战。特别要指出的是，这种后现代人权观并没有贬低自由，相反，它允许个人和共同体具有更大的自由发展的空间。

最后，后现代人权观十分强调生存权和生活权。基于对全球环境危机与核战争这样的生存威胁的分析，格里芬把生存权当作了人权的重要组成部分。他指出：人类生存"所受到的威胁主要来自环境恶化而非军事打

---

① R. 特拉斯：《信仰人权》，华盛顿特区：乔治城大学出版社 1991 年版，第 159 页。

② R. 福尔克：《掠夺性的全球化》，纽约：政治出版社 1999 年版，第 109 页。

击"。面对生存的巨大威胁，现代人权观所强调的自由便显现出其局限、苍白和虚假。关于生活权，格里芬写道："美国和其他自由民主国家都有一种贬低经济权利的倾向，即认为它们不如公民权和政治权重要。"这种贬低代表的是"富人的意识形态偏见，即他们不愿承认那些要求对世界财富重新进行分配的穷人的权利"。和现代人权观相反，后现代人权观强调，生活权（首先是温饱权）是最基本的人权，它内在于人权观之中。用格里芬的话来说："温饱的权利就是一种人权，它不仅是一种基本的权利，而且对世界上大多数人来说是十分重要的。"这是一个简单明了的真理，而那些早就解决了温饱问题的西方国家似乎并不想认识这个真理。这不禁使我们想起我国的一句名谚："饱汉子不知饿汉子饥。"对生活权的这种贬低也部分地解释了穷国何以不关心现代人权观的原因，即使其诗意的栖居如此之令人神往。显然，他们更相信的是这样一个论断：人权开始于早饭。

三

马克思主义历来十分重视人权，并把实现全体人民的权利当作崇高的奋斗目标。马克思主义认为，人权作为一种社会历史现象，是社会经济政治发展到一定阶段的产物。在奴隶制和封建制条件下，几乎谈不上真正意义上的人权。现代资产阶级尽管推翻了神权的统治，并标榜人权的普遍性，但现代国家承认人权同古代国家承认奴隶制是一个意思，现代资产阶级的人权"本身就是特权"，[1] 因为它们只有在为人民争取权利和自由的幌子下，它才能从政府手中为自己争得权利。因此，现代人权在本质上仍然是少数资产阶级的人权。

人权是具体的而不是抽象的。人权是人的发展权与生存权、政治权利与经济权利的统一，是人权的法律形式与社会内容的统一，是人权的阶级性与普遍性、个体人权与集体人权的统一，是人的权利与人的义务的统一。在人权这个整体中，生存权和经济权是首要的人权，在此基础上才谈得上政治权利和文化权利。而且，权利作为一种法律关系的形式，是以客

---

① 《马克思恩格斯全集》第3卷，北京：人民出版社1957年版，第229页。

观的经济利益和社会利益为内容的，因而必然受到一定的经济条件和社会条件的制约。在阶级社会中，人权在道德理想层面上尽管也具有一定的普遍性，但在立法和实践层面上又不可避免地具有阶级性，因而抽象的人权也是不存在的。更进一步地说，权利和义务是不可分割的统一整体，没有无义务的权利，也没有无权利的义务。片面地强调任何一个方面，都会导致对人权的肢解，因而不可能真正地实现人权。

从马克思主义的观点看，格里芬的后现代人权观不仅包括了公民权和政治权，而且包括了经济权、社会权和文化权，特别是生存权和生活权；不仅强调了权利和个人，而且强调了责任和共同体；不仅说明了西方价值，而且兼容了非西方价值，并强调了两种价值之间的对话，无疑是颇富启迪、具有积极意义的。在这个意义上我们说，正如马克思主义人权观是对现代人权观的批判一样，格里芬的后现代人权观也是对现代人权观的一种超越。它们拒斥的不是人权本身，而是对人权的那种狭隘和片面的理解；它们不是摧毁和消解了人权，而是丰富和发展了人权。在这个意义上我们说，它们都是对现代人权观的一种辩证扬弃。

但是另一方面，我们也应该看到，马克思主义人权观和格里芬的后现代人权观仍有着某些重要的区别。例如，在国家主权和人权的关系问题上，马克思主义认为，在现实社会中，主权是人权的前提和条件，没有主权就没有人权。一方面，充分实现人权是全体人民的共同追求；另一方面，现实的共同体又总是表现为民族的国家，保护和促进人权是各国政府应尽的义务。在现今的国际关系中，一个国家如果连自己的主权都得不到保障，如何奢谈实现其人民的人权？更何况在当今国际社会中还存在着霸权主义的阴影这一事实。因此，对像中国这样在近现代史上曾受到帝国主义列强凌辱的发展中国家来说，维护国家主权对保障人权来说有着尤为特殊的意义。相反，格里芬的后现代人权观则认为，主权和人权是互相冲突的，主权不仅不是人权的保障，而且是充分实现人权的主要障碍，"只要这种主权学说得以保留，人权观及其道德的普遍主义就必然得不到体现"。格里芬的理由似乎是说，国家主权学说是独裁统治和寡头政治的温床，而且世界上也确实存在着少数借口主权以鱼肉人权的独裁国家；但他的人权观并没有为消除独裁统治找到现实的途径，相反却在客观上为鼓吹"人权高于主权"的西方强权政治提供了依据（尽管这是一个他不愿意看到的、对他来说多少有点反讽的事实)。而且,格里芬试图诉诸全球民主超越无政府状态和寡头政治的主张,至少在今天的由民族国家组成的国际社会中具有些许乌托邦的色彩。问题在于,在现实中,我们能否找到一种既维护国家主权又尊重个人人权的"双赢"(win - win)的理想模式。我想,答案应该是肯定的,尽管这需要经过各国政府和人民长期的共同的努力。

西方女权主义的后现代走向[*]

后现代女权主义是当代西方具有广泛而深刻影响的一股哲学思潮，是后现代主义和女权主义合流与互动的产物。女权主义在当代西方发展的重要走向之一，是沿着后现代主义的方向发展。这种发展不仅是解构性的，同时也是建设性的。从建设性后现代主义的视域考察后现代主义和女权主义之间的对话、交融及其相互动，有着重要的意义。

一　女权主义的历史嬗变

根据美国著名女权主义研究者南希·F. 科特（Nancy F. Cott）的研究，"女权主义"一词大约是在 20 世纪初进入英语语汇的，其含义是指妇女社会角色的革命性变革。① 从那时起，女权主义一词开始被大量使用，但究竟什么是女权主义，即使是在女权主义自身那里也是众说纷纭，莫衷一是。较为流行和权威的定义之一，是英国学者戴维·米勒（David Miller）主编的《布莱克维尔政治思想百科全书》中的定义，即女权主义是关于一种复杂现象的一般性的一个语词，它关注的是妇女的地位，追求的是妇女的平等，并力图消除妨碍妇女作为个人获得解放和发展的一切障碍。②

"女权主义"一词的出现尽管是十分晚近的事情，但女权主义运动则

---

* 原载《文景》2003 年第 3 期。

① Nancy F. Cott, *The Grounding of Modern Feminism*, New Haven, Coon Yale University Press, 1987, Chapter 1.

② David Millered, *The Blackwell Encyclopedia of Politic Thought*, London, Basil Blackwell Ltd., 1987, p. 151.

要比这个语词早得多。从历史上看，当代女权主义运动可以追溯到法国资产阶级大革命和启蒙运动以后；但从思想体系上看，第一代女权主义则出现在 19 世纪末，其主要代表人物是英国的哈丽特·泰勒·密尔（Harriet Tayler Mill）和美国的查洛特·P. 吉尔曼（Charlotte P. Gilman）。密尔首先注意到，性别的不平等不是天生的，而是社会习俗和文化传统造成的。其解决办法，一是教育，即女性和男性应同样享有受教育的权利，以获得日后发展的条件；二是立法，即女性和男性平等地参与立法的过程，以确保女性的合法利益。此外，密尔还特别强调男女在生产领域中的平等，认为无论妇女是否有养家的需要，都应走出家门，参加工作，融入社会，进而和男人建立一种伙伴的而非奴役的关系。吉尔曼在其代表作《黄色壁纸》（1892 年）和《妇女与经济》（1898 年）中指出，已婚妇女通过家务劳动或与丈夫的性关系而非参与社会生产的经济价值或作为母亲和妻子的人的价值来维系自身，乃是造成其被动性和在家庭与社会中价值缺失的重要根源。她们的这种从经济地位切入，进而强调妇女的社会地位的理路，对后来的女权主义者特别是马克思主义/社会主义女权主义者有着重要的影响。

第二代女权主义者发轫于 20 世纪 60 年代中期的美国，它的产生有着深刻的社会背景。这一时期的美国，民权运动、学生运动和反战运动风起云涌，声势浩大，对女权运动产生了重大而深远的影响。例如，1963 年，马丁·路德·金（Martin Luther King, Jr.）在华盛顿特区领导的和平示威及发表的"我有一个梦想"的著名演讲，在很大程度上不仅仅是一场要求黑人和白人享有同等权利的民权运动，同时也是一场要求妇女和男人享有同等权利的女权运动。这场运动的胜利也使得他在 1964 年成为世界上最年轻的诺贝尔和平奖获得者。

1963 年，美国学者贝蒂·佛里丹（Betty Friedan）的《女性奥秘》一书的出版，在思想上引发了第二代女权主义。如果说第一代女权主义主要是自由主义女权主义的话，那么第二代女权主义的一个鲜明特征就是它的多样性。就其思想取向而言，我们可以把第二代女权主义区分为自由主义女权主义、激进主义女权主义、马克思主义/社会主义女权主义和黑人主义女权主义等不同的派别。

自由主义女权主义的主要代表人物有贝蒂·佛里丹、苏珊·奥金

(Susan Orjin)、娜塔利·H. 布鲁斯通（Natalie H. Bluestone）、艾丽斯·露西（Alice Lucy）等人。其基本的理念是，人以理性超于万物而为万物之灵长，公正社会的根本标志之一就是每一个社会成员（包括每一个妇女）都有权利实现其自治和自我。贝蒂·佛里丹在她那本畅销一时的《女性奥秘》中消解了传统观念中妇女良妻贤母、相夫教子的美丽神话，揭露了许多生活在郊区的、富裕的中产阶级的家庭主妇无聊的生活、空虚的心灵以及由此而产生的生理和心理疾患，认为这种传统的女性角色限制了妇女人格的发展和权利及价值的自我实现。她鼓励妇女进入公共领域，并要求男女共同承担家务劳动。苏珊·奥金认为，男女应该在社会的一切方面实现平等，男女在生理和心理上的差异不应成为社会平等的障碍。她批评了罗尔斯《正义论》中没有考察社会性别的缺陷，认为一个正义的社会应该是双性一体的（androgynous）即没有性别差异的社会。

激进主义女权主义主张革命而非改良，其主要代表有凯特·米丽特（Kate Millet）、舒拉密斯·费尔斯通（Shulamith Firestone）、玛丽·戴利（Marry Daly）和凯瑟琳·A. 麦金诺（Catharine A. Mackinnon）等人。和自由主义女权主义从人是自由的这一理念出发，进而要求社会变革（实践）的模式不同的是，激进主义女权主义是通过实践来发展自己的理论的。凯瑟琳·A. 麦金诺在法律实践中第一个提出了"性骚扰"（sex harassment）的概念，并使联邦最高法院同意，性骚扰就是性歧视，违反了《民权法案》（1964年，第7条）。她还致力于反对男性一切形式的（理论的和实践的）暴力行为，包括婚内强奸。[①]凯特·米丽特的问题是，为什么女性在所有社会都处于从属的地位？如欧洲的迫害女巫运动、中国的妇女裹足习俗、非洲的妇女割礼、美国的妇科学（gynaecology），等等。她在其代表作《性政治学》（1970年）中引入"父权制"（patriarchy）这一重要概念，用它来特指男尊女卑的体制。她认为，妇女受压迫的核心根源是父权制，其男女关系的模式乃是一切权力关系的范式，它确保了男性统治女性的制度及其价值，并存在于一切社会形态中。这种理论并不看重国家政权，认为它只是父权制压迫的工具；并不看重经济压迫，认为那种

---

① Catharin A. Mackinnon, Feminism Unmodified: *Disclosures on Life and Law*, Cambridge, Mass. Harvard University Press, 1987.

以为推翻了经济压迫就可以解决一切问题的观点是幼稚的；它挑战的是整个男性，是性阶级（sex‐class）的体制。激进主义女权主义认为妇女受到的压迫最长久、最普遍、最深重，也最难根除。因此，妇女解放的根本任务就在于在一切领域和一切社会体制中彻底改变男女之间的社会关系和权力结构。她们甚至提出了"男性就是敌人"这样极端的主张。①

马克思主义/社会主义女权主义同样产生于 20 世纪 60 年代，但一直处于边缘地位。英国学者朱丽叶·米彻尔（Juliet Mitchell）在 1966 年发表的"妇女：最长久的革命"一文中，最早将马克思主义/社会主义和女权主义结合起来，在后来的《妇女等级》等著作中，更明确地用马克思主义（生产和再生产的理论）来分析妇女问题，主张从生产、生育、性生活和子女教育这四个方面改变妇女的地位，实现妇女的解放。美国经济学家海蒂·哈特曼（Heidi Hartman）在她的名篇《马克思主义与女权主义不幸的结合》中，既批评了传统马克思主义的性别盲点，又批评了激进主义女权主义的阶级盲点，其结论是，"男人控制女人的欲望至少与资本家控制工人的欲望一样强烈，资本主义和父权制乃是两种相互依存和强化的伙伴制度。"大多数马克思主义/社会主义女权主义者是从妇女解放的物质层面来考察问题的，这本身并不错，但妇女解放的问题恐怕不完全是经济的问题。

二　后现代主义女权主义的兴起及其主要观点

第三代女权主义又称后现代主义女权主义，是当代西方占主导地位的女权主义思潮。虽然现代女权主义的发展在西方产生了重要的影响，"它使我们清醒地认识到，我们的社会数千年来在多大程度上一直是建立在男人对女人的控制之上的。"② 但其自身在理论和实践上的偏颇以及美国社会形势的变化，使得女权主义在其发展中也受到了一些挫折。一方面，从女权主义自身的角度看，其理论上的诸多缺陷（特别是把男女对立起来

① Kate Millet, *Sexual Politics*, New York, Avon Books, 1970.

② John B. Cobb, Jr. *Postmodenism and Public Police*, Albany, State University of New York Press, 2002.

的倾向）和实践上的消极后果（如单亲家庭、未婚母亲和离婚率的上升）使得人们开始重新审视她们的各项主张并产生怀疑甚至抵制。另一方面，随着美国社会20世纪80年代以后保守主义倾向的回潮，特别是女权主义者提出的"平等权利修正案"的失败（该项提案1972年经国会通过，但1983年未能获得生效所要求的全国各州的三分之二州批准），女权主义运动出现了低潮。女权主义向何处去，便成为新一代女权主义者思考的一个重要问题。后现代主义女权主义便是对这一问题的一种回答。

后现代主义产生于20世纪60年代，当时正值女权主义思潮风起云涌之际。但在当时，两者之间并无直接的关联。因为后现代主义主要是理论和学术层面的，它关注的是意义和话语，不直接涉及政治；而女权主义则主要是实践和政治层面的，它关注的是妇女的地位、作用及其解放的现实途径。两者的交融与互动开始于20世纪80年代。

后现代主义在其产生之初是以"怀疑"、"否定"、"消解"或"摧毁"著称的，其基本的理论特征便是反基础主义、反本质主义、反普遍主义、反理性主义、反二元主义、反逻各斯中心主义、反人类中心主义。这些倾向在后现代思想家福柯（Foucault）、德里达（Derrida）、拉康（Lacan）、利奥塔（Lyota）等人的著作中表现得十分明显和突出。他们的矛头所指不仅是整个西方思想传统，特别是对启蒙运动以来有关人的本质及认识进行全面的审视，以消解和解构以往被奉为圭臬的理性、知识和真理；而且包括现存的一切秩序体制的确定性和固定性，以及一切关于人类存在方式的普遍适用的必然性观念。这种颠覆性的理论迎合了20世纪80年代初期正在寻求新的出路的女权主义者的需要，这些女权主义者在她们的著作中大量地吸收和引证福柯等人的观点，从而形成了新一代的女权主义即后现代主义女权主义。

后现代女权主义的特征主要表现在以下几个方面：

第一，它否认任何关于妇女问题的本质主义的宏大理论（grand theories）。传统形而上学的一个重要特征，是力图建构一个包罗万象的宏大理论体系。在这一体系中，有一个本质的、基础的或普遍的要素，它或者是物质，或者是精神。这种总体性的话语尽管在现代西方受到了来自实证主义特别是逻辑实证主义的挑战，但由于其根深蒂固性即康德所谓"人类追求形而上学的痼癖"，并未从根本上被瓦解。福柯等人的后现代主义可以被视为对这种宏大理论体系的又一轮新的挑战。在福柯看来，西方关于社会、历史和政治的宏大理论——尤其是自由人文主义传统和马克思主义传统（包括其弗洛伊德主义的变种）——都是本质主义的，即建立在有关人性、历史和力比多（Libido）的总体理论之上的。既然它们是被构造出来的，那它就能被摧毁。据此，后现代主义女权主义认为，传统女权主义对性别、种族和阶级的概括，都属于这种宏大理论，都具有本质主义、基础主义、普遍主义的色彩。甚至"妇女"、"身体"、"父权"这样的概念也都应该被解构，因为根本就不存着普遍的、统一的"妇女"这类语词。不加分析地使用这些语词，无疑会强化本质主义的思维方式，把性别当作与生俱来的和固定不变的，进而否认了其历史的意蕴。美国后现代主义女权主义者朱迪斯·巴特勒（Judith Butler）在《性别的烦恼》、《要紧的身体》、《权力的精神生活》等著作中认为，性别是社会的而非天生的，身体不是生物意义上的"自然的身体"，而是由文化和权力决定的身体。法国后现代主义女权主义思想家蒙妮克·维蒂（Monique Wittig）甚至走得更远，认为女人的身体也是社会造成的，女人并没有任何天生的成分，女人并非生来就是女人。她主张不仅要超越自由主义女权主义"男女平等"的理想，而且要超越激进主义女权主义"女性优越"的思想，实现只有"人"而没有"男人"和"女人"的新社会。①

第二，它力图建构一套女性的话语、权力理论。当代哲学和传统哲学的一个重要区别在于其语言学转向（linguistic turn），即从本体和认识转向语言、意义、话语和文本。后现代主义的主要代表人物之一德里达断言，除了文本，一切都不存在，主体已经死去，话语和文本就是一切。福柯的话语、权力学说也表明，话语即权力，权力即话语，两者是一回事。权力的实施创造了知识，知识本身又产生了权力。权力是运作的而不是被占有的，是生产的而非压抑的，是分散的而非集中的。据此，后现代主义女权主义既反对自由主义女权主义的主张，即权力就是权威，是统治和剥削所有个人的权力；也反对马克思主义/社会主义女权主义者的主张，即权力就是统治阶级统治被统治阶级的权力。她们主张，必须建构一套女性的话语、权力理论，因为这个世界用的是男人的语言，男人就是这个世界

---

① 贾格尔：《女权主义理论概览》，《国外社会科学》1989 年第 1 期。

的话语。以往的女权主义文本都是用男人的语言写作的，因此，我们必须去发明，否则我们将毁灭。而我们的所有要求可以一言以蔽之，那就是用我们自己的话语说话。① 美国著名后现代主义女权主义者安妮·莱克勒克（Annie Leclerc）甚至认为，这种女性的话语"就是女性的肚子、阴道和乳房的快乐，它既不是灵魂和德行的快乐，也不是感觉的快乐，而是一种令人沉醉、男性难以想象的肉体快乐。"② 这种福柯式的注重肉体快乐的哲学一反现代西方思想界重精神轻肉体的传统，乃是对古希腊伊壁鸠鲁学说的一种回复。

第三，它反对二元论，主张多样性和差异性。西方形而上学自柏拉图以来特别是现代哲学自笛卡儿以来，二元和二分的逻辑一直占主导地位，以致我们几乎在所有形而上学家那里都可以看到精神/物质、主体/客体、上帝/世界、个人/社会这样的二元逻辑。美国后现代思想家大卫·R. 格里芬（David R. Griffin）指出，现代性的这种"二元论的基本倾向在人类文化历史上是空前绝后的。"③ 受这种二元逻辑的影响，现代激进主义女权主义同样坚持"不是/就是"的二分法，把男性和女性完全对立起来了。他们的结论是：男人是敌人，女人是朋友；男人是暴躁的，女人是温柔的；男人是迫害者，女人是被迫害者；男人是压迫者，女人是被压迫者；男人是胜利者，女人是失败者；男人是战争贩子，女人是天生的和平主义者；男人是个人中心主义者，女人是关系取向的；男人的快感只局限在生殖器上，妇人的快感则体现在全身各个方面；男人只注重最后的结果，女人则注重整个过程；等等。这种简单的二分法受到了后现代主义女权主义者的抨击和挑战，她们坚决反对西方知识结构中的这种根深蒂固的、总是要把对象分个你高我低、你坏我好的模式，主张多元的、差异的和整合的思维模式。巴特勒认为，不存在一种简单的认同，任何一种女权主义者都不能代表地域、种族、文化、阶级和性取向的另一些妇女，无视多样性和差异性，只能导致女权主义自身的解构。南希·霍威尔在《一种女权主义的宇宙观》中指出，二元论应该受到挑战，不仅是因为它是

① Kourany J. A. ed., *Feminist Philosophies*, New Jersey, Prentice Hall Press, 1992, pp. 362—363, p. 303.

② Ibid., p. 303、pp. 362—363.

③ 格里芬：《后现代精神》，北京：中央编译出版社1998年版，第8，117，223页。

一种"对现实的过分简化,而且是因为它进一步强化了对妇女的不公;它不仅破坏了实在,而且也为建造人与人之间特别是妇女之间的相互关系制造了巨大的障碍。"①

总之,后现代主义女权主义对占统治地位的男性中心主义的思维方式提出了挑战,对以男性为主体而建立起来的排斥女性的传统形而上学进行了批判,对男性中心主义的传统进行了解构。这种挑战、批判和解构"乃是一股促进世界转变的巨大力量"。② 当然,这种促进决不仅仅表现在后现代主义女权主义的解构性向度上,而且表现在其建设性向度上。

三 后现代主义女权主义的建设性向度

后现代主义女权主义是对现代主义女权主义的一种反动,但是这种反动不仅仅是否定和摧毁,同时也是建设和创造。即使是在那些所谓以"反"著称的后现代主义女权主义者那里,也不乏创造性的因子。"破"和"立"在后现代主义女权主义中是统一的。正如格里芬所说:"我们是创造性的存在物,每个人都体现了创造性的能量,而人类作为一个整体更是最大地体现了这种创造性的能量。"③ 生态主义女权主义和过程主义女权主义,就是近来西方后现代主义女权主义中的一种颇具建设性高度的新走向。

生态主义女权主义是生态主义和女权主义相结合的产物,其主要代表人物是美国著名后现代思想家查伦·斯普瑞特奈克(Charlene Spretnak)。她的《失落的早期希腊女神》(1981)、《绿色政治》(1984)、《绿色政治的精神向度》(1986)、《优雅状态:后现代时代的意义发现》(1991)和《真实的复兴》(1997)等著作,在西方有着广泛的影响。斯普瑞特奈克认为,在许多深层的意义上,现代性并没有实现它所许诺的更好的生活,并没有给我们带来和平和自由的世界。在她看来,现代性的主要表征是:物质主义(特别是经济人的假定)、工业主义、客观主义、还原主义、科

---

① Nancy Howell, *A Feminist Cosmology*, *Ecology*, *Solidarity and Metaphysics*, New York, Humanity Books, 2000.

② 同上书,第 8,117,223 页。

③ 格里芬:《后现代精神》,北京:中央编译出版社 1998 年版,第 8,117,223 页。

学主义、中心主义（包括人类中心主义和个人中心主义）、分离主义和父权制，等等。这种现代世界观把个人和自然对立起来，产生了极大的负面影响。斯普瑞特奈克要建构的是人与自然、地球与宇宙的和谐统一的生态链，这一链条是由宇宙、地球、大陆、民族、生物区、社团、邻居、家庭、个人构成的，其中不仅所有的存在结构上通过宇宙联系之链而联系在一起，而且所有的存在都内在地与他人相关。因此，这种生态主义后现代主义的主要表征是：生态智慧、基层民主、个人与社会的责任、基于社团的经济、非暴力、非中心主义、尊重差异、全球社团、可持续的未来发展和女权主义。关于后现代生态女权主义，斯普瑞特奈克进一步强调指出，它挑战的是西方文化中贬低自然和贬低女性之间的某种历史性的、象征性的和政治性的关系，即阳性和理性、精神、文化、自主、自信与公共领域相关；它力图改变那些体现在灭绝生态的活动中的压迫人（特别是妇女）的社会和政治秩序，因而选择了一种尊重整体性结合的观念，即一种以相关性（包括人与自然及人与人的关系）、转化、包容、关心和爱来代替西方父权主义主张的分离、分化和对立的二元论与穷竭资源机制的世界观。斯普瑞特奈克认为，这种后现代的生态女权主义世界观是向人类一切文化遗产开放的，包括向以阴阳整合与互动为特征的佛教和道教传统以及女神精神传统开放。

过程主义女权主义主张把怀特海的过程—关系学说和女权主义结合起来，在过程和关系中考察女权主义。南希·霍威尔认为："怀特海的哲学乃是构造一种女权主义关系理论的宝贵资源。"[①] 因为怀特海的过程哲学在本质上是一种关系和有机体的哲学。根据这种理论，全部实在都是过程，过程即事态亦即事件的集合，过程是根本的，而且万物都是彼此内在相关、相互影响和作用的。作为个体，我们和其他个体内在相关，没有人能脱离其他人而存在，没人能脱离关系而存在，没有分离的和孤立的实体，也没有自足的和自闭的实体。换言之，我们是由关系构造的。这种过程—关系理论为过程主义女权主义提供了理论基础，而怀特海本人在《科学与现代世界》中用"在她的领域中"来表示"在上帝的领域中"

---

① Nancy Howell, *A Feminist Cosmology*, *Ecology*, *Solidarity and Metaphysics*, New York, Humanity Books, 2000.

更是为过程主义女权主义提供了直接的依据。科布（John B. Cobb）和格里芬认为，西方女权主义运动仍处于过程之中，在理论和实践上远未达到应有的高度，过程思想应该而且能够对女权主义思想作出应有的贡献。例如，在理念层次上，过程思想拒绝了传统形而上学之刻板的男性要素；在想象层次上，它鼓励关于女性的各种想象（如女性之热情的、温柔的、回应的、可变的想象）；在语言层次上，它强调以往的男性语言歪曲了我们的想象并压迫了妇女，新的理解和想象必将在尚处于变化过程中的语言中出现，等等。他们认为，"只有当妇女在一个对女性和男性同样尊重的社会中获得了和男人一样的平等地位的时候，人们才将实现所必需的各种变革"，①才有正义、享受、秩序和创造。另一个过程主义女权主义重要思想家玛约丽·苏哈克（Marjorie Suchocki）强调，过程哲学的"开放性"和"互依性"概念对女权主义来说具有至关重要的意义。她在"女权主义中的开放性和互依性与过程思想和女权主义运动"一文中指出，所谓开放性是指实现人之新认同和潜能的可能性，它包含了一种与丰富和扩展人之经验界限相关的新质的积极价值，旧的性关系必须被改造，新的性关系也必须被包括在这种扩展之中。而所谓互依性则是指人与人之间的相互依赖性，它乃是生命的真正要素，它制约了人自身的生成，而且我们不是偶然互依的，而是必然如此。因此，"妇女不可能如此孤立，因为女性和男性之间的关系对人性来说是至关重要的。"她还提出了男女之"普遍完美的存在"的概念，认为"它挑战了我们关闭的一切界限，并在我们面前彰显了这样一个事实，即我们的开放性和互依性事实上比我们能自觉地意识到的要宽泛得多。"②施沃伦在《自觉的资本主义》一书中对"维纳斯的复兴"的企盼，威尔伯对"新的英雄"的呼唤，都从不同方面印证了苏哈克的观点。按照威尔伯，时代呼唤新的英雄，这一新英雄"整个肉体和精神都是雌雄同体的，是直觉和理性、男性和女性的同一"。③

西方女权主义的这一后现代走向并非空穴来风，而是有其深厚的社会

① 科布、格里芬：《过程神学》，北京：中央编译出版社1999年版，第141页。

② Marjorie Suchocki, *Openness and Mutuality in Feminism and Process Thought and Feminist Action*. In Sheila G. Davaney ed.. Feminism and Process Thought, New York, The Edwin Mellen Press, 1981.

③ 张立平：《当代美国女权主义思潮述评》，《美国研究》1999年第2期。

实践基础的。这一基础就是妇女的影响正日益波及西方社会的方方面面。这一点在号称资本主义精英的企业界"表现得尤为明显"。按照《自觉的资本主义》一书作者的统计，今天，女性企业家占了企业家的 1/3 还要多，大约 570 名妇女昂然跻身于"财富 500 强"公司的董事会。"而 1977 年是 46 名"。新一代女性不仅证明了她们在职场上的成功，而且也在用行动改写着人类的历史。后现代女权主义则是这一进程的写照。

分离式的抑或整合式的过程女权主义?[*]

——评南希·霍威尔和玛约丽·苏哈克的过程女权主义

过程思想和女权主义是当代美国学界的两股重要思潮。考察它们两者之间的对话无论对于我们深化对过程哲学和女权主义的理解,还是全面了解一种新兴的整合性的学术流派——"过程女权主义"都有着积极的意义。

南希·霍威尔(Nancy Howell)和玛约丽·苏哈克(Marjorie Suchoc-ki)这两位女权主义思想家是当代美国学界试图把过程思想和女权主义结合起来的重要代表人物,但她们的思考进路又颇为不同。前者主张的是一种分离式的过程女权主义(separatist process feminism),后者主张的则是一种整合式的过程女权主义(integrated process feminism)。本文试图通过对两个人思想的对比,揭示过程思想和女权主义结合的可能性及其意义,以期找到两者结合的最佳途径。

本文共分三个部分,第一部分简要地勾画了南希·霍威尔关于过程思想可能对女权主义作出贡献的主要观点。我们欣赏她对怀特海的过程—关系学说的肯定,对她克服父权制和为妇女争取生存发展空间的努力,以及她主观上对传统二元对立思维的抵制也持肯定态度。在第二部分,我们试图揭示过程思想和分离式的女权主义——特别是玛丽·戴利(Mary Daly)和南希·霍威尔的观点——的不同。我们认为,女权主义的分离主义倾向抵制而非促进了过程—关系哲学。在某种程度上,我们可以说,实体思维和男性—女性的二元论支撑了南希·霍威尔的女权主义,尽管她声称她在

---

* 原载《国外社会科学》2003 年第 1 期。

为过程哲学的关系理论辩护并在她的女权主义中避免了男—女二元对立概念。然而，事实表明，南希·霍威尔的女权主义仍坚持了实体思维和二元对立思维。她并没有使自己摆脱现代女权主义的个人主义，而只不过是用女性的个人主义替代了男性的个人主义。在本文的第三部分，我们考察了玛约丽·苏哈克的整合式的过程女权主义中的"开放性"（openness）和"互依性"（mutuality）概念以及它们对女权主义的贡献。在此基础上，我们倾向于从过程哲学的视角出发，用男女之间的一种"和谐伙伴"关系来代替建立在男—女二元对立基础之上的男—女二元论。我们把这看作是过程思想对女权主义的另一重要的理论贡献。

一

"怀特海的哲学有助于女权主义吗？怀特海的思想能够为女权主义提供什么？"这是南希·霍威尔在《女权主义宇宙论》一开始就提出的问题。她的答案是："怀特海的思想和女权主义思想是一致的，而且怀特海的过程—关系学说是女权主义关系理论的一个有用的资源。"[1] 她的女权主义宇宙论阐明了过程思想和女权主义的相关性。然而，和大多数美满的婚姻一样，在达到完美的和谐之前，婚姻双方必定会有一番磨合。过程思想和女权主义的联姻在其通往和谐的道路上也需要克服某些障碍。在南希·霍威尔的女权主义当中，就有某些和过程哲学相反的因素。例如，其分离式的过程女权主义中的"自我"概念、"唯女权主义"倾向和"反男性倾向"就是和过程—关系学说的本质相冲突的。

尽管美国当代女权主义泰斗级的人物玛丽·戴利警告女权主义者不要以过程—关系学说这样的哲学理论作为女权主义的理论基础，并强调女权主义不应该把怀特海哲学当作一种女权主义哲学，但南希·霍威尔仍肯定了过程—关系学说。她认识到了过程哲学和女权主义的相关性，并认为"怀特海的哲学乃是构造一种女权主义关系理论的宝贵资源"，因为过程哲学在本质上是一种关系的和机体的哲学。根据这种理论，万物都是彼此内在相关、相互影响和作用的。作为个体，我们与其他个体内在相关，没

---

[1] Howell Nancy, *A Feminist Cosmology*, New York, Humanity Books, 2000.

有人能脱离他人而存在，而且没有人能脱离关系而存在。这就是说，我们
是由关系而构造的。南希·霍威尔发现，万物之普遍的内在相关性在怀特
海主义者和女权主义者的思想中都是普遍的。她还注意到在玛丽·戴利的
名言——"万物之所以是万物乃是因为它处于与其他万物的相关联之
中"——中的女权主义和过程思想之间的那种不寻常的对话。根据怀特
海的观点，"一切活的物体都是一个……社会。"① 它表明，没有分离的和
孤立的实体，也没有自足的和自闭的实体。既然万物是有机地内在相关
的，在南希·霍威尔的这种与过程哲学相关的女权主义中，就没有二元论
的地位，因为二元论"是根据所认识到的对立物来概括实在的"，这就解
释了南希·霍威尔抨击二元论的原因。在她看来，二元论之所以应该受到
挑战不仅是因为它是一种"对实在本质的过分简化"，而且是因为"二元
论进一步强化了对妇女和自然的不公"。南希·霍威尔的结论是，在理解
实在的过程中，二元论是一种不恰当的框架。它不仅歪曲了实在，而且为
建造妇女之间的相互关系制造了巨大的障碍，因此拒斥二元论以建构分离
式的过程女权主义是十分重要的。分离主义不是一个妇女如何与男人相关
的问题，而是一个妇女如何想与每个人相关的问题。显然，南希·霍威尔
认为，她在怀特海的内在关系的学说中为分离式的过程女权主义找到了一
个基础。

　　和其他分离主义者一样，南希·霍威尔的分离式的过程女权主义是对
那种被詹妮斯·雷蒙德（Janice Raymond）称为"异性—实在"（heier-
reality）的占统治地位的世界观的拒斥。这种"异性—实在"是由先前的
那种异性关系（它表达了各种由男人所确立的男女之间的社会关系、政
治关系和经济关系）创造的。与此自相矛盾的是，当时妇女事实上被当
作了维持异性关系的工具，即男性与女性的关系实际上在社会、政治和经
济领域支配了实在的过程。结果，妇女的能量却在对异性关系的支持中得
到了扩展。在异性关系的各种假定下，对妇女来说唯一的后继关系就是男
女的关系。这种异性假定，妇女没有也不应该有与他人的关系，妇女和妇
女的关系是无用的和无力的。用南希·霍威尔的话来说，分离主义的根本
目的是遵循女权的自我和女性的友谊，它为妇女提供了一个借以创造和丰

---

① Alfred N. Whitehead, *The Adventures of Idea*, New York, Free Press, 1967.

富自己的空间。这表明，分离主义是这样一种语境，其中妇女更充分地成为其自身进而实现其更真实的关系。她甚至认为，"妇女（可能还有人性和自然）的解放，取决于恢复母女关系和姐妹关系。"①

重要的是指出，这种异性—实在的概念过于简化了我们的实在。在这个意义上，分离主义对异性—实在的拒斥是合理的，进而南希·霍威尔帮助我们区分了"无限的分离主义"和"有限的分离主义"。根据前者，妇女的潜在意志只有在妇女将其自身和妇源的（gynophilic）与生源的（biophilic）妇女社会区分开来的时候才能实现。我们被告知说，"在这个社会中，妇女可能选择将其自身永久地与父权制分离开来，以创造一种妇女可能经验个人认同与社会认同、而又没有父权制之普遍影响的环境"。南希·霍威尔在这一方面显然是正确的，即她注意到了这种分离主义的形式反映了社会中大多数人对超越父权制的绝望。相反，她提出："无限的分离主义促进了妇女认同的关系，并肯定了妇女作为原生的妇女认同，即妇女是自我原创的（self-originating）。"②

考虑到这样一个事实，即父权制规范中所渗透的异性关系已经占统治地位并已经被视为唯一合法的关系，这种分离式的过程女权主义有着一种十分积极的意义。用南希·霍威尔的话来说："分离主义扩展了世界的层面，为未来提供了多种创造性的选择。"它不仅在构造女性—女性关系中造成了一种区别，而且旨在妇女的完美存在。它挑战了我们的想象和正统的思维方式。

二

显然，南希·霍威尔试图用怀特海的内在关系学说来构造女权主义的宇宙论。在这样做的时候，她向我们表明了过程哲学是如何与女权主义相一致的，以及过程哲学可能对女权主义作出什么贡献。这似乎是一桩美满的婚姻，然而，我们却在她的分离式的过程女权主义中发现了某些和过程哲学不尽一致的东西。

---

① Howell Nancy, *A Feminist Cosmology*, New York, Humanity Books, 2000, p. 9.
② Ibid., p. 70.

　　首先，这种女权主义所假定的大写的"自我"体现了一种与过程思维相矛盾的实体思维。步玛丽·戴利（她喜欢用大写的"自我"这个语词）之后尘，南希·霍威尔也把"发现自我"视为女权主义的一个主要任务。在她看来，"女权主义的一个任务就是强化自我和女性的自我"。她还强调，"妇女需要女性的友谊以鼓励这种自我的发现。"①

　　显然，南希·霍威尔把自我的概念当作了实体。实体是传统形而上学的一个关键概念，并一直被视为支撑经验实在的一个不变的"某物"。实体被认为是存在于"外面"的一个外在的或普遍的实体。哲学家的任务就是去映照、模仿或显现这个实体。实体思维对现代西方思想的影响是巨大的，其中，人们想要把某物思想为自包的和自足的。个人主义就是实体思维的产物。实体思维的一个主要困难在于，它未能解释事物之间的相关性。实体思维把关系视为外在于实体的，这些关系并不影响其根本的本质或存在。过程哲学则抨击这种孤立的"静止的东西"。从这种过程的观点看，女权主义的"自我"也是一种实体，因为它也在那里等着人们去发现。在过程哲学中，在现实世界中，是没有这种自包的、作为实体的自我的地位的。个别的自我认同通过时间成了如此之明显的自我，以致它被假定为形而上学的所予（given）。每一个自我都是通过其内在关系而构造的。说一个个别实体由于感受或经验了其环境而具有内在的价值，就是说它以这样一种方式内在地说明了其环境并构造了其自身。

　　和作为一个固定实体的女权主义的"自我"不同的是，"自我"在过程哲学中是一个事件即一个过程。很明显，坚持妇女的"自我"的第一性已经妨碍了南希·霍威尔对个人主义的完全拒斥。她的"妇女的自我"使我们想起了亚当·斯密的个体。它们不是由其关系构造的，它们存在于彼此的根本分离中。因此，"它们的关系是外在于其自身的认同的。"在过程哲学家赫尔曼·达利（Herman Daly）和小约翰·科布（John B. Cobb Jr,）看来，"这幅人类存在的图景是完全错误的，因为人是由其关系构成

①　Howell Nancy, *A Feminist Cosmology*, New York, Humanity Books, 2000, p. 97.

的。我们在各种关系中并通过各种关系进入了存在，除此之外便没有认同。"①

其次，坚持男女的二分法表明，南希·霍威尔的女权主义并没有完全摆脱二元论（它乃是和过程哲学中的内在关系学说相反的）。具有讽刺意义的是，南希·霍威尔一方面在她的《女权主义宇宙论》中抨击了精神/物质、文化/自然、男人/肉体、上帝/世界这些二元论；但另一方面又忽视或回避了男女之间的二元论。她在《女权主义宇宙论》中定义性地指出，"女性而非男性乃是分离主义的旨趣。"至于"什么是男人"则是一个不相关的问题，因为"分离主义致力于妇源性的议程"。

南希·霍威尔在她关于男女关系的思想中仍没有使其自身摆脱"不是/就是"这种二分法。萨特曾经说过："魔鬼（Hell）只是——他人。"同样，女权主义的分离主义者似乎告诉我们："魔鬼只是——男人。"她们的基本假定是，"所有的男人都是敌人。"男人被当成了与女人完全敌对的某物。在玛丽·戴利看来，"妇女和男人习惯于不同的世界"。她强调，在他们中间总是有一堵万里长城，尽管她也认识到他们在情感上、生理上、经济上和社会上是根本相关的。这种二分法的逻辑是：

男人是敌人，女人是朋友；

男人是暴躁的，女人是温柔的；

男人是迫害者，女人是受害者；

男人是压迫者，女人是被压迫者；

男人是胜利者，女人是失败者；

男人是强者，女人是弱者。

这乃是一种二元对立思维，它使得我们歪曲了实在，并未能注意到父权制的复杂性。显然，女权主义没有认识到这样一个事实，即"男人并没有分享一种共同的社会地位。"② 而且并非所有的男人都从性歧视中同样地获益。因此，"所有男人都压迫女人"和"所有男人都是敌人"这些命题是不成立的。这些假定不仅把不同的男人群体混入了一个范畴，而且

① Daly Herman and John B. Cobb Jr, *For the Common Good*, Boston, Beacon Press, 1994, p. 161.

② Hooks Bell1, *Feminist Theory: From Margin to Center*, South End Press, 1984, p. 68.

也使所有女人并入了一个群体。正如贝尔·胡克斯（Bell Hooks）正确地指出的，"这种思维使得我们在一定程度上忽视了女人（和男人）在这个社会中接受并使之永久化了的一种观念，即对一个占统治地位的政党或群体来说，通过使用强力来维护权力是可能的，它使得我们在一定程度上忽视了女人对他人行使强权或暴力。"例如，"美国的许多妇女就作出了政治决定来支持帝国主义和军国主义。"历史和现实都表明，"即使是在我们男性统治的世界中，也并非所有妇女都是温柔的和文雅的，而许多男人却是这样的男人。"例如，美国的许多白人妇女就还在全力支持军国主义。海伦·蒙托玛丽（Helen Montgomery）的《东方土地上的西方妇女》一书讨论了作为传教士的白人妇女，"她们旅行到东方的土地上，用各种心理学武器来瓦解东方妇女的信仰体系，并用西方价值观来代替它们。"事实上，大多数男人也是父权制的受害者，正如科布正确地指出的，"男人和女人一样需要被解放"。

南希·霍威尔的女权主义由于声称"所有男人都平等地享有男性特权，所有男人都从性歧视当中获得了积极的利益"而忽视了这样一个事实，即贫困的和劳作的男人也是父权制的受害者。男人的苦难和男人的伤痛被忽视了。而且，男女之间的关系不可能摆脱阶级关系和种族关系。过程思想家凯瑟琳·凯勒（Catherine Keller）在《此时和彼时的启示录》中承认，"我也陷入了和我的志愿共同体及不可逃避的公众的社会躯体的公共友谊之中。"① 在怀特海看来，"人和动物的区别只是程度的不同而已。"男女之间的女权主义的二元论是不能成立的，中国妇女的当代史就是一个例证。在"文革"时代，中国妇女和中国男人一样面临着同样的政治压力；今天，在改革开放的年代，他们又面临着同样的来自职场的压力。在类似的境遇中，她们的经验和男人的经验之间并无实质上的不同。正如仲景贤（Chung Hyun Kyung）指出的，"亚洲妇女强调，女权主义革命对她们来说是不可能发生的，因为妇女和男人都深受封建主义、新封建主义、军国主义的迫害，而且必须一起为美好的未来而奋斗。"

最后，分离式的过程女权主义是对过程哲学的关系学说的摒弃，因为它限制了过程哲学所促进的内在关系性。一方面，根据怀特海的过程哲

---

① Keller Catherine, *Apocalyse Now and Then*, Boston, Beacon Press, 1996, p. 270.

学，南希·霍威尔指出，"世界乃是内在相关的关系之网"，她因此而强调"一种关系的视域对任何一个关注世界之本质和价值的学者来说都是至关重要的"。另一方面，她又把内在关系性限定为一种女性—女性的关系。她未能把过程哲学中的关系学说贯彻到其逻辑的结论中。过程哲学所促进的内在相关性乃是普遍的，因此，它所强调的"美好存在"和"共同利益"是为了所有群体或阶级而非一个特殊的群体或阶级。用玛约丽·苏哈克的话来说，"自私是没有价值的，相反，价值只是在于它与一切其他可能性的关系中的可能作用"。说关系是普遍的，就是说关系不仅包括女性—女性的关系，而且包括男性—男性的关系以及男性—女性的关系。当它排除了男女之间的关系时，关系也就受到了局限而不完整了。无论好与坏，男人都是由我们的人种的一半构成的。显然，女性和女性之间的关系不可能脱离与男性之间的关系，妇女不是脱离了她们与男性的关系的个体，女性和男性是内在相关的。根据贝尔·胡克斯的观点，分离主义者在其生活中自恋般地只致力于女性的第一性。当贝尔·胡克斯说分离主义不仅不能消除男女之间的战争，而且扩大了他们之间的鸿沟时，她是正确的。她强调，妇女应该"通过把他们当作斗争中的同志"来肯定男人的革命性工作。

南希·霍威尔强调，她拒斥了"无限的分离主义"，但包容了"有限的分离主义"。她批评说，"无限的分离主义可能冒不必要地把妇女和他人分离的风险，在彼此的关系中限制妇女的多样性，限制了女权主义关系的注意力"。在我们看来，所有这些指控都可能应用到南希·霍威尔的"有限的分离主义"身上。这就是说，在无限的分离主义和有限的分离主义之间很难看到本质的区别，因为它们都割裂了女人与男人的关系，都强调了女性与男性的整体分离。

南希·霍威尔正确地指出了父权制体系的狭隘性，但又陷入了女权主义的狭隘性。玛丽·戴利再三强调我们的语词必须是我们自己的语词，根据她的观点，女权主义哲学的基本目的在于引发、表达和阐述妇女的经验。这些语词清楚地揭示了分离式的女权主义的封闭性。这并不是说妇女经验的多样性不应受到关注，而是说不应把关注的目光仅仅限制在妇女自身的经验上。换言之，如果女权主义只号召女性关注女性的经验，那么谁来关注儿童的经验？谁来关注弱者的经验呢？作为内在相关性这个概念的一个结果，女性的经验必然是和男性的经验及儿童的经验相关的。无疑，一种过程的哲学—女权主义应该是一种包容的而非排他的女权主义。

一种严格的考察告诉我们，当分离式的过程女权主义者夸大或泛化了其自身的经验时便忽视了整体。从过程的观点看，"我们不只是为我们自身的享受而活着，而且也是为我们作为其部分的那个整体而活着。"显然，在分离式的过程女权主义中有一种反男性的倾向。男女之间的区别是存在的，但把这种区别夸大为一种整体上反男性的倾向则是危险的。

<h2 style="text-align:center">三</h2>

从上述对南希·霍威尔的女权主义的批判中得出过程思想与女权主义是完全不相容的结论，也许是一个错误。事实上，南希·霍威尔提出的只是女权主义的一个版本，我们可以称之为"分离式的过程女权主义"，它不符合过程思想的本质，但除此之外，还有其他一些对女权主义的阐释。玛约丽·苏哈克的整合式的过程女权主义就是这样一种新的形式，它是过程思想和女权主义的一种完美结合。它表明，过程哲学可能对女权主义作出重大的贡献，而且可以丰富女权主义。

在上面讨论的南希·霍威尔的分离式的过程女权主义中，在过程思想和对"自我"的追求中，在其对二元论的拒斥和其对男女二分法的坚持中，在强调过程思想中的整体性的共同利益和一种分离主义的倾向之间，存在着一种对立（antagonism）。然而，玛约丽·苏哈克的整合式的过程女权主义则用其"互依性"和"开放性"的概念克服了南希·霍威尔的分离式的过程女权主义。在她看来，"过程哲学中的上帝概念对开放性和互依性（它们对女权主义运动来说是至关重要的）的价值提供了一种形而上学的指导。"①

在玛约丽·苏哈克那里，"开放性"是指认识认同的新的可能性，实现人的潜能的新的可能性，根据个性而非典型性或规则性与他人相关联的

---

① Suchocki Marjorie, "Openness and Mutuality in Feminism and Process Thought and Feminist Actio", in Davaney, Sheila G. (ed.), *Feminism and Procrss Thought*, New York, The Edwin Hellen Press, 1981.

新的可能性。与通过把人的经验限定为女性经验、进而限定人的经验的分离主义的女权主义不同，这种开放性的过程概念"包含了一种与丰富和扩展人之经验界限相关的新质的积极价值"。男性—男性关系和新的异性关系应该必然被包括在这种扩展当中。进而，开放男性的经验和儿童的经验，在把男性吸引到女权主义当中是有用的。通过"互依性"，玛约丽·苏哈克表明了"共同性，借此，每个人都在他人当中享有了所有人的丰富性"。①

这种依据过程哲学的"互依性"的概念有助于理解男女之间的关系。玛约丽·苏哈克认为，"互依性是普遍的。"② 她强调，在一个互依的世界中，"一个人之健康发展在一定意义上取决于所有人之健康发展。"我们的互依性就是我们对他人的互依性。用玛约丽·苏哈克的话来说，"我们不是偶然互依的，而是必然如此。"在这个意义上我们才能说："互依性是生命的真正要素。"因为一个人乃是他人中的自我，是和他人相关的，而且"这种相关性制约了人自身的生成。"因此，一个人的自我超越是通过无数个他人的自我超越实现的，每一个超越都既提供了一种限制，又提供了一种机遇，这个概念有助于我们理解男女之间的关系。"妇女不可能如此孤立，因为女性和男性之间的关系对人性来说是至关重要的。"

玛约丽·苏哈克的"普遍健康发展"的概念为互依性和开放性提供了一个基础。根据这一概念，所有人都应该是完美的。从这一观点看，人之健康发展要求女性的完美存在，正如女性的完美存在要求男性的完美存在一样。她还认识到，"坚持普遍健康发展挑战了我们关闭的一切界限，并在我们面前彰显了这样一种实在，即我们的互依性事实上比我们能自觉地意识到的要宽泛得多。"和玛约丽·苏哈克不同的是，南希·霍威尔却忽视了人的存在是一个整体这一事实。因此，"共同利益"和"普遍的完美存在"在南希·霍威尔的分离式的过程女权主义中只起着很小的作用，因为它强调的是女性的经验，特别是在女性—女性的关系中。从这个意义上我们才可以说，南希·霍威尔未能说明人的经验以及男女关系的多样性

---

① Suchocki Marjorie, "Openness and Mutuality in Feminism and Process Thought and Feminist Actio", in Davaney, Sheila G. (ed.), *Feminism and Procrss Thought*, New York, The Edwin Hellen Press, 1981.

② Suchocki Marjorie, *The Fall to Violence*, New York, Continuum, 1999, p. 72.

和复杂性。这不能不妨碍了对男性的一种真正的开放性，而且也将剥夺女性与男性交往的能力。进而，它还将导致对全球不公的彻底冷漠。

从玛约丽·苏哈克的观点看，人的存在是和潜在无穷的许多他人相关的。通过记忆的自我超越，一个人可能把各种关系上升为意识；通过强化的自我超越，一个人可以成为一个被包括在与他人的相互丰富中的扩展的自我；通过想象的自我超越，一个人可以实际地具有未来之常新的和开放的自我创造。然而，玛约丽·苏哈克强调："在所有这三种方式中，自我必然地和他人相关，正如他人必然地和自我相关一样。每一个人都是关系中的一个自我。"① 这表明，女性的自我必然和男性的自我相关。这种性别关系的信念互相决定了既防止作为实体的女性的自我，又防止了任何人都可能是完全自决的那种观念。

显然，当分离式的过程女权主义把经验只是限定为女性的经验时，她们便削弱了那种经验的丰富性。在笔者看来，如果分离式的过程女权主义者不能理解男女之间的关系，她们将同样不能理解女性和女性之间的关系，因为在所有现代关系中仍存在着冲突和压迫。

南希·霍威尔强调女性的自我的意思在于她试图保护女性的权利以反对来自强权的父权制和男性个人主义的压迫。然而，她却陷入了另一个极端——女性个人主义。正如达利和科布注意到的，"个人主义的经济理论模式导致提出了那些削弱了现存的各种社会关系模式的政策。"根据他们的观点，关系内在于个别的实体并具有了这些实体的结构，但现代个人主义却未能接受这些构成了生命中如此受到赞誉的人的关系。既然人类是彼此内在相关的，其关系便定义了其作为个体的认同。因此，任何一种把它们视为自足的个体的观点都歪曲了现实的境况。因为这种自我是在对来自整个世界的影响的创造性回应中形成的，"没有一个人是自足的。"

通过过程哲学，我们可以设想对那种构成个人主义之基础的大写的"自我"的一种替代。过程哲学还有助于我们揭示分离式的过程女权主义和个人主义之间的联系。它表明，分离主义的各种形式完全符合在西方世界中占统治地位的现代的彻底个人主义。它赞赏的是个人，并使每个公民本身脱离其从属的大众，回缩到家庭和朋友的圈子当中；随着这种小社会

① Suchocki Marjorie, *The Fall to Violence*, New York, Continuum, 1999, p.72.

形成了其体验，他便乐于脱离更大的社会以关照其自身。个人主义可以被视为分离式的过程女权主义的社会基础，它表明，要废除分离主义就必须挑战个人主义，要废除个人主义就必须超越现代性。因为现代性谈论的是个体的至上价值，这种生活的目的就是去发现并成为自我。在分离式的过程女权主义当中，就是要发现并成为"女性的自我"。显然，支撑分离式的过程女权主义的是一种对人类的彻底的个人主义的理解。

这种女权主义的个人主义必然不能支持男女关系的平衡。在这个方面，过程哲学的内在关系性和男女之间的互依性概念可能起到一种关键的作用，因为它强调女性和男性是相互内在相关的。

中国的阴阳学说对过程哲学重新阐述男女关系提供了有力的支持。在这种观点看来，阴阳彼此内在相关、互相映照、互相包含。每个人在其自身中都包括了他人的种子。阴阳概念所提供的最重要的真理是，一切都是内在相关的，对立的东西并非是完全对立的。例如，红与黑是对立的，但又不完全是对立的，它们都是颜色，而且都有一种他人不可能具有的功能。男女之间的关系也是如此。

男女之间是有区别，但区别并不必然等于优劣。利用男女之间的区别来压迫女性一直是父权制的产物。注意到这一点非常重要，即依据父权制的性别关系只是性别关系的一种形式。除了东方和西方父权文化中的那些形式以外，还有其他的关系。在父权制以前很久，母权制一直在古代社会中占统治地位，也一直没有证据表明在军事社会中女性把男性当作敌人。相反，根据理安·艾斯勒（Riane Eisler）的观点，主要以内在相关而非地位原则为基础的伙伴式的模式在这些社会中很盛行，其中，男女之间的一种伙伴式的观点是根据协定而非以暴力为基础的地位来定义的。①

基于理安·艾斯勒的伙伴概念和过程思想的互依性概念，我们想提出一种"和谐的伙伴"概念。"和谐的伙伴"是以相互依赖、相互补充和相互丰富为基础的。它不是一种竞争的关系，而是一种合作的关系，其中男女互相尊重、互相欣赏，这乃是一种创造性的和享受的关系模式。因为父权制不是男女互动的唯一形式，还有其他选择。要弘扬和强化性别关系中的积极要素：其互相爱慕、互相尊重和互相欣赏的要素将十分有助于建构

---

① Eisler Riane, *The Chalice and the Blade*, New York, Haper & Low, 1987, p. 151.

男女之间的一种新型关系。在中国和西方，我们甚至在父权制的社会中也可以看到一种尊重女性的浪漫传统，许多优美的诗歌和传说都曾颂扬过男女之间的爱情与伙伴关系。根据玛约丽·苏哈克的分析，"浪漫的"一直被现代性的意识形态指责为一种多愁善感的、不甚成熟的观点。事实上，在浪漫的爱情中有某些深远的意蕴，它促进了男女之间的一种和谐的伙伴关系。这就部分地解释了即使是在来自不同方面的压力下何以会有人对浪漫的爱情忠贞不渝。更重要的是，通过这种爱，他们能够和更大的共同体相关联。总之，过程思想给女权主义带来了一个新的视域。过程思想对女权主义的贡献使我们想起了科布的话："随着女权主义者走向其自身的哲学问题和神学问题的解决，她们可能发现过程哲学的概念的某些独特的有益特征。"①

---

① John B. Cobb Jr, "Feminism and Process Thought: A Two - way Relationship", in Davaney Sheila G. (ed.), *Feminism and Procrss Thought*, New York, The Edwin Hellen Press, 1981.

皮尔斯哲学中的"信念"概念[*]

在西方哲学史上，美国哲学是没有什么地位的。古希腊罗马时期，美国还是一块未开垦的处女地，自然谈不上什么哲学。即使在近代，在西方占统治地位的也不是美国哲学，而是英国经验论和欧陆唯理论哲学。但是正如黑格尔在《历史哲学》中所预言的："美国乃是明日的国土，那里，在未来的时代中，世界历史将启示它的使命。"19世纪末，美国哲学异军突起，各种流派相继而生，出现了美国哲学史上前所未有的黄金时期。其中产生最早、影响最大的就是以皮尔斯、詹姆士、杜威为代表的实用主义哲学。在实用主义的研究中，皮尔斯是一个较为薄弱的环节，而"信念"则是皮尔斯哲学的核心概念。

一

C. S. 皮尔斯是美国著名科学家和哲学家。在逻辑学和哲学上，皮尔斯对指号学、关系逻辑、意义理论和实在论等问题的研究，使得逻辑实证主义、语言分析学说和新实在主义都把他视为自己的思想先驱（尽管维也纳学派并没有明确申明这一点，但这种脉系关系应该说是很清楚的）。和其他许多思想家一样，除了少数几篇在当时并没有产生广泛影响的论文以外，皮尔斯生前从未出版过一部哲学著作，以致谁也不会想到他的思想竟会成为以后一个时期风靡美国并占统治地位的思想的先声。但是，皮尔斯哲学所提倡的实用主义精神（如强调行动、讲求实效）适应了当时美

　　* 原载《国外社会科学》1995年第11期；中国人民大学复印报刊资料《外国哲学》1996年第1期全文转载。

国社会发展的需要，代表了一种典型的美国精神，因而它的发现和盛行便打上了某种时代的烙印。

皮尔斯受过良好的启蒙教育，许多欧洲哲学家都对他有过深刻而重要的影响。就信念学说而言，对皮尔斯影响较大的思想家有：

康德 皮尔斯多次谈到，在所有以往的哲学经典中，他受益最大的是康德的学说。我们知道，康德在《纯粹理性批判》中认为，对于一事物之为真实的判断不仅要有客观的依据；而且要考虑到主观的意志。他根据主观和客观的关系把人的判断分为意见、知识和信念三种形式，因为在人的认识中，如果主观和客观的根据都不充分的话，则这种认识就是意见，反之就是知识。但是如果主观的根据充分而客观的根据不足的话，这种判断就是信念，而信念不属于认识论的范畴。在康德看来，指导人们行动的是知识而不是意见，但是当人们没有知识的引导而又必须采取行动的时候，信念便成为行动的依据。例如，医生对待病势危殆的病人既要有所处置，又不知其病因，便只能根据其症状和某种信念作出一定的诊断。这种偶然的信念，康德称之为实用的信念。康德的这种信念学说和他关于现象与本体的划分密不可分。作为一个二元论者，康德一方面承认人的认识具有普遍必然性（尽管局限于现象界）；但另一方面又否认这种认识可以达到本体界，因而本体界属于信仰的领域。在《实践理性批判》中，康德又进一步区分了"实用的"和"实践的"这两个不同的概念，认为前者是指基于和适于经验的技术规则，后者则是指先验的道德律令。在康德那里，实践理性优于理论理性，信念优于知识，因而他更强调的是"实践的"而非"实用的"东西。正因为如此，皮尔斯拒绝了其友人希望他将自己的学说命名为"实践主义"（practicism 或 practicalism）的要求，而将自己的学说命名为"实用主义"（pragmatism）。他在《实用主义要义》一文中就此论述道："对于像我这样从康德那里学习哲学并习惯于以康德学说的术语来思考的人来说，'实践'（praktisch）和'实用'（prakmatisch）之间可谓差之千里。"作为一个自然科学家，皮尔斯也和康德一样，承认存在着独立于我们的意识以外的真实事物，认为这是一个基本的科学假设；但是作为一个实用主义者，他又把物质当作衰颓的精神和心理事件之退化的或不发达的形式，把实在当作人们确定信念的一种假设，从而表现出强烈的二元论和折中主义色彩。

谢林 皮尔斯曾自称为"谢林式的客观唯心主义者"。在信念问题上，谢林认为，人的所有知识都可以还原为某些原始信念，这种原始信念是唯一的，是引出其他一切信念的信念。由这些原始信念，人们在普通知性中发现了这样两个相矛盾的信念：一是理论哲学的课题，即经验的可能性；二是实践哲学的课题，即自由。根据谢林的先验唯心主义和信念学说，皮尔斯提出了他的宇宙发生哲学和目的哲学。在皮尔斯那里，宇宙的进化自一种混沌的非个人化的感情开始，连同一种纯粹偶然性的因素和进化的其他原则，最后达到一种结晶化的精神即一个完善、合理和匀称的世界体系。在进化中，体现了最高的福祉和永恒不朽的思想。这种所谓的"谢林式的客观唯心主义"实际上是一种一元论的、反理性主义的和神秘主义的唯心主义。

黑格尔 皮尔斯哲学的又一个重要来源是黑格尔哲学。这种哲学在本质上和谢林哲学一样，都是客观唯心主义哲学，但其表现形式又不尽相同。谢林强调的是一元的先验哲学，而黑格尔展示的则是由一元的绝对精神发展而来的三元实在。黑格尔认为，绝对精神发展的逻辑起点是"存在"即"有"亦即纯粹的虚无（第一种实在），经过自然界（第二种实在）这一环节，最终又回到绝对的实在（第三种实在）。完成了自身发展的一个三段式周期。同样，在皮尔斯那里，实在也包括三种形式，即性质、具体的事物和一般的共相。而且，无论从实在还是从逻辑上说，宇宙的起点都是"无"。他说，为了获得某种信念进而解释整个宇宙，"我们就必须假定一种原始状态，其中整个宇宙都是非存在，从而是一种绝对虚无的状态。"从这种绝对虚无的状态出发，必然导致虚无主义和信仰主义，因而黑格尔哲学中的合理因素被舍弃了。皮尔斯对此直言不讳地说："实效主义和黑格尔的绝对唯心主义非常接近，……就其实质而论，实效主义属于那些主张三元实在的哲学理论阵营，在这点上，它甚至超过了黑格尔主义。"

至此，我们考察了皮尔斯哲学的三个思想来源。这三个来源表明，作为一个仍想构筑其形而上学体系的哲学家，皮尔斯深受德国古典唯心主义哲学的影响。尽管我们在这里看到的是一个矛盾的皮尔斯，或者说是三个不同的皮尔斯，即作为一元论者（谢林式）的皮尔斯，作为二元论者（康德式）的皮尔斯和作为三元论者（黑格尔式）的皮尔斯，但究其本质而言，在皮尔斯哲学中占统治地位的仍然是其三者共同的地方即客观唯心主义哲学。那种认为皮尔斯哲学属于主观唯心主义哲学，或者认为他的宇宙论是客观唯心主义的、而他的认识论则是主观唯心主义的观点，是不符合皮尔斯思想实际的。我们也很难想象后一种观点所说的那种哲学。需要强调指出的是，皮尔斯哲学的源头是多方面的，他本人甚至将其思想的源头追溯到苏格拉底，但其更重要、更直接的来源则是英国的经验主义传统。这种影响我们将在第二部分分析皮尔斯的信念概念时穿插地加以论述。

二

何谓"信念"？皮尔斯在《如何使我们的观念清楚》一文中讲得非常明确。他说："信念是在我们精神生活的交响曲中结束一个乐句的半休止拍。"这一定义极为简捷，但又似乎很难把握。对于"信念"这一皮尔斯哲学的核心概念，仅从字面上是很难完全理解的。要真正理解它，必须把它放在一定的关系中把握。这些关系至少应该包括以下十个方面：

1. 信念和思想 皮尔斯认为，信念属于思想的范畴，是我们觉察到的某种东西。换言之，信念不是实在，而是思想的一个部分。而且，它不是思想这一贯穿于我们的感觉系列的套曲的一个次要的方面，而是思想的灵魂和意义所在。思想"唯一的动力、观念和功能是产生信念，凡与这项目无关的，都属于其他的关系体系。……思想的灵魂和意义，只能是把自身引向产生信念，而决不是引向其他任何别的东西。"

2. 信念和怀疑 怀疑是人的思想的一个必经阶段，它通常是由人的行动中的某种瞬间的犹豫（如付车费时，是付一个五分的镍币还是付五个一分的铜币）引起的。怀疑是和信念相对立的一种心神不定、无所适从的心理状态，它导致的是焦虑而非思想的宁静，因而是观念清楚的重要障碍。只有平息怀疑，才能达到信念。应该指出的是，皮尔斯的这种怀疑既不同于笛卡儿的那种除我之外一切都应怀疑的主观任意的怀疑，也不同于休谟的那种把怀疑当作认识之终极界限的怀疑。在皮尔斯哲学中，怀疑是以信念为前提的，它是思想过程中一种可以克服的暂时状态。代替怀疑的信念也只是人的思想套曲中一个类似于音乐中结束一个乐句的半休止拍，即它既是人的思想所要达到的一个终点，同时又是思想概念继续迸发的一个新的起点。在此，信念的一个重要特点就在于它平息了怀疑，导致了思想之暂时的宁静。

3. 信念和行为 实用主义哲学不同于纯粹的概念，它更强调的是与概念相关联的行为。皮尔斯从行为倾向的角度对信念作了行为主义的解释，认为信念就在于人的行为倾向，并提出了一种行为主义的语义学。他在《实用主义要义》中指出："我坚持这样一种理论，一个概念，亦即一个词或别的表达式的理性意义，完全在于它与行为有着直接的联系，这样，由于任何产生于实验的东西都明显地与行为有着直接的联系，当我们能够精确地定义一个概念的实验现象，则我们也就得到了概念的完整定义，这个概念中也就再没有其他意义。我把这种学说命名为'实用主义'。"这种具有行为倾向的信念乃是实用主义的一个基本的方面。在一定意义上，实用主义等价于行为主义。

4. 信念和习惯 "习惯"的概念来源于休谟，在休谟哲学中，规律和规则是人的观念中的一种习惯性联想，这种联想乃是人生的最佳指南。在皮尔斯的实用主义哲学中，习惯是和思想、信念、行为、效果同一等级的概念。信念的本质就在于建立一种习惯，这种习惯不是别的什么，正是人之行为的规则。因此，"要揭示思想的意义，我们只需确定它产生什么习惯就行了，因为一个事物的意思无非就是它所包含的习惯。……要问习惯是什么样的，那就看它在什么时候和怎样地引使我们去行动。"很显然，这里的习惯就是信念。如果说休谟的习惯多少还停留在观念上，那么皮尔斯则力图将习惯和行为一致起来，并力图达到一定的效果。

5. 信念和效果 皮尔斯认为，哲学的目的在于弄清观念的意义，确定一定的信念。要达到这一目的，除了怀疑、行为和习惯这些环节以外，还必须设想一下我们的概念的对象应该具有什么样的效果，以及这些效果可能产生的实际影响。例如，一个坚硬的物体和一个柔软的物体，在未被检验以前，是绝对没有什么区别的。两者的区别是不能仅靠视觉来判断的（马赫），而必须以行为（如触摸）即实际的而非可能的检验为标准。因此，我们关于事物的观念乃是我们关于它的可感受的效果的观念，这种效果同样是信念的基本要素之一。

6. 信念和方法 皮尔斯把实用主义当作一种澄清语词、概念和思想的方法即技术，他更关心的是怎样使人的观念清楚明白。在他的著作中，皮尔斯花费许多篇幅来论述方法问题。他认为，信念的确立有赖于科学的方法。靠固执的、权威的或先验的方法固然可以在一定程度上确立某种信念，但真正坚定可靠有用的信念还必须依靠科学的方法。科学家和哲学家的任务就在于帮助人们排除各种非科学的方法，找到一种科学方法，"它可以不凭借任何人性的东西，而仅仅凭借某种外在的永恒性——凭借我们的思想对之没有影响的东西——来确定我们的信念。"

7. 信念和意义 皮尔斯认为，所有思想都是符号，都具有语言的性质。一个符号、语词或命题有无意义，取决于这样几个方面：一是怀疑和信念，即如果你认为可以根据怀疑和信念来定义符号、语词或命题，则它们就是有意义的，反之就是应该用"奥康姆剃刀"剔除的东西。二是行为和习惯，思想和事物的意义无非是指它所包含的行为和习惯。三是实际的效果，"为了获得理智概念的意义，人们就要考虑从这一概念的真理必然得出什么样的可以设想的实际效果，这些效果的总和将构成这个概念的全部意义。"总之，一个符号、语词或命题乃至全部思想的意义，都取决于人的经验。因为真正与人打交道的并不是别的什么，而是人自己的生活经历，语言和思想"只有在为经验证明之后，才会得到完全的信任"，才有意义。这种经验实证的学说和孔德的实证主义是一致的，但不完全等同于后来的逻辑实证主义。因为皮尔斯在强调语词和思想的经验意义时，并没有否认世界的其他意义，尤其是人之合理的、有条件的目的的意义。

8. 信念和形而上学 按照皮尔斯的说法，实用主义是一种近实证主义（pre‑positivism），即它尽管和实证主义一样都属于经验主义阵营，但并不等于实证主义。皮尔斯认为，形而上学虽然艰深难懂，没有什么用处，但我们只能避开它或绕过它，而不能踢开它。特别是在道德哲学领域，形而上学的运用仍有着积极而有力的作用。因此，"实用主义者不像其他实证主义者那样以冗长的废话来讥笑形而上学，而是从其中提炼出能给宇宙学和物理学以生机和光明的思想精髓"。皮尔斯的目的是提出和保卫一种"科学的形而上学"，他力图通过将逻辑作为形而上学的基础来改造形而上学，他喜欢将这种新的形而上学称之为"连续主义"。

9. 信念和实在 如前所述，皮尔斯在实在的问题上具有二元论的倾向，这是他同时作为科学家和哲学家矛盾心理的写照。但是，在根本上，他的实在论是从属于其信念学说的。他说，如果人们只是根据所谓"外在的永恒性"或"实在的性质独立于人对它的意见"来对待实用主义的话，这将是一个很大的错误。这些观点到底有无道理，对他来说是无关紧要的。重要的是必须坚持实用主义的根本立场，"这一立场就是：第三范畴——即由表象（representation）、三元关系、中介作用、真正的第三领域，等等所构成的范畴——乃是实在的本质构成要素。"

10. 信念和真理　皮尔斯区分了不同的真理，如超验真理（与实在和信念相关的真理）、复合真理（由命题表达的真理）、伦理学真理（命题和信念相符的真理）、逻辑真理（命题与实在相符的真理）、理性真理（具有必然性的真理）、事实真理（只有或然性的真理），等等。但是所有这些真理，在最终的意义上，都是一种注定要为所有研究者一致同意的认识，是一种信了它就会导致愿望满足的信念。至于这些认识和信念是否反映了客观事物的规律和本质，这并不重要。

皮尔斯哲学是一个整体。尽管它其中包含着许多相互矛盾、前后不一的因素，但其哲学的内在逻辑则是不能否认的。在皮尔斯看来，科学研究中孤立的观察没有什么意义，实效主义也从不言及单个的实验或实验现象，它只从整体上讨论实验现象的普遍种类。同样，对待皮尔斯哲学，分析和抽象都不失为研究的方法，但真正重要的是从整体上把握它。根据这一原则，"信念"就不是皮尔斯哲学中某个只是属于本体论（宇宙学）、认识论或逻辑学的次要概念，而是贯穿于皮尔斯哲学始终的、有着至关重要意义的核心概念。理解"信念"这一概念，需要的是整体的把握而不是肢解，是展开而不是凝缩。现在，我们再来回答"何谓信念"的问题，就不再是所谓"半休止拍"之类的简单答复，而是一个有着丰富内涵的哲学命题了。可以说，在皮尔斯哲学中，信念就是思想、怀疑、行为、习惯、方法、效果、意义、实在、真理和形而上学，简言之，信念就是一切。

三

皮尔斯哲学对当代哲学的影响是广泛的、多方面的。尽管这种影响有的较为直接，有的较为间接，尽管这种影响相对于同时代或稍后一些的哲学大师（如罗素、维特根斯坦、卡尔纳普）而言似乎并不那么重要，但皮尔斯在西方哲学史上的地位却是不容忽视的。皮尔斯的影响不仅表现在科学哲学中，而且表现在人本哲学中（如他对胡塞尔、齐美尔、柏格森等人的影响，见美国《哲学百科全书》1972 年版，实用主义条目），甚至还表现在马克思主义哲学中（如皮尔斯关于"每个命题的理性意义存在于将来"的观点对南斯拉夫"实践派"的影响，详见《南斯拉夫哲学社会科学方法论文集》中马尔科维奇的文章，荷兰 D. 雷德尔出版公司 1979 年英文版）。当然，皮尔斯哲学属于经验主义传统，其最主要的影响是在经验主义范围内的影响，因此我们的分析主要集中在他的信念学说对实用主义和逻辑实证主义的影响上。

皮尔斯哲学的影响最直接、最深刻地体现在他对实用主义哲学的影响上。作为实用主义的创始人，皮尔斯的思想在一些细节上和他的后继者并不相同，他甚至颇为无奈地接受了"实用主义"的名称，并在后期力图用"实效主义"代替实用主义，但他们在对哲学主要方面的理解上却是一致的，即都是经验主义的。实用主义之所以发展为一场有着广泛影响的运动，也正是因为皮尔斯的后继者们详尽地发挥了他的哲学思想。皮尔斯哲学对美国实用主义哲学的影响，可概括为这样几个方面：

第一，实用化倾向。所谓实用化倾向就是皮尔斯所说的信念应导致一定的效果，即只有那些能引起实际效果的信念才是真正的信念。在这个问题上，皮尔斯更强调的是信念的一般方面，认为直接的感官经验在理智上几乎是无意义的。但后来的实用主义者特别是詹姆士更强调的则是信念之具体、直接的实用效果，甚至认为真理是一种可以用来兑换现金的兑换价值和信用制度，这就把信念、真理直接等同起来了。

第二，操作化倾向。皮尔斯一再强调他的实用主义是一种确立信念、澄清意义的方法，这种方法的一个实际步骤就是操作。皮尔斯认为，人的思想贯穿于一切理性生活之中，而人的实验行为则是思想的一种操作。一个概念或命题的意义就在于与这一概念或命题实际相关的科学实验操作或经验行为过程。杜威的工具主义、莫里斯的行为主义和布里奇曼的操作主义都从不同方面弘扬了皮尔斯哲学的操作化倾向，使之成为实用主义哲学的一个重要特点。如布里奇曼根据皮尔斯的"科学实验操作"和"经验行为过程"概念，提出了"实验室操作"、"仪器操作"、"精神操作"、

"智力操作"和"言语操作"等概念，认为只有那些能够操作的概念才具有实际的意义，反之就是无意义的。因此，人们只能根据概念的实际操作而非它的特性来确定它的意义。

第三，整体化倾向。皮尔斯认为，实用主义是整体主义地对待真理和信念的，它强调的是实验现象的总和和实验集合体，它认为在任何条件下，真的东西都不可能是单个的，而必然是普遍的，因此，一个命题所蕴含的实验现象的总和便构成了它和人类行为的全部联系。根据这种整体主义的观点，致力于把逻辑分析和实用主义结合起来的逻辑实用主义者奎因提出，必须建立一种整体主义或以系统为中心的语义学。这种新的语义学抛弃了那种具有教条倾向的经验论，转向了整体倾向的实用主义。奎因认为，任何命题都属于某一理论的整体，命题的集合构成了理论的整体。与此相应的是，经验在检验理论时，针对的不是孤立的命题，而是整个理论系统；换言之，命题是作为一个整体面对经验的法庭的。检验的标准也不是经验的证实，而是经验的实用和有效。这种整体主义的科学检验观尽管不无合理因素，但其基本倾向仍然是经验主义和唯心主义的，正如奎因本人所说的，只是在行为主义语义学和真理是人造的意义上，他才是一个实用主义者。

第四，人本化倾向。皮尔斯在《实用主义要义》中说过这样一段话："实效主义最为重视的莫过于这样一种认识：真正具有重要意义的是人的合理的、有条件的目的。"这段话清楚地表明了皮尔斯哲学中所包含的人类中心论的人本倾向。实际上，不仅是皮尔斯，詹姆士、席勒、奎因等实用主义者都具有这种倾向，只是人们往往更多关注的是实用主义之经验的、行为的倾向，对其人本倾向多少有些忽视罢了。詹姆士认为，人天生具有一种与生俱来的遗传心理结构，这种结构包括人的本能、情感和习惯，乃是人之不变的本性。席勒甚至用人本主义作为其实用主义的旗号，认为人本主义比实用主义的含义更加广泛，应该用它来代替实用主义，以致奎因称席勒为"再生的普罗泰哥拉"。这种人本化的倾向是实用主义哲学中一种较弱的倾向，但却是一种不容忽视的倾向，因为实用主义所说的信念、经验和行为，等等，讲的都是人的信念、经验和行为，都具有人本主义的特征。席勒也正是因为张扬了皮尔斯哲学的这一方面而在实用主义思想史上占有一席之地。

皮尔斯哲学对逻辑实证主义的影响也是显而易见的。这种影响之所以可能，一方面是因为他们都属于经验主义传统和阵营，有着一种天然的血缘关系；另一方面也是因为尽管自皮尔斯以来哲学研究的主题已发生很大变化，但它们毕竟有着许多共同的主题和相近的观点。

首先，在哲学的性质问题上，皮尔斯认为，实用主义是一种与纯粹的知识与理论不同的事务哲学和行动哲学。同样，逻辑实证主义者也认为，在剔除了形而上学和心理学之后，哲学也是一种行动哲学，这种活动不是别的，正是逻辑分析。石里克在《哲学的转变》中指出："我们现在认识到，哲学不是一种知识的体系，而是一种活动的体系，这一点积极表现了当代的伟大转变的特征；哲学是那种确定或发现命题意义的活动。"这种通过行动而实现的哲学的授意活动，是一切科学知识的开端和归宿。

其次，在哲学的任务上，皮尔斯把实用主义当作确立信念和澄清意义和方法，逻辑实证主义也声称哲学的唯一任务就是找到证实命题的意义和方法。但在皮尔斯时代，尽管他已经在探讨语词和命题的意义问题，但由于哲学上的语义学转向尚未实现，因而皮尔斯的问题仍属于认识论而非语言学的问题。卡尔纳普在《通过语言的逻辑分析清除形而上学》中认为，那些潜心研究行动的实用主义者也和古希腊怀疑派及康德一样，并没有真正驳倒形而上学。只有通过语言分析这把新的"奥康姆剃刀"，才能在哲学领域真正克服形而上学，这正是逻辑实证主义和以往哲学的根本区别之所在。

再次，在对待形而上学的态度上，皮尔斯和逻辑实证主义都持否定态度，但其手段和目的不尽相同。皮尔斯力图通过确立科学的信念改造形而上学，并建立新的形而上学；逻辑实证主义者（特别是卡尔纳普）则认为，形而上学在科学上毫无意义，无所谓真假，甚至连错误也不是，应予以彻底清除。

最后，在意义的标准问题上，艾耶尔在晚年接受英国 BBC 电台记者采访的谈话中也明确地表明了逻辑实证主义和皮尔斯之间的渊源关系。他说：皮尔斯的实用主义"与维也纳学派、与我在《语言、真理和逻辑》中所论述的东西非常接近。其实，我的著作也可以算是一本实用主义的著作"。（见《哲学译丛》1993 年第 1 期）

总之，皮尔斯在哲学史上的地位尽管不像罗素、维特根斯坦、卡尔纳普那样显赫，尽管实用主义的影响早已是昨日黄花，但是对待皮尔斯哲学这样在历史上曾经有过广泛影响的学说，是不能采取简单的虚无主义态度的。事实上，撇开其唯心主义的因素，皮尔斯所主张的强调行动、讲求实效的观点，即使在今天仍有其积极的、合理的成分。

参考文献

[1]《皮尔斯文集》第 5、6 卷，坎布里奇，1931—1935 年版。

[2]《现代西方哲学论著选辑》，北京：商务印书馆 1993 年版。

[3]《实用主义》，北京：商务印书馆 1979 年版。

战后西方社会科学的发展及其原因和特点[*]

第二次世界大战以来，西方资本主义国家的发展经历了一个相对稳定的时期。与此相应的是，西方各主要资本主义国家的社会科学研究也有了一定的发展。认真地分析和研究战后西方社会科学发展的原因和特点，对于我们坚持马克思主义的指导，提高我国的社会科学研究水平，具有重要意义。

战后西方社会科学的发展主要表现在以下几个方面：

首先，地位的提高。相对于自然科学和技术科学而言，社会科学研究的地位在西方一直比较低下，但对社会科学研究本身来说，战前和战后的地位显然是不同的。以英国为例，自 1895 年英国第一个专门从事社会科学教学与研究的高等学府——伦敦经济与政治学院建立以来，直到 20 世纪初，政府几乎没有向社会科学研究提供过任何资助，也很少利用社会科学的研究成果。在政府中任职的社会科学家可谓凤毛麟角，社会科学的地位也无足轻重。第二次世界大战期间及以后，英国政府对社会科学逐步开始予以重视，先后成立了政府社会调查处（1941 年）、跨部门委员会（1946 年）、海沃思社会研究委员会（1965 年）、英国社会科学研究理事会（1965 年）、中央政策审查处（1970 年）以及经济与社会研究理事会（1984 年）等机构和组织，就经济学、社会学、人口学、政治学、教育学等学科展开了广泛的调查和研究，取得了许多重要成果。与此同时，在政府中任职的社会科学家人数也不断增加：1964 年威尔逊的工党政府上台以前，在政府部门任职的职业经济学家不足 50 人；至 1983 年，仅在撒切尔夫人的保守党政府中任职的经济学家就达 360 人，社会科学家达数千

　＊　原载《社会科学动态》1992 年第 5 期。

人。社会科学家的参与，既表明了社会科学地位的提高，也对政府的决策和社会的发展产生了重要的影响。又比如，在美国，至 20 世纪 70 年代初，政府中高级文职官员中约有三分之一以上的人获得过社会科学学位；1976 年在联邦政府中任职的社会科学家达 30702 人，占社会科学家总数的 8.4% 。①

其次，经费的增加。和自然科学与技术科学的研究一样，社会科学研究同样需要大量的资金，经费问题一直是困扰西方各国社会科学发展的一个重要问题。"二战"以前，西方国家社会科学研究的经费主要来源于一些慈善的非营利性的私人基金会或政府个别部门少量专项拨款。至 1963 年，英国社会科学研究的经费总额不过 500 万英镑；但 1976—1977 年，仅政府拨发的经费就达 5000 万英镑；至 80 年代中期，总额已逾 1 亿英镑。法国政府从 1956 年开始，对社会科学和人文科学投资以每年 0.06% 的速度增长，1958—1967 年增长了 2.49%；从 1982 年起，政府平均每年为社会科学研究拨款 5000 万法郎，使社会学、经济学和人口学等学科一直保持着良好的发展势头。在美国，联邦政府对社会科学研究的资助从 1959 年的 5700 万美元增加到 1979 年的 7.57 亿美元，二十年间增长了 13 倍之多。1958 年，国家科学基金会的总预算为 5000 万美元，其中社会科学研究的经费只有 75 万美元；而 1965 年，仅社会科学研究的预算就达 1000 万美元。可见，政府拨款已成为西方各国社会科学研究经费的主要来源。

最后，人数的增长。1965—1975 年十年间，美国在大学中任教的社会科学家从 4.23 万人增加到 7.05 万人；社会科学家的在职人数，1980 年为 33.2 万人，1986 年达 68.2 万人，六年间增长了一倍多。随着经济和文化教育事业的发展，西方各国从事社会科学研究的人数有了很大发展，素质也有明显提高。以美国为例，1978 年，全美 30 多万名社会科学家中有 25.5% 的人获得博士学位，48.7% 的人获得硕士学位。在 1969—1987 年间，获诺贝尔经济学奖的 25 名社会科学家当中，美国人就占了 15 名，占 60% 之多。

应该指出的是，战后西方各国社会科学研究的地位在不同时期是不同

———————

① 1978 年《美国统计摘要》。

的。例如，美国在 1950 年成立国家科学基金会时有意将社会科学研究排除在外。英国在 1984 年坚持将国家"经济与社会科学研究理事会"改名为"经济与社会研究理事会"，取消了原名称中的"科学"二字，并在 1982—1985 年间将其预算削减了 600 万英镑。法国巴黎第九大学教授 M. 纪尧姆指出，"目前法国社会科学的研究预算在整个发展研究预算中所占的比例不足 1 %，也就是说约占国民生产总值的万分之一。"①但总的来说，西方各国社会科学研究较之"二战"以前有了很大发展则是一个事实。

战后西方社会科学的发展既有社会科学外部的原因，也有社会科学内部的原因。从社会科学发展的外部动力看，主要有以下两个方面的原因。

第一，资本主义国家之间以及各国内部的矛盾日益激化，在社会的政治、经济、文化和军事等领域中引起了一系列尖锐复杂的问题，这些问题的解决既不可能简单地依靠生产的发展、科技的进步或福利的提高，也不可能只靠行政的或军事的手段。于是，社会科学研究便成为解决西方资本主义国家所面临的诸多矛盾的一个重要手段。政府从不太重视社会科学研究转而求助于社会科学，增加对社会科学研究的资助，并在涉及国内财政预算、教育、卫生、福利、贫困、犯罪等问题，以及国际政治、经济、军事、外交乃至全球问题（如能源、环境、人口、和平）等重大问题的决策中，充分考虑到社会科学的研究成果，进行可行性论证，使评估成为政府决策的一个重要组成部分，从而促进了社会科学研究的发展。如美国联邦总署于 1966 年发表的《教育机会平等》的研究报告（即著名的科尔曼报告），被认为是美国社会科学方面最有影响的报告之一。1971 年开始的全美"健康与营养情况调查"、1972 年开始的"社会综合调查"和"犯罪受害调查"以及 1973 年开始的"年度住房报告"等等，都是在政府的资助下对重大社会问题的研究。这些研究为政府提供了大量真实准确的信息，也为政府的科学决策打下了基础。

第二，自然科学和技术科学的突破性进展推动了社会科学的进一步发展。20 世纪以来，自然科学在宏观和微观两个领域取得了重大进展，现代天文学、粒子物理学、分子生物学、脑科学的研究在深度和广度两个层次上使人类对自然的认识更进了一步。特别是 1946 年世界上第一台电子

---

① 《国外社会科学》1991 年第 4 期，第 24 页。

计算机诞生以来，在短短 40 多年的时间里发展到大规模集成电路和微型智能计算机，成为具有划时代意义的重大科技进步的主要标志。随着计算机广泛应用于社会的各个领域，人们的注意力从单纯的机器系统转向了人—机系统，从单纯的自然系统转向了自然—社会这个大系统，从而使得社会科学从研究的内容、方法、手段到思维方式都发生了一系列革命性的变革，极大地拓宽了社会科学的研究领域，深化了人类对自身的认识。

从社会科学发展的内部动力看，在研究的内容上，战后西方各国的社会科学研究改变了以往那种远离社会生活的抽象玄思和概念游戏，更加重视对现实问题、特别是重大现实问题（如健康、社会心理、社会服务、种族关系、劳资关系、国际关系和经济发展，等等）的应用性研究，使社会科学更加贴近实际，产生了广泛影响。在研究的形式上，西方各国改变了以往那种分散的、个体的、小规模的研究形式，"合同研究"成为社会科学研究的一种重要形式。所谓"合同研究"（又称"用户—承包商"原则），是社会科学家或社会科学团体为了解决研究经费不足的问题而接受国家或某一组织的委托，参与制定国家或组织发展规划所进行的研究。这一原则最早是由英国希思政府中央政策审查处处长罗思柴尔德（Rothschild）于 1971 年在一份报告中提出的。根据这一原则，"承包商"（社会科学家）必须根据"用户"（政府或组织）的需要为"用户"提供服务，生产出"用户"所需要的"产品"（知识），然后由"用户"付款。"合同研究"这种形式的出现，在一定程度上既满足了社会的需要，发挥了社会科学的效用，又解决了社会科学研究经费不足的问题，推动了社会科学研究的发展。在研究的方法上，由于电子计算机的广泛应用，社会科学家们越来越重视直接使用计算机对各种数据进行收集、整理和分析，建立各种数学模型，在此基础上进行预测和判断，从而使量化方法在经济学、社会学、人口学等众多社会科学领域中，逐渐代替了早期社会科学研究中根据个人经验和理解所进行的定性的和思辨的研究，使社会科学向客观化和精确化方向迈进了一大步。根据美国哈佛大学教授 K. 多伊奇（Doyge）等人的研究，在 1900—1965 年间 62 项具有重要影响的社会科学成果中，"二战"以前的成果中定量与定性的比例大致相等，但"二战"以后的成果则主要是定量的。如萨缪尔森的计量经济学（1947 年），L. 克莱因的经济系统的计算机模拟（1947 年），H. 西蒙的社会和政治系统的计算机

模拟（1956年），J. 科尔曼的社会过程的随机模型（1965年），以及
A. B. 安德森的阻止犯罪因素的"威慑理论模型"（1981年），等等，都
是定量的研究成果。

纵观"二战"以来西方社会科学的发展，人们不难看出以下一些特
点：

政治化倾向。由于政府的干预、合同研究形式的出现、社会科学家在
政府部门任职人数的增加、社会科学家本身的特点以及社会科学家本人的
阶级立场和政治观点等原因，西方各国的社会科学研究逐渐开始与政府、
政治和政策发生密切的关系，而愈加具有政治化的倾向。社会科学家参与
政治活动的过程、负责政府政策的制定、为国家干预进行辩护，日益成为
国家和政府手中的工具。如政府对"和平演变"战略和意识形态攻势的
资助、凯恩斯主义对拯救资本主义经济的作用表明，社会科学和政治有着
密不可分的联系。正如美国社会科学研究理事会会长普鲁伊特（Pruitt）
所说："研究为政策服务，知识分子为当权者服务，知识为行动服务，是
美国社会科学研究的一个根深蒂固的模式。"①

综合化倾向。"二战"以来，由于系统论、控制论和信息论广泛应用
于人工机械（物理—化学层）、生物有机体（生命—自然层）和社会心理
（人类—文化层），社会科学的发展也和自然科学的发展一样，在高度分
化的基础上进行整合，学科间的综合化倾向明显增加。在方法上，系统论
方法、信息论方法、控制论方法、结构模型方法等新的综合方法广泛应用
于社会科学研究，为人类从整体上把握社会现象创造了条件。在学科上，
各学科间相互交叉，相互渗透，出现了一些新的综合学科、交叉学科和边
缘学科，以及一些既不属于自然科学又不属于社会科学的新兴学科（如
科学学、工效学、未来学等等）。在课题上，综合型学科的出现打破了原
有的学科界限，展开了对许多往往是一门或几门学科不能胜任的重大课题
的研究，出现了众多著名的"思想库"。如罗马俱乐部的报告《增长的极
限》、美国兰德公司的《下一个2000年》、赫德森研究所的《80年代的
重大粮食问题》，等等，都是重大的综合性课题。

应用化倾向。西方各国的社会科学研究自"二战"以后日益改变了

---

① 《国外社会科学》1991年第5期，第6页。

以往各种思辨哲学的影响和重理论、轻应用的倾向，调整了各自的社会科学政策，增加了对应用性研究的投资，把应用和效益摆到了重要的位置上。这尤为突出地表现在经济科学、管理科学、情报科学、军事科学、预测研究和国际问题研究等领域中。例如，经济科学一直是西方各国政府对社会科学研究投资的重点，在政府中任职的经济学家人数也最多。相反，历史学、文学、哲学等传统学科则不那么受人重视，其经费来源主要是一些私人基金会甚或社会科学家本人自己掏腰包。

即使是历来重视基础研究的高等院校，应用研究的比重也在不断增加，一些大学还建立了公共政策研究院。一些有影响的社会科学研究机构（如美国的布鲁金斯学会、胡佛研究所、三边委员会）从事的也主要是应用性的研究。这些应用性研究成果的推广和利用，在不同程度上直接或间接地推动了社会科学乃至经济和社会的发展。

总之，认真地分析研究战后西方社会科学的发展及其原因和特点，是摆在我们面前的一项重要任务。邓小平同志在《坚持四项基本原则》一文中指出：“我们已经承认自然科学比外国落后了，现在也应该承认社会科学的研究工作（就可比的方面说）比外国落后了。”① 在社会科学研究中，我们既要坚持马克思主义，研究和制定反和平演变的对策；也要找出差距，使我们的社会科学有一个更大的发展。

---

① 《邓小平文选》第二卷，北京：人民出版社 1991 年版，第 181 页。

东欧新马克思主义研究方法探析*

——以南斯拉夫实践派为例

东欧新马克思主义研究在我国方兴未艾，已然成为我国国外马克思主义研究的一个热点和重要组成部分。这一领域新近的研究成果，集中体现在中央编译局衣俊卿研究员主编、黑龙江大学出版社出版的"东欧新马克思主义研究丛书"和"东欧新马克思主义译丛"这两套丛书中。这两套丛书的出版发行，为我们研究东欧新马克思主义提供了宝贵的第一手文献和重要借鉴，对于引领和深化东欧新马克思主义研究具有重要的理论和现实意义。但是，东欧新马克思主义研究在我国还刚刚起步，还有许多需要认真研究和深入挖掘的方面。其中的一个重要方面，就是从总体上探讨和把握这一领域的研究方法，从方法论的高度为这一领域研究的拓展深化找到一条正确的路径。

一　整体研究与个体研究相结合

整体研究和个体研究的结合，对东欧新马克思主义的研究来说是十分重要的。尽管东欧新马克思主义这一流派在东欧各国和各个学者那里呈现出不同的风格和特色，但它毕竟既不同于西方的马克思主义，也不同于苏联的马克思主义，还不同于中国的马克思主义。东欧新马克思主义是一个整体，是马克思主义在当代东欧各国发展过程中产生的一个重要派别。由于有着共同的理论和实践旨趣即把马克思主义和东欧各国的具体实际结合

---

* 原载《学术交流》2015 年第 1 期。

起来，有着共同的理论和实践指向即反对苏联"正统马克思主义"的威权和束缚；有着共同的地域、文化和学术传统等特质，东欧新马克思主义在很大程度上可以被视为一个具有共同范式的学术共同体，尽管其范式似乎从未有过真正的统一。马尔科维奇就曾说过，南斯拉夫实践派从来就不是"铁板一块的"，① 更遑论整个东欧新马克思主义（这是另一个需要讨论的问题，它已超出了本文的范围）。

衣俊卿研究员作为"东欧新马克思主义研究丛书"和"东欧新马克思主义译丛"的主编，在丛书"总序"中对东欧新马克思主义的整体特质、历史沿革、理论建树、学术影响等问题进行了认真的分析和阐释，为我们把握东欧新马克思主义的整体特质提供了很好的思路。但是，这并不表明我们对东欧新马克思主义的整体研究就已经完结了。事实上，这一研究才刚刚开始，仍有待于进一步拓展和深化。这种拓展和深化的一个重要前提，就是要对这一流派的各个分支、各种理论观点、各个代表人物进行深入研究，而这种研究目前仍处于起步阶段，尚未完全展开。在这个意义上我们说，没有对东欧新马克思主义各个分支和个体的深入研究，就不可能全面地概括出其整体的特征。以对实践派的研究为例，从目前情况看，国内学界主要研究的是马尔科维奇，而对这一学派其他代表人物的研究则显得很不够，以致有人误以为实践派就是马尔科维奇，马尔科维奇就是实践派。这显然是有失偏颇的，类似情况在东欧新马克思主义其他分支的研究中也或多或少地存在着。事实上，作为东欧新马克思主义的一个派别，南斯拉夫实践派除了马尔科维奇以外，还有弗兰尼茨基、彼得洛维奇、斯托扬诺维奇、阿兰得耶洛维奇、坎格尔加、米利奇、久里奇等其他代表人物。他们的主要观点是一致的，但在一些具体问题的看法上并不完全相同。要把握南斯拉夫实践派的整体特征，至少必须把握其大多数成员而不是某一个成员的观点。对东欧新马克思主义整体特征的把握，同样也是如此。

20 世纪 80 年代，衣俊卿研究员作为改革开放后国家公派留学生，在贝尔格莱德大学与南斯拉夫实践派的一些主要成员有过直接的交流，并用塞尔维亚文完成了其博士论文，对南斯拉夫实践派及东欧新马克思主义的

---

① 马尔科维奇、彼得洛维奇编：《实践——南斯拉夫哲学和社会科学方法论文集》，郑一明、曲跃厚译，哈尔滨：黑龙江大学出版社 2011 年版，第 18 页。

理论和实践有着国内其他学者不及的优势。国内目前研究东欧新马克思主义的学者大多不具有这种人生经历及学术视野,在很大程度上只能通过间接的认识和体验从事这一研究。而且,大多数学者研究的是东欧新马克思主义的某一个派别或者某一个代表人物,对其他派别和人物的研究相对薄弱,对东欧新马克思主义整体的把握更显单薄。如果止步于这种研究方式,则很难厘清各个派别内部的区别与联系,很难对各个派别的代表人物进行准确的理论定位,进而很难对东欧新马克思主义形成一个总的概观,对东欧新马克思主义在马克思主义发展上的地位和作用有一个全面公正的评价。

由此可见,在方法论上,东欧新马克思主义的研究应该同时注重整体研究和个体研究,两者相辅相成,缺一不可。康德有一句名言说,思维(知性)无内容则盲,直观无概念则空。套用康德的这句名言,我们说,在东欧新马克思主义研究中,个体研究无整体研究则盲,整体研究无个体研究则空。

二 逻辑研究与历史研究相结合

历史与逻辑相统一的方法是马克思主义的基本方法之一,也应该是东欧新马克思主义研究的一个重要方法。马克思之所以能够发现人类社会的一般逻辑(唯物史观)和资本主义社会的特殊逻辑(剩余价值规律),除了其非凡的逻辑天赋之外,还因为他对历史细节的生动描述。维也纳学派之所以把马克思当作其重要先驱,[1] 不是因为他在逻辑上的上述两大贡献,而是因为他作为一个实证历史学家对"雾月十八日政变"等历史事件作了详尽的描述。目前,国内学界比较侧重的是对东欧新马克思主义的逻辑即理论的研究,这是非常重要的一个视角。因为哲学本身就是一种理论,而且是各种理论的集大成,是时代精神的精华。无论是在对作为一个整体的东欧新马克思主义的研究中,还是在对其各个流派和代表人物的研究中,我们都有必要认真地探讨其基本的逻辑出发点,其基本的概念以及概念和概念之间的逻辑关系,其基本的逻辑判断和逻辑体系,通过逻辑地

---

① 陈启伟主编:《现代西方哲学论著选读》,北京:北京大学出版社1992年版,第438页。

研究得出逻辑的结论，从而把握其精神实质和逻辑应用，把握它在马克思主义理论谱系中的独特地位和价值。

与此同时，还应注重和把握历史研究的视角和方法。这是因为，从来就没有脱离历史的逻辑，逻辑的东西不过是历史的东西在人们头脑中的再现。这种再现尽管剥离的是具体的历史细节，把握的是其深层的规律，但无论如何，一旦它脱离了历史，就立刻会显得笨拙枯燥、苍白无力。正如马克思在谈到思想和利益的关系时指出的那样："'思想'一旦离开'利益'，就一定会使自己出丑。"① 黑格尔也曾说过，哲学就是哲学史。这表明，哲学和哲学史从根本上说是同质的。如果我们只是停留在抽象的逻辑研究中而忽视了具体、生动、本真、多样的历史，就可能从这种逻辑中推出背离历史的结论，这种背离可能进一步扭曲历史，使历史和逻辑产生双重的扭曲，形成虚假的历史和逻辑。

同样以对南斯拉夫实践派的研究为例，我们对 20 世纪 60 年代初实践派形成时期召开的几次重要的学术会议的了解就很不够。南斯拉夫哲学联合会在布莱德（Bled）和斯科匹耶（Skopje）召开的两次会议，是南斯拉夫实践派和所谓"正统马克思主义"的重要分水岭。但这两次会议上究竟发生了什么？两者之间展开了哪些争论？这些问题我们至今未有确切的了解。科尔丘拉夏令学园，是南斯拉夫实践派连续组织的一个具有广泛国际影响的学术活动。关于其历史的研究，直到最近，我们才在黑龙江大学哲学院姜海波教授撰写的《科尔丘拉夏令学园与南斯拉夫实践派的黄金时代》② 一文中有所了解。我们对《实践》杂志历史的研究也还很不够。在实践派成员生平的研究上，我们还有很多空白。例如，对马尔科维奇，我们的了解只局限于 20 世纪 70 年代中期。他是 2010 年去世的，在后来 30 多年的时间里，特别是在 20 世纪 90 年代苏东欧剧变时期他在想些什么、做些什么，思想上有没有变化、有哪些变化，如果有变化是些什么变化等情况，我们知之甚少。这些历史的沉钩细节亟待我们去发现和研究，没有对这些细节的认识和把握，我们对其思想的了解就是不完整的，甚至

---

① 《马克思恩格斯文集》第 1 卷，北京：人民出版社 2009 年版，第 286 页。

② 姜海波：《第九届国外马克思主义论坛论文集》，哈尔滨：黑龙江大学马克思主义学院，2014 年版，第 99 页。

可能是错误的。这样的情况同样存在于对东欧新马克思主义其他流派和人物的研究中。因此，对整个东欧社会主义国家 20 世纪的历史（包括经济史、政治史、思想史等）的研究，对布拉格之春、裴多菲俱乐部、波兹南事件、匈牙利事件、团结工会、苏联和东欧各国的关系等重大事件，都有必要作全面、深入和翔实的历史研究，并在这种研究的基础上得出符合历史和实际的逻辑结论。

三　马克思主义主要流派的比较研究

马克思主义是一场世界性的运动，其发生发展的主要场所是西欧、苏联、东欧和中国。马克思主义在这些地区和国家的发展显然是各不相同的，因而它们之间的比较便成为东欧新马克思主义研究的一个重要方法。这里的比较研究主要包括以下四个层面的内容。

一是东欧新马克思主义和马克思主义的比较研究。评价东欧新马克思主义，除了看其是否符合东欧各国的实际，是否促进了东欧各国的发展，经受了东欧各国的实践检验这一实践标准之外，还有一个重要的理论标准——马克思主义本身。马克思、恩格斯是马克思主义学说的创始人，他们在分析、批判资本主义社会的实践过程中所提出的一系列理论成果构成了马克思主义的理论原点，同时也成为评价马克思主义发展史上对它的各种解读、演绎与发展是否符合它的本意的逻辑证明和重要参照，研究和评价东欧新马克思主义同样也不例外。我们应在坚持实践标准和逻辑证明的前提下，进行两者的比较研究，认真地考察东欧新马克思主义在哪些方面坚持和发展了马克思主义，在哪些方面有所修正甚至有所倒退。比如，实践是马克思主义哲学的一个核心概念，南斯拉夫实践派最为推崇的就是实践概念。他们根据其自身的解读，对马克思的实践概念进行了进一步区分，认为"必须把实践（Praxis）同关于实践（Practice）的纯认识论范畴区分开来，……也不应把'实践'（Praxis）同劳动和物质生产等同起来。"[1] 如何认识和评价这种区分，它是否符合马克思主义对实践的理解，

---

① 马尔科维奇、彼得洛维奇编：《实践——南斯拉夫哲学和社会科学方法论文集》，郑一明、曲跃厚译，哈尔滨：黑龙江大学出版社 2011 年版，第 19 页。

需要我们从总体上对马克思主义的实践观，包括对《1844 年经济学哲学手稿》、《关于费尔巴哈的提纲》、《德意志意识形态》、《资本论》等著作中的相关论述的认真解读和精准把握。离开了二者的比较研究，就很难对这种区分作出正确的评价。

二是东欧新马克思主义和西方马克思主义的比较研究。东欧新马克思主义和西方马克思主义虽然都属于马克思主义理论谱系，但毕竟国情不同，地域不同，其理论旨趣和学术成就也各不相同。西方马克思主义产生于 20 世纪 20 年代，到 60 年代末进入了其鼎盛时期。东欧新马克思主义产生于 20 世纪 60 年代中期，在西方马克思主义进入鼎盛时期时刚刚开始进入国际视野，受到国际学术界的关注。二者在产生发展的时间上是有交叉的，而且在地缘上也是相接壤的，因此它们之间的相互影响就是不可避免的。20 世纪 70 年代之前，东欧新马克思主义学者深受卢卡奇、布洛赫、弗洛姆、戈德曼、马尔库塞等西方马克思主义者的影响，他们对马克思主义的理解明显地带有西方马克思主义的印记和色彩。例如，作为东欧新马克思主义重要流派之一的匈牙利布达佩斯学派的代表人物，阿格妮丝·赫勒本人就是西方马克思主义创始人卢卡奇的学生；实践派主要代表人物马尔科维奇则是英国著名哲学家、逻辑实证主义的代表人物之一A. J. 艾耶尔的学生。与此同时，西方马克思主义也受到了东欧新马克思主义的影响，二者也带有明显的交互性。从 20 世纪 60 年代中期到 70 年代中期，《实践》杂志和科尔丘拉夏令学园搭建的学术论坛，是当时世界上最有影响的学术交流平台之一，对推动东欧新马克思主义者和西方马克思主义者的相互交流与合作有着重要的推动作用。弗洛姆、布洛赫、戈德曼、马尔库塞、哈贝马斯等著名的西方马克思主义者不仅参加了南斯拉夫实践派所组织的重要学术活动，而且高度重视实践派等东欧新马克思主义理论家，对东欧新马克思主义给予了高度评价。[①]因此，我们在研究东欧新马克思主义的时候，应该重视它和西方马克思主义的联系与区别，将二者放到共同的国际大背景及各自不同的国情中，放到共同的学术交流平台和学术活动中进行研究，在比较中挖掘出东欧新马克思主义是如何汲取西

---

① 马尔科维奇、彼得洛维奇编：《实践——南斯拉夫哲学和社会科学方法论文集》，郑一明、曲跃厚译，哈尔滨：黑龙江大学出版社 2011 年版，第 12 页。

方马克思主义的营养、又在何种程度上超越了西方马克思主义的缺陷，回到本真意义上的马克思主义的。而这方面的研究目前还显得很不够，仍停留在各自为阵、各话自说的地步。

三是东欧新马克思主义和苏联"正统马克思主义"的比较研究。从一定意义上说，东欧新马克思主义是在批判苏联"正统马克思主义"的过程中产生的。"二战"后，世界上形成了以美国为首的西方资本主义阵营和以苏联为首的社会主义阵营两大对抗阵营。苏联在社会主义盟国中以"老大哥"自居，不顾东欧各国具体国情，强制推行苏联社会主义模式，在指导思想上，以斯大林对马克思主义的解释为正统的、唯一的马克思主义，任何与其不同的对马克思主义的理解和解释都被视为非正统的异端邪说。东欧各国在按照苏联模式建设自己国家社会主义的过程中，在经历了短暂的发展之后，都遇到了不少麻烦和发展瓶颈，出现了"苏联模式"与本国实际水土不服的现象。因此，东欧各国的一些马克思主义学者纷纷开始反思苏联模式，寻求符合自己国情的发展模式。这种反思首先和主要地集中在了对斯大林主持的《联共（布）党史简明教程》第四章第二节"辩证唯物主义与历史唯物主义"对马克思主义哲学的理解的批判上，并把对马克思主义哲学的理解进一步拓展到了活生生的人的实践和人的本质等问题上来。马尔科维奇指出："社会需要一种能够解决重大的社会问题、展现实践前景的哲学思想。……《联共（布）党史简明教程》……看起来是如此肤浅、简单和教条化，对社会主义社会的现存形式缺乏任何批判。"①南斯拉夫实践派要建立的是自己的马克思主义哲学即实践哲学，要探索的是自己的模式即南斯拉夫社会主义的模式，这种模式和那种经济上高度垄断、政治上高度集权的苏联模式的最大区别就在于，它是以市场经济和工人自治为核心的。其他一些东欧新马克思主义者也从不同角度对"苏联模式"和苏联"正统马克思主义"进行了批判，这些批判构成了当代苏东哲学的一幅重要图景。因此，在研究东欧新马克思主义时，必须回到它所批判的对象上来，弄清楚什么是所谓的苏联"正统马克思主义"？东欧新马克思主义要"反"的究竟是什么？它要"立"的究竟是什么？

---

① 马尔科维奇、彼得洛维奇编：《实践——南斯拉夫哲学和社会科学方法论文集》，郑一明、曲跃厚译，哈尔滨：黑龙江大学出版社2011年版，第5页。

这种"反"和"立"的可取之处在哪里？不足之处在哪里？进而在二者的比较中辨明真理和谬误。

四是东欧新马克思主义和中国化马克思主义的比较研究。中国的马克思主义也是从苏联那里来的，十月革命一声炮响给我们送来了马克思列宁主义。但是，和东欧各国一样，中国共产党人也没有完全照搬照抄苏联，而是在马克思主义中国化的过程中形成了中国化的马克思主义。当前，研究东欧新马克思主义的一个重要的目的，是要坚持和发展中国化的马克思主义，立足中国的实际，为中国特色社会主义建设提供理论的指导和可资的借鉴。相对于西方马克思主义而言，东欧新马克思主义似乎离我们更近，他们的理论和实践，无论是其成功之处，还是其失败之处，对我们更有参考价值，更有启发和借鉴。正如衣俊卿研究员在为"东欧新马克思主义研究丛书"和"东欧新马克思主义译丛"这两套丛书撰写的"总序"中指出的那样，"探讨社会主义的理论和实践问题……东欧新马克思主义理论家具有独特的优势，他们大多是苏南冲突、波兹南事件、匈牙利事件、'布拉格之春'这些重大历史事件的亲历者，也是社会主义自治实践、'具有人道特征的社会主义'等改革实践的直接参与者，甚至在某种意义上是理论设计者。"① 在冲破"苏联模式"的束缚、探索本国发展道路的过程中，东欧各国在社会主义改革中曾取得许多重要成果。但是由于各种复杂的原因，到 20 世纪 80 年代末和 90 年代初，东欧剧变、苏联解体，世界社会主义运动陷入了低谷。作为当今世界上最大的社会主义发展中国家，中国所面临的国内外情况与东欧各国有很多相似之处。在坚持和发展中国特色社会主义的过程中，我们可以从东欧各国那里借鉴许多有益经验，从东欧新马克思主义那里获得许多启发。比如，南斯拉夫实践派关于社会主义市场经济的理论、关于基层工人自治的实践，关于防止人民公仆蜕化为特权官僚的探讨，对于中国特色社会主义民主政治建设就有许多启示。因此，对东欧新马克思主义的研究不应是一种纯形而上的学术研究，而应是一种兼具理论性、政治性和实践性的应用研究。研究东欧新马

---

① 衣俊卿：《全面开启国外马克思主义研究的一个新领域》，载马尔科维奇、彼得洛维奇编，《实践——南斯拉夫哲学和社会科学方法论文集》，郑一明、曲跃厚译，哈尔滨：黑龙江大学出版社 2011 年版。

克思主义，必须以中国革命、建设和改革的实际为出发点和落脚点，把它和马克思主义中国化的历史进程以及中国化马克思主义的理论成果结合起来进行比较研究。显然，这种研究包括了当代中苏关系史、中东欧关系史的研究，包括了东欧新马克思主义和毛泽东思想及中国特色社会主义理论体系的比较研究。否则，这种研究的理论和实践价值就将大打折扣。

四　结　语

总之，从方法论的角度看，东欧新马克思主义的研究方法应该是丰富多彩的，而不是单调灰色的，应该是多样性的统一。这里的多样性，既包括我们上面谈到的各种研究方法，也包括我们没有谈到的其他一些研究方法，如抽象和具体的方法，定性和定量的方法，批判的方法，分析的方法（如矛盾分析、结构分析、语言分析、精神分析），等等。这里的统一，一方面是说，这些方法不是孤立的，而是有机联系的，因而在运用它们的时候不应把它们相互割裂开来，而应综合地加以运用；另一方面是说，所有这些方法都应该统一到马克思主义的立场观点和方法上来，因为我们研究的是东欧新马克思主义这样一个马克思主义的理论分支，而不是其他的什么学说。因此，这种研究的研究方法应该服从于马克思主义的方法，其最根本的方法就理论与实际相结合的方法。换言之，这种研究在方法论上必须服从于马克思主义之根本的理论旨趣，即它不仅要说明世界，而且要改造世界，它要建立的是一个一切人的自由发展的联合体。在这样一个根本的意义上说，东欧新马克思主义的研究方法必须是为人的，而不是人为的。

最后，顺带指出的是，和其他任何一种学说一样，东欧新马克思主义也不是尽善尽美的。我们在吸取东欧新马克思主义合理因素的同时，也应该注重对其相关缺憾的研究。例如，它对当代科学技术发展最新成就的研究重视不够，对执政党（无论是苏联的还是本国的）的态度批判性有余、建设性不够，等等。只有一分为二地进行分析，我们才能更加全面辩证地评价和借鉴它，从而把东欧新马克思主义的研究进一步推向深入。

实践:马尔科维奇哲学思想的鲜明特质[*]

南斯拉夫实践派是东欧新马克思主义中的一个重要派别,米哈依诺·马尔科维奇(1923—2010)是实践派的一员主将。尽管南斯拉夫这个国家和实践派这个派别已经解体,但是实践派和马尔科维奇的思想仍有其生命力和重要的理论与实践价值。实践派并不是"铁板一块的哲学派别"[1],本文主要分析的是马尔科维奇的实践观。认真地研究这一理论,对于深化实践派和东欧新马克思主义研究,进而深化中国化马克思主义研究,具有重要的参考和借鉴意义。

一 作为一种规范概念的实践

实践,是马克思主义哲学的核心概念,也是马尔科维奇最为推重的一个概念。马尔科维奇对实践概念的阐述,主要针对的是苏联所谓的"正统马克思主义"展开的。在后者的体系中,"实践"是没有地位的,或至少没有被提高到应有的地位。例如,在联共(布)中央特设委员会编写、并经联共(布)中央审定的《联共(布)党史简明教程》中,只有两处提到"实践"[2],而且只是在谈到认识论问题时提及的。这表明,在苏联所谓的"正统马克思主义"体系中,实践只是一个认识论范畴,而不是马克思主义哲学的核心范畴。马尔科维奇要颠覆的,正是这种对实践即马

* 原载《苏州大学学报》2014年第5期;《新华文摘》2014年第24期摘要转载。

① 马尔科维奇、彼得诺维奇编:《实践——南斯拉夫哲学和社会科学方法论文集》,郑一明、曲跃厚译,哈尔滨:黑龙江大学出版社2010年版,第18页。

② 联共(布)中央特设委员会编:《联共(布)党史简明教程》,中央编译局译,北京:人民出版社1975年版,第126页。

克思主义哲学的错误理解，他要构建的是一种以规范的实践概念为核心的马克思主义哲学。

马尔科维奇提出："必须把实践（Praxis）同关于实践（Practice）的纯认识论范畴区分开来。"① 前者是一个规范概念，后者是一个认识论范畴。这是两个性质不同、地位不同的范畴。如何理解实践概念及其在马克思主义哲学中的地位，涉及对马克思主义哲学出发点的理解。马尔科维奇认为，在苏联所谓的"正统马克思主义"那里，马克思主义哲学的出发点是物质而不是人及其实践。实践（Practice）只是一个纯认识论范畴，只是主体变革客体的活动，而这种活动在马尔科维奇看来"是可以被异化的"。② 这种纯认识论范畴的实践，不是也不可能是马克思主义哲学的核心，因为人及其实践都是物质的一个派生的附属物。在马尔科维奇那里，马克思主义哲学的出发点是人及其实践而不是物质。因而，实践是一个规范概念，即"一种人类特有的理想活动，这种活动就是目的本身并有其基本的价值过程，同时又是其他一切活动形式的批判标准"。③ 这一界定表明，人在本质上是实践的，实践就是人的本质，就是目的本身。因为"在马克思看来，根本的问题是，在创造一个更加人道的世界的同时如何实现人的本质。这一问题中内在地包含的基本的哲学假设在于，人在本质上是一种实践的存在，即一种能够从事自由的创造活动并通过这种活动改造世界、实现其特殊的潜能、满足其他人的需要的存在。"④ 显然，马尔科维奇的这种作为规范概念的实践和苏联所谓的"正统马克思主义"的那种作为纯认识论范畴的实践是不同的。这种不同，简单地说就是，前者是一种理想的、应然的实践，包括了价值理想及其评判标准，是实践之本质的要义；而后者则是一种现实的、实然的实践，在某种不利的历史条件下可能被异化，不是实践之本质的要义。马尔科维奇要表明的是，作为规范概念的实践高于作为纯认识论范畴的实践，应该着重从规范概念的角度来理解实践，并把它当作马克思主义哲学的核心概念；而不应只局限于

---

① 马尔科维奇、彼得诺维奇编：《实践——南斯拉夫哲学和社会科学方法论文集》，郑一明、曲跃厚译，哈尔滨：黑龙江大学出版社 2010 年版，第 19 页。

② 同上。

③ 同上。

④ 同上书，第 18 页。

纯认识论范畴的实践，把它当作马克思主义哲学的一个附属概念。

正确把握实践概念在马克思主义哲学中的核心地位，不仅要区分作为规范概念的实践和作为纯认识论范畴的实践，而且"不应把实践（Praxis）同劳动和物质生产等同起来"。① 既然实践是目的本身，那它就不是一种手段，就不属于必需的领域，就不应包括从属关系和等级制度。简言之，就不应是一种异化的劳动和物质生产。因此，"只有当劳动成为一种自由的选择并为个人的自我表现和自我完善提供一种机会时，劳动才成为实践（Praxis）。"②这表明，劳动和物质生产尽管是必需的、重要的，但它在一定的社会历史条件下也可能是异化的。只要社会还存在一定的从属关系和等级制度，只要劳动和物质生产的主体——人还受到束缚，无论这种束缚是经济上的还是政治上或思想上的，这种劳动和物质生产就不是严格和真正意义上的实践。因为这种异化的劳动和物质生产所产生的，是虚假的和人为的需要（其特点在于，它们的满足往往伴随着空虚、厌烦、绝望、无聊、无力——一言以蔽之，虚无），而非真正的和实际的需要（即对人的解放和社会正义的需要）。③

马尔科维奇认为，实践概念和人道主义共产主义即人的自由全面发展是不可分割的。和"实践"概念曾长期被误读相比较而言，"人道主义"这个概念被误读的程度有过之而无不及。长期以来，人道主义一直被当作资产阶级的专利，被当作抽象的、虚幻的东西，仿佛人道主义和共产主义是水火不容、相互绝缘的。尽管马尔科维奇生活在一个并不富裕的国度里，尽管他并不忽视经济解放的意义，但他比当时的许多马克思主义者更看重人在社会生活中的意义，特别是在政治上的自由、平等、民主、参与和自治，并认为这些价值乃是人道主义的根本要旨，是共产主义不可或缺的东西。在他看来，"与克服物质贫困并创造一种真正的参与民主的努力一道，一场远未到来的人道主义革命是必需的"。这场革命"应该彻底克服人的意识中的各种封建结构和资产阶级结构的残余"，"应该同时执行

---

① 马尔科维奇、彼得诺维奇编：《实践——南斯拉夫哲学和社会科学方法论文集》，郑一明、曲跃厚译，哈尔滨：黑龙江大学出版社 2010 年版，第 19 页。

② 同上。

③ 马尔科维奇：《当代的马克思》，曲跃厚译，衣俊卿校，哈尔滨：黑龙江大学出版社 2011 年版，第 129 页。

两个相继的历史阶段的双重任务：即资产阶级启蒙的任务和社会主义启蒙的任务"，"这场已经迟到了的人道主义革命，需要好几代人的艰苦努力。但是没有这场革命，就不可能有通向社会平等和自由的进一步的步骤。"①这种人道主义之启蒙的和自觉的意识，不要说在 20 世纪苏联所谓的"正统马克思主义"在东欧以及中国等社会主义国家占主导地位的条件下是振聋发聩的，即使在今天仍具有重要的启示作用。人道主义从曾经的蒙羞到今天的彰显，折射出历史的沧桑巨变，令人不免唏嘘、感慨万千。更难能可贵的是，马尔科维奇旗帜鲜明地把人道主义和共产主义连在了一起。他既摒弃了马克思在《1844 年经济学哲学手稿》中所批判的那种"粗陋的共产主义"，又反对苏东等国存在的"异化的"共产主义（社会主义），并坚持了马克思和恩格斯的这样一些著名的论断："共产主义是对私有财产即人的自我异化的积极的扬弃"，②"我们所称为共产主义的是那种消灭现存状况的现实的运动"，③"代替那存在着阶级和阶级对立的资产阶级旧社会的，将是这样一个联合体，在那里，每个人的自由发展是一切人的自由发展的条件。"④ 因而在马尔科维奇那里，实践是以人的自决为特征的，是人自觉地、有目的地投身于其中的，它实现的是人之特殊的、自由的选择，其实质就是人的解放，实现人的自由和全面发展。可见，实践和人道主义共产主义密切相关，人道主义共产主义本身就是实践的题中应有之义，离开了人道主义共产主义就谈不上真正意义上的实践。

实践的观点是马克思主义哲学的根本观点，在今天已经得到了许多马克思主义者的认同。马尔科维奇在理论上的一个突出贡献，就在于他把作为纯认识论范畴的实践扩大到或上升到了作为规范概念的实践。这种视域的拓展或旨趣的升华表明，实践不只是一个和客体、对象发生这样或者那样关系的存在，实践直接地就是主体即人自身，人在本质上是一种实践的存在。不仅如此，他还把实践和人道主义共产主义直接地联系起来，赋予了实践以更加丰富和崇高的内涵。在马尔科维奇看来，在马克思主义哲学

---

① 马尔科维奇：《当代的马克思》，曲跃厚译，衣俊卿校，哈尔滨：黑龙江大学出版社 2011 年版，第 143—144 页。

② 《马克思恩格斯文集》第 4 卷，北京：人民出版社 2009 年版，第 185 页。

③ 同上书，第 539 页。

④ 同上书，第 53 页。

中，理论（人道主义共产主义）的任务不仅在于解释世界，而且在于改变世界（实践）；而且，这种改变只有在从根本上解决了人的自由这个问题的时候才是一种真正的和彻底的变革。而要解决人的自由这个根本问题，一种哲学就必须把人的实践当作历史中的主要决定性因素之一。这种实践哲学既要扬弃各种习得的、以零碎的描述材料为基础的常识推理的表面性，又要扬弃各种枯燥的、思辨考量的抽象性；既要废除所有那些使人变形和物化的压迫的体制和结构，又要创造各种鼓励人格发展、使参与成为可能、有利于想象和创造性的社会组织的新体制和新形式；既要发现既有的各种可能性，又要致力于考察那些通过人的适当行动可以创造的新的可能性。① 只有这种把人道主义共产主义和实践统一起来的历史活动，才值得被称为创造历史的活动，或简要地被称为实践。这种包含了人道主义共产主义这一理想和应然的价值的活动，就是作为规范概念的实践。

二 作为一种批判活动的实践

实践不仅仅是一个规范概念，而且是一种批判活动。马尔科维奇最看重的，就是不能只是停留在认识层面谈实践，而应把实践贯穿到社会生活的方方面面，用一种批判的观点来考察社会生活。批判就是实践，实践就是批判。批判的实践和实践的批判在马尔科维奇那里是统一的、不可分割的。而且，对一个学者来说，批判是一种主要的实践，他的武器就是他的思想和笔头。

马尔科维奇为什么要进行批判？原因并不复杂。简单地说，这是因为当代社会（包括南斯拉夫社会）是一个异化的社会，是一个需要批判而且必须批判和扬弃的社会。他要批判的是什么？简言之，要批判一切异化现象（无论它是哪一个领域的异化），重点是社会批判即对人的批判和对国家的批判，特别是对南斯拉夫现存的社会体制和苏联模式的弊端的批判。因此，正如西方马克思主义的著名代表人物之一 E. 弗洛姆在为马尔科维奇的《从富裕到实践》一书所撰写的序言中指出的那样：南斯

---

① 马尔科维奇：《当代的马克思》，曲跃厚译，衣俊卿校，哈尔滨：黑龙江大学出版社2011年版，第116页。

拉夫实践派和苏联的那种只有一种辩护功能的所谓的"正统马克思主义"的区别在于，它"没有假定为南斯拉夫制度中的错误和缺陷进行辩护的功能，而是保留了那种对任何一个马克思主义哲学家来说都是基本的态度——批判的态度。"①

既要批判，就有一个批判的武器或批判的方法的问题，而最锐利的思想武器就是马克思主义哲学即辩证法。他最推崇的就是马克思对辩证法本质的这样一种阐述，即"辩证法不崇拜任何东西，按其本质来说，它是批判的和革命的。"②而且，这种辩证的理论和方法强调的是一种综合的即总体性的实践活动，其"唯一真正、具体和普遍的"观点"必须是一种发展和解放了的人的观点，即实践的观点"。③因此，在马尔科维奇看来，哲学在本质上是"人类的实践的产物"，④"在一种宽泛的意义上，所有哲学都是社会的。"⑤因而，所有哲学都是社会哲学。这种哲学的特殊性就在于，它需要的是一种总体性的世界观。因为第一，无论是苏联的所谓"正统马克思主义"，还是所谓"科学的"分析哲学，在面对社会之一般的疾病即异化时，甚至"不足以进行诊断，更遑论治疗了"；⑥第二，只有既强调解释世界又强调改变世界的马克思主义辩证法才能克服异化，"成为一种总体的理论的—实践的存在"。⑦需要指出的是，马尔科维奇精通逻辑学，1950年他在贝尔格莱德大学获得哲学博士学位的论文题目就是《当代逻辑学中的形式主义》。1956年，他在伦敦大学师从当代著名哲学家、逻辑实证主义的代表人物之一 A. J. 艾耶尔，并以论文《逻辑概念》再次获得哲学博士学位。众所周知，自20世纪20年代末维也纳学派创立以来，逻辑实证主义或分析哲学一直是西方哲学界占主流地位的哲学。这种哲学强调概念的精确性，强调哲学就是语言分析，力图否弃一切

① 马尔科维奇：《从富裕到实践》，曲跃厚译，魏志军校，哈尔滨：黑龙江大学出版社2012年版，第3页。

② 《马克思恩格斯文集》第5卷，北京：人民出版社2009年版，第22页。

③ 马尔科维奇：《从富裕到实践》，曲跃厚译，魏志军校，哈尔滨：黑龙江大学出版社2012年版，第32页。

④ 同上书，第2页。

⑤ 同上书，第6页。

⑥ 同上书，第2页。

⑦ 同上书，第6页。

形而上学，否弃一切整体论哲学，虽不乏精确的算计，但明显缺乏高远的整合。如今，分析哲学在西方已经日渐式微，呈衰退之势。马尔科维奇能在分析哲学如日中天的 20 世纪 70 年代，从一个曾把分析哲学当作"最好武器"① 的学者转变为一个强调对世界作整体性把握，强调辩证法这样一种"一般的哲学方法"② 的哲学家，的确是具有远见卓识、走在时代前列的。

马尔科维奇的批判主要集中在对人的批判和对国家的批判上。关于对人的批判，他认为，现代工业文明为人的一种更加富裕、更加自由、更有创造力的生活增加了可能性，但悲剧性的事实仍然在于，无论是物质上的还是精神上的奴役和贫困，仍在我们的时代占支配地位。这就是说，当代社会仍然是一个异化的社会。这种异化既表现在马克思在《1844 年经济学哲学手稿》中所批判的那种劳动产品的异化和劳动本身的异化上，也体现在后资本主义社会中各种异化的社会力量（如国家、政治组织、军队和教会）对人的奴役上，体现在经济上的剥削、政治上的霸权、文化上的垄断、特殊群体为整个社会的代言上。在这种异化状况中，"现代人感到被逐出了家园"，"人的意识被分裂了"，"人具有完全不同的甚至矛盾的特征"，"绝大多数人仍过着一种很异化的和非人道的生活"，"社会失去了整体性和总体感"。而要克服这种异化，实现人之最理想的潜能，过上真正的、真实的、本真的、人道的生活，就必须克服对人道化过程的肤浅理解，进一步限定"人道化"这个宽泛而模糊的概念，并根据马克思主义"彻底的人道化"这个概念在实践中消除异化。③

马克思指出："理论只要彻底，就能说服人 [ad hominem]。所谓彻底，就是抓住事物的根本。而人的根本就是人本身。"④ 马尔科维奇进一步阐发说："所谓彻底，首先意味着关注人当中最有价值的东西，创造人在其中日益成为一种创造性的、社会的、自由的、合理的存在的条

---

① 马尔科维奇：《从富裕到实践》，曲跃厚译，魏志军校，哈尔滨：黑龙江大学出版社 2012 年版，第 2 页。
② 同上书，第 23 页。
③ 同上书，第 71—81 页。
④ 《马克思恩格斯文集》第 1 卷，北京：人民出版社 2009 年版，第 11 页。

件。"①这里的条件显然既包括经济条件，也包括政治条件和文化条件。而且，在物质富裕的社会中，在很大意义上说，政治条件和文化条件比经济条件更重要。他指出："对当代世界来说，彻底的人道化意味着创造这样一些条件，其中每一个个人都可能参与对那些由人所支配的巨大的社会力量和技术力量的控制。这样一种根本的人的解放的一个主要条件，就是废除任何一个特殊社会群体手中的政治权力和经济权力的任何一种集中"，即消除对权力的垄断。他还给出了克服异化之实际的步骤：第一，废除生产资料私有制和作为一个阶级的资产阶级；第二，废除作为一种职业的政治（它能使一个社会群体永恒地控制社会运作），并废除作为特权精英的官僚。他认为，这两个步骤的每一个步骤都是彻底的人道化的必要条件，但是，只有共同采取这两个步骤，才能构成其充分条件。② 无疑，马尔科维奇对人的批判，对社会异化的批判，比那些只对经验知识感兴趣的逻辑实证主义者要深刻得多；他对马克思主义和人道主义的理解，也比那种"越看越像是一种令人厌烦的、旧式的、原始的自然哲学"的，"更加抽象、无力和保守的"③ 所谓的"正统马克思主义"要深刻得多。

关于对国家的批判，马尔科维奇的问题是：什么因素产生了当代社会中的各种异化力量并使得它们如此之有力？他的答案是：垄断性的社会群体的存在。他说："异化的几乎所有当代形式都植根于那些对经济权力和政治权力具有一种垄断的社会群体的存在。"④ 这种"垄断性的社会群体"或者是以生产资料的私有制为基础的（在资本家阶级的情况下），或者是以社会的政治组织中的特权地位为基础的（在官僚的情况下），或者是两者兼而有之。垄断在经济上表现为无偿占有他人的劳动即剥削，在政治上表现为侵占他人在社会决策中的权力即霸权。而且，垄断即异化不仅存在

---

① 马尔科维奇：《从富裕到实践》，曲跃厚译，魏志军校，哈尔滨：黑龙江大学出版社2012年版，第78页。
② 同上书，第79页。
③ 同上书，第48页。
④ 同上书，第77页。

于资本主义社会，它的许多形式在当今的后资本主义社会中也残存了下来。① 在马尔科维奇看来，由于当今的社会主义国家并不像马克思和恩格斯原来设想的那样是在发达资本主义国家的基础上建立的，而是在一些不发达的国家实现的，因而政治精英即官僚在苏联和南斯拉夫这样一些不发达的社会主义国家，特别是在其新的社会秩序得以确立的最初时期的存在，是有某种历史的正当理由的。然而，在社会主义制度确立和巩固之后，作为一个特殊的社会群体，官僚的存在就没有历史必要了。遗憾的是，这一群体在这些国家不仅没有消失，而且在一定程度上得到了强化。马尔科维奇所说的官僚，是指一个裙带的（coherent）和封闭的职业政治家的社会群体，他们把所有决策权都掌握在其手中，并享有明显的政治和经济特权。马尔科维奇要克服的正是政治领域中的这种异化，他对国家的批判就具体地体现在对官僚的批判上。而且，这种批判在实践领域取得了相应的进展。在南斯拉夫的政治生活中，企业层次上的基层民主或工人自治组织有了一定的发展，这种发展无疑是对苏联模式的国家主义的一种反动，也是社会主义国家政治体制改革的最早尝试。

马尔科维奇认为，在社会主义的国家模式中，一种是苏联模式即国家主义模式；一种是南斯拉夫模式即国家主义和自治相结合的模式。苏联模式尽管声称社会主义国家是工人阶级和最广大人民利益的代表，有力量克服异化并通过国家计划实现经济合理性和社会合理性的最大化，但其基本的缺陷在于它过于集中化了，而且其权力机构服务的不是普罗大众而是统治精英的利益。显然，这种模式带有浓厚的官僚色彩，离真正民主的社会组织相去甚远。恩格斯早就指出了铲除这种国家的途径，这就是：第一，在国家中，"一切职位交给由普选选出的人担任，而且规定选举者可以随时撤换被选举者"；第二，"对所有公职人员，不论职位高低，都只付给跟其他工人同样的工资。"② 尽管"这需要有一定的社会物质基础或一系列物质生存条件，而这些条件本身又是长期的、痛苦的发展史的自然产物。"③ 南斯拉夫模式的特征是，在微观层次上，企业生产过程的管理在

---

① 马尔科维奇：《从富裕到实践》，曲跃厚译，魏志军校，哈尔滨：黑龙江大学出版社2012年版，第82页。

② 《马克思恩格斯文集》第3卷，北京：人民出版社2009年版，第11页。

③ 同上书，第97页。

工人和经理手中，而在宏观层次上它又在官僚的手中。这一模式可以称之为半国家主义的模式，尽管它并没有在国家层面上完全克服异化和官僚问题，但毕竟前进了一步，比苏联的国家主义模式具有明显的优势：工人自治委员会决定了企业的一般政策，决定了净收入的分配，工人不再成为一个商品，并解放了社会的所有微观单位（micro – units）中的巨大的首创精神和能量。马尔科维奇认为，这正是在南斯拉夫（和大多数其他社会主义国家相比）人们有着更大的动力和自由这一直接印象的原因。①

应该指出的是，无论是对人的批判还是对国家的批判本身并不是目的，马尔科维奇的真正目的在于通过这种批判塑造新人，构建一种全新的原创的社会主义国家。其实，这里的新人和新的国家并不复杂。它不是要游离于马克思主义的理论谱系去构造一个新的什么东西，而是要回到真实的马克思，按照马克思主义的本来面目去塑造人，去建构国家。正如弗洛姆指出的那样："回到真实的马克思，构建一种全新的原创的社会主义社会，乃是南斯拉夫马克思主义哲学学派的目标和显著成就。"②这里的人不是别的，作为一个整体，就是"一切社会关系的总和"；③ 作为一个个体，就是一个个"和谐发展的、独立的、自我依靠的个人"。④ 这里的国家也不是别的，就是没有垄断和异化的真正的社会主义国家。这样的个人和国家是一种既有人道的面孔、又有人道的身躯的彻底的人道化状态。正是因为有着这样的理论旨趣和实践旨归，弗洛姆评价马尔科维奇说，他是"彻底的和诚实的"。⑤

三　作为批判的实践家的马尔科维奇

马克思主义哲学乃至整个马克思主义最鲜明的特征是实践，这一特征

---

① 马尔科维奇：《从富裕到实践》，曲跃厚译，魏志军校，哈尔滨：黑龙江大学出版社2012年版，第93—95页。

② 同上书，第2页。

③ 《马克思恩格斯文集》第1卷，北京：人民出版社2009年版，第501页。

④ 马尔科维奇：《从富裕到实践》，曲跃厚译，魏志军校，哈尔滨：黑龙江大学出版社2012年版，第3页。

⑤ 同上书，第4页。

不仅仅是理论上的，更重要的也是实践上的。在很大意义上说，实践与否，是区分真假马克思主义者的试金石和分水岭。马尔科维奇是一个知行统一论者，因而是一个真正的马克思主义者。

早在第二次世界大战期间，马尔科维奇就作为一个游击队战士，亲身参加了南斯拉夫的反法西斯战争，为南斯拉夫的独立和解放作出了贡献。而且和东欧其他社会主义国家不同的是，南斯拉夫不是依靠苏联人的帮助、而是依靠自己的力量赢得反法西斯战争胜利的。正是由于这种独立性，战后的南斯拉夫才成为不结盟运动的发起国之一，并成为东欧社会主义国家中唯一没有加入华沙条约组织的国家；南斯拉夫的社会主义建设才较少地具有苏联色彩，并率先在东欧各国开始了社会主义改革；南斯拉夫的马克思主义者才敢于对苏联所谓的"正统马克思主义"说"不"，并形成了自己的马克思主义哲学派别——实践派。

马尔科维奇指出："南斯拉夫的马克思主义哲学是随着第二次世界大战前以及第二次世界大战期间社会主义革命运动的兴起而出现的。"[①] 如果说年轻的马尔科维奇参加革命时对马克思主义多少还有点懵懂的话，那么在战后特别是在通过系统的哲学学习和研究成为一个马克思主义哲学家之后，他对苏联模式和所谓的"正统马克思主义"的批判，包括他对并不完美的南斯拉夫"半国家主义"模式的批判，就更具有高度的理论自觉和实践勇气。而且更为可贵的是，他的批判的武器不是别的什么理论，而是马克思主义。他明确表明："如果我的观点应该被分类的话，它可以列入'马克思主义'的范畴之下。"[②]但是，批判从来都不是一件轻而易举的事情，有时甚至是要作出巨大的牺牲的。马尔科维奇在批判中所经历的艰辛和磨难，只有当事人自己才自知苦涩。这种批判如果只是理论上的批判，如果只是对苏联模式的批判，或许还好过一些。问题在于，马尔科维奇发现，南斯拉夫也和苏联一样，依然存在着经济异化和政治异化。在这种情况下，继续批判，无疑会受到当局的打压；放弃批判，有违于一个学者的良心。他义无反顾地选择了前者，于是被罢免教职甚至开除公职的

---

① 马尔科维奇、彼得诺维奇编：《实践——南斯拉夫哲学和社会科学方法论文集》，郑一明、曲跃厚译，哈尔滨：黑龙江大学出版社 2010 年版，第 5 页。

② 马尔科维奇：《从富裕到实践》，曲跃厚译，魏志军校，哈尔滨：黑龙江大学出版社2012 年版，第 3 页。

命运也就在所难免。但即便如此，他也从未动摇和后悔过，因为批判即实践已经成为他的一种生活方式和历史使命。这种"独立之精神、自由之思想"的坚强意志和在探索真理的过程中矢志不渝、不惧权威、决不妥协、永不言退的不屈品格，无论是在当时还是在现在，无论是在外国还是在中国，无论是对一个学者而言还是对一个公民而言，都是非常难能可贵的。

当然，马尔科维奇的批判并非是尽善尽美的，其中也有一些值得商榷的地方。例如，他未能把实践的观点和物质第一性的原理很好地统一起来；未能从唯物的、辩证的、历史的、实践的、人道的等多种属性的有机统一中来把握马克思主义哲学；未能把作为规范概念的实践和作为纯认识论概念的实践以及实践和认识的标准问题很好地统一起来；等等。但这并不妨碍马尔科维奇是一个对当代马克思主义的发展作出了重要贡献的严肃认真的学者，我们也没有任何理由要求任何一个学者能做到尽善尽美。

译文部分

第一次物理综合[*]

［英］A. N. 怀特海

　　文明史上有一些确定的时期，这些时期不是以批判时代的边界而著称，就是以批判时代的顶峰而著称。的确，没有哪一个时代是在一个确定的瞬间开始、结束或达到其自身的顶点的。它在其前辈的怀抱中被带到了现实的阶段，并且只能通过一个缓慢的转变过程而让位于后辈。其结局是很平常的。无论你如何选择确定它们，你都可能面临各种充分的理由来延长或缩短你的时代。但是，某些鼎盛时代是不会弄错的，而且它往往是以某些把一种几乎神秘的符号赋予其确切的日期的惊人事件为标志的。这样的日期在我们的时代有 1642 年，这一年，伽利略去世了，牛顿诞生了。这个日期标志着欧洲在约 100 年的时间里成了科学理智的中心，标志着第一次物理综合（First Physical Synthesis）作为科学的基础持续到了我们自己的时代。自文艺复兴和宗教改革的世界以来，在其独特的意义上，不了解这两个人的成就，就很难理解现代欧洲的发展。亚洲和地中海经典时代的伟大文明，都有其文学艺术的辉煌时代和宗教改革、积极的科学沉思的时代。但是，这一点乃是现代欧洲的幸运，即在 17 世纪，在科学沉思的发酵（ferment）中，这两个人相继出现了，他们都具有物理直觉的高超天赋，都具有抽象概括的惊人能力，而且都具有很好地适应科学问题的当下环境的辅助能力（subsidiary endowment）。这两个人，一个是堪与数学家媲美的顶尖的实验家，一个是堪与实验家媲美的顶尖的数学家。阿基米德并没有留下后继者，但我们的现代文明则应归于牛顿在伽利略去世的那

---

　　*　原载怀特海《科学与哲学论文集》，首都师范大学出版社 2017 年版。

一年诞生了这样一个事实。对这一历史过程稍加思考便可能假设，这两个人毕生的工作都是有缺失的（absent）。在 18 世纪开始时，物理科学的许多既令人好奇又令人迷惑的事实就被观察到了，这些事实是通过各种孤立而晦涩的假说模糊地联系在一起的。但是，在缺乏一种清晰的物理综合时，由于其在解决那些最远古的时代就已经引起注意的问题中取得的全面成功，下一步进展的动机也会是有缺失的。所有的时代都逝去了，而且 17 世纪的科学发酵也失效了。洛克决不可能写出他的哲学来，而且伏尔泰在访问英国时带回法国的只是一个关于正在扩展的贸易以及贵族工厂之间政治竞争的传说。那时，欧洲缺乏的是法国的理智运动。但是，天命（Fates）不会总是两次提供同样的礼物，而且这一点是可能的，即 18 世纪在当时可能已经为西方种族千年的理智麻木（intellectual sleep）做好了准备，繁荣伴随着美洲大陆之宁静缓慢的开发，正如体力劳动缓慢地征服了其河流、森林和草原一样。我关心的不是否认结果可能更乐观，因为太阳神战车（the chariot of Phœbus）是一种危险的车辆。我唯一直接的论题是，它可能是完全不同的。

我们都很清楚，伽利略和牛顿的思想的巨著的形式承载着其不同境遇之间的清晰证据。在他的那本出版于 1632 年的题为《关于两种世界体系的四篇对话》的著作中，伽利略论证的是过去；而牛顿在他的那本出版于 1687 年的题为《自然哲学之数学原理》的著作中却忽视了各种陈旧的争论和讨论，平静地阐释着那些自物理科学的基础形成以来就一直存在的定义、原理和证明，他展望的是未来。伽利略代表的是冲锋（assault），而牛顿代表的则是胜利。无疑，伽利略的著作要好读一些，它乃是那种将其自身楔入了（wedged）亚里士多德式的逻辑和应用数学这两个严肃的时代之间的人性的一种现实本性的证明（a real flesh and blood document）。

灾难是这样发生的：最不幸的是，教皇陛下（His Holiness），即当时正在统治的教皇，在一次十分友好的会见中，在宗教法庭（the Inquisition）已经禁止了各种哥白尼式的意见表达之后，利用了这样一个不可反驳的论证，即上帝是万能的，对他来说，使太阳与行星绕地球运行和使地球与行星绕太阳运行一样容易。这一点是多么不幸啊，即甚至一贯正确的教皇和最伟大的科学家也不能和最热切渴望的相互理解一道使其自身摆脱他们的各种预设。教皇对关于运动的相对性和空间的相对性的阐述的边界感到担忧，并在他的对话中谈到了伽利略清楚地表达的同一学说中的一些段落。但是，他们两人谁也没有充分地认识到那一真理所赖以建立的全部重点。因此，伽利略可能在这次谈话中花了近十分钟的宝贵时间来清除一些小的误解，结果却是随之而来的对伽利略的迫害。这件事的真正寓意在于，伟人的意义就是别发脾气（keeping their tempers）。伽利略是被激怒的——而且这很自然，因为它是一种令人不快的争论，它和科学理念之伟大而节俭的公式是相悖的。不幸的是，他走开了，并把教皇的论证交给了辛普里丘的代言人（the mouth of Simplicius），即那个在对话中总是提出愚蠢异议的人。在接下来的谈话中，它受到了主要的对话者即萨尔维阿蒂（Salviatus）的欢迎——我给出的是 17 世纪托马斯·萨拉斯伯利（Thomas Salusbury）的翻译：

> 你的这种学说是令人钦佩的，而且真的是天使般的学说，它很精确，在同样神圣的方式中，其他的记录也很精确，与此同时，它使我们离开争论，触及到世界的构成，而且（也许对目的来说，人心的训练可能既不是沮丧的也不是冒昧的）我们不可能发现通过他的手所完成的作品。因此，让上帝允许和委任我们来做这一研究，在认识中支持我们，并更多地赞美他的伟大吧，这样我们才能发现我们自己对看穿（penetrate）他的深邃睿智是多么的愚钝。

在这个问题上，对话结束了。伽利略总是抗议说，他并不想失礼。但是，教皇（即使他的一贯正确性被动摇了）在此仍然受到了预言的天赐和伏尔泰的风格的援助。不管怎样，在他的转变中，他发了脾气，并在后来一直是伽利略的宿敌。

伽利略的高超实验天赋是通过这样一种方式来表明的，其中每一个触及到他的暗示（hint）都得到了说明，并立即变得有意义了。他听说望远镜是由一个荷兰的眼镜商人好奇地发现的。它可能就是一个玩具，但在他的手里它却创造了一场革命。他立刻想出了它赖以建立的原理，改进了其设计以消除物体的倒置，并立刻把它应用于对天体的全面测量。结果是令人吃惊的。它改变的不是几个细节，而是一种在它面前降临的几乎神圣的情感。我经常想，教会平静地接受了哥白尼，而它对伽利略的粗鲁敌视只能通过衡量望远镜对关于天体的那种神圣学说所造成的破坏性结果（rav-ages）来说明。因此，人们看到得太晚了，即哥白尼的学说才是这种观点的关键。但是，伽利略的对话清楚地表明，争论点不是地球的运动，而是天堂的荣耀。必须记住的是，天堂（基督曾教导说它就在我们当中）通过中世纪时代的通俗情感被置于了我们之上。因此，当望远镜表明月亮和其他行星被还原为地球的尺寸，而且太阳具有消逝点（evanescent spots）的时候，对情感的这种冲击是很深刻的。就那些其学识超过其才华、开始引用亚里士多德的人来说，这正是情感受到冲击的特征。因此，亚里士多德便被用来猛攻（was hurled at）伽利略了。

这次对话是伽利略和流行的亚里士多德式的传统之间的当代争论的记录，而且讨论的终点是创造了现代的科学观，伽利略是其第一个完美的代表——他有一点任性，但却是全神贯注的。

迄今为止，我们一直在致力于赞赏伽利略时代的舆论氛围——而且你们将记得，没有哪一种氛围是由持续一致的时代（a succession of uniform days）构成的，尤其是在其发展的早期。一种明智的选择几乎可能把任何标签贴在 17 世纪的思想上。我们必须牢记的是，在其伊始，就科学所关注的而言，人们知道得既不比亚里士多德更多，也不比阿基米德更少。而在其结束的时候，现代科学的主要观点已经牢固地得到了确立。

现在，我将致力于说明伽利略给他的同时代人留下深刻印象的那些主要的革命观念。第一个观念便是物质的宇宙的一致性学说。现在，这种学说对我们来说是如此之明显，以致我们在讨论奇迹或心物关系的细微形式（the attenuated form）时只能想到它。但是，在伽利略的时代，对一致性的否定却走得更远。大自然的不同区域被假定为以完全不同的方式在运行。这一预设导致了一种闻所未闻的（foreign to our ears）论证风格。例如，这里有辛普里丘即伽利略的对话中的那个旧的亚里士多德式的传统的维护者的一小段演说，这几乎是随意（at random）挑选出来的：

尽管亚里士多德是一个很睿智的人，但他可能并没有比需要的那样更进一步地曲解它：他在所有论证中都坚持，感性经验在任何一种以智力为基础的理性面前都是更受欢迎的，并认为那些可能否认感觉证据的人应该随着那种感觉的失去一起受到惩罚；现在，人们如此之盲目，以致看不到土和水是自然而无声地向下（deorsum）运动的，即流向宇宙的中心的；而且同样看不到火和气是向上（sursum）运动的，即升向月球的天穹（the Concave of the Lunar Orb）的吗？而这种存在看上去如此之明显，而且我们确实存在着，为什么我们不能用一个真正而明显的命题即土的自然运动是向中间去的（ad medium）、火的自然运动是从中间来的（a medio）来断言它呢？

在这段话中我们注意到，不同的功能被指定给了宇宙的中心，对它来说，地球或它的任何一个部分自然地在一条直线中运动，并升向月球的天穹（对火星来说，自然地在一条直线中运动）。位置的中立性和物理规律的普遍性的观念（它们调节着因果现象并且无差别地适用于每一个部分），是完全不存在的。相反，自然之每个局部的部分在其事物的图式中都有其特殊的功能。它是一个很好的概念：对它的唯一异议是，它似乎并不真实。然而，我不确定的是，爱因斯坦的物理力（physical forces）的概念由于对时空的曲解在某些方面并不是向它的一种回归。

但是，让我们看看伽利略是如何在和萨尔维阿蒂的对话中回答辛普里丘的这个演讲的。他的回答有一点长，而我给出的只是相关的部分：

……现在，如同地球的所有组成部分的共同图谋（consentaneous conspiration）就是形成其整体一样，因而它们到所有组成部分都有相等的倾角（equal inclination）；并把它们自身尽可能地结合在一起，它们在物理上适应了其自身；我们为什么还不相信太阳、月亮和其他宇宙物体呢？它们也是圆形的，也可能有共同的直觉，而且构成它们的所有部分都是自然汇合的。关于它们，如果有的话，随时可能由于任何一种暴力被从整体中分离出去，认为它们可能是自发地并通过自然的本能而返回（return）的难道不合理吗？而且以这种方式推论，所有宇宙物体的运动都是完全一样的。

请注意，在这个回答中，伽利略完全忽略了被指定给宇宙的中心或升向月球的天穹的任何一种特殊功能或性质。他铭记的是现代科学的概念，即在地球、月球、太阳和其他行星中，所有物体都在一个中性中立的空间（indifferent and neutral space）中移动，而且其自身吸引的每个部分都形成了其整体——或者就像萨尔维阿蒂指出的那样，"地球的所有组成部分的共同图谋就是形成其整体。"

显然，伽利略十分接近于牛顿的万有引力学说，但他却没有完全达到它。牛顿阐述了这样一种学说，即物质的每一个质点（particle）都以一种确定的方式吸引着物质的每一个其他的质点。伽利略——正如在捉迷藏（Hide - and - Seek）的游戏中说话的孩子一样——十分热衷于这一学说。但是，至少是在这一段话中，他似乎并没有寻求作出最终的概括。他特别地思考了地球、太阳、月球和其他行星——而他的守护神（guardian angel）却没有出来再在私下告诉他概括"任何一个物体"。牛顿可能很清楚伽利略的对话。它们乃是他那个时代的标准著作。我们不可能想象他坐在三一学院的大门和小教堂之间的房间里，或是在果园里观看苹果落地，并在心里想着伽利略的对话中的这一段话，即我已经引用过的萨拉斯伯利翻译的那几个字："地球的所有组成部分的共同图谋就是形成其整体。"突然，这个想法在他头脑中闪过——"什么是地球，什么是太阳和月球？哎呀，它们是任何一个物体！因此，我们应该说任何一个物体都是吸引的。果若如此，地球和太阳和月球就是相互吸引的，而且我们有理由使行星待在其运行轨道上。"在这一思想过程中，牛顿可能一直受到他的第三运动定律的支持。因为根据这一定律，如果地球吸引苹果的话，那么苹果也会吸引地球。

通过对牛顿的心态的这种联想性重构（conjectural reconstruction），我们看到，赋予一个天才以适当的数学才华，牛顿的原理便成了科学中继伽利略的对话之后的下一个步骤。或许，伽利略本人可能在这个方向上走得更远，如果他的想象没有受到和保守党的争论的必然性的妨碍的话。一般来说，浪费时间和那些脑子里有错误观念的人讨论是一种错误。但是，在伽利略的时代和他的国家里，保守党有听命于它的各种刑具（thumbscrews at its service），因而能把许多注意力强加给它的各种观念。

无疑，萨尔维阿蒂的回答的全部意蕴是，地球、太阳等等只是一些物质。对我们来说，很难估计伽利略在勾画这一观点时作出的进步有多么伟大。例如，我们来考察一下萨尔维阿蒂在另一种联系中提出的这一陈述，这一陈述强化了一种他在全部对话中所坚持的学说：

> 请看这里，从一开始，两个最令人信服的证据就表明了地球和天体（Cælestial bodies）的最大区别。首先，可生的、腐朽的、可变的物体完全不同于那些不可生的、不易腐朽的、不可变的物体。但是，地球是可生的、腐朽的、可变的，而天体则是不可生的、不易腐朽的、不可变的。因此，地球完全不同于天体。

这正是伽利略所反对的那种东西，它不是一个精致的推理者所想到的一种纯因果的观念，而是流行的各种概念的真正本质。第一次物理综合的主要成果就是把所有这一切都清除掉了。伽利略就是那个用他的望远镜、犀利的睿智和敏锐的物理直觉做到这一点的人。

但是，我们远没有穷尽伽利略对科学的一般观念的贡献。由于伽利略，我们才有了第一运动定律。或许，我们大多数人记得的都是牛顿所阐明的这一规律，即"一切物体都保持其静止或匀速直线运动状态，除非有外力（impressed force）迫使它改变这种状态为止。"这乃是科学信条的第一条；而且和教会的信条一样，它不只是关于信念的一个纯粹的陈述：它乃是战胜失败了的异教徒的一曲赞歌（pæan）。它应该被当作音乐并在大学的殿堂里吟唱。战败了的对手就是那些两千年来寻求把运动的物理原因强加给动力学的亚里士多德主义者，而正确的学说则把直线中的匀速运动设想为一种状态，其中每一个物体都将自然地持续，除非它受到外力被迫改变那种状态。因此，在动力学中，我们寻求一种改变运动的原因，即要么改变运动的速度，要么改变运动的方向。例如，在研究行星在其运行轨道中的运动时，一个亚里士多德主义者可能寻求切力（tangential forces）来维持行星的运动；但一个伽利略的追随者则会寻求常力（normal forces）来使运动的方向沿着弯曲的运行轨道偏转。这就是牛顿在我们想象他坐在三一学院的大门和小教堂之间的房间里思考引力作用时立刻看到太阳的引力也是必需的力量的原因。它对行星的运动轨道来说几乎是正常的。在此，我们再次看到牛顿的物理学观念是多么直接地来源于伽利略的那些观念。一个天才完成了另一个天才的工作。

惠威尔（Whewell）已经指出，伽利略在他关于两种主要的世界体系的对话中并没有阐明第一运动定律，而且它只出现在他后来关于力学的对话中。在形式上，就人们所关心的一种简洁的决定性陈述而言，这可能是真的。但在本质上，第一运动定律在先前对话的论证中就被预设了。

伽利略还通过他对地球表面落体的匀加速度的巧妙研究和他的下面这样一个论证为牛顿对运动定律的最终阐明准备了道路，即这种加速度独立于物体的相对重量，除非涉及外界的阻力。他清除了那种以琐碎的非本质的区别为基础的自然运动和剧烈运动的陈旧分类，并为牛顿最终的概括留下了完全开放的道路。牛顿明确地设想了一种所有运动在其中都得到了解释的中立的绝对空间的观念，以及作为一种与物质相关的永恒内在的物理的量的质量（mass）的观念，这种质量除了物质的破坏以外是不可变的。他在定义中谈到了这个概念，即质量就是物质的量。接着，他把对力的真正度量设想为物体的质量进入其速度变化的速率（rate）的产物。这个概念的意义在于这样一个事实，即人们发现如此被设想的力依赖于各种简单的物理条件，如质量、电和磁的变化、电流和距离。我们得益于牛顿，他关于基本的物理学观念的最终公式使得我们在近两个世纪里做得如此之好，这些公式包括了动力科学的基础和引力的定律。我们也得益于伽利略，他在望远镜方面的实验天赋及其在科学中的第一次全面运用，使得我们认识了摆钟现象——它后来通过惠更斯得到了完善——和对落体定律的实验论证。对于牛顿的数学天赋，我们归功于根据动力学原理对行星轨道的特性的推演。对于伽利略和牛顿，就所涉及的天文学领域而言，我们必须加上开普勒的名字；就所涉及的力学领域而言，必须加上史蒂文纽斯·布鲁格斯（Stevinus Bruges）的名字，他发现了著名的力的三角形。但是，在一个持续了一小时的讲座中，你们别将指望我会对 17 世纪的科学给出一个详尽的解释。

同样，在提到伽利略和牛顿对光学领域的贡献时，我们必须加上惠更斯的名字。惠更斯第一个提出了光的波动理论，这一理论在 19 世纪初通过托马斯·杨（Thomas Yang）和菲涅尔（Fresnel）得到了复兴。但是，直接的富有成效的工作归功于伽利略和他对望远镜理论的研究，归功于牛顿和他对颜色理论的研究。动力学和光学作为一系列松散联系的孤立真理（或谬误），都达到了伽利略的水平。在伽利略和牛顿的工作之后，它们在坚实的基础上形成了紧密结合的科学。

　　无疑，伽利略对光学的全神贯注有助于他的另一个为所有现代思想添彩的伟大观念。光是通过空间从其源头而传播的，它可能通过各种路径被折曲（devious）和打断。你们看到的东西取决于它进入你的眼睛的光线。你们可能看到镜像后面的绿叶，但叶子其实在你们的脑袋后面，而且你们实际上看到的是它在镜像中的镜像。因而，你们看到的绿色不是叶子的属性，而是进入眼睛的光对视网膜神经的刺激的结果。这些思考导致笛卡儿和洛克去阐述关于外部自然的观念，而外部自然是由在空间中运动着的物质以及纯粹的第一性质构成的。这些第一性质就是其形状、其硬度和内聚性、其规模、其吸引效应和它的复原力（resilience）。我们对自然（诸如颜色、声音、味道和气味）的知觉，以及对热和冷的感觉，形成了第二性质。这些第二性质乃是一些纯粹的精神投影，这些投影是通过适当的神经对大脑刺激的结果。这一概要就是关于形式中的第一性质和第二性质的著名理论，其中它已经在科学的现代时期影响了这一领域。它在指导科学研究进入富有成效的物理学和生理学领域时有着至关重要的作用。现在，对它的这种信任的第一张草图（sketch）就归功于伽利略。这里有一段从伽利略1624年出版的著作《试金者》（*Il Saggiatore*）中摘录的话，我是从J. J. 费伊（J. J. Fahie）关于伽利略的英文传记中摘抄的：

　　"现在，我只有通过宣布我关于运动是热的原因这个命题的观点，并说明它以何种方式对我来说可能是真的来履行我的诺言。但是，我首先必须对我们所说的热作出某些评论，因为我强烈地怀疑关于它的一种流行的观点离真理还很远。因为人们相信存在着一种真正的偶然性、作用或性质，它们实际上就内在于那些我们自己借以感受到热的实体（substance）之中。我必须得说，只要我形成了关于一个物质的或肉体的实体的概念，那我同时就会感受到这样一种认识的必然性，即它有边界，而且有各种形状；相对于其他实体而言，它或大或小；它随处存在，或随时存在；它是运动的，或静止的；它触及或不触及另一个物体；它是独特的、稀有的或平常的；我也不能通过任何一种想象活动把它从这些性质中分离出来。但是，我并没有发现我自己完全被迫地把它理解为是由这些条件必然伴随的，正如它必须是白的或红的、苦的或甜的、响亮的或安静的、愉快的或不愉快的那样。而且，如果感觉没有指出这些性质的话，那么这一点就是可能的，即单靠语言和想象决不可能达到它们。因此，我倾向于认为，这些口味、气味、颜色等等不过是纯粹的名称，而且只存在于敏感的物体中。这样，当活的受造物被去除时，所有这些性质都会消失殆尽（carried off and annihilated）。尽管我们强加给了它们各种特殊的名称（不同于其他受造物和现实偶然性），并可能乐意说服我们自己，它们真的存在而且事实上存在。但我并不相信，除了大小、形状、数量和或快或慢的运动以外，对刺激的口味、气味和声音来说还存在任何外在的物体。而且，如果耳朵、舌头和鼻子被去除了的话，我认为，形状、数量和运动可能还存在，但不会有口味、气味和声音，这些是从活的受造物抽象而来的，我指的是纯粹的语词。"

如果我们除了知道他在 1623 年 10 月发表的这个摘录以外对伽利略一无所知的话，那我们肯定应该知道那时还存在着一个具有最高哲学天赋的人。关于这个摘录的主题，他没有为笛卡儿和洛克留下任何要做的事情，除了用他们自己的语言重复他的论述并强调其哲学意义以外。的确，正如我相信的那样，伽利略的这个原初的陈述在许多方面都比我的介绍性评论中提到的那些常用的公式描绘得更准确和更仔细。

现在，我将停止对伽利略和牛顿的特殊考察。我希望，我会以足够的清醒给出我坚持这样一种观点的理由，即他们被认为是现代科学的双亲（parents）和第一次物理综合的联合作者。你们不可能分开他们的工作。没有伽利略，就不会有牛顿；同样，没有牛顿，也就没有伽利略。在科学的帝国里，伽利略是尤里乌斯·恺撒（Julius Cæsar），牛顿是奥古斯都·恺撒（Augustus Cæsar）。

但是，这些人不是在真空中工作的。这是一个发酵的时代，而且他们还有一些天赋与其比肩（equal to theirs）的同代人。弗朗西斯·培根（1561—1626）是比伽利略稍大一点的同代人。我无须提醒你们，培根是实验方法的热心倡导者，他特别强调了使我们的心灵对事实之细致和长期的检验开放的意义。和所有热心的倡导者一样，他略为夸大了他的预言，并可能低估了各种临时性理论（provisional theories）的意义。但是，主要的观点是完全正确的，而且考虑到在先前 1500 年里实验已经衰落的传统，它乃是特别重要的。亚里士多德发现了分类的意义，而他和他的追随者都没有认识到在细微而琐碎的基础上进行的分类的危险。对科学进步的最大诅咒（curse）就是基于琐碎事物的一种草率分类。我想举的一个例子就是亚里士多德关于激烈的运动和自然的运动的分类。培根的著作是对这一陷阱的一种持续的抗议。而且，笛卡儿的活动的生命（active life）就存在于伽利略和牛顿这些人之间。1644年，他出版了他的《哲学原理》（*Principia Philosophiae*）。空间和物质、身体和精神的一般概念，正如它们渗透到了科学界一样，大多符合他塑造它们的那种方式。他把空间视为物质的一种性质，并因此拒绝了纯粹空洞的空间的观念。这种空间概念使他对其广延是空间的原料（stuff）的其他物理特性产生了怀疑。因而，他便想出了那种沿着天体而运转的漩涡（vortices）的观念。这些漩涡是一种失败。因为它们表明，笛卡儿并没有真正吸收伽利略在发现第一运动定律时的工作的全部意义。行星并不想要任何东西沿着它们转，而这正是笛卡儿提供的。但尽管如此，我还是坚持认为，笛卡儿和他的充实（plenum）一起摸索着走向了一个我在结束这一讲座前将尽力说明的十分重要的真理。牛顿的引力公式使得牛顿的追随者们坚持真空的可能性，但是19世纪，以太（ether）再次充满了空间。最后，爱因斯坦重新提到了笛卡儿的学说的这种倒置，并使物质成为空间的一种性质。牛顿式的真空和笛卡儿式的充实在过去几个世纪里打了个平局（fought a very equal duel）。莱布尼茨这位牛顿的同代人，则强调了空间的相对性。

关于相对性的这种提法使我走向了我的最后一个论题，即考察今天我们怎么会批判这种我们归之于17世纪的第一次物理综合。

首先，如果我们是明智的，那么我们在批判它之前，我们将不再赞美它，并注意到它对科学之本质的贡献及其（在其主要的轮廓中）持续的当代价值。我们必须向我们归之于它的这个天才的世纪致敬——这是一个可以和最伟大的希腊时代相比较的世纪。

我提到对这次伟大的物理综合（对科学来说，它乃是本世纪的遗产）的批判的意思不是要增加一个纯粹的例证，因为能量的概念、原子论或各种化学元素的理论那时已经兴起了。这种同质的增加（homogeneous additions）并没有使这个概念受到干扰。这样，开尔文（Kelvin）就使它成了他的所有科学沉思的主要动力。但是，对过去的30多年来说，可以这么说，17世纪的这些伟大观念正在失去它们对物理科学的主导性支配。

克拉克—麦克斯韦（Clerk - Maxwell）可能以为，他最终确立了其优势。的确，他已经开动了那列在他的追随者手中使它蹒跚而行的思想的列车。伽利略和他的追随者们根据时间、空间和物质而思考。实际上，他们比亚里士多德知道得更多——尽管他们和亚里士多德并不一样。克拉克—麦克斯韦强调了作为各种电磁量之间的一种互动关系的电磁场的意义。麦克斯韦本人认为，这个场表达的只是以太的应变（strains）、应力（stresses）和运动，即一种完全是在伽利略的传统中的观点。但在最近，场本身（the field itself）开始被当作终极的事实，而且物质的性质根据它得到了说明。因而，能量、质量、物质、化学元素现在都被表达成了电磁现象。以太因为喜欢它的那些人仍然存在，但它只服务于减轻一种形而上学需要的苦恼。

但是，爱因斯坦和闵可夫斯基（Minkowski）走得更远。迄今为止，在事物的图式中，时间和空间已经被当作分离的和独立的因素了。他们把它们联合了起来。这乃是一种旧观念的完全恢复，而且在许多方面更符合笛卡儿式的观点。

正如我们观察的那样，世界包括了过程和广延。到目前为止，过程一直被等同于一系列时间，而广延则被等同于空间。但它忽视了这样一个事实，即存在着一种时间的广延，把任何一个终极的具体事实都当作了一种扩大了的过程。如果你们失去了过程或失去了广延，你们就会知道，你们涉及了抽象。在这个房间里正在进行的是扩大了的过程。广延和过程各自都是抽象。但是，这些抽象以不同的方式进行。空间（它被我们领悟为没有过程的广延）和时间（它被我们领悟为没有空间广延的系列过程）各自都不是独一无二的。在不同情况下，我们附加给了空间概念以不同的意义，并附加给了相关的时间概念以不同的意义。关于空间，这一断言中并不存在矛盾。对我们来说，这个屋子的空间是一定的容积；对恒星中的一个人来说，这个屋子正在扫过空间。但是，坚持这一点却是自相矛盾的，即我们领悟为时间的系列过程和恒星中的那个人领悟为时间的系列过程是不同的。然而，如果你那样做的话，你可以引进一些表达了时空测量的数学公式，这些测量随即就说明了全部使人困惑的科学观察。事实上，这些公式在实践上必须得到承认，而且这种理论是对它们最简单的解释。

在哲学上，时间和空间之更紧密的联系也是一个巨大的进展。

　　现在，我们回到笛卡儿来。他在本质上把广延看作物质的一种性质。我们来概括一下他的观念：终极的事实不是静止的物质，而是物理存在之流（the flux of physical existence）；我们称这个流的任何一个部分及其所有完整的内容和发生（happening）为一个事件；广延在本质上是事件的一种性质，因而是一个过程。但是，自然的生成性（becomingness）并没有被限制在一系列线性的时间的过程中，它需要无限量的这样的过程来表达完整的远见。

　　如果支撑着现代相对性的这一思路得到承认的话，那么 17 世纪的整个综合就必须被重铸（recast）。它的时间、它的空间和它的物质都处在熔炉（melting‐pot）之中——而且我们必须离开它们。

　　（译自 A. N. Whitehead, *Essays in Science and Philosophy*, New York, Philosophical Library, 1948.）

怀特海哲学和建设性的后现代主义 *

［美］John B. 科布

一　后现代和建设性的后现代主义

"后现代"在英语中是个很古怪的语词。长期以来，"现代"、"当代"和"当今"这语词几乎被交替地使用。"现代"的内容随着时间而变化。在技术上，19 世纪所说的"现代"在 20 世纪则被称为"维多利亚时代"（Victorian）。

然而，"现代"这个语词还附属于特定的风格。例如，"现代"建筑并非仅指当前时尚的各种建筑，它也特指包豪斯（Bauhaus）式的风格。那些了解这种风格并要超越它的建筑师们，不是说那些曾经是现代的东西已经不再是现代的了，就是自称为"后现代的"。事实上，某些人选择了自封为"后现代的"。

但是，"现代"这个语词之更为普遍和更为重要的用法是指一种更为广泛的运动和时期。曾有一些关于"现代"欧洲历史的教科书，但这里的现代是相对于古代和中世纪历史而言的。在西方，罗马帝国的崩溃被当作古代和中世纪的分界线，而中世纪和现代的界限却不那么分明。尽管14 世纪当然还是中世纪，而 17 世纪则普遍被视为现代。

直到最近，现代历史被假定延续到了现在并仍处于过程之中。但在20 世纪，人们日益感到，新近历史（reccent past）的主要特征正在终结。"后"这个语词便被用来描述这种新的状况。当欧洲帝国的时代在第二次

　　* 原载《世界哲学》2003 年第 1 期。

世界大战后结束的时候，这种新的状况被描述为后殖民状况。当经济全球化削弱了国界的意义时，人们谈论的是一个后民族主义的新纪元。当工业中心输出其传统产业并致力于信息技术时，人们又说进入了后工业时代。当基督教在政治上日益被废除并失信于知识分子时，这种新的状况可能被称为后基督时代。当启蒙运动的基本假定变得更为可疑时，人们可能把这些新的文化发展和理智发展描述为后启蒙运动。当信奉关于政府与社会的各种理论失去了其权势时，人们把这种新的趋势称为后意识形态。当女权主义者意识到了男权统治的陈旧模式并消解了其自我证明时，他们又可能提倡一个后父权制的社会。

由于发生了如此之多的深刻变革，在某些欧洲知识分子中产生了这样一种感觉，即新的全球社会和过去几个世纪之间的区别与近代和中世纪之间的区别同样巨大。我们再也不能基于那些所谓的现代文明的基本假定和风格生活下去了，我们的世界是后现代的。

这种标签的一个问题是，它并没有对现代世界的特征提供多少线索。这个语词被如此之多地运用并被赋予如此不同的意义，以致它本身现在也过时了。某些人把"后现代"运动视为一种短命的时尚，并谈到了所谓"后后现代"。

后现代主义之最具影响的形式常常被称为"解构性的后现代主义"，它显然把重点放在了对起源于现代、并仍在很大程度上塑造着我们的西方文化的各种假定的批判上。这种批判是有价值的、甚至是必须进行的，但一个新世界不可能完全建立在对旧世界的消解上。

当然，建设性的后现代主义只是各种形式的后现代主义中的一种。"建设性的"这个语词是相对"解构性的"而言的，它强调的是，建设性的后现代主义对现代世界提供了一种积极的选择。这并不意味着它反对解构现代性的许多特征的工作，问题在于，这种批判和拒斥应该是由对重构的各种建议相伴随的。

这一标签是由主编了纽约州立大学《建设性后现代主义丛书》的大卫·D. 格里芬（David Griffin）提出的，但他赋予这一标签的立场已经有些时日了。他根据怀特海的哲学得出了这一我也赞成的标签。某些受怀特海影响的人在 20 世纪 60 年代就曾使用过"后现代"这个语词，但我们并没有强调它，而且其最近的流行也不是我们使用的结果。

怀特海并没有用过这个语词，但他以一种暗示现代已经结束的方式使用了"现代"这个语词。他在 20 世纪就已经出版了一本名为《科学与现代世界》（中译本译为《科学与近代世界》——译注）的著作，他在书中表明，他所说的"现代科学"现在被取代了。它和科学本身已被证明为是无效的这种实在观密切相关。我们的任务是重构一种以相对论和量子论的新发展为基础的科学世界观。由于整个现代文化与同一种世界观密切相关，必需的变革乃是普遍性的。怀特海在书中还暗示了这种必需的变革的方向，并在后来更为充分地发展了它。于是，我们中的某些人便很容易把这种新的思维方式说成是后现代的。

我们这些受怀特海影响的人所得出的许多结论，也曾由其他一些基于不同的思想史的人得出过。例如，女权主义者对怀特海主义者所反对的西方文化遗产中的某些特征进行了许多批判，他们的批判往往比我们已有的批判更加丰富和尖锐。生态主义者也加入到了怀特海主义者当中，反对现代西方人的那种忽视自然界或只是把它当作人所利用的工具的倾向。几千年来，佛教徒也拒斥了某些怀特海在现代西方思想中发现的错误观念。因此，格里芬主编的丛书还包括那些殊少受到怀特海影响、但却得出了类似结论的人的著作。

不过，怀特海哲学对建设性后现代主义的基本假定提供了最为系统和明确的论述。我将主要地用怀特海的术语来说明这些假定，同时也承认，其他的论述是可能的，而且其他的人（如女权主义者和环境主义者）也对这一当代运动的重大意义作出了独特贡献。

二 科学基础和哲学基础

启蒙运动把机器当作其基本的实在模式，甚至有生命的东西也被理解成了复杂的机械。万物都是由物质构成的，一切力量最终都是由推和拉（push and pull）运作的，技术被排除了。总之，世界只能根据运动中的物质来理解，万物最终也都能通过运动的规律得到解释。

对物理学和其他自然科学来说，这种实在观是极富成效的。这种成效性又强化了这种世界观的信心，它还通过作为一个整体的文化强化了其认同。另一方面，大多数人并不想把他们自己视为这架世界机器的组成部分。对这种世界观作出过重大贡献的笛卡儿就认为，人心在本质上是完全不同的。万物也是物质的，人心则是精神的并根据完全不同的原则而运作。他留给我们的是一种彻底的、形而上学的二元论。二元论提出了一些不可克服的哲学问题，所以现代西方哲学可以被视为克服它的一种斗争。某些哲学家成了彻底的唯物主义者，其他人则成了现象主义者，还有些人成了唯心主义者。但在总体上，克服二元论的方案尚未取得成功。

总之，在整个19世纪，科学家都是基于这种机械论的世界观的假定而继续其工作的。只是由于相对论的发展及其质能转换成为世界的基础，以及亚原子的世界与其世界观不尽一致，他们才产生了动摇。由于某些原因，它被视为微粒；由于其他一些原因，它又成了波。在这种世界观的分化中，一个重要的步骤来自不存在光借以被传播的以太这一发现。

在总体上，二元论已经被一般的文化所接受。直到今天，它以其对科学与人性之间的划分而构造了宇宙的结构。大多数人（无论他们是否清晰地表达了它）都把他们看到和摸到的世界视为是物质的，同时他们又自认为超越了这种纯物质的状态。尽管进化的观点对这种二元论造成了严重的困难，但不知何故，这两种不尽一致的观念仍在一般的文化和大学中并肩共存。

显然，现代性留给我们的是一种理智混乱的状况。它用唯物主义的语词来思考世界，但用这些语词，它既不能说明自然界，也不能说明它是如何与人类相关的。它不能提供实体的概念，而物质又内在地是一个实体主义的概念，因为物质被理解为具有不同的形式、但仍然是同一种物质。一个物质客体在它所占据的空间中排斥其他客体，但在现实世界中，各种现实又是相互渗透的。

一种共同的回应决定了这个世界是难以理解的。如果它不能通过现代思想与强加给它的各种图式相一致的话，那么在原则上，许多人都会认为它不可能被理解。我们必须完全抛弃任何一种宽泛的意义上的那种理解的目标。启蒙运动所提出的那种理性的方案是一种失败的方案。心灵能够进行分析，但它不可能综合或达到任何普遍的真理。

许多后现代主义都接受了这种观点。它把现代性描述为理性的时代，把后现代性描述为必须抛弃达到对世界的一种概观的所有尝试的时代。形而上学被视为过时了。一切思想都必须被理解为是和它借以产生的那种受到限定的立场相关的。特别是，如果这种立场是一种特权立场，那它就会被疑为是一种统治的工具。这种后现代的事业正在揭开现代思想家们的各种伪装，它不再致力于达到一种一以贯之的自然观，更何况那种作为一个整体的世界观。

我一直在特意地描述解构性的后现代主义。在这一工作中有许多事情要做。近几十年来，我们已经扩展了对那些进入了人的思想的许多非理性因素的理解。历史学家和人类学家已经使我们意识到了我们的思想的历史条件和文化条件，马克思向我们表明了我们的思想在多大程度上是通过我们的阶级观点而形成的，弗洛伊德揭示了在我们所想象的理性思维中起作用的许多无意识力量。现在，妇女又迫使我们承认性别是如何影响我们的思想的。

撇开所有这一切，怀特海式的后现代主义者仍相信，致力于全面的思维是适当的和必需的。我们并不认为，启蒙运动的概念性的坍塌表明了一般概念思维的局限。在我们摒弃对理智和理性之广泛的探究之前，我们认为，我们应当检验其他各种概念性的有用性。

怀特海的基本观点是，我们应该从实体思维转向事件思维。显然，根据机械的模式的思维是实体思维的一个例证。一般来说，根据感觉知觉的材料对物体进行哲学分析，即使是在我们承认我们不能在我们的感性经验中或通过我们的感性经验发现实体时，也会使我们处于实体思维的控制之下。但是，我们还有一种事件或事情的观念。正如我们可能想到桌子和钟表一样，我们也能想到对话和车祸。现代思维限定我们把对话和车祸当作了人或事件对客体的作用，换言之，事件预设了实体。但也有另一种可能性，即事件是首要的实在，而且我们认为是实体的东西乃是事件之复杂的结构。

这并不是一种新观点。佛教徒早在两千多年前就从印度教的实体论转向了事件的第一性，赫拉克利特由于提出了一种类似的观点在古希腊哲学家中享有盛誉，黑格尔当然也强调了事物的过程性。20世纪的新进展是，当代物理学的材料呼唤根据一种事件哲学来进行解释。怀特海哲学就是贯彻这一方案的一种最持久、最严格的努力，这乃是一种早期的事件第一性的倡导者们不可能具有的后现代的意义。

当自然被视为物质实体时，致力于克服二元论是注定要失败的；而当人们首先根据事件来认识自然的时候，一种非二元的观点也就顺理成章了。人的经验也具有一种事件的特性，人的经验当然会具有一些我们不指望在单细胞机体（当然也不会在分子或电子事件）中发现的特性。不过，认同那些一切事件都分有的特性、并想象更为复杂的事件是如何基于更简单的事件演化而来的，却是可能的。分层和差异是很重要的，而且对人类的研究包括了那些和对自然界的研究不甚相关的层面。但是，在这两个事件集合之间不存在形而上学的划分。

正如科学已经将复杂的"物质的"客体分解为较小的客体一样，它也能将复杂的事件分解为它借以构成的较小的事件。在某个点上，我们达到了那些不能被进一步划分的事件。瞬间的人类经验就是这样一种事件，能量子的爆发可能也是如此，怀特海称这些单位事件为"现实际遇"（actual occasions）；在怀特海看来，现实际遇最好是被理解为它们与其他事件的关系的综合。换言之，先前的事件分有了构成它们的东西。当我们根据实体来思维时，我们就会问，事物本身究竟是什么？而当我们根据事件来思维时，我们就会承认，"现实际遇"乃是各种关系的综合，而且不能脱离这些关系而存在。

进而，如果某些事件（如人类经验的瞬间）中有内在的价值，那么一切事件中也有内在的价值。这一点尽管对其他感性存在来说尤为重要，但它却使我们对无机界的态度产生了差异。当然，事物的相互关系表明，一切事物都对另一事物具有价值。但重要的是要加上，没有任何事物只对其他事物具有价值，每一种"现实际遇"也都有其自在价值和自为价值。

这三点对建设性的后现代主义来说是至关重要的，它们并不意味着限制怀特海主义者。首先，二元论被拒斥了，人类认识到了他们和万物的密切关系。其次，个人不能脱离他人而存在，一切都是相互关联的，人类乃是复杂的存在之网的组成部分。最后，每一种"现实际遇"都有价值，只是根据其对人类健康存在的贡献来评价非人类实体的价值，是错误的。

格里芬在谈到对自然界的这种后现代理解时用了"返魅"（reenchantment）这样的语词。我们所栖居的是应该是一个活生生的、活动的、具有内在价值的世界，而非一个死气沉沉的、被动的、没有价值的世界。我们应该经验到人与自然的密切关系并分有自然，而非疏离一个纯客观的世界。这具有两种含义：第一，它诉诸的是一种再现魅力的科学，即一种寻求把世界理解为活生生的、活动的和有价值的世界的科学。第二，它诉诸反思那些建立在现代世界观基础之上的公共政策，这一点对经济学来说尤为重要，因为它在形成政府政策的过程中已经成为支配性的学科。

三　后现代科学

发展一种后现代世界观的一个主要理由，是科学在目前的混乱。这种混乱有助于并适合于那些想要终结提出各种全面的世界观的方案的人，他们鼓励我们放弃对任何一种普遍性的追求。在这样做的时候，他们常常自相矛盾地提出了各种普遍主义的论据，但这里不是寻求那些由于他们的观点而引起的内在冲突的地方。他们对理性的批判还向解构性后现代主义者实际上并不需要的非理性主义和信仰主义的各种形式敞开了大门。

当然，围绕事件的第一性重构科学的任务，是一个巨大的任务，而且我也没有资格对此作出贡献。不过，我想你们可能对已经采取的某些步骤感兴趣。我将简要地报告一下相对论和量子论中的某些进展。

怀特海本人对构造一种相对论花费了大量的时间和精力，其目的不是要质疑爱因斯坦理论的经验精确性，而是相信在其公式中有某些弱点（它们可以通过更彻底地摒弃实体思维而得到纠正）。他发现，爱因斯坦的空—时观尤为麻烦。爱因斯坦似乎认为空—时具有实体性，而怀特海相信它不具有实体性。

争论的焦点在于爱因斯坦的这样一种陈述，即光线的曲率是以空间的曲率为基础的。怀特海则相信，空间不是一种可以弯曲或拉直的东西。作为一个数学家，他指出，任何一个可以被视为椭圆式或双曲线式的空间，也都可以被视为一个欧几里德式的空间。断言空间的曲率是一个物理的或形而上学的事实，是一种严重的误导，并导致了一种不能被真正理解的理论。

怀特海提出，类似的结论可以通过专注于多个时间系统而获得。在他的《相对性原理》一书中，他在数学细节上得出了这一结论。根据他的公式得出的预言和爱因斯坦的预言如此之接近，以致人们长期不能验证这两个相反的公式。然而，大约20年前，有关潮汐的各种更精确的检验开始挑战怀特海的预言。他的公式诉诸的是总括宇宙的全部引力，而爱因斯坦则运用了一个非线性方程。

怀特海意识到，经验证据也许会挑战他的公式。在他看来，没有任何根本的东西处于危险之中。他提供了第二个其结论据他说等价于爱因斯坦的结论的公式，但他并没有完成这一工作。只是在最近，由于 R. 罗素（Robert Russell）的工作，这第二个怀特海式的公式才得以公开。和另一个方程一样，他用多个时间系统代替了空间的曲率。它表明，可以给出对相对性的一种更为明智的说明。

一百年前，可理解性（intelligibility）对物理学家的共同体来说是很重要的。因为数世纪以来，物理学一直在寻求理解和解释自然。但是，现代物理学的混乱并没有阻碍预言和控制中的进步，而且许多物理学家放弃了致力于理解。大多数人现在都局限于对新的理论感兴趣，只要它们能得出新的预言。因此，一种更为明智的理论的可应用性（availability）被忽视了，只有少数人注意到了怀特海的成果。

然而，还有另一个可以证明怀特海理论具有各种优势的方面。它无须假定光速是能量转换之绝对的极限。对怀特海来说，这是一个经验的问题。今天，就存在着对更快的转换的证明。

在爱因斯坦看来，这个问题不只是能量的转换，而且会产生各种影响。因此，他为一种思想实验（它表明，两个反向旋转的粒子在瞬间可能是相通的）所困扰。这个思想实验假定，有一对粒子，如果一个粒子的旋转发生了变化，那么另一个粒子的旋转也会改变，这种变化与这对粒子的距离无关。这一理论被称为"贝尔定理"（Bell's theoem）。实验已经证明，"贝尔定理"是正确的。在一定距离上的影响，实际上是瞬间的。而在爱因斯坦的世界观中，这是不可能的。

另一方面，怀特海则面向了这种可能性。他的判断是，通过他所说的纯粹的物理领悟（pure physical prehensions），能量的转换取决于接触（contiguity），因而可能需要时间来波及一定的距离。但他认为，还有另一种途径，即各种际遇可能是相关的，因为空间距离不是决定性的。他称此为"混杂的物理感受"（hybrid physical feeling）。尽管一种"混杂的物理感受"不能转换能量，但却能传递信息。这就是一种际遇的"心理极"（mental pole）对另一种际遇的影响。在人类中，这种影响可以在心理的心灵感应中找到。某种类似的情况可能在更为简单的际遇中发生。

根据我的理解，在量子水平上有证据表明，一种际遇中的事件受到了整个量子世界的影响。虽然我知道不足以肯定这一点，或者，这种影响是否是瞬间的或可能在光速上被考察，但是，正如我所知道的那样，如果这种影响是瞬间的，那么怀特海哲学就可能提供一个其他理论似乎缺乏的例证。

量子理论从一开始就遇到了根本的困难。实验者们根据心中的两种模式来研究各种材料，他们认为，光和各种类似的现象必定或者是由波构成的，或者是由粒子构成的。这一判断表明，实体思维统治了其心灵。对某种类似于早期的原子的事物来说，"粒子"是一个新语词，撇开其名称，它也被证明为是可分的。粒子被想象为游弋于空间的物质微粒。另一方面，波则是运动的模式，因而更像"事件"。然而，这种最基本的模式取自水面的运动。声波是空气的运动。人们假定，光波也有一种物质基础，它被称为"以太"。当实验表明不存在"以太"时，尽管光波的观念在本质上成了不可理喻的，但这种语言被保留下来了，因为用来分析波运动的数学对光的某些特征来说也还是有用的。

众所周知，某些实验表明了光的粒子性，其他一些实验则表明了光的波动性。不幸的是，波和粒子的概念没有被明智地应用于同一个东西。结果，强加在这种混乱上的极性（polarity）概念实际上什么也没有澄清。

还有另一种可能的研究方法。如果人们摒弃实体思维并根据事件来理解世界的话，就可能根据一种事件场（a field of events）来观察实验状况。在事件场中，际遇关系的某些模式可能很像"粒子"，其他的关系模式则可能很像波。我不想暗示，这种简单的评述解决了什么问题，我只是说它为思考这些现象提供了一种不同的语境。

怀特海本人并没有写过关于量子论的著作，但他的形而上学很容易被当作一种量子理论。在他看来，世界是由相关的"现实际遇"构成的，它们中的大多数都是量子事件。

与怀特海的思想最相像的量子学家是 D. 博姆（David Bohm）。博姆根据事件而非实体写作了大量关于思想的意义的著作，他提出了思考单位事件的全息（hologram）模式，即一种和怀特海的"现实际遇"模式十分相似的模式。而且，和怀特海不同的是，他和 B. 希利（Basil Hiley）一起发展了一种基于这种不同视域的量子理论（它可以预测一切已知的量子现象)。和怀特海仍可利用的相对论一样,博姆的公式简要地预测了既有的理论已经预测了的东西。其优点是一致性和可理解性,而不是预测。不幸的是,大多数物理学家都一直受到限制地认为,唯一能够检验一种理论的价值的是其预测的能力以及经验上的证实,所以,这一理论没有受到足够的重视。因此,我们必须分享博姆的这样一种希冀,即可能从他的公式中推出某些不同的、可检验的预测。

建设性的后现代远见对其他科学也有意义。在现代,所有研究生命事物的科学都似乎将其主体视作了纯粹的客体。排斥任何有目的的世界,一直是这种现代方案的组成部分。除了其明显的意义以外,在进化过程中,有目的的行为的任何作用都被否定了。或者,即使承认那些明显有目的的行为的意义,也只是说它虽然是有目的的,但实际上它源自各种机械的原因。另一方面,根据建设性的后现代主义,没有理由否认动物的目的的作用。承认这些目的,使得对进化过程的一种更为恰当和有理的说明成为可能。

过去,野生动物几乎完全是在监禁中被研究的。它们常常被解剖,因而作为一个整体的动物的行为可以通过其组成部分的行为得到说明。许多知识都是以这种还原主义的方式得知的,但许多方面也很模糊。只是到了最近,才有少数学者在野外花了大量时间与动物相处。他们学到了许多实验室里决不可能发现的东西,但他们的工作并没有得到同行的真正鼓励。从现代性的观点看,它很难被视为科学;相反,从建设性后现代的观点看,它是实验室研究应该了解的一个重要的信息源。

研究大脑和主观经验的关系,是建设性后现代思想能够作出重大区分的另一个领域,这一领域中的大量工作仍然是还原主义的。对主观经验的解释是在大脑活动中寻求的,但人们却很少考虑到主观经验作为一种偶然动因分有了过程这种可能性。幸运的是,也有一些例外。R. 斯佩里(Roger Sperry)对裂脑的研究使他认识到了意识经验的偶然作用,这正是建设性后现代主义所支持的那种研究的方向。

四 建设性后现代主义的政治和经济理论

现代思想一直受到许多因素的影响。这里,我只想根据我已经描述过的那种模式对它的影响来考察它。正如作为一个整体的世界被认为是由在空—时上彼此外在相关的物质微粒构成的一样，人类也被认为是由彼此外在相关的个体构成的。既然如此，这些关系便被视为契约性的（contractual）。政治和经济理论都是在这种基础上发展起来的。

在中世纪，教会为牧师权威和政治权威提供了合法性，这给了宗教机构一定的特权。政治领袖们对此很不以为然，特别是在现代性初见端倪时，他们便寻求一种不包括教会的合法性。尽管他们可能声称神圣的王权，但如果这种权力来自对社会状况本身的一种分析，那么最好是保持缄默。因此，他们偏爱这种社会契约理论。

这种理论是以一种神话为基础的。这种观念是，人类起初是无政府的，每一个家庭只寻求其自身的利益，不对他人负责，而且他们如何对待他人也不受约束。这同样意味着，别人如何对待他们也不受约束。结果很不令人满意。在霍布斯著名的公式中，生命是"肮脏的、野蛮的和短暂的"。在霍布斯看来，它是如此之坏，以致有利于每一个家庭以自由为代价而获得安全。他推论道，社会契约是由这样一种让度（surrender）构成的，即所有人都在个人安全和财产的交换中把个人自由让给了君主。洛克并不认为无政府主义有如此可怕的后果，因此他认为，某些人的自由在契约中是受到保护的。美国宪法就是建立在洛克的理论及其这样一种陈述的基础上的，即所有人都有生存、自由和追求幸福的权利。

当然，这是一幅完全非历史的图景。人类是由密切相关的民族共同体演化而来的，只是到了很久以后，他们才逐步发展了更多的个人自治。当然，这一理论的合理之处是，正如他们发展了个性一样，对他们来说，接受有效的政府控制对保证安全仍很重要。这乃是霍布斯式的统治者的合法性的基石。根据这种理论，一个不能保证人的生命和财产安全的统治者将失去其合法性。只要这种安全受到保护，缺乏自由或公正等抗议都是无足轻重的。

这里的问题不是要争论霍布斯和洛克的长处，而是要强调这两种形式中的现代政治理论的那种原子论的个人主义。相反，建设性的后现代理论强调的是，在他们发展人的个性以前，人就聚集在了各个共同体之中。这完全是历史事实和社会学事实。一个婴儿只有在和他人的关系中才会成为一个成人，其中，契约起着很小的作用。

如此看来，统治的合法性的问题是一个完全不同的问题。一个共同体需要某种统治模式，这已经适用于家庭。问题是，父亲（或母亲）是否作出了所有决定，或者是否两者共同作出决定，甚或孩子也参与了决策。我们可以假定，在许多情况下，父亲有体力来强加他的意志。问题在于，它是否最好地反映了家庭内部整个关系模式的本质。所有家庭成员都通过这种模式最大限度地获益了吗？它是否以最充分的方式实现了父亲更深层的目的了呢？

一种后现代的研究方法不可能规定特定的规则，但它鼓励各种实验。显然，一个婴儿不可能参与家庭决策，一个 8 岁的儿童也不可能扮演父母的角色。但是，当我们把家庭的每一个成员理解为在很大程度上是由和他人的关系构成的时候，听取所有人的声音并积极考虑其意见，则是有意义的。

正如个人不能脱离和他人的关系而存在一样，家庭也依赖于更大的关系模式。在每一种情况下，某些模式总是给定的，而且如此给定的模式得到了尊重。人决不会始于一块白板（a blank state）。理想的情况是，每一个家庭作为他人当中的一个家庭，都参与了肯定、批判和修正那些更大的模式。当他们分有了那些形成其关系的决策时，人或家庭也就得到了发展。

在此，我的意图不是要阐明一种政治理论，而是要指明，一种后现代理论强调了这种基本的研究方法。尽管现代思想始于分散的权力，但却直接走向了权力的集中。一旦权力被集中起来，统治者便会自上而下地组织权力。在美国，一些地方共同体之所以有权，只是因为它是由个别州政府授予的。在一个后现代的社会，州政府的权力则可能是由各个市和县授予的。整个权威的结构可能来自共同体、共同体的共同体（communities of communities）、共同体的共同体的共同体（communities of communities of communities）。

对人类的相同理解支撑了现代经济理论。经济人（Homo economicus）被视为一个只在市场交易和契约中与他人相关的原子个体。因此，经济理论并没有像为正义那样为共同体或共同体的这些价值留有余地，其目的只是增加经济活动或创造财富。这种财富是在市场基于没有外部干预的供求关系中确定价格的时候增加的。对经济学家来说，最初作为这种模式而服务的是乡村市场，其中人与人的关系为交换提供了一种有利的背景。然而，经济分析表明，更大的市场激发了更快的发展。因为人的关系而非市场交换在经济学中并无地位，经济学家偏爱的是越来越大的市场，直至今天的全球市场。

过去，市场总是包含了政治的界限。这并没有保证它们得到了良好的管理，但它提供了这样一种可能，即对共同体和正义的关注可能对其霸权设定了某些限制，并削弱了其影响。今天，并不存在一个全球政府来调节市场，或保护共同体使其免受其害。

一种后现代的经济将尽可能地回到乡村市场中去，即经济结构将在政治结构中运行，而且市场离被管理的人越近，人真正参与的机会就越多。然而，当代社会所必需的许多商品显然不可能在一个地方生产，但偏爱一种和基本的政治结构相伴随的基本的经济结构还是可能的。一个更大的市场需要些什么，应该处于一个共同体的共同体的管辖之下。而那种还需要更大市场的生产，则应该受到一个共同体的共同体的共同体的监督。尽管它们可能达到了全球水平，但在目前的意义上还不是一种全球经济。这并不能抹杀共同体之间的界限，或伤害其利益。

现代思想是二元论的，这已经在与自然相关的经济政策中得到了反映，这在美国尤为明显。欧洲人的政策一般地说在美洲人那里、尤其是在美国人那里，引起了对自然（它只是被看作自然资源）的一场迅速开发。经济理论没有以其他方式描绘自然，甚至自然资源也被认为是无意义的，它们实际上已经从标准的经济学教科书（它把劳动和资本视为生产之唯一重要的因素）中消失了。

甚至到了现在，当资源的极限和污染的问题迫使其自身引起每一个人的注意时，我们的来自现代性的遗产也很不利于一种恰当的回应。我们用经济学的术语来算计着保护自然界的成本。当我们问到采取何种政策应对全球变暖时，经济学家倾向于劝告我们不要进行任何有代价的变革。他们论证说，如果我们积累了足够的资本，我们就将处于为全球变暖付出代价的地位。

五　结　论

建设性的后现代主义者和解构性的后现代主义者之间有许多相似之

处。解构性的后现代主义者有兴趣表明，科学之占统治地位的各种形式是通过特殊的视域而形成的，而且并不具有它们所自称的那种普遍性，建设性的后现代主义者完全同意这一观点。但解构性的后现代主义者通常不鼓励发展更好的理论，而这种尝试对建设性的后现代主义者来说似乎是很重要的。有些类似的是，解构性的后现代主义者表明了究竟有多少被广泛接受了的政策具有那些表达了当权者的偏见和自私的假定。他们常常会做一些辉煌的工作，以表明那些显现在支持他们的人当中的一些自欺欺人的因素。但他们又不想继续提出其他政策，他们可能把已经提出的任何政策都视为他人偏见和利益的表达。结果，他们不支持任何政策。从建设性后现代主义者的观点看，没有政策指导决策，社会就不可能运作。一切都可能被玷污。而且我们不应假装没有个人利益，或在我们的判断中没有偏见。但是，不改进公共政策（尽管它可能是模糊的），世界就不会得以幸存。

　　建设性的后现代主义者并没有宣称，他们关于哲学、科学或公共政策的观念是完美无缺的。我们知道，我们都是具有有限理性（limited under-standing）的有限存在，而且我们根据多种视域中的一种视域来看待世界。我们知道，我们的视域受到许多相对化的因素制约，而且这些视域决定了支撑我们的那种整体性的特征。但我们也相信，我们根据各种特殊视域观察到的东西包括了总是难以理解的（always – elusive）真理的有效价值的因素。我们还相信，面向他人根据其不同视域观察到的东西，我们就可能修正和扩展我们目前的思维。建设性的后现代主义把世界理解为一个整体，而且特别的是，它本身尚处于过程之中。

　　（译自小约翰·B. 科布 2002 年在北京"国际价值哲学与过程哲学学术会议"上的主题发言）

怀特海思想与当代中国的相关性*

[美] John B. 科布

一

中国的宗教与哲学传统充满了当代世界（无论是东方还是西方）所急需的一些根本洞见。尽管它们在不同的时代获得了其最充分的发展，但科学并不是其文化生活和理智生活的重要组成部分，而且技术也没有得到高度的发展。它们不像西方哲学那样和数学有着密切的关联，它们也没有表达一种精制的历史意识。

这些传统在东方对许多人的内心生活和日常生活极为有用，而且近几十年来在西方受到了许多赏识。但除了在极为个人的领域以外，它们又有着更为模糊的效果。例如，它们更注重的是对政治权威的态度，发展的是一种集权权威而非民主精神；它们假定了一个传统社会，但并不直接回应现代社会的问题。简言之，撇开传统亚洲思想的巨大潜力，在日常生活和宗教的领域以外，它和当代各种问题的关联并没有得到恰当的阐明。

怀特海的思想在与科学和数学的密切关系中，并在现代社会问题和政治问题的背景（context）中得到了发展。正是在这种背景中，他得出了一种与传统的中国观念明显相关的实在观。他的过程思想通过与这些在数千年的传统中得以积累的智慧的结合，可能得到极大的丰富，它还可能起到一种扩展这些观念的应用、并把它们和我们时代的各种问题联系起来的桥梁作用。

* 原载《世界哲学》2003 年第 1 期；中国人民大学复印报刊资料《新思路》2003 年第 2 期全文转载。

西方哲学作为一个整体已经枯竭。统治了欧洲人心灵两个世纪的康德传统尽管还有其意义，但并没有给我们提供一些关于私人生活或公共生活的背景。解构性的后现代主义倾向于虚无主义。大多数科学哲学家对那些力图想要弄清他们所面对的奇异现象的意义的科学家也没有提供多少帮助，一些哲学家，如 R. 罗蒂（Richard Rorty），已经宣布了这种哲学传统的终结。

在最深层的层次上，西方哲学的问题在于它本身没有能够摆脱实体范畴的统治。当然，大多数哲学家意识到了实体观念所具有的困难，而且他们很少直接肯定实体的实在。但是由于他们拒斥了形而上学的训练，他们并没有用各种可供选择的思维方式来替代那些渗透于我们的印欧语言中的实体范畴。

对科学来说也是一样。物理学家们都知道，基于实体思维的传统范畴已经坍塌了。例如，他们所假定的支撑光波的"以太"并不存在。但是，由于数学推导对波现象的描述仍然有效，他们还在使用波的观念，似乎存在着某种波的东西。他们常常承认，科学不再符合某种客观实在，并得出了科学充满了悖论的结论。和哲学家一样，由于他们撇开了形而上学，他们不可能发展一种可供选择的、适合于其证据的概念性。科学本身从这些结果中蒙受了损失。

中国哲学包括了比欧洲哲学更为充分的对实体思维的替代，因此它们有许多东西可以提供。但是，正如我们上面已经看到的，它们并没有以一种和当代世界的各种关怀直接相关的方式得到阐明。

怀特海的基本概念更接近亚洲的特点而非欧洲的特点。而且，由于他基于数学和物理学的背景发展了这种概念性，因而具有一种系统的严密性，并和当代的各种问题相关（这正是亚洲哲学通常所缺乏的）。怀特海提出了对那种适合于科学的证据、而又不同于其通常形式的实体思维的一种替代，这样，他就为亚洲人提供了一座桥梁来修正西方科学并融入其自身的世界观。

二

中国承诺要实现现代化。但现代化几近于西方化。无疑，西方的现代性在知识和技术方面导致了巨大的进展，它还促进了民主和人权，为大众带来了先前的人类历史不曾有过的经济财富。对此，作为现代化的继承者，我们西方人是感激的。但是，我们也痛苦地意识到了其局限。现代性一直是极端个人主义的，在其后来的各种形式中，它唯利是图，并用竞争的手段达到这一目的。在这一过程中，它使社会组织走向了破裂。

现代性否认了自然界的任何内在价值，因而我们无情地剥夺了我们的环境。我们现在才看到，我们为此付出了高昂的代价。长期养育了我们的自然界已经不再能够养育我们，尽管我们正试图延缓自然的退化并力图保护它，但许多物种已经永远地消失了。而且，现代性的政策还在吞食其剩余的部分。现代性已经不可避免地导致了一场我们被卷入其中的生态危机，而且它在未来几十年中将变得更加严重。

现在，对现代性的批评十分广泛。大多数所谓的后现代主义都放弃了对全面性的远见的任何追求，它抨击的是一种宏大叙事（a master narrative）的观念或一种宇宙论，它留给我们的是那种无力反抗仍在进展的现代性之高压手段的局部知识。尽管它尖锐地批判了现代性，但它并没有为我们前进的道路提供具体的建议。在整体上，它和它所批判的现代性一样，是异化于自然界的。在某些方面，它承载了现代性当中所具有的各种极端危险的倾向，而非提供了一个不同的出发点。

怀特海提供了一种选择。他也是现代世界的批判者，而且他的追随者继承并扩展了这种批判。但是，他不仅要摧毁现代世界的各种观念，而且要用各种更为恰当的观念来替代它们，这些观念对回应当今的各种问题提出了积极的建议。在这个意义上，他的观念乃是建设性后现代主义运动的组成部分。我们需要通过解构性后现代主义来检验和修正我们的思想，也需要通过与亚洲的、共同体的、生态学的和女权主义的主要人物的思想的互动来丰富和发展我们的思想。而且，迄今尚无迹象表明，与这些其他观点的互动将削弱我们的基本观念。通过所有这些影响的修正和丰富，怀特海的思想在科学、经济学、政治学、教育学和社会政策中为我们指明了道路。

三

在宗教领域，中国现在正处于一种十分有趣的地位。传统文化以各种不同的方式和人们的宗教需要相汇合，但由于一些我已经提到的原因，这种文化不再是毋庸置疑的了。这部分是因为它在"红卫兵"时期中受到了系统的抨击和削弱，部分是因为现代化在其本性上和传统文化处于一种张力之中。因为虽然领袖们希望共产主义能够满足传统宗教曾经满足了的各种需要，但在今天，这只是对少数人而言的。因此，在中国，存在着对多种宗教教义的开放性，佛教也许代表了传统中国宗教思想（它最能够接受现代化和当代的各种需要）的组成部分。因为怀特海对实在的理解和佛教对实在的理解十分接近，上述关于怀特海能起到传统观念和当代世界之间桥梁作用的论述，尤其适用于传统思想的佛教部分。

作为一个专业的基督教教师，我很高兴基督教在中国赢得了众多的信徒，并在不同程度上引起了人们的兴趣。然而，我的兴奋不是没有限制的。在西方，我们许多人都知道，基督教有过巨大的贡献，我们都想分有它。我相信，基督教在这里也会作出很重要的贡献。但我们也知道，许多基督教信仰也有重大的危害，我们也想告诫他人。不幸的是，大规模的基督教运动是不可能受到批判的，它们很可能支持了某些在西方造成了许多危害的思维方式。

以往，基督教的问题之一就在于修来世（otherworldliness），并伴有一种精神和肉体的二元论。这一直是和家长制（patriarchalism）及同性恐怖（homophobia）联系在一起的。我不知道它在多大程度上得到了中国基督徒的欣赏，但它似乎是对传统中国文化之巨大潜能的一个威胁。另一个危险是圣经主义（biblicism），即一种把圣经绝对化的倾向，它导致了非理性的信仰和行动。

在整体上，中国在历史上处理宗教争端要好于西方的基督教，佛教徒、道教徒、儒教徒和其他教徒并肩相处。实际上，一个单一的个人可以分有所有这些宗教。而在西方，这对犹太徒、基督徒和穆斯林来说则是不可能的。所有这些宗教都具有排他主义的倾向并拒斥其他的信徒共同体，但基督教却有着最坏的记录。中国不需要这种记录。

我相信，怀特海在这一方面也能有所帮助。过程神学是以怀特海的思想为基础的，因而也阐释了基督教传统。它当然不是那种修正主义的基督教神学（它反对二元论和圣经主义）的唯一形式，它也不是避免基督教排他主义的唯一途径。但是，在我看来，它提供了关于这些问题的一种最彻底、最系统的解决办法，并鼓励了一种能够对构建中国的宗教共同体之间的关系作出积极贡献的基督教的形式。

四

在当代的各种关怀中，经济学的关怀是主要的关怀。因此，我将提供对占统治地位的现代性的经济思想的一种批判，并对一种有关经济学及其实践的不同思维方式提出某些建议。我的阐述将表明，对现代的必要解构和对怀特海式的后现代的重建是何等的密切相关。

现代经济理论是以对作为经济活动家的人的能力的一种理解为基础的，我们称这种人类模式为经济人。没有一个经济学家假定，人只能被理解为经济活动家。每一个人都知道，人也是政治活动家（*Homo polhicu*）、宗教活动家（*Homo religiosus*）或其他活动家。人的特征被定义为经济人是从人之存在的复杂的丰富性中抽象而来的，经济学这个学科也是以这些抽象为基础的。这一学科在社会科学中对公共生活通常有着重要的影响。

经济人在一种彻底个人主义的方式中是自足的，他和他人只在市场交易中相关。在这些交易中，他寻求以尽可能少的代价获得尽可能多的商品和服务。这就是"合理的"行为，而且经济学就依赖于人的这种合理性。

现在我们必须要问：这是人的经济行为的一幅精确图景吗？当然，我们必须同意，市场中的许多行为都符合这种模式。人们确实想以最低的价格买到他们想要的东西，并试图以最高的价格出售他们想要卖掉的东西。他们当然想要找到付酬最高的雇主，而雇主则试图以尽可能低的价格获得他们想要得到的劳动。这就是经济学家所诉诸的那种模式。

当然，它不是十分精确的。在寻求雇主的时候，报酬并不是唯一的考虑。人们也会接受较低的报酬，如果条件更好、工作更有趣的话。对一个雇员来说，重要的是忠诚和良好的道德，而这些并不只是报酬的问题。经济学家们偶尔试图用金钱来衡量所有这些无形的东西，但在很大程度上，根据其模式之最明显的意蕴，他们忽视了这些其他的因素。

进而，除非有一种基本的诚信和自律，否则整个市场体系就会坍塌。政府可能在某些方面强化诚信和自律，但法律不可能代替内在的义务和性格。不幸的是，市场（特别是经济学家所描述的市场）却倾向于侵蚀这些根本的价值。

市场价值正越来越影响到社会的各个方面。医药职业近来已经公开地转向了医药工业；教育体系现在之所以受到支持是因为它在为市场服务，而不是因为它有助于公民和人的价值；人们正全力支持发展一种以经济原则的运用为基础的法律理论。

人们可能假定，市场原则总是支配着商务，但商务本身需要发挥其他价值的功能。一句流行的名言是："诚信是最好的政策。"但在今天，商人有时只是在有利的时候才服从法律，而在他们能挣更多钱的时候往往违背了法律。根据市场原则而运作，商人被鼓励去计算服从法律的额外成本和违反政府税收法而被罚款的成本。如果利润超过了罚款，商人就可能"合理地"去破坏法律。

过程思想提供了一种不同的人类模式，如果它被接受的话，它将对一般的公共生活产生完全不同的后果。怀特海不是把个人视为只是通过市场交易才相关的孤立的实体，而是鼓励我们把个人看作在很大程度上是通过与他人的关系而构成的，这就导致了重大的区别。

根据现在的标准模式，他人的健康无助于我的健康。因此，为了抢在前面而损害他人是很正常的。但根据怀特海的模式，我的健康在很大程度上是他人（特别是那些与我密切相关的人）的健康的结果。合理的行为是那些改善了我是其组成部分的共同体的行为，而非那些以牺牲他人为代价来增进我的健康的行为。

这种对比可以根据人的共同体的意义而得到阐明。在现在占统治地位的经济学中，是没有共同体的地位的。我们只是个人的集合，每一个人都在寻求其所得。这种模式的运用在制度上导致了既有共同体的消解。K.波拉尼（Karl Polanyi）的《伟大的转变》（*The Great Transformation*）一书已经表明了18世纪的英国所发生的事情。在美国，在过去的50年中，将这种占统治地位的模式运用于农业和工业，同样瓦解了数以千计的乡村共同体和数以百计的工业共同体。

世界上自第二次世界大战以来的大多数经济发展都遵循了这种个人主义的、反共同体的模式。在我看来，其结果对人来说是灾难性的。曾经有一种与甘地（Mahatma Gandhi）的工作相关、并为许多非政府组织所追求的选择，即所谓"共同体的发展"。这种和怀特海的模式十分相像的模式把现存的共同体当作是既定的，并和它们一起去推动其经济发展。

这种以强调共同体为基础的个人的模式可以被概括为"共同体中的个人"（person‐in‐community）。在这种理论中，真正的个人存在的价值只有在和他人的关系中、即只有在共同体中才能实现。另一方面，人又不只是共同体的组成部分，人也有其个性和独立性。在怀特海的模式中，我们在很大程度上是由过去而形成的，因而我们在每一个瞬间也都有一种决定。我们越是能够融入他人，这种决定就越是有意义。这种共同体中的个人的想象既强调对共同体的依赖，又强调个人的自决或自由。关键在于，这两个方面是相互支持的。我们作为其组成部分的共同体越是富有，我们就越是能够成为具有我们自己的个性和自由的个人。

那种标准的经济模式的第二个特征，是人类与自然之间之彻底的二元论。其唯一的价值便是个人的享受或满足，这乃是彻头彻尾的人类中心主义。自然界中的各种要素在他们那里根本算不上什么，其价值只是在于人类要付给它们些什么。在这种方式中被估价的东西，主要是自然界中那些被用来为市场生产商品的要素。例如，石油、树木和鱼类都有其价值；土地之所以有价值是因为它是生产的场所，或是人们需要它用来生活、工作或娱乐。

怀特海主义者则基于一种完全不同的模式而运作。人类与其他生物是有区别的，正如其他各种物种之间也有区别一样。这些区别是很重要的，因为人类对整体有着一种其他生物所没有的责任。但是，人类仍然是自然界的组成部分。我们的关系不只是和他人的关系，我们也和其他生物相关。我们是否应该把共同体的观念扩展到包括这些其他生物尽管尚未确定，但我们与它们的关系有助于我们与其他人的关系。一个健康的生态圈对人类来说是很重要的，失去它将有损于我们的生活。怀特海主义者进而认识到，人类的健康发展并不是问题的全部，其他生物的健康同样也很重要。

我已经在这些纲要性的评论中试图表明，怀特海式的建设性后现代主义包含了一种完全不同于我们的现代主义的领袖们正在追求的那种公共生活和个人生活的模式。在我看来，那种以忽视共同体和生态学为基础的模式导致的将是毁灭。我深切地希望，一种不同的、更类似于怀特海思想的模式能够产生一种深远的影响。

（译自小约翰·B.科布为 2002 年北京"国际价值哲学与过程哲学学术会议"提交的论文）

论经济学和生态学之间的张力[*]

［美］John B. 科布

一

　　尽管当今人类面临着许许多多的问题，但我相信，最根本的是必须处理好经济学和生态学之间的张力。这是颇具讽刺意义的，因为这两个语词的本来意义是很难区分的。它们都起源于希腊文 *Oikos*，其意义是家务（household）。生态学是家务的逻各斯（*Logos*），经济学则是家务的规则（*Nomos*）。*Logos* 可以被译为理性（reason），*Nomos* 则可以被译为规律（law），但它们的内涵是重叠的。然而，生态学现在的意指和经济学的意指却是很不一致的。

　　今天，当我们想到生态学的时候，首先想到的是生态圈，主要是指自然环境。当我们想到经济学的时候，我们想到的是人的生产、交换以及消费和服务。如此对待这两个论题，它们便很难相互衔接，这正是问题之所在。我们需要一个健康的自然环境作为我们生活的环境，我们也需要生产、交换、消费和服务。但正是因为我们两者都需要，当我们专注某一方面而忽视另一方面的时候，便可能会有某种灾难。

　　实际上，至少是在过去的半个世纪，人们的注意力完全集中到了经济学上。人们论证的一直是如何增加生产、交换、消费和服务。某些经济学家论证到，一种集权的官僚体制可以最有效地计划经济的增长。另一些人则断言，一种摆脱了政府干预的市场将加快经济增长。大多数经济学实际

　　＊　原载《国外社会科学》2002 年第 4 期；《新华文摘》2002 年第 11 期全文转载。

上具有两方面的要素，但事实证明，在总体上给企业以更多的自由更为有效。经济学家之间的这一总体性的争论已经假定了自然资源是无限的。在西方，在新自由主义经济学中占统治地位的学派往往十分明确地表明了这一点。它相信，技术进步将解决任何由自然资源短缺造成的问题，增长没有极限。增长得越快，生产、交换和消费就越好。因为市场的扩大加快了经济的增长，理想的状况是一种单一的全球市场。我们无须根据公共政策来讨论环境问题，因为市场将关照它们。例如，随着石油涨价，其他能源（它们现在更值钱了）将成为竞争对手，然后它们将被广泛利用。

那些从生态学角度看世界的人看待事物的方式则完全不同。他们认为，人类正在消费越来越多的世界上总的自然资源。根据某些统计，野生物种正变得更加稀少或者已经消失。许多物种只能通过人的保护才能幸存。石油（它使得如此多的经济增长成为可能）在几十年的时间里将变得稀缺和昂贵。淡水在世界的许多地方已经变得不足。水产业正在衰落。农业生产将不再能够满足需要。空气、水和土壤正在受到污染。气候变暖导致日益频繁的暴风雨和更加变化无常的天气。那些如此看待事物的人极力主张，我们至少应该致力于讨论稀有资源、减少污染以及那些将使我们进入一种后石油经济时代的技术创新。

迄今为止，经济学家是胜利者。尽管所有社会都对生态学家作出了某些让步，但这些让步的前提是不会在经济上付出太大的代价。经济增长是社会的组织原则，教育体系只是为其服务的。我们主要是根据国家在其政策下有了多快的增长来判断一个政府。经济学家在西方更加成功的一个理由是，经济增长带来的利益是眼前的，而它所强加的代价则主要是未来的。生态学家警告说，在未来的 20 年中，我们以石油为基础的农业将不再发挥作用。但正是在现在，对大公司来说（如果不是对大多数农场主来说的话），控制它是很有利的。石油便宜了，我们才能继续用以石油为基础的农业取代传统农业。但大多数经济学家鼓励人们相信，新的技术对休闲给予了道德的支持。经济学家的成功和生态学家的软弱的另一个理由是，和大多数人的思维方式一样，经济学家的思维方式是现代的。现代理性已经分化为不同的思维王国。在大学里，我们谈论的是众多的学科，一个学科可能借助于另一个学科，但在根本上，每一个学科又都是独立的。它发展了它所研究的其自身世界的模式以及其自身的研究方法，它并不干涉其他学科的工作，并拒绝外界干涉其自身的工作。在一个学科中所做的工作乃是技术理性。在技术理性的领域中，现代性一直是至高无上的。经济学便是那些最成功的科学之一，它发展了一种人类模式并具备了这种模式（它在自我设定的界限中是卓有成效和令人信服的）的各种方法。它是一项卓越的现代研究，而且和那些在现代大学中所教授的东西交流得很好。这种经济人的模式以及经济学家的工作纯粹是现代的。经济学中所讨论的人是一些自给自足的个人，他们与其他个人的关系乃是市场交易的关系。因此，按照这种经济理论的观点，它并没有考察自然界的严重退化问题。

生态学家研究问题的方法则完全不同。作为关注我们的这个活生生的世界的研究者，他们发现，现代性之分化的和线性的思维并不怎么好。在这种分化的方式中，他们能研究昏迷中的老鼠和实验室中个别动物的行为，他们能解剖兔子并研究它们的组织，但这并没有告诉他们多少发生在自然界的生活方式。在自然界，动物的每一个物种都和其他物种以及构成生态系统的植物相互作用，每一个有机体的行为都深受其永远变化着的环境的影响。当我们开始意识到这一点时，我们也开始认识到了人的环境之退化的历史。我们知道，我们的许多沙漠是由于过度放牧而形成的。古代的城市之所以被废弃是因为灌溉导致土壤的盐碱化，乱砍滥伐使泉水和河流干涸，并引起大规模的腐蚀。我们面临着这样一种现实的可能性，即我们现在的文明在根本上是不可持续的。

因此，经济学家和生态学家之间的争论乃是一种现代主义者和后现代主义者之间的争论。因为我们仍生活在现代，生态学家受到了必须根据现代主义的术语来证明他们有理的限制。他们必须作出特殊的预测，而且事件的过程常常证明他们错了。有一个著名的例子，其中，一位生态学家保罗·埃里利克（Paul Erilick）与一位经济学家朱利安·西蒙（Jilian Simon）就稀有材料的价格是否会在一定时期内上涨的问题打赌。这位经济学家预测它们会下降，并被证明为是正确的。埃里利克把他的预测建立在他的这样一个正确估价上，即人口将增长，需求甚至增长得更快，而且需要有更多的原材料。上述经济学家更深刻地理解了增长的需求如何会刺激增长的生长以及生产者如何会更加竞相销售其产品。和马尔萨斯相反，经济学家一再被历史证明为是正确的，在其预测中，食品生产将比人口繁衍增长得更快。他们对技术和市场的信念似乎已经被反复证明为是正确的。

此外，生态学家还在一个更为根本的层次上确信，经济学家们错了。他们认为，经济学家不去考察历史和现实的细节就规划了过去到无限的未来的各种战略模式。生态学家则确信，这些模式（它们是在人类经济很少与自然界相关的时候制定的）将随着关系的变化而破裂。他们指出了过去在食品生产问题上的各种技术办法的高昂的社会代价和生态代价，如绿色革命以及因石油稀缺而造成的不可持续性。通过基因控制手段的技术办法将在损害他人的情况下解决一些问题，整个系统越来越不稳定了。海水淡化并把它灌入土地的技术办法要消耗如此多的能源，以致其相关性降到了最低程度。因此，必须有一种新的思维方式，即一种把食品生产置于更广泛的生态背景和社会背景之中，并包括了思考这种生产如何才能降低对食品的需求的思维方式。鼓励降低消费，直接削弱了经济学家在无尽的增长中的利益。

二

实际上，在当代的争论中还有重要的第三种声音，这就是谈论公平的声音。我们在上面已经提到，共同体在新自由主义经济思想中是没有价值的。但是，即使我们认为人是只在市场中相关的个体，我们也可以问，市场是如何分配其商品和服务的呢？它分配得公平吗？在现代性之分化了的思想界中，这一问题属于政治理论而非经济理论。但是，既然我们转交给经济秩序以如此之多的权力，我们就需要提出这个问题。答案是，市场的力量在于它促进了增长，而增长如何被分配并不是经济学家们关心的问题。经验的和历史的事实在于，市场对富人比对穷人更有利，并倾向于把财富集中到越来越少的人的手中。结果，经济中的大多数增长都集中到了富人那里。争论的问题是，穷人是否都受益了？增长的某些倡导者们接受了缓慢下沉的理论（the trickle down theory）。他们确信，随着越来越多的增长，某些利益会自动地落到穷人头上。某些人论证到，因市场而引起的长期的不平等会在一定阶段内减少，经济增长将导致平等。

那些持这种乐观主义观点的人提到了西欧的历史。无疑，在工人受到残酷剥削以后的一定时期，情况会发生变化。在 20 世纪 60 年代，欧洲工人享受了工业发展和经济增长的果实，贫富之间的差距明显地缩小了。人们可能会说，公平胜利了。

然而，这并非只是市场的结果。工人组织起来了，并斗争了几十年才在政治决策中有了发言权。立法机关确立了最低工资和福利待遇，税收对重新分配财富起到了作用。当然，没有高水平的国民生产，财富是不可能被用来分配的。但把市场描述成一种公平分配的动因，却并不真实。

市场以其他方式所起的作用可以在最近看到。在 60 年代到 70 年代，美国曾趋向于减少贫困。对许多工人来说，工资增加了，但使市场摆脱政治强制的压力也增加了。随着罗纳德·里根的当选，这些压力成了动力。政府坚定了其减少贫困、支持工人的政策。通过和加拿大及墨西哥之间的自由贸易协定，它扩大了市场。这一切既是由于经济增长造成的，也是由于日益增长的不平等造成的。尽管经济学家对此还有争议，但显而易见的是，市场为穷人做得很少。

的确，我相信，市场使穷人的状况更加恶化。在美国，在过去的 25 年中，工人家庭只能通过延长工作时间来维持其生活标准。人们曾经假定，如果一个拥有一份普通工作的男人就可养活其妻子和孩子，现在的标准则是双份的收入。无疑，父母对孩子的关心减少了，而且具有某些负面的社会后果。当然，家庭可能有许多以前没有的设施，但很难说生活标准是提高了还是下降了。现在有更多的人从事更长时间的工作，且每小时的收入更少，这是不争的事实。

三

特别是从第二次世界大战以来，世界一直把希望寄托于经济增长。这种寄托受到了生态学家的思想的挑战。他们在 70 年代就论证到，最重要的目标必须是可持续性，否则当达到增长的极限时，整个人类将被卷入一场由可怕的破坏而导致的灾难之中。一个可持续的社会应该是一个人口不再增长，而且商品以这样一种方式进行分配的社会，即所有的人都能为了一种体面的生活而满足其最低的需要。

显然，这里有一个尖锐的矛盾。那些为了不断的快速增长而制定的政策和那些为了可持续性而制定的政策被视为是完全对立的。联合国于

1992 年在里约热内卢召开了一次会议。在此次会议上，就产生了这种冲突。乔治·布什领导下的美国政府确信，这次会议并没有离开通过全球化而承诺经济增长的轨道，它通过使用"可持续的"这个语词来修饰"发展"，并把发展主要解释为经济增长。

即使如此，形容词"可持续的"作为对增长的一种修饰还是有某种效果的。例如，世界银行对它所支持的经济发展的形式给予了更多的注意，许多国家的政府对它所包括的内容给予了更多的思考，许多人近来也愿意致力于减少碳污染以延缓全球变暖的过程了。然而，美国政府却对它所承诺的可持续增长提供了很少的而且只是口头上的服务。幸运的是，一些有助于维护美国国内环境质量的商品法规和政策事实上已经发挥了作用。但是，美国仍在致力于以各种方式（实际上导致了生态破坏）减少贸易障碍。甚至在美国国内，公司的说客有时也能成功地削弱我们现在所知道的这种环境保护。利润而非可持续性，乃是一些商人和许多政治领袖的主要关注点。

在里约热内卢附近，有一个非官方的非政府组织会议。某些人致力于关注一些常常是很局部的环境问题，另一些人则代表了工人和农民。某些人关心特殊的种族集团或代表了第四世界群体的利益，另一些人则还在承诺所有人的人权。这些群体发现，撇开其区别，它们在统治全球经济的跨国公司里有一个共同的敌人。这些公司受到了布雷顿森林体系会议机构，即世界银行和国际货币基金组织的支持，而且它们强求全世界的负债国进行结构调整。这种为增长而设计的整个体系有利于大公司和对工人、农民及自然环境的剥夺。人权到处都受到了践踏。

在里约热内卢会议之前，反对公司统治经济全球化的不同声音似乎是彼此相抵触的。农民的利益和工人的利益是不同的，而且两个群体都怀疑中产阶级的环境主义者。只要能调和这些利益，就能确保公司的胜利。但是，在里约热内卢建立了一整套新的联系。从那时起，在面对全球共同体的问题时，才有可能谈论一种非政府组织的观点。而且，这种观点更多地反映了可持续社会的宗旨，而非可持续增长的宗旨。

最近，非政府组织运动发动了反对布雷顿森林体系会议政策的大规模示威活动，许多美国人参加了反对设在西雅图的世界贸易组织（WTO）的示威活动，表明了工会与环境主义者之间的合作。由于第一世界和第三世界的代表对世界贸易组织还有一些异议，示威者成功了，而会议却失败了。后来在华盛顿、魁北克、布拉格和日内瓦的示威则遇到了日益增加的政府压力。它们只取得了有限的成功，但它们迫使世界看到，我们的全球领袖们的政策受到了许多民众的严正拒绝。

我们的领袖们倡导的是占统治地位的经济理论，这种理论认为，市场越大，政府干预得越少，财富创造得就越快。它假定，财富的这种快速增长将有利于所有的人。我是那些支持可持续社会而非可持续增长的人之一。如果所追求的增长真的是可持续的，我也许没有异议，因为这种增长属于一个可持续的社会。真正的可持续的增长是可以在再生资源的极限中实现的。我们不能以超过其再生的速度捕捞一个鱼种，我们也不能砍伐树木比种植树木还快。而且，我们不能降低我们开采的东西的质量。海洋和森林的健康发展应该得到维护。至于不可再生的资源，我们应该尽可能少而慢地使用它们，并随着我们的进步开发各种替代品。

但情况远非是如此。那种受占统治地位的政策支持的增长已经不仅在地区，而且在全球范围内灭绝了一定种类的鱼种。它用单种栽培代替了自然森林，并通过腐蚀引起了大量水土流失，这不是可持续的增长。与此同时，它使许多人走出森林并改变了其原住民的习惯。它还迫使农民离开土地，付给劳工很少的生活费，使穷人更加无权了。另一方面，它又建造了巨大的建筑，为世界上约 1/4 的有钱人生产了大量的物品，使他们到全球旅游更加容易，并使其生活更加舒适，甚至奢侈。它还在许多其他人面前承诺，他们能分享这些富裕。它论证说，这是无可选择的。进而，它以另一种方式来看待可持续性。随着某些鱼种被大量捕捞，并成为不可利用的，其他的东西则丰产了。人工渔场代替了野生鱼种，基因技术也许能增加鱼的尺寸，只要技术能够走在自然滑坡的前面。它假定，渔业丰产是可增长的。如果不行的话，其他食品也会代替鱼。这种可持续增长允许无限制地替代，只要人的营养需求能得到满足。因此，作为经济活动之增长的增长仍然是无限的。

那些关注生态的人则怀疑这种可能性。健康的海洋和适当的土壤的替代物并不像各种形式的金属的替代物那样容易获得，甚至代替石油的另一种形式的能源也比经济学家认识到的要困难得多。此外，用一种人工环境代替自然环境对我们大家来说似乎也是一个巨大的损失。在我看来，经济学和生态学之间的关系乃是我们人类今天面临的最重要的问题。如果经济学家是正确的，那么我们的所有子孙都会有一个繁荣的未来，所有的人（甚至最穷的人）都会得到大量的商品和服务；如果生态学家是正确的，那么继续我们现在的过程就是一张灾难的处方。穷人将首先受到短缺和污染的负面影响，甚至富人也将生活在一个资源枯竭和无人的世界中。

　　无疑，真理也许就在两者之间的某个地方。但我必须承认，我的判断更接近于生态学家。中国也许能找到一条走出由于经济学和生态学理论与实践碰撞而产生的两难困境之路，也许中国甚至能引领整个世界的道路。

　　（译自小约翰·B. 科布为 2002 年北京"国际价值哲学与过程哲学学术会议"提交的论文）

关于过程宗教哲学的几个问题[*]

［美］D.R. 格里芬

一　过程哲学的定义

　　尽管"过程哲学"这个标签可以合法地被用来十分宽泛地指向各种强调生成、过程和变化之终极实在的观点，但现在它却在一种更为有限的意义上被广泛地用来表示一场由怀特海和哈茨霍恩所发起的运动。本文正是在这种更为有限的意义上使用这一标签的。

　　然而，这种形式上的定义并没有告诉我们什么是过程哲学，因为怀特海—哈茨霍恩式的过程哲学不能被简单地等同于怀特海和哈茨霍恩碰巧相信的一切东西。例如，这两个哲学家的著作对某些问题的看法就不尽相同。尽管这一点可能暗示，过程哲学可能被简单地等同于怀特海和哈茨霍恩所赞同的一切东西，但这种解决办法甚至也是不能令人满意的，因为他们正好碰巧相信的一些信念可能并不是核心学说所必需的。因此，如果我们理智地谈论（怀特海—哈茨霍恩式的）过程哲学，我们就必须能够指出一套怀特海和哈茨霍恩所共有的核心学说。我将提出十个这种学说。虽然这套核心学说可能容纳无数精心构造的过程宗教哲学（以及过程科学哲学、过程政治哲学等等），但它却排除了其他思想流派所坚持的不同学说。比如，过程宗教哲学就不可能肯定那种与上帝知道未来将发生的细节相符合的神的万能学说。因此，虽然这些核心学说允许有很大的灵活性（flexibility），但它们却有助于把怀特海—哈茨霍恩式的过程哲学和其他思

　　* 原载《中国过程研究》第三辑，黑龙江大学出版社 2011 年版。

想流派区分开来。

在我把核心学说限定为十个的时候，我并不是说不可以加上其他的学说。但我坚持认为，在此列出的实质性学说一个也不会被排除。然而，对这种主张的三个限定仍是必需的。首先，我在第一段中关于各种不同视域的论述尤为重要。某些过程哲学家——他们可能坚持认为，怀特海式的过程哲学是一场能动的运动而非一套观念——可能认为，试图阐述一套核心学说的观念是不甚恰当的。这对争论来说是一个完全合法的问题。本文通过这样一个例证构成了一个论据，即努力提供一套核心学说是尤为恰当的，而且这样做的好处在价值上超过了任何可能的危害。

其次，虽然其他过程哲学家可能同意提供一套核心学说来致力于达到清晰性，但他们给出的可能是一套和我大相径庭的学说。除了包括一些我所没有给出的学说以外，他们甚至可能论证说，我所给出的一个或几个学说是非基本的，甚至可能是和真正的核心学说不尽一致的。过程哲学家阵营内部的这种争论，乃是我所欢迎的一种结果。它有助于我们达到更大的清晰性，这种清晰性在一定程度上把与过程哲学普遍相关的各种不同观点相互包含在了一起。

最后，尽管我相信我所列举的实质性学说不会受到拒斥，但它并没有推出，任何一个拒斥了这些学说之一的人都不是怀特海传统中的过程哲学家。例如，对任何一种传统（即使是一种观念在其中至关重要的传统）中的一员来说，这是一个自我认同的问题，而非一个坚持不同信仰的问题。而且，甚至在一定程度上，作为一种哲学传统的一员，就包含了持有某些共同观念，作为这个意义上的一员，乃是一个程度的问题，而非一个非此即彼（all - or - nothing）的问题。比如，这一传统的某些成员就自称为新怀特海主义者。总之，致力于列出一套核心学说这一目的，只是要清楚地表明我把什么当作主要的观念，以及我为什么要把它们当作对怀特海—哈茨霍恩式的过程哲学家来说至关重要的东西。现在，我将提出十个属于过程哲学核心的学说。

二 过程哲学的核心学说

对那些不甚熟悉过程哲学的人来说，对核心学说的这种初步的讨论

（它必须是简要的）可能是很难理解的，但这些学说中的每一个都是至关重要的。

（1）把道德的、审美的和宗教的直觉以及关于科学的最一般的学说整合为一种自相一致的世界观，乃是我们这个时代的哲学的主要任务之一。通过把"宗教直觉"宽泛地理解为包括道德价值和审美价值的直觉，这一目的可以被更简洁地表达为把科学和宗教整合为一种单一的世界观。

（2）硬核的常识概念是对一种哲学观点之恰当性的终极检验。和第一种学说一样，尽管这种学说部分地是形式性的，它也部分地是实质性的，这就是说，存在着某些硬核的常识概念，即那些全人类在实践中必然要预设的概念。在它们是必然被预设的范围内，任何一种否认它们的哲学都违反了不矛盾律，因为它对明确地否定了它所肯定的东西感到愧疚。这种学说为过程哲学避免那种被许多现代哲学和后现代哲学所肯定的（无论是明确地还是含蓄地）相对主义提供了主要的手段。

（3）怀特海关于知觉的非感觉主义学说。根据这种学说，感性知觉是知觉的一种次要模式，派生于一种更为根本的非感性的"领悟"（prehension，又译摄入——译注）。这种认识论学说——它包括了对詹姆士（William James）的"彻底经验论"的主要特征的发展——承认对一种神圣实在（Holy Reality）的直接知觉意义上的真正的宗教经验。它也承认道德规范的知觉。

（4）泛经验论以及机体二元性（organizational daulity）学说。根据这种学说，一切真正的个体——不同于聚集的社会——至少都有某种经验和自发性（自觉）的微粒（iota）。肯定泛经验论包括了对早先的那种两种现实实有（actual entities）——缺乏经验的物理现实和具有经验的心理现实（心灵）——之间的现代二元论的拒斥。而"机体二元性"则为避免这样一种反直觉的观点提供了基础，即自决和统一的经验是通过现实世界中的一切事物（包括木棍和石头）来享受的。

（5）一切持久的个体（enduring individuals）都是连续规范的瞬间"经验际遇"（occasion of experience）的社会的学说。根据这种学说，持久的个体（如分子和心灵）可以被分解为瞬间的事件。这种学说对过程哲学调解终极的因果关系和有效的因果关系、因而调解自由和决定论来说，是根本的。突出的问题是，每一个持久的个体（如活的细胞或人的心灵）都在存在的两种模式——主观模式（它在其中起着最终的因果关系或自决的作用）和客观模式（它在其中对后继事件起着有效的因果关系的作用）——之间摇摆不定。

（6）一切现实实有都具有内在的及外在的关系的学说。根据这种学说，所有现实实有都是根本相关的——首先是在和先验的现实实有内在相关的意义上，其次是在和后继的现实实有外在相关的意义上。这种学说使得这种观点的某些拥护者称它为"过程—关系学说"。

（7）关于自然主义有神论的怀特海式的观点。根据这种学说，一种神圣的现实在世界上是以可变的、但决不是超自然的方式发挥作用的。这种学说认为，虽然有一种影响了人的经验、而且实际上影响了所有有限存在的神圣现实，但是这种神圣的影响决不包括因果关系之正常模式的一种断裂，即替代这种正常模式的一个自然维度。进而，这种神圣断裂之缺失的原因是形而上学的，不只是道德的，它乃是建立在这一事实基础之上的，即根本的上帝—世界关系完全是自然的、植根于事物之真正的本质而非一种偶然的神的决定之中的。

（8）双重的两极有神论。比过程哲学的自然主义有神论更著名的是其两极有神论，根据这种学说，神的实在具有两个方面或"极性"（poles）。然而，如何准确地理解神的两极性却一直有着很大的混乱，这主要是因为过程有神论实际上包括了两个极性，一个是怀特海更为强调的极性；另一个是哈茨霍恩更为强调的极性。

（9）为当代文明所必需的各种理想提供宇宙论支持，是我们时代的主要目的之一。和第一个核心学说一样，它指向了整合科学与宗教的任务，这一学说纯粹是形式的，但它通过揭示这样一个事实补充了第一个学说，即过程哲学的全部目的既是实践的，也是理论的。

（10）口头陈述和命题之间以及这两者和命题感受（propositional feelings）之间的区别。这一学说对语言和真理、因而对知识来说，是至关重要的。

三 过程宗教哲学的本质

在讨论了什么是过程哲学本身之后，我现在特别地转向过程宗教哲学。尽管宗教哲学的本质和任务是密切相关的，但我先讨论前者，再讨论后者。

为了理解一种过程宗教哲学的不同本质，考察一下各种新近的、被称为宗教哲学的事业（enterprises）将是有益的。有的时候，这个语词被用来表示那种更为一般地被称为哲学神学的事业，它主要讨论的是神的存在和本质。在这个总标题下，有许多类型。一个突出的问题是作者的方法论态度。某种哲学神学把自身理解为自然神学，它（和所谓的启示神学相反）寻求将其论证完全建立在证据（有时被称为"一般启示"）的基础之上，这种证据在原则上适用于任何人，而非只是那些分有了一种特定传统之"特殊启示"的人。传统的托马斯主义神学就包括了这样理解的自然神学。相反，某些哲学神学家（他们相信，这种意义上的自然神学是不可能的，因为人的解释甚至对证据的知觉总是打上了人的宗教传统的烙印）论证到，一个认同性的形容词必须总是被使用，所以从事这一事业的基督教哲学家才可能称它为"基督教自然神学"或简称为"基督教哲学"。虽然我接受这第二个观点，但在这种观点起源于恰当性和一致性的哲学标准、而非一种真理—担保（truth‐guaranteeing）的启示中所断言的观念的范围内，这一事业仍然是自然神学或哲学神学。

除了方法论态度以外，哲学神学中的另一个突出问题是捍卫什么样的上帝观。传统哲学神学捍卫的是传统有神论的某种翻版，如一种奥古斯丁式的、托马斯主义的或加尔文教的上帝观。但也有一些拒斥了传统有神论的修正主义的哲学神学，这些修正主义观点中所包括的是一些女权主义的哲学神学，它们论证到，西方的以及过去数千年来的所有主要宗教实际上都有一种片面的男性偏见。

那些认为宗教哲学包括了哲学神学的人当中的另一些人，关心的是上帝观念借以建立的材料。"证明上帝的存在"往往被认为是以材料、而非宗教经验（如秩序、美和/或世界之原本的存在）为基础的。而反对这一事业的某些人则论证到，由于不同于哲学神学，宗教哲学应该被理解为宗教经验的哲学，在这个意义上，它才可能像其原始材料那样把实际的宗教经验看作在历史上——特别是在不同宗教传统的圣徒的生活中——已经发生过的事情。所有上述类型的宗教哲学都是肯定的，都论证了宗教是正当的，至少是在它包括了信仰一种神的实在的范围内。然而，宗教哲学也可能是否定的，在反有神论的意义上，它是由那些可能认为信仰一种神的实在在哲学上是站不住脚的人来实施的。大多数反有神论的宗教哲学家针对的都是传统有神论，尽管其拥护者常常给人以这样的印象，即他们已经表明所有"信仰上帝"的人都是非理性的，但他们又很少对任何一种修正了的有神论形式予以认真的关注。因此，许多在当代图景中被当作"宗教哲学"的学说不过是由一些赞成或者反对传统基督教有神论的真理的论证构成的。

另一种以一种积极的方式（它不必论证任何在哲学上会产生争论的信仰的真理）来"从事"（do）宗教哲学的路径，是完全否认宗教哲学包括了任何一种这样的信仰。因此，宗教哲学的任务在很大程度上就在于论证对宗教语言（特别是关于上帝的语言）的一种非"实在论的"理解。例如，人们论证到，赞美上帝创造了世界并不包括任何可能使人与新达尔文主义进化论（根据这种理论，我们的世界没有任何指令便产生了）相矛盾的认识信仰。那些以否定的方式研究宗教哲学的人往往十分关注这种观点（以及传统有神论），他们论证到，它歪曲了对信仰的语言的意义的认识，即它不想描述客观实在。

由于这几种方式的讨论涉及有神论者、非实在论者以及这两种观点的批评者，某些宗教哲学家便认为整个讨论是极为褊狭的（provincal）。他们论证到，一项事业要合法地被称为宗教哲学，就不应该只和基督教相关，而且必须涉及宗教本身、因而涉及所有（或至少是多种）宗教。因此，他们提出了跨文化的或比较的宗教哲学。这种研究方法也许只是描述性的，但它也可能是规范性的，即寻求发展一种以来自不同宗教传统的洞见为基础的全球宗教哲学。

当然，并非所有这些研究方法都是互相掩护的。一种宗教哲学可能包括了其中的两种或多种方法的结合。例如，人们可能把一种修正了的有神论和对宗教信念本身（而非特殊的基督教信念）的合理性（而非真理性）的辩护结合起来，从而提供一种非辩护的、修正了的、跨文化的宗教哲学。

虽然还有一些其他类型的事业被称为、或至少可以被称为宗教哲学，但这种概观的目的不是要穷尽什么，而是要为对过程宗教哲学的初步概括提供一个基础。根据刚才的讨论，一种过程宗教哲学包括了一种实在论的、寻求真理的研究方法，它对上帝的讨论主要依据的是宗教经验，但是这一要义（primary）并不排除各种更为传统的对神的实在的论证。然而，过程哲学认为，这些论证并不支持传统有神论，而是支持一种修正了的有神论的翻版，即一种和女权主义的研究方法具有许多共同之处的有神论。过程哲学还支持这样一种论点，即一种宗教哲学在原则上应该是（在实践上尽可能是）跨文化的，即根据多种传统来考察宗教经验及其反思。

四　过程宗教哲学的任务

在传统上，宗教哲学的任务包括以下方面：第一，对宗教的本质提供一种说明。第二，评价宗教的合法性，包括评价宗教经验的真实性（gen-uineness），并评估宗教信仰的真理性。接受这两项任务往往被认为包含了第三个任务，即根据它们证明宗教之真正本质的程度和/或信仰达到宇宙之哲学真理的程度，来评判（ranking）不同的历史宗教。毫无疑问，基督教宗教哲学家断定基督教是最高的宗教，而印度教宗教哲学家则认为印度教更优越。反对第三项任务，有时也导致了对前两项任务的怀疑。过程宗教哲学家同意对致力于评判不同宗教的广泛拒斥，但他们接受前两项任务。

给宗教下定义这一任务，在近代一直受到很大的抵制。那些对现存的巨大差异具有历史知识的评论家们得出结论说，不存在所有的宗教都信仰来生、或都信仰一个神或众多神这回事。某些人还说，这种共同本质的阙如在我们把诸如纳粹主义、共产主义和其他意识形态这些运动包括进来时尤为清晰。然而，正是这种讨论表明，人们预设了某个使某物成为宗教的概念。无论它多么可疑，宗教哲学都不应回避试图对它究竟是什么提供一种一般的、可以接受的说明这一任务。

否认任何与所有宗教相关的共同本质，几乎总是根据实质性的问题（如"信仰神灵"）来阐述这种观点的。然而，不甚明显的是，并不存在一种为所有那些我们直觉地视为宗教的传统所共有的形式性特征，怀特海自己对这种形式性特征的感觉是通过他在《形成中的宗教》中的这样一句话来暗示的，即"提出一种宇宙论，也就提出了一种宗教。"这一陈述背后的预设，则是通过历史学家卡尔·贝克尔（Carl Becker）所说的"与普遍和谐相适应的愿望永远涌动在人类心中"这样一句话来阐明的。换言之，一切宗教活动都是建立在与终极实在相和谐这一愿望基础之上的。比如，基督徒想要与上帝的本质和目的相和谐，穆斯林想要与安拉（Al-lah）的意志相和谐，儒教徒想要与天命相和谐，道教徒想要与至上的道相和谐，佛教徒想要与涅槃、空或佛法相和谐，意识形态上的马克思主义者想要与辩证的历史过程相和谐，意识形态上的（信奉社会达尔文主义的）资本主义者想要与适者生存的规律相和谐，等等。怀特海心里正是这么认为的，这一事实在他对不同宇宙论中的"律法"观的实践意义的评论中得到了表明。他在《观念的历险》中指出："不同时代中人类活动的指导以及同一时代中这些指导的冲突，乃是宇宙论问题之各种粗糙的、但尚且能用的（rough and ready）的解决办法的结果。无数男人由于迷信安拉的意志所强加的律法而狂热地行军打仗。……无数的佛教徒……受佛的教义的暗示而信赖非个人的内在佛法。无数的个人则根据基督教和柏拉图主义的妥协而塑造了其生活。"

所有宗教都包括了和终极实在相和谐的愿望这种认识——它在某些情况下可能意味着实现人与那种实在的同一——为定义一种宗教提供了一个步骤。

然而，被我们视为正式的（full-fledged）宗教（因为它们不同于准宗教）的那些运动都包括了其他的要素。在正式的宗教中，人们想要与之相和谐的那种终极实在被明确地视为神圣的或不可侵犯的。尽管这些语词在很大程度上是难以定义的，但它们都包括了终极的内在价值的概念。定义各种正式的宗教的第二个步骤，是认识这种神圣的观念所起的那种根本的作用。

由于具有终极的、派生的价值，这种神圣的实在被理解为对宇宙提供了派生的价值、因而提供了意义。定义一种宗教的第三个步骤，是认识到它们认为世界是有意义的。正如 M. J. 佩里（Michael J. Perry）所说，"一种世界观如果不植根于或体现为一种关于世界之最终的或终极的意义，以及我们在其中的地位的远见，那么把这种世界观当作'宗教的'……便是一种混乱。"（《人权观：四种研究》，牛津大学出版社 1998 年版）

第四个步骤是认识到，任何具体的宗教都包括了各种不同要素：信仰（包括神话、传说以及教义），历史和传统，情感、态度和气质，仪式和其他礼拜实践，伦理活动（包括个人的和社会政治的），体制和艺术创作（如雕像、雕塑和建筑）。

　　根据这种讨论，我们现在可以对一种正式的宗教提供一个初步的定义：即一套取向于与终极实在（它被理解为神圣的、因而为生活提供了意义）相和谐这一愿望的信仰、传说、传统、情感、态度、气质、体制、艺术创作和实践——它既是礼拜的也是伦理的，既是共同的也是个别的。从这种定义的观点看，现在，重要的是注意到所有非实在论的宗教哲学的非相关性（irrelevance）。如果在其所有形式中，宗教背后的真正动力都包括了与事物本质中真正终极的东西相和谐的愿望的话，那么，对有关上帝（或婆罗门、或道、或佛法）的语言的非实在论解释就不可能公正地评判宗教信徒的意图。人们往往可以看到，对宗教语言的非实在论解释不是描述性的，而是纯规范性的——即不是描述宗教信徒如何使用语言，而是规范信徒应该如何使用它。根据现有的宗教定义，我们可以加上，这是一个无论如何也不会为任何一个宗教共同体所接受的规范——至少会动摇其作为一个宗教共同体的真正基础。

　　（译自 D. R. Griffin, *Reenchantment without Supernaturlism*, Ithaca and London, Cornell University Press, 2001.）

从建设性的后现代哲学观点看作为
一种本体论的泛经验论*

[美]D. R. 格里芬

从一种（怀特海式的）建设性的后现代观点看，现代哲学中的两个基本缺陷在于，本体论是以关于自然的唯物论学说为基础的，而认识论则是以关于知觉（perception）的感觉论学说为基础的。关于知觉的感觉论学说不仅认为，所有知识都是以知觉为基础的（建设性的后现代主义者赞成这种观点），而且认为知觉就等于感知（建设性的后现代主义者不赞成这一点）。关于自然的唯物论学说（无论是关于一般实在的唯物主义本体论，还是"心灵"与"自然"之间的二元论）则认为，自然的基本单位，用怀特海的短语说，乃是"空洞的现实"（vacuous actualities）。这就是说，它们是实际的（贝克莱主教则持相反的观点），但又是完全无经验的。关于自然的唯物论学说还一般地认为，自然的基本单位缺乏自发性或自动性（self‑motion）——即发动任何一种运动的能力。人们认为，现代哲学的大多数困难都来自其知觉论和本体论，或这两种学说的结合。

的确，现代哲学的一部分至少在"理论"上已经摒弃了关于自然的唯物论学说，转而赞同现象论，因为被认识的世界是由空洞的现实组成的，本体论主张和知觉给予我们的不过是感觉材料的认识论主张之间存在着张力。这就是说，关于知觉的感觉论理论认为，我们并不具有超越我们自身的实际事物存在的知觉知识，更不必说关于其本质的任何知识了（例如它们是否是空虚的）。由于这种知觉经验观，严格的经验要求使得

* 原载《哲学译丛》2000 年第 2 期；中国人民大学复印报刊资料《外国哲学》2002 年第 6 期全文转载。

休谟和其他一些人拒斥了关于何物是自在的那种本体论主张，转而赞同现象论——即一种认为我们不可能超越，而只能把现象描述为它们呈现给我们那样的观点。（这表明，现代主义的认识论比其本体论更重要——对现代哲学来说，关于知觉的感觉论理论比关于自然的唯物论学说更根本。）因此，一种更为精确的陈述不一定把现代本体论概括为一种肯定，而一定会把它概括为一种拒斥，即对那种被一般地称为"泛心论"（panpsychism）、但最好是被称为"泛经验论"（panexperientialism）的观点的拒斥。泛经验论乃是这样一种观点，它认为，自然是现实的——从其具有微弱经验的角度上说，自然的基本单位不是空虚的，而是某种自为的东西。

一　现代心—身问题与反理性

　　现代哲学的实质性假定与其反理性之间的联系可以通过心—身问题得到阐明。笛卡儿把世界划分为两种完全不同类型的现实——广延的但没有经验的物质，和经验的但没有广延的精神。这使得他断言的精神心灵与物质身体之间的相互作用似乎是不可能的。笛卡儿曾徒劳地试图用松果腺（pinealgland）和"动物精神"来克服这个困难，但最终承认他解决不了这个问题。马勒布朗舍（Malebranche）、格林克斯（Geulincx）、贝克莱和里德（Reid）都诉诸上帝来解决这个问题——前三个人否认有任何实际的相互作用发生，而后者只是简单地说上帝不喜欢相互作用，因为上帝是万能的，因此只有逻辑上的不可能性才能阻止他。事实上，后一种解决方式或许就是笛卡儿所暗示的解决方法（他甚至怀疑逻辑上的可能性是否能限制万能的神）。然而，用怀特海的话来说，后来的哲学家正确地抵制了对一种能够超脱这些形而上学困难的奇迹（deus ex machina）的祈求。但是，一旦断然放弃这种答案，就无法回答经验事物和非经验事物是如何可能相互作用的。一方面，这导致了各种现象论和唯心论，它们否认我们通常所说的物理世界的独立存在；另一方面，它又导致了各种唯物论，它们否认通常所说的"心灵"也是一种现实。当这些观点中的每一种观点都不适合各种明显的经验事实，因而满足于一种非理性观点时，我将首先集中探讨现代二元论者所接受的那种更为明显的非理性。

　　波普尔（Karl Popper）提供了一个例证。他在一部早期著作中假定，

解决二元论的相互作用问题既是必要的，也是可能的。他指出：我们想要
了解的是这些非物质的东西（如目的、思虑、计划、决策、理论、紧张
和价值）在导致物理世界中的各种物理变化中是如何可能发挥作用的。
但是，到他和约翰·埃克尔斯（John Eccles）写作《自我及其大脑》
(*The Self and its Brain*) 的时候，他又明确地认为，一种解决方法是不可
能的，因而宣称它是不必要的。他还肯定了本体论的二元论，甚至把吉尔
伯特·赖尔（Gilbert Ryle）对它的草率概括当作对"奇迹"的信仰，并
肯定了相互作用——实际上，这本书的副标准就是《关于相互作用的一
个论证》(*An Argument for Interaction*)。但是，当他最后面对如何理解本
体论上各种不同类型的现实之间的相互作用问题时，波普尔又忽略了这个
问题，他指出："全面的理解，如同全面的知识一样，是不可能达到的。"
对神秘事物（mystery）的这种满足，乃是现代思想中反理性主义的一个
例证。

当然，存在着一种神秘事物，我们至少必须暂时接受它。这是一种由
我们的知识的局限性所造成的神秘事物。有许多我们一无所知的事物，而
且可能有许多有限的心灵永远也认识不了的事物。波普尔说，（全面的知
识）是"不可能达到的"，这是正确的。

但是，波普尔关于"全面的理解"的论述指向了另一种类型的神秘
事物，这种类型是由心和身（它们被理解为本体论上不同种类的实体）
如何可能相互作用这个问题来说明的。即和宇宙是如何起源的问题不同，
这种"神秘事物"不是宇宙给予我们的，而完全是由我们自己创造的。
它是一种人为的而非自然的神秘事物，它是通过把心和身看作本体论上不
同类型的事物这种决定（decision）而被创造出来的。满足于人为的神秘
事物，代表了一种反理性的心境。当人们面对这种"神秘事物"时，理
性的东西就会问：人们是否误解了心的本质，或身的本质，或者二者的本
质都被误解了？

如果人们认为波普尔主要是一个科学哲学家而非自然哲学家，因而不
是一个范例的话，我们可以考察一下坎贝尔（Keith Campell）在《身与
心》(*Body and Mind*) 中所阐发的观点。坎贝尔详尽地阐述了这样一些著
名的二元论问题：精神与物质的相互作用如何可能？精神如何可能基于整
个物质的宇宙而出现？人们如何可能为这种显现指明一个非任意的时间？

但他接着指出，尽管他曾经认为中心状态的唯物论（central‑state materialism）是适当的，但现在却不再这样认为了。他尤为相信，现象的性质，如疼痛的感觉，不可能是一种物质客体具有的性质。这使得他肯定了"一种新的副现象论"（epiphenomenalism）。根据这种学说，我们具有一种由身体而产生的精神心灵。但它又不反作用于身体：所有的人类行为都是由纯物理的中枢神经系统引起的，所以，受到维护的乃是对人类行为的一种纯物理主义的、决定论的说明。

坎贝尔认识到，这种学说有各种各样的问题。首先，它和二元论一样面临着"同样窘迫的"问题："在大脑的特质当中，如果有某些并不纯粹的物理—化学特质，这些特质首先在何处、并如何使其显现呢？"与"如何"的问题相关，坎贝尔指出："副现象论者必须接受……非物质性的存在乃是一个事实，因为他们并没有说明它。"

进而，坎贝尔承认，对行为原因的副现象论解释是反直觉的：

> 为了维护对人类活动的物理解释的完整性，与共同的信念相反，我们必须认为，导致我回避它的那种痛苦并不是有害的。……我们是受苦还是享受，对我们来说可能是一种令人生厌或富有吸引力的既定状态的征兆，但却不可能是厌恶或吸引的原因。

除了和我们的经验相反之外，坎贝尔的学说还是任意的：在否认"精神对物质的作用"的同时，它又肯定了"物质对精神的作用"。坎贝尔清楚地认识到了这一事实（即副现象论者的理论"只是片面地拒斥了物质和精神的相互作用"）的任意性，他指出：

> 一个持有这种理论的人必须坚持并断言，一种根本的、异常的、因果的联系将某些身体过程和某些非物质的过程连接起来了。但他必须坚持，这是一个我们必须学会与之共存的残酷事实，它可能会给我们有序的世界图式带来不便。

但是，对这种任意性而言，"无序"（untidiness）当然是一个温和的语词。

最后，除了是反直觉的和任意的之外，坎贝尔承认，他的理论是难以理解的。在肯定"我们的借助现象性质的意识"是"由感官和大脑中的变化引起的"之后，他指出：

> 我们并不知道这是如何运作的，……我怀疑我们永远也不会知道这种计谋（trick）是如何产生的。心—身问题的这一部分似乎是无法解决的。人性的这一方面似乎注定要永远超出我们的理解。

在发现他自己得出这一结论之后，他对满足于神秘事物增加了一个波普尔式的证明："哲学家们不应喜欢怀疑论的结论，但是……我们不可能事先保证整个人性都是面向人类理解的。"同样的回答也适用于波普尔：问题并不在于整个人性是否都能得到理解，而在于，当我们面对人为的神秘事物时（这些事物完全是由我们自己的前提创造的），我们是否应该安于宣称这个问题永远无法解决。当然不行。正如皮尔斯所说，我们不应该堵塞探究之路。合理的反应是修正一个或更多个使人陷入困境（cul-de-sac）的前提。

这就是建设性的后现代哲学家所采取的方法。空洞的现实的观念被拒斥了，泛经验论得到了肯定。尽管波普尔和坎贝尔都考虑到这种选择，但不能说他们都认真地思考过它。他们只涉及其较为陈旧和微弱的形式，而且在波普尔那里，只是以一种草率的、讽刺性的方式涉及它们。

二　现代性对一种机械论的自然的认可

当然，现代哲学家们发现很难认真地对待泛经验论是可以理解的，因为现代哲学之确定本质的一部分就是拒斥泛经验论。人们可能认为，这种拒斥是文化适应（enculturation）进入现代性的组成部分。事实上，对非万灵论的、机械论的自然的认可，乃是那种在17世纪后半叶和我们所说的"现代科学"结合在一起的世界观的主要特征。

尽管这种结合与很多人认为的科学和机械论的相互包含如此之密切，以致机械论的自然观既是由科学所预设的，又是在科学上得到证实的，但科学史家现在又表明了其他的事实。真正的科学不会总是预设一种机械论的世界观，这一点只要考察一下哥白尼、开普勒、吉尔伯特甚至牛顿的思想就会得到证明。正如 J. 拉韦兹（Jerome Ravetz）指出的：

> 这种（机械论）哲学的伟大历史神话在于，它是 17 世纪巨大科学进步之必要的和充分的原因。对它自身而言，在当时和以后的历史中，这乃是其宣传的主旨。然而，历史探究的结果……却是与这一主张相抵触的。

这种所谓的科学革命并不是真正的科学的实际开端，拉韦兹指出："科学观念变革的运动……在科学中注入了技术不断进步的过程。……（这种）科学革命首先和主要地是针对形而上学的。"

这种新的形而上学观认为，自然的终极单位完全没有经验和自我运动。而且，这种形而上学观不是像宣传的那样来自经验的证据，而主要是建立在神学动机和社会学动机之上的。例如，它被用来支持上帝、奇迹和不朽的信仰，并用来证明对（非人类的）自然的开发。我将简要地描述机械论的自然观和为这些信仰所作的辩护之间的关系。

机械论哲学通过指出第一推动者的需要支持了宇宙之外在创造者的存在的信仰，以反对泛神论哲学和无神论哲学：如果自然的基本单位本质上是惰性的，但现在事实上又处于运动之中，那么波义耳和牛顿等人证明，必然存在着一种在运动中推动它们的超自然的存在。牛顿还用机械论哲学的另一个方面来否认自然单位中一定距离上的内在活力，以证明上帝的存在：万有引力这一事实表明，在自然之外，必然存在着某种说明物质之间明显引力的事物。机械论的这一方面（它否认在一定距离上活动的"神秘"能力）还被梅塞纳（Mersenne）用来支持真正的奇迹的信仰。某些自然论者在其泛灵论哲学的基础上论证到，一定距离上的活动乃是一种纯自然的活动，如果心灵和其他事物之非凡的能力，因而基督教的"奇迹"（它被基督教的辩护士们用来把对基督教的神圣认可当作一种真正的宗教）并不真的要求超自然的干预的话。波义耳和梅塞纳更喜欢机械论的自然哲学而非其他哲学，因为这种哲学认为，所有自然的因果影响都是通过联系而产生的；因此，《新约》中的神奇事件和（对梅塞纳而言）圣徒后来的生活都预示了超自然的干预。

机械论的自然观还被用来支持不朽（immortality）的信念，以反对那些为建立在泛灵论哲学（根据这种哲学，万物都是自我运动的）基础上的"灵魂不死说"而辩护的人。这些异教徒认为，肉体是由自我运动的事物构成的，但它却明显腐败了，所以，心灵或灵魂是自我运动的事物这一事实并没有提供理由使人相信它也不会腐朽。赞成机械论哲学的一个理由是，它推翻了这种论证，其中波义耳说过：我们显然是自我运动的事物这一事实表明，由于自我运动，在我们当中存在着某种根本不同于我们的肉体的东西，因而可以假定，它不会分享我们肉体的命运。

当然，所有这些神学信仰在社会学上都很重要，因为社会的"稳定"（换句话说，就是维护君主政体和等级社会）在很大程度上依赖于教会的权威；而且，教会的权威又依赖于信仰上帝，即相信上帝有权把基督教当作真正的宗教，并相信上帝会把"天国的锁钥"赐给教会，它象征着把人们送往天堂或打入地狱的权力。

赞同机械论的最后一个神学—社会学理由是，它支持为了人类的利益有条不紊地统治自然这种不断增长着的愿望——它从一开始对现代性来说就是至关重要的。笛卡儿的精神和物质的绝对二元论，和他对所有（非人的）动物都是无感觉的机器的说明，以及笛卡儿的祷告，不仅被用来证明只有人类才是不朽的这种信念，而且被用来证明各种实践（如狩猎和活体解剖）。波义耳论证道，对"神圣美德"（divim excellency）的适当尊敬可能会妨碍我们把任何自我运动的权力（这乃是一种神的特权）归因于自然；但是这种神学美德和一种社会学关怀并无关联。曾一度负责开拓新世界的波义耳在批评那种把自然视为具有生命和能量的"庸俗"自然观时指出："人对他们所谓的自然所充满的这种崇敬，一直令人沮丧地阻碍着人类王国超越上帝的那些低级受造物。"

因而，机械论的自然观更多地是基于这种类型的动机而非经验证据产生的。当然，自然的某些特征，如伽利略的钢球运动，完全可以根据这样一种假定来说明，即就结局而言，在自决的意义上，它们完全没有任何"终极原因"。但是，构成钢球的终极单位本身就类似于球的假定乃是纯粹的假定，是以想象而非经验证据为基础的。一旦这种现代"范式"得以建立，那么，撇开它原先赖以建立的那些动机，自然的基本单位既缺乏经验又缺乏自我运动的观点便可能得到坚持。因此，后来的这种无神论的唯物论的现代世界观不过是早期现代世界观的一种翻版，即上帝和灵魂被删除了，但却保留了机械论的自然观。

基于机械论的自然观从一开始就是现代世界观的组成部分这一事实（至少是就一直得到肯定的实在论的——因为它有别于现象论的或唯心论的——自然观而言），当人们看到在现代哲学中泛经验论是如何被肤浅地、非哲学地对待时，便不会感到意外——即使人们不禁会感到失望。大多数哲学家甚至没有像波普尔和坎贝尔那样对它给予足够的关注。当它未被完全忽略的时候，它通常被斥之为荒谬的、古怪的或感伤的。当然，那些告诉我们不可能知道哪些事物是自在的哲学家们接着就将告诉我们，我们知道自在之物是缺乏经验的。而那些没完没了地争论我们是否确切地知道我们用来写字的书桌真的存在的哲学家们则似乎假定，如果它们存在的话，那么我们就能肯定，它们的组成成分是缺乏经验的。

三　作为后现代假说的泛经验论

相反，建设性的后现代哲学家们并不声称他们知道全部现实都有经验，但他们提出泛经验论是一种假说，即一种能使哲学家克服各种不足和用其他办法似乎显然不能解释的神秘事物的假说。这些显然不能解释的神秘事物之一，便是如何公平地对待我们在实践中都必然会预设的身与心之间的相互作用。基于这种泛经验论的假说，人们才能肯定这样两件使心灵与大脑之间的相互作用得以理解的事情：即心灵与大脑（在数量上）是不同的；但是心灵与大脑细胞（在本体论上）并不是不同类型的实体。

除了心—身关系的困惑之外，现代哲学家还有一个同样困难的、与自由和决定论问题密切相关的难题。它之所以密切相关，用皮尔斯的话来说是因为："心理现象与物理现象之间的区别乃是终极因与动力因之间的区别。"某些二元论的相互作用论者断言，自由不仅是人类心灵的自由，而且也是（通过心灵对其身体的影响）人类行为的自由。但是，认为精神与物质的二元论包括了自由与不自由的二元论只能增加心身相互作用的不可理解性。自由如何才能通过终极因或自决与不自由（它完全是由来自他物的动力因决定的）相互作用呢？中心状态的唯物论（无论它是采取一种同一论的形式，还是采取一种更为机能论的形式）通过否定人的自由，或者更典型地，通过重新定义它从而借助各种物理原因使之与彻底的决定论相一致，回避了这个问题。不可能有坎贝尔所谓的"形而上学选择"意义上的自由，这表明，选择不完全是由先前的物理原因决定的，因而部分地是自决的。坎贝尔指出："如果有形而上学选择，那么中心状态的唯物论就是错误的。"而且同样，坎贝尔的副现象论就会是正确的；更确切地说，他就可能通过心灵允许形而上学的选择，但又不可能允许这种选择影响身体的行为。然而，这种解决方式的问题是，每一个人（包括中心状态的唯物论者和副现象论者）实际上都预设了我们要运用坎贝尔所谓的（或许有点贬抑意味的）"形而上学选择"（即包括了自决要素并因而是真正的自由在内的选择）。而且，这些选择影响了我们的身体行为。既然如此，这就有一个矛盾，即一个在哲学理论的精确学说和哲学家实践的含混预设之间的矛盾。

避免说明经验和非经验、自由和被决定的相互作用这个问题的另一种方式（即当前最流行的方式之一）是，简单地否定心灵是自由的，而且，在事实上，它甚至作为一种现实而存在。心灵被认为是等同于（即在本体论上可以还原为）大脑的，而且，大脑的活动被认为是和任何其他自然活动一样完全是由动力因决定的。为这种立场而辩护的那种尝试已经导致了"排除式的唯物论"（eliminative materialism），即一种我们能够而且应该学会不使用任何主观的语词（如"感觉"、"痛苦"和"目的"）就能完全描述人类行为的学说。其他一些认识到这种同一论方案是一个败笔的唯物论者则赞同机能论，它包含了这样一种主张，即我们所说的心灵（它并不完全等同于大脑）完全是大脑的一种机能。尽管这是一种十分脆弱的、因而显然不太站得住脚的假说，但它仍否定了那些我们大家（包括提出这些假说的哲学家）实际上都预设了的观念——即我们的经验（包括制定和评价假说的活动）在现在部分地是自决的，而非完全是由先前的事件决定的。我们部分地是根据我们想要达到的理想目的作出自由选择的，而且，我们的目的即部分自决的经验影响了我们的身体，因而影响了世界。

唯物论解决心—身问题的途径阐明了另一种类型的反理性主义。

怀特海发现，这种典型的现代哲学（除了那些安于满足矛盾的类型以外）"未能包括体系范围内的某些明显的经验要素，乃是和大胆地否认这些事实吻合的"。关于那些其体系根据物理规律和化学规律排除了任何不能解释的事物的科学家，怀特海评论道："这些科学家构成了一个有趣的研究课题。"这一论述同样完全适用于许多现代哲学家。怀特海指出："拒斥任何证据的来源，总是对那种极力主张科学与哲学是相似的极端唯理论的反叛。"这种极端唯理论包括了这样一种适当而一致的倾向（drive）：

> 宇宙论高于万物应该是恰当的。它不应将自己限定为一门科学的范畴概念，而应该说明一切不适应的东西。其职责不是拒斥经验，而是发现最一般的说明体系。

在这一基础之上，他特别赞扬了他认识的一位哲学家（这位哲学家有时由于反理智而受到批评），他就是 W. 詹姆士（William James）："他的理智生活就是反对为了体系而摒弃经验。"

坎贝尔之所以拒斥唯物论而赞同副现象论是因为，他认为唯物论的同一论和机能论不能公正地对待人类的经验。但是，正如我们已经看到的那样，副现象论既是矛盾的（和其他形式的本体论二元论一样），也是不当的。

二元论、副现象论和唯物论的这种矛盾和不当，可以通过建立在泛经验论基础上的建设性的后现代哲学家而避免。泛经验论认为，所有个体（包括非人类个体）在某种程度上都是真正（自决）自由的个体，并认为，不同等级的个体具有不同程度的自由。用皮尔斯的话来说："所有现象都是一种特殊现象，尽管某些现象是更具精神性和自发性的现象，其他现象是更具物质性和规则性的现象。同样，所有现象仍表现为（一种）自由和强制的混合。"因此，心灵和大脑细胞的相互作用并不介乎于自由和不自由之间，而是介乎于自由的多与少之间。

他们的观点和他们之前的詹姆士的观点一样，乃是建立在柏格森的这样一种洞见基础之上的，即现代科学似乎已经使自由成为不可能的原因在于，它试图把绵延（duration）即我们的经验还原为现代物理学中"空间化了的"时间。柏格森揭示了这种"时间"成为一种抽象的方式,这种使绵延即我们的内在经验符合物理学的时间的方式,不是要从我们的思想体系中排除绵延,而是要认识物理学理论的时间的抽象性,因此可以说,物理学讨论的具体现实和我们一样享有绵延。

然而,这却给我们带来了现代哲学的另一个困难,即如何使我们关于时间的预设成为可以理解的。一方面,大多数哲学家都接受了关于我们的宇宙的进化历史,根据这一历史,生命产生之前经过了数十亿年的时间;另一方面,大多数思考过时间本质的哲学家——如 A. 格鲁鲍姆(Adolf Grünbaum)——又认为,时间,在我们经验它的时候,具有一种在场的(present)"现在"(它区分了过去和未来)和一种不可逆的方向,它不可能脱离经验而存在。那些想把经验完全归结为人类存在的哲学家们显然遇到了一个巨大的问题。但即使是那些更为合理地把经验归结为所有生命形式的哲学家,就他们拒绝把经验归结为"无生命的自然"而言,他们几乎也面临着同样巨大的问题。假定生命出现在约 40 亿年以前,而宇宙约有 150 亿年的历史,他们必然会说,在时间存在以前,发生过 110 亿年的进化!

J. T. 弗雷泽提供了一个例证。他在一本题为《时间的起源与进化》(*The Genesis and Evolution of Time*)的著作中提出,存在着六种时间:非时间(atemporality)、原生时间(prototemporality)、原始时间(eotemporality)、生物时间(biotemporality)、精神时间(nootemporality)和社会时间(sociotemporality)。这六种时间与宇宙进化的六个时期相对应。尽管他把它们都当作时间或暂时性的种类,但还是很难看出在前三个阶段怎么会有任何真正的时间性。即便是在第三个即原始时间阶段,弗雷泽指出,仍没有"现在",因而也就没有过去和未来。"现在"首先出现在生物时间的领域,当然,它意味着生命的产生。弗雷泽的假定似乎是,经验(它需要一种"现在"来区分过去和未来)首先是随着生命的出现而产生的。这就导致了我在上面提出的问题。"创造既不后于也不先于其他瞬间(instants),因为未来—过去—现在的关系在非时间的、甚或原生或原始时间的世界中是无意义的。"因此,由于先于生命不可能有"符合以前和以后概念的事件之间的关系",所以,所有那些我们认为发生了 110 多亿年的事件都必定会有"接近创造的那一瞬间"。弗雷泽还指出,我们在自由地谈论那个时刻，似乎它是一个暂时的过程。这表明，我们认识到这只是一种方便的说话方式。

弗雷泽承认，甚至在他的著作的标题《时间的起源与进化》中也存在着自相矛盾。他的论题是"时间自身随着进化的步伐而发展"，然而他却承认"并不存在一种借以表明时间在时间中进化的无矛盾方式"。他寻求通过指责"各种流行的语言习惯"的局限来克服这个困难。但是，这个问题肯定会变得更为深层（当然，正如建设性的后现代主义者假定的那样，存在着某种比语言更为深层次的东西）。

泛经验论者提出的解决办法是，我们无须谈论时间的"起源"。如果世界的基本单位是经验事件，如果这样一些经验事件总是存在，而且，如果每一种经验都包括了接受过去事件的影响，即包含了一种自发性的要素（所以，经验并不只是先前事件的产物）和对后继事件影响的一种贡献，那么时间就总是存在的。对根本的暂时性的实在的这种坚持，乃是由这样一个事实来标志的，即这些建设性的后现代哲学家一般被称为"过程哲学家"。柏格森反对时间的空间化正是植根于运动的这一方面；与此紧密相关的是怀特海的这样一种观点，即对终极的（不对称的、不可逆的）时间的实在的否定，是以来自"错置的（misplaced）具体性的谬误"的物理学为基础的。

当然，现代哲学家将会认为，我们必须肯定泛经验论以证明我们关于时间的预设这种看法是不能容忍的。但是，如果泛经验论是避免否认前生物学进化的实在或安于满足自相矛盾的唯一一种可以理解的方式，那么我们便似乎面临着这样一个问题：我们更愿意放弃哪一个——非矛盾律的有效性即进化因而先于生物存在的时间的存在，还是非生命事物根本没有经验这种信念——呢？由于现代哲学家更多关注的是我们能知道什么的问题，而很少关注他们是如何知道的假定（至少超越了合理的怀疑），那么，非生命事物是没有经验的便是令人感兴趣的。

至此，我主要考察的是作为一种本体论学说的泛经验论，揭示了它如何才能避免一些无法解决的问题，这些问题产生于怀特海所说的那种"关于物理物质（它们缺乏自我—享受）……的灾难性的形而上学学说"。心—身相互作用的问题，自由和被决定的事物之间的相互作用问题，源于非经验物质的经验显现的问题，以及时间在进化过程中的显现的问题。其中每一个问题或者导致了满足于一种矛盾的观点，或者导致了对某种不能被一致否定的事物、或至少是某种比非生命的事物根本没有经验这种信念更可信的事物的否定。

（译自 David Ray Griffin ed. , *Founders of Constructive Post Modern Philosophy*, State University of New York Press，1993.）

宗教、科学和自然主义[*]

［美］D. R. 格里芬

　　克服科学和宗教之间的明显冲突，处于过程哲学的目的的核心。怀特海在提到它和宗教及科学的密切关系之后说，哲学"通过把两者即宗教和科学融为一种理性的思维图式而获得了其主要意义"。[①] 对意义的这种估价是以这样一个事实为基础的，即怀特海考察的宗教和科学这两个语词不仅指向了两种观念类型，而且指向了两种力量——"我们的宗教直觉的力量和我们的趋向精确观察及逻辑推演的力量"。他认为，除了身体冲动以外，这两种最强烈的一般力量影响了人的思想和行为。[②] 根据这种宗教和科学观，怀特海说："毫不夸张地说，未来的历史过程取决于我们关于它们之间的关系的决定。"[③] 对"未来的历史过程"的这种指涉，导致了科学—宗教问题和过程哲学之更为广泛的目的之间的关联。怀特海相信，我们时代的哲学能够服务于未来文明的主要途径之一，是克服自19世纪后期以来就业已存在的宗教观念和科学观念的冲突。

一　"自然主义"的两种意义及科学与宗教冲突的两个源泉

　　理解怀特海解决科学观念和宗教观念之间明显冲突的方式的关键是看到，他提供了一种新形式的自然主义，即一种把宗教观念和科学观念等同

---

　　* 原载《求是学刊》2012 年第 2 期；中国人民大学复印报刊资料《科学技术哲学》2012 年第 8 期全文转载。

　　① Whitehead, *Process and Reality*, corrected edition, New York: Free Press, 1978［1929］p. 15.

　　② Whitehead, *Science and the Modern World*, New York: Free Press, 1967［1925］p. 181.

　　③ Ibid. , p. 181.

起来的自然主义。说它是自然主义的一种形式，就是说，而且只是说，它拒斥了超自然主义（它意味着一种能够、而且可能偶尔打断世界之最根本的因果过程的神圣存在的观念）。然而，在这种有限的意义上，成为自然主义的并不妨碍怀特海的过程哲学成为宗教的甚至有神论的。他成年后的大多数时间里一直是不可知论者甚或无神论者，在他开始发展他的形而上学观点后不久，怀特海开始相信，一种可以理解的宇宙论需要一种形式的有神论。但它是一种自然主义有神论，即不允许超自然的入侵。

　　他认为，对"完全科学的心态"来说至关重要的是这样一种假定，即"一切事物（无论大小）都可以被视为贯穿自然秩序的一般原则的例证"①，因而"每一细节的发生都可能以一种完美定义的方式与其前件（antecedents）相关"。② 这些"一般原则"之最根本的方面决不可能被推翻这一信念，即我所说的科学自然主义的基本信念，可以被称为非超自然主义的（nonsupernaturalist）自然主义。然而，随着这种自然主义世界观的具体发展，它包含了其他一些远远超出了这种纯否定的超自然干涉的要素，世界上的万物（包括人的行为）都根据一种机械论的唯物论得到了理解。自然主义的这种形式可以被称为感觉论的—无神论的—唯物论的（sensationist – atheistic – materialistic）自然主义。

　　怀特海解决科学和宗教之间明显冲突的方式表明，这种冲突有两个根本的源泉。根据科学共同体所接受的非超自然主义的自然主义，这种冲突的一个源泉是宗教与超自然主义的持续关联（continued association）。由于这种关联，宗教世界观必然会和科学共同体的世界观相冲突，即使后者接受用一种略加限制的非超自然主义的自然主义来代替感觉论的—无神论的—唯物论的自然主义。冲突的另一个源泉恰恰是科学和感觉论的—无神论的—唯物论的自然主义的这种目前的关联，它排除了任何一种有意义的宗教信念，而不只是超自然主义的信念。只要这两种关联中的任何一个得以维持，把科学信念和宗教信念整合为一种既适合科学共同体又适合宗教共同体的宇宙论就是不可能的。

　　上述概观阐明了怀特海关于科学和宗教之间目前冲突的两个根本源泉的

① Whitehead, *Science and the Modern world*, New York: Free Press, 1967［1925］p. 5.
② Ibid., p. 12.

观点中所蕴含的分析。只要宗教似乎还需要超自然主义，科学似乎还支持感
觉论的—无神论的—唯物论的自然主义，科学和宗教似乎就将是彼此完全对
立的。进而，即使这些关联之一被克服了，冲突仍将存在，如果另一种关联
未被克服的话。的确，这种冲突在那些完全接受了感觉论的—无神论的—唯
物论的自然主义的预设和意蕴的自由主义神学的形式中被转移了。然而，在
它们接受了那些意蕴的范围内，这些神学却失去了其宗教特征。尽管它们可
能主张科学和神学的一种和解，但科学和宗教之间的冲突却仍然存在。

如果有一种真正的和解，它将需要怀特海提出的那种基础：即一种支
持科学共同体和宗教共同体之必要预设的科学—宗教自然主义。当然，科
学共同体和宗教共同体将接受这种观点不仅是因为这样做乃是实现两个共
同体之间和谐的前提，而且是因为只有这样做才将有助于它们更为恰当地
表达其自身的各种适当关怀。

我的一个基本论题是，有神论宗教在过程哲学的自然主义有神论的框
架内比在超自然主义有神论的框架内能更好地表达其根本的信念。然而，
即使假定可以提出这种论证，事实仍然是，科学共同体的精神领袖们也不
一定会拒斥感觉论的—无神论的—唯物论的自然主义（它有利于一种更
为开放的自然主义形式只是因为，这样做可以克服科学和宗教的明显冲
突）。只有当他们确信感觉论的—无神论的—唯物论的自然主义已经成为
一个问题、且一种新形式的自然主义将为科学本身提供一个更好基础的时
候，他们才会这样做。

二 硬核常识的标准

过程哲学的核心学说之一包括了评估任何一种理论的恰当性的基本标
准，即它是一种哲学的、神学的或科学的理论。这一标准就是，理论证明
的是我们的硬核常识概念，怀特海称它们为关于实践的必然预设。用他的
话来说："我们必须服从那些预设，尽管这些预设已经受到批评，但我们仍
把它们用做我们的生活准则。这些预设在经验中是强制性的。"① 这些预设
是强制性的、以致我们的理论必须包括它们才是合理的理由是，我们必然

---

① Whitehead, *Process and Reality*, corrected edition, New York: Free Press, 1978 [1929] p.151.

在实践中预设它们。而且，如果我们的理论包括了"对实践中所预设的东西的否定"，① 我们就会自相矛盾，即明确地否定我们含蓄地肯定的东西。因此，这一标准才可能被视为不矛盾律（它通常被认为是理性的第一规则）的一个蕴含。因此，任何一种科学的、哲学的或神学的理论在它和我们在实践中必然预设的任何概念相矛盾的意义上都是不合理的。

关于这些作为（硬核）常识概念的概念，我注意到了怀特海处于"常识哲学"的传统之中这一事实。和强烈反对休谟观点的托马斯·里德（Thomas Reid）一样，怀特海阐明了这一标准。休谟也承认"自然信念"的存在，但他认为，某些自然信念不可能通过他自己的经验论的标记（brand）来证明。在肯定概念经验论（正如怀特海所做的那样）之后，休谟又坚持认为（用怀特海的话来说），"任何不能作为主观经验中的一个要素被发现的东西都不能被认为进入了哲学图式。"② 但是，由于休谟肯定了概念经验论的感觉论版本，他又否认我们直接经验到了一个超越了我们自身或任何因果影响的现实世界。他不是把这一结论用做对关于知觉的感觉论的一种间接证明（a reductio ad absurdum），而是通过诉诸"实践"证明了这种自然信念。他说，在实践中他必然预设各种在其形而上学理论中可能并无地位的信念。休谟不应该用关于实践的各种必然预设来补充他的理论，而应该用它们来修正它。③ 怀特海暗示，他已经这样做了，我们可以正确地把他尊崇为"最伟大的哲学家之一"。④ 但事实上，休谟却达到了"哲学中反理性主义的高级水准"。⑤

更特殊的是，理性主义是一种表明我们的所有硬核常识信念如何可能彼此一致的尝试。怀特海补充说："理性主义就是寻求这些假定的一致性。"⑥ 由于这一陈述，怀特海提出了大多数现代思维形式所具有的问题。换言之，现代思想已经而且大多步休谟后尘，没有把硬核常识当作评价各

---

① Whitehead, *Process and Reality*, corrected edition, New York: Free Press, 1978 [1929] p. 13.

② Ibid., p. 166.

③ Ibid., p. 156.

④ Whitehead, *Symbolism: Its Meaning and Effect*, New York: Capricorn, 1959 [1927] p. 52.

⑤ Whitehead, *Process and Reality*, corrected edition, New York: Free Press, 1978 [1929] p. 153.

⑥ Ibid., p. 151.

种理论之恰当性的基本标准。

怀特海关于理性思维应该这样做的观点，可能被许多人拒斥为反科学的。常常有人说，我们的常识完全是由我们从我们借以生长的社会那里继承而来的所有信念构成的，而它们大多却是错误的。的确，科学已经开始被视为对常识的一种全面抨击。常识曾认为地球是平面的、静止的并处于宇宙的中心，物质是固态的和惰性的，人类不可能飞上月球，但科学已经表明所有这些信念都是错误的。简言之，理智进步被当作了根据科学发现而对常识作出的不断修正。

这正是因为，常识这个语词常常是以一种我在指涉那种应该被用作对所有理论的恰当性的基本检验的常识时加上了形容词"硬核"的方式被理解的。相反，上一段中讨论的那种常识可以被称为"软核常识"，因而表明它在种类上不同于"硬核常识"。软核常识信念在实践中并不必然被预设；在预设层次上，它们对所有人类来说并不是共同的；而且它们在口头上可以在不自相矛盾的情况下被否定。因此，软核常识当然不会为那些应该确证的理论提供一个标准。在过去，科学已经正确地修正了这种常识，并将在未来继续这样做。怀特海本人有时使用了具有这种意义的语词，他说，它乃是"修正常识的特殊科学的组成部分"，"过分地依赖常识有其不利的方面"，而且他自己的哲学就是修正"关于宇宙的一般常识概念"的一种尝试。①

因此，常识这个语词往往以这种方式被使用这一事实并不违反这样一种建议，即我们的硬核常识应该是评价所有理论（包括科学理论）的恰当性的基本标准。除了名称以外，这两种常识很少有共同之处。它们不仅程度不同，而且种类不同。再者，造成硬核常识信念不同的是这样一个事实，即我们必然预设它们，即使是在口头上否定它们的行动中。

然而，这种论证可能是自相矛盾的。如果我们在口头上表达了对某个命题的真理性的怀疑、同时又在表达这种怀疑的行动中预设了其真理性，那么我们就会同时既肯定它又怀疑它。而且，一旦我们允许我们自己对一个事物持有一种自相矛盾的观点，我们就会在批判各种可供选择的观点时

---

① Whitehead, *Process and Reality*, corrected edition, New York: Free Press, 1978 [1929] p. 17.

放弃诉诸理性的第一规则（即不矛盾律）的权利。因此，在一种纯工具主义的意义上，假定这些观点为真的真正理由就可能被消解。尽管它可能反对我们时代的那种时尚的相对主义，但是，如果我们想要从事合理的讨论的话，除了把我们的硬核常识当作恰当性的基本标准以外，真的别无选择。

总之，在讨论了用来评价各种理论的恰当性的最根本的标准之后，我现在转向感觉论的—无神论的—唯物论的自然主义的恰当性问题，以表达各种科学的信念。怀特海承认，科学的巨大成功将使得超越那些与科学相关的观念尤为困难。① 但重要的是看到，这些成功一直被限制在一定的领域中。例如，在 18 世纪和 19 世纪，"唯物论的胜利主要是在理性的动力学、物理学和化学的科学当中。"② 除了承认这些胜利以外，重要的是承认，和唯物论的胜利相反，所有这些领域（其中，目前的概念图式实际上阻碍了它）远没有导致进步。

三 科学和感觉论的—无神论的—唯物论的自然主义

怀特海在对科学本身的旨趣中贯彻了他对科学唯物论（或我所说的感觉论的—无神论的—唯物论的自然主义）的批判。③ 他的目标是"以一种有助于科学本身的方式拓展科学图式"。④ 他论证到，科学现在与之相关的那种哲学世界观是可疑的，因为它阻碍了科学共同体对一种广泛的现象提供合理的说明。我将依次讨论由感觉论、唯物论和感觉论的—无神论的—唯物论的自然主义的无神论而导致的各种问题。

1. 感觉论对科学造成的问题

怀特海指出，科学是由一种"终极理性主义（它是一种认为明晰性只能通过把说明推到极致才能达到的信念）"向前推进的。⑤ 然而，现代

---

① Whitehead, *Science and the Modern World*, New York: Free Press, 1967 [1925] p. 18.

② Ibid. , p. 60.

③ Ibid. , pp. 83—84.

④ Ibid. , p. 68.

⑤ Whitehead, *Process and Reality*, corrected edition, New York: Free Press, 1978 [1929] p. 153.

科学已经接受了关于知觉的感觉论学说这一事实表明，对更为复杂的说明来说，这种推进在许多问题上受到了抑制。

这些问题中最著名的可能是因果关系和归纳法这两个相互关联的问题。休谟清楚地表明，感性知觉本身并没有为我们所说的"原因"和"结果"的任何一个特例之间存在一种必然联系这一信念提供基础。我们实际上看到的一切都是两种类型的事件之间的一种"恒常联系"。在观察到这种恒常联系之后，我们才称这种事件先有"原因"、后有"结果"。这表明，就我们所知，因果联系完全是任意的。因此，我们并无充足理由指望同一种今天观察到明天就会获得的"因果关系"。这表明，相信"自然的齐一性"（uniformity of nature）在理性上是毫无根据的。

然而，科学预设了这种齐一性。科学的基本方法被普遍认为包括了归纳法，其中普遍规律是根据少数情况抽象而来的。如果今天两个氢原子和一个氧原子合成了一个水分子，我们就会以为几十亿年前也同样为真。总之，自然的普遍规律或多或少都同样是以单一的实验和少数重复为基础的。休谟所揭示的是，对整个事业来说，在预设了关于知觉的感觉论理论的范围内，不存在合理的基础。怀特海指出，结果，"自休谟的时代以来，这种时尚的科学哲学一直否认了科学的合理性。"① 这种占支配地位的反应完全忽视了证明归纳法的问题，怀特海嘲笑说，这就"把归纳法建立在了我们的模糊本能基础之上，认为它是完全正确的了"。②

进而，科学并没有止步于因果关系和归纳法。休谟的论证还表明，感性知觉并没给出关于外部世界的知识。乔治·桑塔亚那（George Santayana）通过指出感性知觉也没有给出关于过去的知识而扩展了对唯我论的这种休谟式的论证，所以，经验论的感觉论形式导致了"现在的唯我论"。进而，如果科学理论不能谈论现实世界、因果关系、过去和时间，我们就不可能有诸如进化论这样的科学理论。正如怀特海所说，"纯粹的感性知觉并没有为其自身的解释提供材料。"③ 当然，人们可能论证说，因为没有人真的怀疑因果关系、过去、时间和外部世界的实在，因而没有

① Whitehead, *Science and the Modern world*, New York: Free Press, 1967［1925］p. 4.
② Ibid. , p. 43.
③ Whitehead, *Modes of Thought*, New York: Free Press, 1968［1938］p. 133.

哪一个问题是由感性知觉没有为正在讨论的这些问题提供经验材料这一事实而引起的。我们可能满足于作为一种一般哲学的感觉论，同时又承认我们必须预设一些严格地说不是通过感性知觉来证明的观念。这些例外并没有产生问题，因为所有这些观念都是没有争议的，即它们为每一个人所预设。

　　然而，这种满足正是休谟的来自"实践"的论证，它不仅使非理性主义成了科学思想的真正基础，而且导致了各种非理性的论证。例如，对科学家和以科学为基础的哲学家来说，同样忽视了关于超感觉的知觉（如心灵感应）的经验证据的论断，因为这种证据不可能存在，因为超感觉的知觉是不可能的。而且，把美学概念、伦理概念和宗教概念排除在认知领域之外，因而排除在宇宙论之外，一直是以这些概念是非经验的即不是植根于知觉的这种主张为基础的。这些论证的基础是关于知觉的感觉论理论的这样一种假定了的真理，即我们只有借助我们的生理感官才能超越我们的身体来认识事物。在它这样论证的范围内，科学共同体和更大的理智共同体在整体上是非理性地活动的，因为它用感觉论的理论或知觉排除了那些它不想包括在其正式的世界观中的各种观念，同时又允许其他一些同样没有满足批判标准的观念——如因果性、时间和现实世界。我们确实需要一种更真实的、理性的"科学合理性"。

　　由关于知觉的感觉论理论引起的问题甚至更为深刻：还有其他一些在科学中被预设的概念并不植根于感性知觉之中，如物理学中所包括的数学对象以及全部科学推理中所包括的逻辑原则。数学哲学和 20 世纪逻辑学中的主要问题之一，一直是如何理解每个人都预设的数学真理和逻辑真理的客观性。因为正如普特南指出的那样，"数学真理的本质"和"逻辑真理的本质"是同一个问题，我们只能根据它们中的一个来讨论这个问题，我将用数学来进行讨论。

　　传统的观点（通常被称为"柏拉图式的实在论"，或简称为"实在论"或"柏拉图主义"）是，"数学实体存在于时间和空间、思维和物质以外的一个抽象领域之中。"自关于知觉的感觉论学说兴起以来，对"抽象实体"的存在的这种传统肯定便产生了我们如何才能把握它们的问题。这种感觉论学说被著名的数学家和逻辑学家哥德尔所拒斥，他说："我并没有看到我们何以应该在知觉即在数学直觉而非感性知觉中缺乏信心的任何理由。"但许多肯定知觉的感觉论学说的数学哲学家则强烈地拒斥了哥德尔的论题。例如，R. 赫什（Hersh）在嘲笑地问到"这种（所谓的）非物质的领域……是如何与具有血肉之躯的数学家相关的呢？"之后补充道："独立于人的意识的理想实体违反了现代科学的经验论。"在这一陈述中，我们看到了经验论就等于感性经验论这种假定。

由于这种态度如此之广泛，拒斥关于数学真理的这种柏拉图式的、实在论的观点一直有着很大的压力。结果，数学家们一直倾向于公开坚持一种观点——通常是"形式主义"，根据这种观点，数学只是一种具有各种无意义的符号的游戏——而在实践中又坚持另一种观点。这就是说，大多数数学家都在实践中预设了这种柏拉图式的观点。

除了预设了数学真理和逻辑真理的存在以外，科学还预设了许多其他未植根于感性知觉的概念。例如，科学预设了有一种像真理一样的事物、而且真理很重要这样一种双重概念。但是，感性知觉并不是这种双重概念的任何一个部分的源泉。科学还预设了美，因为在这个意义上，某些证明是尤为"精致的"。人们还预设了道德理想，如医学研究是由一种减轻痛苦的愿望驱动的。只要科学共同体继续认可关于知觉的感觉论理论，它就表明，其自身的实践——在它预设了各种认知理想、审美理想和道德理想以及数学真理和逻辑真理的范围内——是以一些在整体上虚构的概念为基础的。

当然，人们可能说，科学的工作不是讨论这些问题，而只是发现关于世界的各种事实，即把科学家的预设留做哲学家的论题。然而，尽管这种分工可以理解，但它只能在科学共同体不把其威望交给那些使之成为不可能的理论时才能得到贯彻。

这种分工还由于另一个理由毁坏了，即世界上现在没有哪一个部分超越了科学的领域。曾经有过一个科学被等同于自然科学的时代，所以它只讨论世界的一个有限的部分，把人心（以及上帝和其他"精神存在"）留给了哲学和神学。但是现在，部分地由于这些领域的划分借以建立的心物二元论被一般地拒斥了，"科学"被理解为包括了社会（或人文）科学以及自然科学。因此，不可能再有关于世界的研究和关于科学家的研究之间的划分了，因为科学家本身就是赋予科学以理解的那个世界的组成部分。因而，它属于科学说明那些由科学家所预设的关于数学原则、逻辑原则、认知原则、道德原则和审美原则的知识的任务。

2. 唯物论对科学造成的问题

唯物论这个语词是很模糊的。首先，它可能只是指涉那种认为自然的终极单位是一些物质，以及"物质"被理解为表示空洞现实的事物（在存在完全缺乏经验的意义上）的观念。这些物质可能彼此只有外在关系，即与其他事物的关系不可能内在于它们。进而，可以归结为它们的唯一一种运动就是位移。这种观点（它又被称为关于自然的机械论观点）在早期现代思想中是一种二元论本体论的组成部分。

唯物论的第二个更为共同的意义，指涉了对这种二元论本体论的拒斥。怀特海在两个意义上使用了科学唯物论这个语词：在自然的终极单位是物质这种观点的意义上，以及在后来把这种关于物理自然的观点扩展为一种完整的世界观的意义上。在我对感觉论的—无神论的—唯物论的自然主义的讨论中，唯物论指的是后一种观点。但重要的是记住，本体论二元论同样预设了关于自然的终极单位的这种唯物论或机械论观点。

尽管唯物论通常被等同于物理主义或至少与它密切相关，但怀特海论证道，关于物质的唯物论观点即使对物理学来说也是不恰当的。首先，尽管现代宇宙论是以引力观为基础的，但关于自然的终极单位的唯物论观点并没有暗示它们之间何以会有任何压力。[1] 根据这种观点，第二个问题来自这样一个事实，即自然借以构成的物质对时间的划分来说是无关紧要的，所以，"时间的流逝是物质的一种偶然而非本质。"[2] 因此，物质应该能够"瞬时"存在，即通过时间的一个无延绵的片段（a durationless slice）而存在。但物理学现在表明，它使时间成为存在，所以不可能有"瞬时的自然"。[3] 第三个问题是，量子物理学暗示，它们并没有通过时间无差别地存在，相反却包括了一系列离散的事件——如一个电子突然从一种状态跳跃到另一种状态。[4] 怀特海指出，所有这些发展都是和人们所继承的物质观不相容的。

---

[1]　Whitehead, *Modes of Thought*, New York：Free Press, 1968 [1938] p. 134.

[2]　Whitehead, *Science and the Modern world*, New York：Free Press, 1967 [1925] p. 50.

[3]　Ibid., p. 35.

[4]　Ibid., pp. 34—35.

　　物理学和所有其他物理科学所共有的一个问题，是归纳法的证明问题。正如先前指出的那样，尽管这个问题部分地植根于关于知觉的感觉论理论，但它也植根于自然的单位彼此只有外在的关系这样一种唯物论观念。这就是说，如果被称为"原因"的事件没有内在的关系因而是由其"结果"构成的，那么不研究这些结果就可能揭示它们何以会源于其"原因"。同样，"如果原因本身不能揭示关于结果的任何信息"，那么"科学就是不可能的，除非是在建立了各种完全武断的联系（它们不受任何内在于原因或结果的本性的担保）的意义上。"① 许多科学哲学家都满足于这样一种科学观，但怀特海相信，科学应该而且可能成为合理的。

　　和这一点密切相关的，是物理因果关系所具有的任何一种有意义的概念的问题。我们先前已经看到这个问题是如何由关于知觉的感觉论理论引起的，然而，即使关于知觉的一种非感觉论理论可能表明我们实际上怎样做才会对作为实际影响的因果关系具有一种直接经验，但关于自然的终极单位的一种唯物论观点可能表明，其因果互动在种类上不同于人的知觉中所包含的因果互动。因此，我们关于因果关系的有经验依据的概念在理智上不可能适用于物理学和化学所研究的那些互动。

　　由这种物质观引起的另一个问题是，它无法提供对时间的实在的理解。许多思考过这个问题的思想家坚持认为，时间实际上不是现实的。但是，这种观点违反了我们的硬核常识，因为我们不可能帮助预设某些事情在过去已经解决了，而另一些事情在未来尚未解决。由于这种现代物质观，其他的选择是，时间是某种进化发展的突现（emergent）产物。但是，这种学说导致了这样一种自相矛盾的观点，即在时间出现以前就有了成千上万亿年的进化，所以时间突现在了某个时间点上。

　　怀特海论证道，如果唯物论的自然观对物理学来说是不恰当的，那它对生物科学来说甚至更不恰当。② 首先，这种观点并没有"对一个有机整体提供任何基本的轨迹"。③ 这对物理学和化学来说，甚至都是一个问题。④ 而它又是生物学显然没有解决的问题：即"用物理规律所指定的物

---

① Whitehead, *Science and the Modern world*, New York: Free Press, 1967 [1925] p. 4.
② Ibid., p. 41.
③ Ibid., p. 73.
④ Ibid..

质的形态以及空间中的移动"来说明活的机体。① 当然，一种解决办法是
活力论，根据这一理论，活的东西在种类上不同于无生命的东西，因为它
是根据有目的的、目的论的原则而非机械的原则活动的。怀特海赞成科学
共同体对这种观点的拒斥，因为活力论"在某个地方包括了一种本质的
二元论"。② 但他不相信，一种令人满意的活的机体观在总体还原论的基
础上是可能的。需要的是关于自然的终极单位的这样一种观点，它允许不
同程度的复杂性的机体单位的突现。

进化的一个尤为关键的阶段，是人和其他动物的心灵的突现。自笛卡
儿时代以降，科学家和哲学家一直在（不成功地）就心灵和物质如何可
能互动的问题展开争论。自进化的世界图景产生以来，就存在着说明心灵
及其经验如何可能基于一些在整体上缺乏经验的物质而突现的问题。正如
先前提到的那样，尽管进化被一般地理解为反二元论的，但这个问题对唯
物论来说同样重要。换言之，它没有区分我们所说的"心灵"是否被当
作了一种不同的现实（如二元论认为的那样），或只是大脑的一种性质
（如唯物论认为的那样）。不论发生哪一种情况，自觉的经验如何可能基
于整体上无感觉的物质而突现的问题，在原则上都是不可解决的，正如无
数二元论者和唯物论者已经承认的那样。因此，只要科学预设了关于自然
的终极单位的唯物论观点，它就会使它本身不能理解我们自身经验的这个
世界的性质。换言之，这种继承下来的自然观使得科学不能合理地理解科
学家的存在。

进而，这个问题并没有到此止步。心灵除了具有经验以外，还有意图
地产生了各种结果。而且，它们这样做有某种程度的自由。我们的硬核常
识包含了双重的预设，即我们在我们的身体中有意图地和自由地产生了各
种运动，并通过它们超越了世界。我们可能在我们自身和我们的那些正试
图否定它的读者中预设精神的因果关系和自由这种双重的实在。二元论者
认识到了这一事实，他们反驳了那些认为我们只有在肯定了一种不同于大
脑的心灵的存在时才能证明精神的因果关系和自由的二元实在的唯物论
者。但问题在于，这样一种心灵（它在种类上不同于大脑借以构成的那

① Whitehead, *Science and the Modern World*, New York: Free Press, 1967〔1925〕p. 41.
② Ibid. , p. 79.

些无感觉的神经）如何可能在大脑中产生任何一种结果。

总之，对科学来说，作为一种世界观的唯物论的不恰当性尤为明显地与人文科学相关，如果它们对科学家本人的必然预设来说是不恰当的话，那它就不仅必须承认自觉经验的实在，而且必须承认自由和目的因的实在。

3. 无神论对科学造成的问题

说"科学不能谈论上帝"并假定科学几乎是无神论的，已经很平常了。正如我们已经看到的那样，怀特海本人坚持认为，在排除了任何一种关于因果关系的规范模式的超自然断裂（supernatural interruptions）的观念的意义上，科学应该是自然主义的。在这就是科学不谈论上帝这种说法的意图的范围内，他同意这一点。但在经历了他大半生的不可知论甚或无神论的职业生涯后，怀特海开始相信，说明世界的所有性质这种努力，要求我们和柏拉图一道假定"一个把握了各种观念的基本灵魂（它公正地限制了宇宙的整个过程）"。[①] 他的讨论指向了世界的一些科学并不能给出令人满意的说明的性质，这些性质包括世界的基本秩序，进化过程的向上趋势（upward trend），显现在这一过程中的创新（novelty），世界的"过分的美"（excessive beauty），以及各种规范理想和其他理想（非现实的）实体的客观性。

四　科学、宗教和哲学

在怀特海的观点中，感觉论的—无神论的—唯物论的自然主义造成的两个问题——科学和宗教之间的明显冲突，以及阻碍对广泛现象之恰当的科学讨论——有着同样根本的原因：即这种哲学世界观只是以关于适用于人的经验的实在的那部分证据为依据的。怀特海指出，在传统上，宇宙论一直是通过科学、美学、伦理学和宗教提出来的。[②] 但自 17 世纪以来，"源于科学的宇宙论却一直是以各种更为陈旧的观点及其别处的起源（their origins elsewhere）为代价来肯定自身的。"这一陈述的意义可以通

---

① Whitehead, *Adventure of Ideas*, New York: Free Press, 1967 [1933] p. 47.

② Whitehead, *Science and the Modern World*, New York: Free Press, 1967 [1925] p. 7.

过考察怀特海把宗教学说和科学学说对立起来的一段论述更为完整地看出来:"宗教的教义是用精确的语词阐述那些在人类的宗教经验中被揭示的真理的尝试。在同样严格的方式中,物理科学的教义也是用精确的语词阐述那些在人类的感性知觉中被揭示的真理的尝试。"[①]

正如这段话表明的那样,根本的区别在于,科学致力于感性知觉中被揭示的真理,而宗教教义则致力于非感性经验中被揭示的真理。当然,这种着力点的不同指向了一种彻底的分离。一方面,正如我们已经看到的,许多科学范畴(如因果性和时间)包括了一些从非感性知觉中习得的观念,而灵学科学(science of parapsychology)则明显地致力于非感性知觉。另一方面,许多宗教学说(如关于创造的学说)又包括了感性知觉的真理。不过,科学和宗教分别主要致力于感性知觉的真理和非感性知觉的真理这一点仍然是真的。总之,怀特海的观点是,在科学共同体中因而在一般知识界中,现在占支配地位的那种宇宙论,一直是根据只有感性知觉的材料才能提供关于实在的本质的真理这一假定而设计的。

由于这一假定如此之根深蒂固,以致许多思想家甚至没有认识到它纯粹是一种假定。这种被当作"理性观点"的主张只来源于人的经验的一个有限的部分,宗教经验、审美经验和伦理经验都没有对这种理性观点作出任何贡献。因此,思想家们运用这种理性观点来考察各种审美观念、伦理观念和宗教观念的现状,并得出了这些观念无助于我们对实在的理性认识的结论。

支撑怀特海达到一种整合了的世界观的研究方法的基本观念是,人类倾向于夸大(exaggerate)他们看见的真理:"哲学中的主要错误就是夸大其词"[②];宗教教义"只是部分的真理,它们是用那些以某些方式过分肯定的语词来表达的"[③]。这种夸大其词或过分肯定的主要形式是"误置具体的谬误"(the fallacy of misplaced concreteness),其中关于某物的一些抽象,在其总体性上对具体实在来说乃是错误的。[④] 由于这种夸大其词的真

---

① Whitehead, *Religion in the Making*, Cleveland: World Press, 1960 [1926] p. 57.

② Whitehead, *Process and Reality*, corrected edition, New York: Free Press, 1978 [1929] p. 7.

③ Whitehead, *Religion in the Making*, Cleveland: World Press, 1960 [1926] p. 139.

④ Whitehead, *Process and Reality*, corrected edition, New York: Free Press, 1978 [1929] p. 7.

理蕴含了"对互补的真理的一种排斥",① 它可能被用来否认那些已经为他人看到的真理,这乃是知识分子的原罪:"思想是抽象的,而对抽象的偏执运用则是理智的最大罪恶。"② 宗教思想家可能用其夸大其词来否认科学看到的真理,而科学思想家则可能用其夸大其词来否认那些源于宗教经验的真理。

哲学思想的任务,就在于克服包括在不同抽象图式——特别是那些科学图式和神学图式——中的这些夸大其词。在相信神学和科学都具有有助于哲学的真理和哲学的任务在于基于彼此的真理而修正对方的部分真理之后,怀特海说,"你既不可能用科学来掩护神学,或用神学来掩护科学;也不可能用它们来掩护形而上学,或用形而上学来掩护它们。不存在对真理的短暂割裂。"③目标是发现"更广泛的真理和更美好的视角(其中,人们将发现更深刻的宗教和更精致的科学的一种一致)"。④ 尽管这一陈述并不包括对宗教和科学的预期利益,但"更广泛的真理和更美好的视角"这一短语却指向了对形而上学——它被理解为"寻求发现各种一般观念(它们和对所发生的一切事情的分析必然相关)的科学"⑤——的预期利益。换言之,其任务在于发现一种一般概念——根据这些概念,我们的所有经验(包括我们的宗教经验和科学经验)都可以得到很好的解释——的图式。⑥

这种研究方法表明,哲学存在于科学和宗教的一种相互修正的关系之中。关于科学,怀特海的研究方法不同于大多数现代哲学的地方在于,除了向科学学习以外,哲学还应该修正它——即修正目前占支配地位的科学思想图式。在其作为"抽象的批判"⑦的作用中,哲学就是根据"更广泛的一般性"去"挑战构成(目前占支配地位的)科学第一原理的部分真理"。⑧ 关于宗教,怀特海的立场不同于大多数现代思想的地方在于说,

① Whitehead, *Religion in the Making*, Cleveland: World Press, 1960 [1926] p. 144.

② Whitehead, *Science and the Modern World*, New York: Free Press, 1967 [1925] p. 18.

③ Whitehead, *Religion in the Making*, Cleveland: World Press, 1960 [1926] pp. 76—77.

④ Whitehead, *Science and the Modern World*, New York: Free Press, 1967 [1925] p. 185.

⑤ Whitehead, *Religion in the Making*, Cleveland: World Press, 1960 [1926] p. 82.

⑥ Whitehead, *Process and Reality*, corrected edition, New York: Free Press, 1978 [1929] p. 3.

⑦ Whitehead, *Science and the Modern World*, New York: Free Press, 1967 [1925] p. 59.

⑧ Whitehead, *Process and Reality*, corrected edition, New York: Free Press, 1978 [1929] p. 10.

除了宗教学说应该根据形而上学被修正这一事实以外,① 宗教"还贡献了其自身的独立证据,形而上学在框定其描述时必须说明这一点"。② 这种研究方法包括了关于实在的真理不仅是由科学经验揭示的、而且是由宗教经验揭示的这种假定。

(译自 David Ray Griffin, *Reenchantment without Supernationism*: *a Process Philosophy of Religion*, Cornell University Press, 2001.)

① Whitehead, *Process and Reality*, corrected edition, New York: Free Press, 1978 [1929] p. 10.
② Whitehead, *Religion in the Making*, Cleveland: World Press, 1960 [1926] p. 76.

后现代主义与科学哲学[*]

[美] R. 萨索尔

在本文中，我想批判地考察两种相关的主张：第一，后现代主义和科学哲学以一种类似于启蒙运动和浪漫主义的方式互相依赖，即它们彼此的主张既相互呼应又相互抵触；第二，后现代主义和科学哲学都服从和发源于一种政治的观点和承诺。这些主张不仅指明了当它们互相交锋时从一个领域转向另一个领域的可能性，而且指明了同时使用这两个领域来改造并尽可能地改善人类生活条件的潜力。

一　现代主义的科学哲学和浪漫的后现代主义

就文献而言，在什么被理解为科学哲学和后现代主义之间存在着一个根本的分歧。这种分歧可以通过各种二元的概念指称（如客观性和主观性、真理的确定性和相对主义、理性知识和迷信、或现代主义和后现代主义）来把握。在一定程度上，这种分歧似乎如此对立以致不可沟通。关于这种状况的这样一种观点，已经在知识分子中间牢固地确立了这样一种态度，即一个人只能坚持这些互相排斥的概念模式中的一种模式，这就将一种认识论的选择变成了政治上的忠诚。

接受上面所描述的那种观点似乎在政治上是危险的，在认识论上是错误的。我并不只是认为，科学哲学家应该面对并批判地考察后现代主义，因为这些交锋甚至可以在弗兰西斯·培根的著作中得以重构，如果他同时

---

[*] 原载《国外社会科学》1995 年第 4 期；中国人民大学复印报刊资料《外国哲学》1995 年第 7 期全文转载。

被理解为一个归纳主义者和现代科学的始祖,并在经验观察之最宽泛的意义上被理解为一个自然现象的解释者的话。相反,在我看来,使科学哲学家和后现代主义者的思想观点的不相容性和不可通约性的概念永恒化,无益于人类生活条件的改善。

科学哲学并没有构成一个对科学的理论基础和实际应用互相达成共识的群体。此外,科学哲学家既包括对科学感兴趣的哲学家,又包括具有哲学心智的科学家。而且,对他们所有人来说,科学究竟是什么是一个开放的问题,这个问题并没有通过已经提出的各种分界标准(如维也纳学派或卡尔·波普尔的标准)而得到解决。进而,社会科学和自然科学之间的区别问题仍然是他们争论的一个焦点,正如成熟科学和前范式科学的范畴尚未清楚地定义或确定那样。再者,科学本身并不是一项统一的事业,即使在那些对科学和伪科学或社会科学和自然科学之间的轮廓有着一致见解的人当中,它也被视为一种观念和实践的复合(complex),这种复合时常表明了对全部事业的信仰的冲突危机,托马斯·库恩称之为范式转换。正如他们的哲学对手一样,后现代主义者所共有的信念和他们对其同事著作的基本怀疑一样多。因此,认为后现代主义似乎是一座坚如磐石的大厦,是一种错误的简单化认识。而且最后,人类生活条件的改造和改善,由于其暗含的温情主义和目的论色彩及其某种进步形式的、然而是定义了的确定信念,也是一个可疑的目标。

我还必须坚持的是,这种批判的考察无须导致各种对立因素之间的一种联合,尽管它可能增进对这两个团体之间的相似之处和不同之处的一种批判的评价。我决不是要提供一张交战各方借以通过谈判而消除分歧的哈贝马斯式的圆桌(Habermas – like roundtable),也不是要提倡一种鼓励一方忽视另一方的和平共存。相反,我提倡的是双方之间的一种批判的交锋。这种观点太天真或太浪漫了吗?也许是的。

二 科学的交流

今天,浪漫的精神充斥于我们当中。我之所以称之为一种精神是因为,我不想将它与一种英国文学流派或艺术史范畴相吻合的经典的历史时期联系在一起。我称之为一种精神或一种取向是因为,它强调的是个人的欲望和梦想。我心目中的浪漫主义是一种崇尚主观性并使个人的知觉和感觉合法化的浪漫主义，是一种用尼采的话来说人对群氓具有特权的浪漫主义。这种取向可归因于那些注重利用尼采的遗产并坚持反复阅读任何一种文本的后现代主义者。

与此同时，启蒙的精神也充斥于我们当中。这种精神诉诸于一种我们必须服从的客观的、价值中立的实在，即一种否弃了个人欲望的无情的实在。这种取向可归因于那些试图克服个人证明的偶然性并坚持取代主体间报告（这些报告可以通过独立的来源，如可以重复的实验或皇家学会的标准得到证实）的科学家和科学哲学家。

根据上面所提供的分类，浪漫主义者和后现代主义者使个人的观点合法化了，而启蒙运动—现代主义的科学哲学家则使得否弃个体观点的客观性合法化了。每一个群体都认为自己的观点是基本的，如果不是根本的话。而且，这两种观点都给人提出了这样一个问题：即人与人之间的交流问题。从一种观点看，只存在各种不同的个体的观点，因而共有的基础正在消失；从另一种观点看，所有人都具有的是一种没有任何个体依据（individual anchoring）的共同基础。

后现代主义者和科学哲学家都意识到他们自己的观点，并需要克服（科学）交流的障碍。这种认识可能要求从一种思维方式到另一种思维方式的翻译，即一种至多种是暂时和暂定的但却可能是增进知识的（inform-ative）翻译。

正如波普尔认为的，科学家的模式和理论都是假定的：每当由于经验的理由要求改变它们的时候，它们就会改变。当这种变化成为不祥征兆（ominous）的时候，当它不再是可以避免的时候，整个大厦就会被拒斥并为一座新的更精确的大厦所推翻。这种状况表明了科学知识陈述的不稳定性和为各种未知可能性作准备的必要性。

三　利奥塔的后现代科学哲学

现在，人们多少已经认识到，后现代主义和科学哲学的结合是可能的。这也许有助于我们列举与现代主义相关的某些特性和特点，以评价它和科学哲学的结合或关系的可能性。在 20 世纪 90 年代，人们很难给出解构、后结构主义以及后现代主义的简单定义。在某种程度上，这乃是定义的各种困难使然：人们不是陷入本质主义的陷阱，就是成为唯名论或工具主义的信徒。同样由于其他的理由，后现代主义公然反对定义；因为后现代主义者的活动和复杂的定义、语言分析的标记（label），都可能立刻出现错误并使人误入歧途，就好像人们可以用一种确定的语言和思维的工具来把握后现代实践的"味道"（flavor）一样。

尽管人们不能也不愿定义后现代实践，但我还是想继 J－F. 利奥塔之后提出一个工作定义，以此作为开始讨论后现代科学哲学何以不同于组织并解释科学事业的其他尝试的契机。考察某些所谓后现代主义者的著作中提出的认识论主题，还可以从政治的角度讨论后现代科学哲学。

正如科学史学家根据现代性的开端划分科学革命一样，后现代主义的批判家也赋予后现代主义以历史和时代的意义。在效法历史学家时，这些批判家们忽视了利奥塔的警告，即目前所争论的是"后现代的状况"而非历史上的一个时期。这里，至少有三个主题可以根据后现代主义者关于科学知识的论述得到阐明。

渗透在后现代主义者关于科学知识的著作中的一个共同主题，是它和所有其他知识形式以及关于语言的知识考察之间的联系。根据米歇尔·福柯的观点，知识的经典概念"在于一种语言形式和另一种语言形式的关联，在于重建语言与事物之广袤的、未开垦的旷野（the great unbroken plain），在于使万物言说……知识之特有的功能不是观察或论证，而是解释。"正如培根已经注意到的那样，解释是和组织或秩序（order）的概念相关的："使经典知识的整体性成为可能的，主要的是和一种关于秩序的知识的联系。"（福柯，1970）

福柯术语中的语言或利奥塔术语中（被理解为框架和模式）的语言游戏的重要性，在于他们所假定的研究思想史、科学发展和文明变迁的目的的透明度。知识和语言相联系，语言表示秩序，而秩序则作为一种调节理想（regulating ideal）或操作原则构成了科学概念的基础。在福柯和利奥塔看来，人们可能会问：一切知识只能是科学知识吗？科学知识在拉卡托斯的（"研究纲领"的）科学事业的意义上是"硬核"，而其他知识只能是"保护带"吗？

根据利奥塔的观点，科学知识并不代表知识的整体，而且一旦人们根据其他种类的知识来理解科学知识，即不是把它理解为所有其他知识形式得以建立的基础，那么利奥塔就可能认为，"科学游戏因此而等价于其他知识。"一旦存在着多种语言游戏，那么它们的不同用法区别何在呢？"然而，这些语言并非任意地得以使用，它们的使用服从于一种我们可以称之为实用的条件：每一种用法必须形成自己的规则，并请求使用者接受它们。"

后现代科学观的另一个主题特征是和"现代主义"与"后现代主义"之间的差异相关的。当现代主义观点通常被追溯到启蒙运动的方案（即一种试图为全部可能的知识提供基础的方案）时，后现代主义的观点则拒绝了这种把它们的重构建立在或限制在提供各种复杂的认识论或模式的可能性上。在利奥塔看来，"在最简单的意义上，我们把后现代主义定义为对元叙述（metanarratives）的怀疑。"

尽管福柯把关于秩序的经典知识和一种更为零碎的、与"人文科学"和"社会科学"相关的知识并列起来了，但他仍可以从他所区分的所谓现代主义和后现代主义的知识观（这种区分不同于前面提到的启蒙运动和浪漫主义之间的区分）的联系中汲取精华。至于经典知识，他认为，它具有一种实证主义的梦想："语言是认识的一种形式，而认识则是自动地话语（automatieally discourse）。因此，语言在和所有知识的联系中居主导地位。只有通过语言这一中介，才能认识世界万物……。这就是关于一种语言严格地保持所知（what konwn）水平的实证主义梦想。"相反，另一种知识则通过"零碎的语言"打破了神圣的秩序概念。如果允许这种碎片进入其逻辑主项，那么，个人的说明就成了语言交流的标准，这种标准是和实证主义意义上的、具有一种明确的本体论基础的、有序的语言标准相对立的。正如维特根斯坦问到的那样，构造一种作为"私人语言"的个人说明可能吗？或者，它们能够（通过其使用）成为达到有关科学主张之主体间共识这一目的的中介吗？

后现代科学观的第三个主题把知识和资本主义社会中的社会、政治和经济的权力联系起来了，用利奥塔的话说，"知识……是……一个大前提，也许这个前提在世界范围的权力竞争中是利害攸关的。"但是，何种权力才是利害攸关的呢？例如，只有资本家的权力才利用了科学知识的成果因而增加了其利润吗？

马克思恩格斯把工业主义的商业权力和自然科学的基础与实践联系起来，因此，它不仅仅是一个利用科学成果的问题，而且也是一个有关科学活动的动机和保证的问题。利奥塔继承了马克思主义的路线并强调指出，与科学知识相关的权力概念是普遍的："知识不再是主体，但却是为主体服务的：其唯一的合法性在于这样一个事实，即它允许道德成为实在。"

根据利奥塔的观点，权力不仅是掌握知识的结果，而且是"合法的科学和建立在规律基础上的法律，它是自我合法的，同样也是一个其性能似乎得到最大发挥的系统。"因此，知识本身是一个允许自身得以展开的自我证实的过程。

四　图尔敏的后现代科学哲学

利奥塔的《后现代状况》原先用法文发表于 1979 年，后于 1984 年被译成英文出版。从我能查到的资料看，斯蒂芬·图尔敏最早在 1981 年使用了"后现代科学"这一术语。1991 年年底，官方杂志《科学哲学学会》在一篇文章中使用了"后现代科学哲学"一词（劳斯，1991）。图尔敏的说明忽略了法文文献，而劳斯的文章只是偶然地提到罗蒂和利奥塔，也没有认识到利奥塔的科学批判的重要性。我提到这些小小的细节并不是要和美国学者争辩什么，而是像本文开头所描述的那样，用一种宽泛而抽象的术语来说明这一情况。实际上，翻译的必要性是无可争辩的：不同的群体都关注类似的主题，并可能有助于发现他人的洞见。

图尔敏强调用连字符来表示"后—现代"，这就是说，在他看来，分类完全是历史的。图尔敏所关心的是，在科学家对其主题的态度和他们所提供的"世界图景"当中，已经发生了一种"双重变化"。现代科学家把他们自己视为"旁观者"，而后现代科学家则承认他们在研究自然时是实际上的"参与者"；现代性被视为一种"独立的、决定论的机械论"，而后现代性则较少机械论的、独立的成分，因而它用自然重新整合了人性。

在界定现代科学和后现代科学时，图尔敏集中考察了经过 20 世纪的改造而形成的四个主要特征：第一，科学思想和技术实践的分离；第二，以科学理论为根基的哲学基础；第三，客观性和价值中立的假定的联系；第四，科学活动的职业化。图尔敏的分界和本文先前提到的分界（如启蒙运动和浪漫主义的分界，或福柯关于知识的经典观点和文艺复兴的知识观的分界）是相似的。

尽管作为"万能计算家"（omniscient calculators，拉普拉斯语）的现代观点已经被作为自然现象研究中的参与者的后现代观点所取代，但是，真正的变化是什么呢？图尔敏把爱因斯坦对 19 世纪末试图把牛顿力学体系和麦克斯韦电磁理论联系起来的不满和对海森堡与玻尔的批判联系起来，以解释相对性和量子力学所需要的根本变化："对物理学的目的来说，任何一种观点都几乎等价于其他观点……相对论的原则表明，任何参照系在物理学上都几乎等价于其他参照系。"因此，20 世纪的科学不再假定科学测量在某种普遍意义上是客观的，并与执行测量的人无关。也许，图尔敏并不十分强调解释的概念，但是，他强调对由科学家进行的经验检验不能要求任何有效性和确定性，却是正确的。他们所能做的，至多是解释他们所选择的特殊参量是什么，以及他们何以选择这些参量，因而说明他们在这一有限框架内的愿望。

正如图尔敏接着解释的那样，如果"全部科学理性都包括科学家在他寻求理解的过程中的干预"，那么作为参与者的后现代科学家的观点就是有意义的。他们关于"自然"和他们的工作的观点，必须考察使其社会的政治观点与他们作为科学家所构造的模式结合起来的可能性。继 J. D. 贝尔纳和 M. 波拉尼之后，图尔敏也意识到，现代科学所主张的那种中立性对后现代科学家来说，是站不住脚的。用他的话来说："在广岛事件之后，对科学工作的那种虔诚的态度已经变得越来越难以为继了。"在 20 世纪末，正如图尔敏同意的那样，讨论后现代科学和后现代科学哲学，当然必须考察各种社会伦理问题，以便理解科学后现代主义与科学哲学的政治框架和科学共同体的内部政治安排。

五　后现代科学哲学的政治

如前所述，对后现代性的精神存在着某些一般的异议，这些异议使得后现代主义对正在进行的有关科学的（认识论的和政治的）争论的可能性非法化了。这种针对后现代主义的主要异议在于它宣称是"后"现代的（如在图尔敏的意义上），事实上，它和现代主义的方案本身并无区别，尽管有某些修正。而且，后现代主义并没有清楚地说明类似的、早期的、由启蒙运动的领导人和浪漫主义的批判家所进行的争论。

他们很少论及"独创性"，他们更关心的是行动—反动概念的相互作用。F. 格瓦塔利恰当地评论道："我并没有采取简单的方法去说明后现代主义不过是现代主义的垂死挣扎：它是一种反动，是一面镜像；而且在形式主义的滥用和现代性的简化的意义上，后现代主义并没有成功地将自身区别于现代主义运动。"

沿着关于独创性的批判和文化上的反动这一相同的线索，人们也许会问，知识和权力之间的这种联系是否只是重复了培根的名言"知识就是力量"？就利奥塔所关心的而言，区分当代社会中资本主义关系的是这样一个事实，"科学家、技术员和工具不是用来发现真理的，而是用来论证权力的。"这就是说，知识本身不再是主题，而只是寻求权力的一个次要特征。

除了对独创性的关注并用错误的语词定义一个时期（即并不存在后现代主义这种事物，也不存在现代主义或虚无主义）外，还须关注后现代主义将可能提出的各种具有特殊答案和判断的问题。正如下文将会变得更为明显的那样，政治学的这种特殊印记（它们可能和后现代主义相关）对那些习惯于韦伯、马克思或哈贝马斯等人的政治框架的人来说，是很令人困惑的。诉诸于语言的（因而是形而上学和政治的）多样性，难道不是一种不负责任的态度并因而会导致一种十分错误的混乱和无政府状态吗？

认识论和政治之间的联系内在于关于语言游戏的多样性的观点中，因为人们不再可能假定一种准则之无可争议的有效性，把它作为一种科学的模式、方法或理论框架。根据利奥塔的观点，"这表明，这一任务是一些复杂而又精确的语言游戏。我的意思是说，这一论题最终会导致些什么呢？对一种文学来说，在这个术语最好的意义上，它是关于语言游戏的一项实验事业。"人们可能会反对利奥塔使用实验的概念，因为它对职业科学家来说意味着某些严格的限定。然而，后现代意义的实验和现代主义的科学观并没有什么不同：一项实验也许会产生某些意外的结果，它可能拒斥先前接受的各种假定，并导致某些相关者几代人也不会觉察的结果。在实验中有一些自由的操作（free play），它们无须在库恩式的（范式的）监狱中设计和进行，这种范式的监狱限制了人们去解难题。

拒斥后现代意义上的实验——即根据不同的观点和不同的规则（这些规则并非普遍地而只是局部地涉及一致性和连贯性）试验不同的运动——表明，人们坚持的是一种决定了的"本体论"，这种本体论通过其秩序的形式事实上建立了各种"合法压迫"的等级制度。就利奥塔所关心的而言，这一点是很明显的，即本体论的统治地位和对语言游戏的沉重打击之间有着一种和谐。在排除对实在之各种可能的（然而又是定义了的）解释的意义上，本体论问题就是政治问题。当人们作出一定的本体论承诺时，他们便帮助建立了各种区分法和二分法借以表达和确定语言。当人们接受了二分法的时候，就出现了等级制度。尽管人们并不愿意得出这一结论，但等级制度则可以被轻易地用来压迫一种语言游戏或支持另一种说话方式。

但是，正如自柏拉图以来一直到启蒙运动所定义的那样，理性真的足以能适应于政治化吗？理性不是可以还原为逻辑的原则因而还原为一套十分严格的规则吗（这些规则或者可以完全接受，或者可以完全拒绝）？也许，在这一方面利奥塔承认，"不存在关于理性（无论是在整体化理性的意义上，还是在概念的意义上）的政治学。因此，我们必须讨论一种关于'意见'的政治学。""意见"只存在于"规定的"领域中，"理性"只存在于"描述的"领域中吗？如果理性在科学研究中只起一种从属的作用，而意见的作用却在不断地增长，结果将会如何呢？

提出理性的从属作用和科学知识中的意见的关系问题，仍然上了一种其用法可能受到挑战的二分法的当。也许，是到了重新认识从柏拉图到现代主义世界观的那种基于理性的统治地位和相对独立性的时候了。这并不意味着排除理性或限制其使用，而意味着理性和意见以及关于这些状况的"语用学"联系，以便它能够撇开所有其他考虑，实现其潜力。人们可能会说，某些预言后现代状态来临的人仍不愿放弃理性的遗产。

六　结　论

我已经强调了科学、科学哲学和后现代主义之间的相似性，以便开辟一些两项事业或两组学者之间借以互相学习、相得益彰的途径。我们需要一种翻译的精神,这种精神将引导我们去阅读,并超越那些使我们受到限定的文本和领域,无论这种努力可能多么困难和令人烦恼。

(译自美国《社会科学哲学》杂志 1993 年第 11 期)

后现代科学哲学导论*

［美］R. 萨索尔

一　引　言

到后现代性的领域（这是一个常常受到误解和嘲讽的空间，是一个过于模糊以致难以测量的领地）上去旅行，部分地是和卡尔·波普尔一起进行的；在很长一段时间里又有保罗·费耶阿本德为伴；然后再去寻找女权主义者的同伴。所有这些同伴都对一种适用于科学的后现代哲学的感受性（sensitivity）作出了贡献，因而成为一种后现代科学哲学，即使是在主要的后现代作者的特殊观点不同于科学哲学家的观点时也是如此，反之亦然。尽管这两者彼此漠视对方，但我还是希望把他们结合起来，使他们了解对方，并使他们各自的理论很好地一致起来。

例如，波普尔是把科学和所有其他话语形式区分开来的最近一次主要尝试的伟大推动者，但费耶阿本德则批判了这种尝试。现在，"分界问题"（无论它如何被表述）实际上是一个政治问题，即证明一种特权形式——"元叙述"——的问题，这种特权形式正是利奥塔的《后现代状况》在原则上拒绝接受的。波普尔在"虚构"和"科学"之间形成了一定的界限，这一界限变成了一个排外的俱乐部的栅栏，变成了一种权贵地位的象征，因而它本身就成了科学文化之批判分析道路上的一个障碍。

又比如，波普尔认为，形而上学在科学中也很重要，在科学共同体中，真理必定会归结到一种荣誉概念的位置上，但是人们并没有英国女王

---

　*　原载《国外社会科学》,1997 年第 5 期;中国人民大学复印报刊资料《外国哲学》1997 年第 11
期全文转载。

那样的政治神通，而且科学哲学尚未解决的问题仍然是心理学的问题：科学家是怎样达到其新思想的呢？什么样的气质才是人所必须具有的，因而才能挑战已经确立的各种模式并提出可供选择的其他模式呢？进而，心理学怎样才能符合科学话语的语境呢？

简单地说，这些问题的答案是借助于来自后现代主义者的话语的工具而提供的。在某些方面，在授权所有叙述并重组各种制度化的权力关系的意义上，我在后现代性的批判话语中所展现的各种心理学的可能性中得到了安慰。当然，人们也许会说，迈克尔·波拉尼（Michael Polanyi）和托马斯·库恩已经写下了许多我们必须了解的他们称为"科学共同体"的著作，分析了领导和责任的问题，提出了有关科学方法论能够而且应该借以沿着一条研究纲领的道路被向前推进的方式的问题。但是，我所推荐的对科学的激进批判则是和这一领域中已经发现的、以所谓价值中立著称的政治特征相关的。例如，当马克思抨击古典政治经济学家时，他同时也就批判了其模式的理论内容及其政治结论，尽管马克思并没有提到他们的方法论基础。这样，他就在"理论"和"实践"之间建立了联系。当代女权主义者以一种类似的方式批判科学，并把科学研究置于其社会—经济的和政治的联系之中。唐娜·哈拉维关于科学的社会—女权主义观点，对正确评价后现代科学哲学及其嬗变以及各种不同的观点（如理查德·罗蒂提出的某些似是而非的自由理想）是至关重要的。

二　背　景

最近，在文学和哲学圈内，"后现代性"已经受到怀疑和嘲讽。最引人注目的也许是有人拒绝承认后现代主义的地位，即拒绝承认它是一种思维方式和行为方式。例如，C. 巴里·查博特（C. Barry Chabot）认为："第一，并不存在一种对后现代主义令人满意和广为接受的解释；第二，许多被称为后现代的东西实际上直接来源于现代主义；第三，关于其存在的大多数论据在很大程度上是通过对现代主义的简单概括而达到其最初的似真性（plausibility）的，特别是这种概括忽视了其本质是一个二阶（second – order）概念。"

理解后现代主义的心理学背景的一个途径是，强调扩大可能性的视界并不一定会形成选择的等级制度，正如梅特·卡利尼斯库（Mater Calines-cu）所说："美学二元论或多元论所表明的，只是一种并不一定暗含对其他有效选择之简单拒斥或全然无知的选择。"在后现代主义的开放性和"客观性"的开放性以及作为"现代性"之指导原则的合理性之间，存在着一种区别。后现代性的开放性试图模糊各个学科的界限并鼓励违反传统规则，或用经验技术把理论和实践并列起来（因为它们不是可通约的，就是历史地被区分开的）。

后现代主义认为，由其自身把不同的推论变换形式（forms of discur-sive exchange）连接起来，并不一定会增加跨越各种知识障碍的更大的交锋的可能性，后现代主义从一开始就已经认识到了这种交锋的政治潜能。与此同时，科学也失去了其作为"和平缔造者"的杠杆作用，而被理解为一个权力和（白人的、霸权的，等等）统治/压迫的范畴，当这些争论被认为过于激进（因而威胁到其权威）或不够激进（因而根本不值得注意）时，这一范畴便避免了争论。在把后现代主义和科学结合起来的尝试中，我试图把潜在的各种分散的意见统一起来，从而对批判话语具有一种更大的影响。在简要地考察哪些东西可以被当作后现代科学哲学的信条，并进而阐明它对考察科学及其附属的各种批判的重要性之后，我将再回到后现代主义和科学之批判的和激烈的交锋的问题上来。

三　后现代科学哲学应该存在吗

"后现代科学哲学应该存在吗？"这个问题强调了两个相关的论点：第一，后现代主义不同于现代主义；第二，如果有区别，那么一直存在着一种后现代科学哲学。的确，如果人们同意后现代主义的特征在于其心理学的背景和可能性，那么阐明后现代主义的态度就是可能的，比如对"说明"或描述"自然"所要求的解释活动的认识，已经展示了许多真正的科学家。回首17世纪，人们很容易就能在弗兰西斯·培根的《新工具》中发现他对科学研究的解释模式的认识，因而他也可以被视为后现代主义的一个"拥护者"。理查德·罗蒂也许会同意这种观点，因为他和费耶阿本德结为紧密同盟，也把培根视为一个"自作主张的预言家"（a prophet of self - assertion），把他看作是和"以自我为基础的预言家"（the prophet of self – grounding） 笛卡儿和康德相对立的。

在方法论上，罗蒂对培根的评论可以被理解为提出了一种主要致力于研究对象的问题取向的科学观。根据这种观点，认识论问题更直接地和心理学的气质以及人们基于研究借以进行的环境而历史地和社会地接受的时尚（fashions） 相关。因此，人们不是认为后现代主义的口味（flavor） 甚至是由科学研究之最严格的现代主义的版本相伴随的，就是认为它是科学哲学的一种较新的或不同的种类或分类。对后现代科学哲学的这种考察，似乎必然和关于科学事业的结构主义观点有关。科学的结构，即斯蒂芬·图尔敏所描述的从"作为旁观者的科学家"到"作为参与者的科学家"的转变，立刻就成为一种政治承诺，一种再也不能由于其假定的价值中立而回避公开交锋来保护自己的承诺。

撇开对"后现代科学哲学"这个术语的滥用，人们可能受到很大压力地发现了一个适用于这个术语或在其拥护者中具有共识的、经过明确定义了的研究领域。目前，有好几个受到科学哲学这一标签影响的研究领域：科学史、科学方法论、科学社会学、甚至科学、技术和社会。但是，后现代科学哲学——它把两个互相争论的论证领域即后现代主义和科学哲学联系起来了——的范畴，则立刻成为有迷惑力的和令人可疑的。这种论证的迷宫实际上代表的是什么呢？它是一种划分了现代科学哲学和后现代科学哲学的时序指称（chronological designation） 或历史指称吗？它预示了一种关于科学的"新的"思维方式和行为方式的来临吗？此外，它是科学或科学哲学的焦点吗？

已经有人认为，后现代取向可以追溯到若干历史文本，但它却可能觉察到科学哲学之所谓的现代主义版本和后现代主义版本之间的一种区别。与此同时，新的研究方法根据的并不是"独创性"而是"差异性"。后现代主义者（他们的努力是不同的） 的反省概念是对先前的或其他尝试的一种直接批判，例如，启蒙运动的现代主义者就声称其研究方法、方法论和成就优越于先前的各种实践。这种差异性的隐语（jargon） ——无论是在德里达的意义上还是在利奥塔的意义上——试图通过开放研究领域和提供其他选择（这些选择既没有声称优越性，也没有声称必然要摒弃一切先前已知的话语形式） 来改进以往关于优越性的各种争论。而且，正如图尔敏承认的，这种差异性的隐语保证，它并不一定要把科学研究"实证主义地"还原为一种"简单的方法的框架"。

但到目前为止，关于什么是后现代科学哲学，我说的还很少。也许，聪明的办法是接受苏珊·鲁宾·苏雷曼（Susan Rubin Suleiman）的忠告："如果后现代主义的实践在艺术中已经引起了争辩，那是因为它'做（或没有做）什么'，而不是因为它'是什么'。"从"它是什么"到"它做什么"，问题已经发生了变化。苏雷曼继续解释说，后现代主义的"做"发生在"一个特殊的地方，一个特殊的时间"。正如查尔斯·詹克斯（Charles Jencks）解释的那样，后现代实践的具体语境化（contextualiza-tion）把他们和其他人区分开来了："现代主义者和晚期现代主义者倾向于强调问题之技术的和经济的解决办法，而后现代主义者则倾向于强调其创造力的语境的和文化的成分。"

提出一个更为精确的定义是很困难的，因为定义不是过于宽泛就是过于狭窄，因而它们常常必定是受到限定的，正如库恩总是和他的"范式"概念相关一样。而且，提出一个定义和后现代的本质是格格不入的，因为它要捕获的是一个过于迅疾以致无法捕获的瞬间。因此，让我继苏雷曼之后进一步指出，后现代主义的实践——包括科学哲学的实践——阐明的是一种取向、一种方法、一种态度。谁的态度呢？在此，我倾向的是一种位于费耶阿本德的"怎么都行"（anything goes）的无政府主义和波普尔的证伪理性主义之间的取向。顺便说一句，我诉诸于这些思想家不同于杰勒特·拉德尼斯基（Gerard Radnitzky）对他们的要求，例如在他看来，波普尔和维特根斯坦必定是对立的两极，这种对立"雕刻"了 20 世纪科学哲学的景观。而就我的目的来说，这两个思想家的交往则背离了我自己的系谱学（genealogy），而且没有对后现代科学哲学或后现代科学之可能的和应该考虑到的模棱两可的名称（title）设定"界限"。

在其挑衅中，为了发展多种科学模式和研究方法，后现代主义坚持一种费耶阿本德所想象的多元论。在两种情况下，对最近的理论和科学发明存在着一种灵活的态度：他们欢迎"新来者"（newcomers），只要"旧看守"（old guard）没有被解雇或撤换。这就是我所说的那种批判的交锋，它可以被理解为一个置换（displacement）的过程（其中"新"和"旧"彼此继续发生冲突），也可以被理解为一个代替（replacement）的过程（其中新来者摆脱了旧看守的任何痕迹）。在相对主义的问题上，费耶阿本德和后现代概念甚至具有某种姻亲关系：即各种模式的进化标准取决于其理论的框架，这些框架在文化上也必定被具体语境化了。费耶阿本德推进了对其逻辑主项的方法论思考，并通过邀请任何一种研究方法进行参与且符合类似的（科学）合法性而使得它们成为开放的框架，正如那些已经"建立了的"框架一样。承认费耶阿本德的观点对波普尔的观点的逻辑受惠性（indebtedness）及其反诘性，我想提出的是，波普尔还能对这种开放性增加些什么呢？

波普尔对费耶阿本德所假定的鲁莽性（recklessness）增加了限制。这种波普尔式的限制并没有限制潜在的"新来者"，因为他要诉诸的是全部科学假说，只要它们能够经受批判的经验检验并保护自身。这就是说，无论一种推测（假设）多么轻率，都应该允许它面对科学的"上诉法庭"，并有其开庭的日子。如果它在原则上是可证伪的，那么就保留了其科学的地位，直到它事实上被证伪，并打算进行修改。这种波普尔式的限制坚持认为，批判的考察既是以合理性为基础的，也是以经验材料为依据的。

这种限制太严厉了吗？它将使后现代科学哲学丧失其法国式的魅力和潜力吗？回答这些问题取决于应用这些限制的方法。启蒙运动坚持的那种科学方法走向了一种极端，以保证理性与合理性的一种严格的应用，并把它们的应用编纂进严格的逻辑术语当中。由于同样的原因，经验主义者以一种严格而忠实的方式诉诸于经验材料考察某些精微的事物，例如对汉森（Hanson）意义上的"观察渗透理论"的观点的正确评价。在图尔敏看来，现代主义方案中"所犯的错误"正如它目前的进步一样，在于没有意识到"行星系统是一个十分特殊的系统，在自然界中还没有其他存在系统适合于以同样的方式进行预测"。存在着一种理性的方式并没有狭隘地对一种特殊的方法或逻辑原则的框架承担义务，正如存在着一种经验的方式不一定成为一个经验主义者一样。

诉诸后现代科学哲学在于其灵活性，在于它对由波普尔和费耶阿本德以及文学批评、建筑学和艺术批评领域中的学者所提出的观点的灵活接受。目前，我将继续集中考察波普尔和费耶阿本德，因为将他们两人的思想并列起来考察可以表明，一种推论的交合（a discursive intersection）可以归因于后现代科学哲学。费耶阿本德的原则被认为是非理性的，因为他没有提出科学和伪科学之间的严格的分界标准，因而根据事实本身（ipso *facto*）使任何一种理论和模式（如和西医相对立的中医）都成为合法的了。相反，波普尔的原则被认为是理性的，而且其分界标准被认为是对本世纪逻辑实证主义标准的强烈冲击。那么，后现代科学哲学如何在理性原则和非理性原则之间楔入自身呢？它能够无视这种二元性吗？而且，如果能的话，会付出什么代价呢？即后现代主义的灵活性不是一种罪恶，而是一种允许各种矛盾共存的美德吗？

后现代的灵活性似乎在研究和实践的几个层面上起着作用。首先，既然后现代主义拒绝接受任何一种原则（无论这些原则是为哪一种事物设立的永久基础），那么相信这些原则既适合理性又适合非理性，就是不成问题的。这就是说，没有一个坚实的基础（人们所使用的这个基础是和语境或情境相关的，因而是"变化多端"的），那么人们在使用它的时候，它随时都会改变，它本身也会根据它被应用的特殊的"实用"目的而成为暂时的和受到约束的。关于这个问题，有一种正在增长的女权主义文学，这种文学将美国实用主义的焦点转变成了一种不同的话语。

其次，即使是这种与费耶阿本德相关的无政府主义原则也没有以一种非理性的形式出现。相反却存在着一种长期而艰巨的理性话语，这种话语赞成接受这种观点并诉诸各种一致的和无矛盾的概念。因此，在这个意义上，人们才可能正确评价逻辑原则的一种极少主义（minimalist）的应用，这些原则不再是严格的实践的规则，而是能够使谈话"顺利进行"的指南。而且，这种态度既不是一种否弃了一定的语汇或话语形式的态度，也不是一种要求哈贝马斯式的"共识"的态度。相反，它是一种自由的态度，一种通过设定一个任何人都能跨越的门槛以试图解释排除传统障碍的态度。

最后，一旦批判的评价被看作改进一般话语（无论它是否是科学的）的工具，那么探求科学的合法性而非批判的评价也就成为多余的了，如果不只是诉诸于权威的话。批判的评价作为交往之最低级的可能的门槛，原本是一种批判规则借以形成的参照点。较低的标准是可以反对的，正如克莱门特·格林伯格（Clement Greenberg）所说："现代主义，就它坚持高举最高的标准而言，在面临对较低标准的新的理解时，并没有被淘汰。"

后现代科学哲学的灵活性继而引起很多批评和异议，其中某些批评和异议我们已经提到了。对这种灵活性的一种异议，是把和后现代主义这个语词相关的一切都斥之为相对主义。相对主义是对科学研究的诅咒，因为它可能允许两种互相竞争的和不可通约的理论相互共存，而没能区分其科学的有效性和可靠性。如果说科学作出过什么贡献的话，那么这些贡献则是与能够区分信仰和真理、相信某人的陈述和这些陈述应该被相信的证据，以及想象的东西和实在的东西联系在一起的。例如，一个标准的比较是巫术和科学，研究和实践这两个领域显然可以假定用现代主义关于科学和伪科学或非科学的分界标准来区分。一旦人们接受了相对主义，那么这种区分的标准就会丧失，从而使得科学技术威信扫地。

　　另一种相关的异议和后现代主义之空洞的本质有关，特别是当人们试图把它应用于政治实践或技术实验中去的时候。剥夺科学技术之令人尊敬的地位和物质性，并向任何人和任何想被称为科学技术的东西开放其住所（quarters），将会导致混乱并丧失可能诉诸的稳定性、安全性甚至常识。在传统上，科学一直是勇敢的知识分子躲避宗教迷信迫害的避难所，但后现代主义的科学观则彻底摧毁了这个最后的避难所。

四　从科学到政治批判

　　当后现代科学哲学试图将其认识论关注应用于科学共同体所关注的各种特殊情况时，它是一种政治的话语模式。后现代取向对科学研究（如关于量子力学的各种观点）也许并没有什么挑战，然而，在它坚持的各种批判形式中，它能够鼓励对最近"被接受的观点"的结构和应用进行不断的批判，尽管这种批判既可能是最温和的，也可能来自最遥远的地方。但它也可能是这样一种批判，即用另一种理论框架置换一种理论框架，而不仅仅是补充它。因此，所有必需的东西现在似乎已经达到了某种程度的宽容，而且后现代主义为使这种可能性成为事实作出了贡献。然而，正如下面将要表明的那样，诉诸（自由的）宽容会失去其力量，因为人们评价的是不同的批判的影响，并竞相提出未来科学哲学、一般哲学研究，或所谓科学事业的"最终语词"或"判决"。因此在这一方面，宽容可能是科学批判发展的一个必要条件，但不是充分条件。

　　20世纪后期的科学批判在其方法论的焦点和政治目标上发生了分歧。这些批判包括社会学的批判——如拉图尔（Latour）和伍尔加（Woolgar)，马克思主义的批判——如阿罗诺维茨（Aronowitz），和女权主义的批判——如哈丁（Harding），甚至包括从波普尔到库恩这些哲学大家的批判。由于我们探讨的是下一个世纪，因此人们可以根据这些批判想象出不同的知识方案。首先，每一种批判模式都将无视其他批判，继续其努力，为传统的科学预设提供基础。因此，每一种努力都将有意忽视其他努力。其次，注意其他人的努力，即每一种批判模式都将试图登上一种霸权地位，从这种地位出发，所有其他努力或者被认为是有贡献的，或者被认为是非主要的。结果，一种模式将占统治地位并使其他一切模式相形见绌。最后，各种不同批判之间的竞争将引起各种努力的混乱，因此其效果在总体上将是边际的或被概观的。

这三种方案可能同时出现，因此知识舞台上的模糊画面就可以搞清楚。然而，在所有这三个方案下，却可能导致严重的后果：所有科学批判模式都将无力改变一切，因而仍将维持现状。在不同批判模式中诉诸某种交锋，（在学术和知识的语境中）就是在政治上维护这样一种可能性，这种可能性不仅改变了科学家的特殊实践，而且改变了他们借以操作的资本主义环境的全部政治结构。这种交锋的一个可能的场所也许就是后现代科学哲学。正是因为如此，我想更清楚地考察在马克思主义者、女权主义者、后现代主义者、波普尔主义者和任何其他批判团体（他们都对彻底改变科学家的——语言学的和直觉的——实践承担义务）之间，是如何结成同盟的。

辩证的批判试图理解一种理论或模式或行为方式的内在结构，这种结构在两方面为一种可能同时推进的重构提供了舞台。一方面，它为以一种严格的方式考察某些含混不清的或不言而喻的预设提供了一个机会，如女权主义者主要议论的是话语或实践的各种中性的形式；另一方面，它又提出了理论或模式或行为方式借以可能被推至其"逻辑主项"的各种途径，以评价其潜在的崩溃，如马克思主义术语中的资本主义的生产方式。

一旦经历了批判的评价过程，也还存在着对各种理论模式或行为方式进行选择的可能性。历史的例证是很多的，一个例证是维也纳学派成员中的归纳主义者和波普尔之间的争论。归纳主义/实证主义的观点由于其不甚正确的科学和非科学的分界标准而受到批判。证伪则被假定为在经验上检验各种推测和假说的科学"内容"的指导原则。波普尔的证伪原则

（及其附属的逼真概念）代替了经验确证的归纳主义原则了吗？他的批判拒绝了科学家关于形而上学承诺的讨论了吗？或者正如某些批判家继续宣称的那样，波普尔的批判已经被或然性的归纳主义框架替代并不再是一种选择了吗？

另一个例证是库恩关于范式转换的观点以及常规科学和科学革命之间的关系：它代替了关于科学方法论的各种传统观点了吗？库恩的思想是由他对历史记载的说明和重构以及他所集中考察的某些社会学方面（这些方面组织并影响了科学共同体内科学知识的增长）所支撑的。因此，库恩的批判试图以一种不同的方式（即人们可能相信的一种更为精确或恰当的方式）重塑科学。但是，库恩的批判所取得的成功由于其导论几乎立刻成为一种无情批判的靶子：某些人谴责他的观点是不负责任的并伴有非理性主义的成分；某些人声称，他的观点是如此含混不清和模棱两可，以致根本不是一种有条理的批判。

马克思主义对科学的批判，从马克思到阿罗诺维茨，都具有这样一种共同的信念，即他们揭示了科学就是它实际上所呈现的那样：资本家和资产阶级的活动目标就是剥削工人阶级（现在可能还有中产阶级）。对科学的这种批判试图指责环绕在科学隐语及文本之上的神秘性，以展示马克思主义者所坚持的真理的理想。纵观现有的关于技术和理想的这些巨大的分歧，他们显然是想根据这些批判，用某些其他的、更好的话语和实践形式来代替当前流行的各种科学实践。

后现代主义的批判有什么不同吗？答案是既相同又不相同。正如马克思主义的批判都把"剥削"和"异化"这些有用的语词当作旗帜以支撑其话语一样，后现代的批判也在许多其他的旗帜中举起了"置换"的大旗。假定"置换"这个语词取代了"替代"这个语词，那么后现代话语就应该与其他相邻的话语一致起来，而不能自称跨越了或克服了先前的各种话语。

五　自由的褊狭和激烈的交锋

"关系的网络"已经被理解为"迷宫"，因为它很难将一种叙述和另一种叙述区分开来，因此每种叙述都以一种以上的方式与其他各种叙述相联系。系统地解构任何一种特异性和独特性的要求，可能使人感到困惑，正如哈拉维认识到的那样。因此，她似乎更愿意用"协同性"和"会话"的概念来解释她的一般取向。

"协同性"（solidarity）这个语词已经被罗蒂广泛使用。我在前面曾经提到，罗蒂以一种后现代主义的方式说明了培根的工作。但是罗蒂的后现代主义实际上是一种特殊的自由，它也许是资产阶级的，也许是特权的。例如，在他对包括"偶然性"和"反讽"（irony）的后现代取向的解释中，他根据一种"自由的乌托邦"的理解，谈到了"人的协同性"。但是罗蒂的协同性并不是哈拉维的协同性，而且这种区别对符号（note）来说是至关重要的，如果我们是要理解后现代主义和科学之间的批判交锋的话。

尽管罗蒂在他的著作中很快就诉诸于乌托邦的概念，但他显然不是马克思或哈拉维的乌托邦的翻版。在他看来，"自由的西方"的乌托邦梦想"与其说是一种解放的乌托邦，不如说是一种宽容的乌托邦"。罗蒂对后现代政治的蔑视，可以从下面的命题中得到推测。他认为，革命的政治不过是一种知识的展示，即一种活动，这种活动不足以使人对铺架连接知识的"小岛"和"大陆"之间的联系通道产生兴趣。

罗蒂本人的立场是和法国哲学家的立场相对的，而且并没有直接谈到对科学的女权主义的批判。但是，如果我试图建立的对科学的后现代批判和女权主义批判之间的这种联盟即使能够暂时结出果实，罗蒂的态度也可能立刻削弱它的基础，并对女权主义沿着这条道路前进起到相反的作用。这就是说，在这一方面，罗蒂的观点是中肯的，因为他很容易转向任何一种努力，使科学话语更为激进，并把它们带向一种自由的交合（liberal fold）。在罗蒂对后现代批判和女权主义批判的地位的评价中，最有问题的是他对"大陆"这个语词的滥用。他所寻求的协同性是和这个大陆即自由的知识体系相关的，正如他所说的那样，是和划分哈贝马斯与利奥塔相关的。但是，某些原则是不可通约的，而且某种时候，这些区分也不能简单地被"划分"：真理不可能位于"中间的"某个地方。

罗蒂的宽容（这种宽容就继续批判他的观点并与之进行激烈交锋而言，是一种自由的褊狭）可能由于乌托邦的后现代主义者和女权主义者（即那些仍然梦想使科学革命化的人）而受到损害。为了宽容而舍弃解放，罗蒂背离了他自己的优势（因为解放不再是必需的了）和偏执（为宽容而辩护使他的权力地位不会受到猛烈的攻击）。也许罗蒂关于宽容和解放的二分法必然会被克服，因而自由主义者和激进的批判家都会宽容一种解放的乌托邦。

　　当对科学的女权主义批判构想出各种削弱了科学的霸权地位的策略时，他们便用各种政治问题和社会问题编织了认识论的论据。像罗蒂这样的被称为后现代主义者的人，也许无意中削弱和背离了其他一些后现代主义者和女权主义者批判科学的各种努力，因为他没有意识到必须改变他的态度和取向，以注意到那些提高或妨碍各种可能的改造的心理学背景。我想要增加给政治问题和认识论问题的这种心理学的层面，已经由其他一些尊重人的承诺和个人的确信的学者提到了。

　　（译自 *Continental and Postmoden Perspectives in the Philosophy of Sicence*, Avebury, 1995.）

詹姆士论后现代科学与宗教*

［美］M. P. 福 特

    威廉·詹姆士（William James，1842—1910）常常被视为美国最伟大的心理学家，但他同时也是最早的后现代思想家之一。在詹姆士的著作中，人们发现他打破了陈旧的范畴，并建立了崭新的、后现代的范畴。在某种程度上，人们并没有认识到詹姆士思想的后现代性质，因而总是忽视了他对西方思想至关重要的贡献。

    詹姆士的后现代观点在其关于科学的著作和关于上帝与道德生活的著作中，是十分明显的。总的来说，他对现代科学的批判及其对心理现象的兴趣一直被忽略了。他关于宗教问题的观点虽然没有被简单地忽视，但在现代思想家中并没有取得更大的成功。今天的大多数现代思想家都是休谟的忠实继承者。关于上帝的实在性、真正的宗教经验、来生、价值的存在这些问题，唯一合法的结论就是一种怀疑的结论。在许多情况下，怀疑论都忽视了关于非存在的全部论断。今天，有许多人确信，上帝并不存在，因而真正的宗教经验是不可能的；没有来生，而且也没有独立于特定文化和特定个人而存在的价值。然而，由于他与感觉论的彻底分裂，由于他接受了过程泛经验论，詹姆士给科学和宗教带来了一个全新的视域。

    詹姆士从来就是一个现代科学的伟大赞誉者和一个极富洞见并持之以恒的批判家。作为一名医学博士、一位解剖学教授和《心理学原理》的作者，他是一个科学的"行家里手"（insider），是一个意识到了现代科学的知识成就和科学方法的力量并日益正确地用于增进人类知识的科学

* 原载《世界哲学》2002 年第 5 期。

家。他写道："科学在近三百年来产生了巨大的飞跃，在整体和细节上极大地拓展了我们对自然的认识。"他在其他地方写道："从神秘思辨转向科学沉思，犹如从精神错乱转向心智健全。"

他关于现代科学的这些论述尽管有其局限，但现代科学的发展已经与物理主义和感觉主义密切相关。由于詹姆士对这两种学说的拒斥，他因而成为现代科学的批评者。他关于科学的某些著作注意到了现代科学之哲学预设的根本缺陷，其他一些著作则提出了一种建立在泛经验论和彻底经验论基础之上的后现代科学。

早在1878年，詹姆士就表示了他对一种以物理主义和感觉主义认识论为基础的科学的相反判断。他指出："我知道，没有什么比不加区别地将一切唯物主义的东西都当作科学的东西更可悲了。科学不过是被清晰地表达、推理和证实的东西。那种认为科学就是《通俗科学月刊》介绍的许多精神类型最佳之人的活动的观点，是很荒谬的。对这些人来说，科学和哲学、科学和形而上学、科学和宗教、科学和诗学、科学和情感、科学和所有使生活过得有价值的东西，永远是对立的。真相在于，科学和人类精神的所有这些功能一样，都是人对提供给他的现象生活思考的结果。除了错误的思考与不合逻辑的思考以外，没有哪一种思维模式和任何其他思维模式是相对立的。如果我们在神学和哲学上清晰而一致地思维的话，那么我们在科学上也是健全的人。相反，如果我们的思维在一个领域中是混乱的，那么在所有其他领域也就毫无价值。"在"心理研究完成了什么？"一文中，詹姆士以一种更为慎重的语气提出了他对现代科学的许多同样的异议："尽管科学在其本质上代表的只是一种方法而非固定的信念，但在习惯上，科学却被其信徒和外行们等同于一定的固定信念，即隐匿的秩序或自然完全是机械的，而非机械的范畴则是一些非理性的认识和解释方式这种信念。"

正确地说，科学只是一种方法，它无须坚持物理主义或感觉主义。而且，在一定程度上，它有着批判的界限。一种拘泥于物理主义的科学或一种彻底的感觉主义思想的科学至少会由于以下原因而失败：（1）它不能说明像我们这样的自觉的存在的进化；（2）它必定会否认自由意志，因为不存在对它的经验证明；（3）因此，它必定会否认真正的伦理决策；（4）它必定会否定人自身经验之彻底的经验的证明。詹姆士主要致力于一种机械论的实在观的道德意蕴，但也经常地在其著作的不同地方提到所有这四种异议。

在指出物理主义、感觉主义的局限以及现代科学和这些学说的历史关联之后，詹姆士提出了拯救科学的两条建议。第一，用其他类型的知识（即詹姆士有时所说的"个人的"或"浪漫的"知识）来补充科学知识。第二，重新概念化，以便用泛经验论来代替物理主义，并扩展其经验论，以便包括彻底经验论。我将考察这两条建议，首先，从用其他类型的知识来补充科学真理这条建议开始。

詹姆士认为，现代科学提出了这样一种实在观，它建立在一系列有限的抽象基础上，而这些抽象对特殊的目的来说又是十分重要的。（现代）科学家更感兴趣的是实在而非它的各个方面。但是，除了其形式的方面以外，还有实在的"内容"：即事物之内在的本质。而且，除了属性的方面以外，还有非属性的方面：自然的那些个人的选择造成了现实差异的方面。科学只提供了一半的真理，全面的真理包括了科学真理，但又不局限于它。"宗教思想、伦理思想、诗学思想、目的论的、感情的、情感的思想（人们可以称之为个人的生活观，以区别于非个人的和机械的生活观，或是称之为浪漫主义的生活观，以区别于理性主义的生活观）一直是，甚至仍将是外在于训练有素的科学界即占统治地位的思维形式的。"关于实在的科学视域要求的是由个人（宗教的、伦理的、诗学的、技术的、情感的、情操的）视域提供的一种平衡。撇开了这些视域，科学知识便是不完全的和会使人误入歧途的。

在《多元的宇宙》中，詹姆士简略地提出了同样的观点。他认为："理性至少具有理智的、美学的、道德的和实践的四个层面。"理性判断乃是一种最大程度地同时考虑到所有这些方面的判断。就现代科学而言，由于其感觉主义取向和物理主义取向忽视了道德的、实践的和（大部分）美学的层面，因而必须用理解实在的其他研究方法来补充。现代科学在其全盛时期也未能获得关于宇宙的全面真理，其"真理"必须被分解到最终的分析之中。但是，由于其十分有限的研究方法，它未能获得关于任何事物的全面真理。詹姆士有时又认为，最合理的观点是一种用美学真理和道德真理来补充科学真理的观点。但是，詹姆士还提出了把科学从来源于其物理主义和感觉主义观点的局限中拯救出来的第二种方法。人们可以用泛经验论代替其物理主义，并在一种更广泛、更彻底的经验论中包括其感觉知识。换句话说，科学是可以被重新概念化的。和现代科学不同，后现代科学在其真正的基础中包括了一种经验的观点。如果科学要达到其要求，如果科学就是知识或认识（正如其名称表明的那样），那么它就必须是对"我们直接遇到的事物的唯一一种形式"即人的经验的恰当说明。

詹姆士赞成的那种泛经验论的形而上学承认："一种个人生活的（它可以是任何一种复杂程度的、超人的或类人猿的和人类的）集体主义，即彼此不同的认识、不同的意欲和冲动，通过努力和尝试及其相互作用和积累的成就而实现的真正进化和变化，组成了这个世界。"就岩石、树木、动物和上帝都有某种经验而言，它们是类似的，但经验的层次、各自经验的内容和假说的清晰性又有着巨大的差异。詹姆士更多地说明的是诸如云彩和岩石以及动物和上帝这些事物之间之外在的巨大差异。例如，他可能预见到了怀特海和哈茨霍恩在个体和集体之间所作的区分，这种区分乃是以很久之前莱布尼茨作出的区分为基础的。不过，他所主张的这种泛经验论认识到了经验现实的一个更为广泛的范围。

在现代科学与一种泛经验的、彻底经验的和后现代的科学之间，实际的区别也许就是，后者面向研究各种被称为心理的、心灵的、灵学的或超自然的现象。詹姆士毕生都致力于探索各种异常的心理学现象，包括药物引起的幻觉、明显的思想—移情（或心灵感应）以及明显的和死亡的交感（communication with dead）。詹姆士不仅对现代科学没能解释这些现象不满，而且现代科学甚至没有考察任何证据就摒弃了这些现象的存在。詹姆士问道："为什么考察所谓心灵感应的证据的科学家寥寥无几呢？"他回答说："因为他们认为，正如一位现在已经去世的杰出生物学家曾经告诉我的那样，即使这种事情是真的，科学家们也应该联合起来隐瞒和掩盖它。它可能破坏自然的齐一性（uniformity），以及所有那些舍此科学家们就不可能进行其研究的其他事情。"换言之，科学对任何违背其唯物论和感觉论范式的事物都视而不见，认为与其研究这些现象，不如斥之为先验的。詹姆士在写给 K. 斯图姆夫（Karl Stumpf）的信中说："我相信，在对自然的调研中，不存在欺骗的源泉，它可以和一定种类的现象是不可能的这一固定信念相比较。"

坦率地说，现代科学由于其和物理主义与感觉主义的历史联系而排斥了心灵事件，这是完全可以理解的。一门不能说明任何一种心灵实在情况的科学，显然是不可能说明异常的精神状态的。詹姆士提到的那位生物学家是部分正确的：即承认（心灵类型之）异常精神状态的存在，可能破坏现代科学理论的齐一性。人们既不能简单地把心理现象加到另一种唯物主义的宇宙之中，也不能简单地把非感性的知觉加到一种特定的样式之中。心灵现象代表了对现代科学的一种直接的挑战。

詹姆士对心理现象的后现代态度可能最好被描述为：面向各种事实。在某些情况下，他相信事实的存在；在另一些情况下，他又不相信事实的存在。詹姆士充分意识到，心理研究是"一个充满了欺骗源泉的领域"，但他也意识到，关于心理现象的报告和关于人类的记载一样古老，而且出现在每一种文化中。那些相信物理主义和感觉主义的人必定会拒斥心理现象，因为他们的世界观排除了非感性经验的存在。然而，由于詹姆士既不是物理主义者，也不是感觉主义者，他便自由地面向了他们可能证明的任何事实。

显然，在"心理研究完成了什么？"一文中，詹姆士认识到，心理研究要求的不只是现代科学研究范围之简单的扩展，它要求的是科学的一种根本的重新概念化。"科学（就科学否认了这些异常事实而言）好像将它们隐藏在灰尘之中；而且，我现在感到最迫切的理智需要是，以一种这些事物在其中可能具有一个确定地位的方式重建科学。"如果科学就是去理解心灵现象的话，它必须重新考虑它的基础，即"以一种这些事物在其中可能具有一个确定地位的方式重建科学"。它既不能简单地被扩大到包括这些现象，也不能只是用其他真理来补充。

一种以泛经验论和彻底经验论为基础的科学也许是这样一种科学，其中各种异常事件也和正常事件一样都有一个确定的位置。如果实在不过是由经验实体组成的，如果存在着比感觉经验更根本的经验模式，那么对心灵现象的各种解释都是可能的。同样重要的是，这种科学可能把这些硬核的常识概念说成是个人的经验，即实在而非自我的存在以及因果关系。这些都是现代科学必须预设的概念，但是，只要把自我局限于物理主义和感觉主义的学说，就不可能给出任何说明了。

那种认为詹姆士对现代科学的主要异议源于其未能研究各种明显的心灵事件的说法也许是错误的。至少是在其早期和成年时的大部分时期，詹姆士对现代科学的主要异议是，与其相关的认识论未能提供对实在之伦理的、宗教的和美学的层面的支持，而且实际上倾向于否认实在的这些方面。只要伦理的直觉、自由的决策和宗教的经验（还应该加上对关系的经验，以及对某物之非感觉的意识）被认为是心灵体验，即正在落入现代心理学领域之外的经验，那么现代科学就不可能说明心灵现象。但这并不是"心灵的"这个语词之习惯的用法。詹姆士对现代科学的主要异议是，它未能说明实在之个人的方面，即宗教、诗学和美学这个主题。现代科学拒绝考察各种异常经验，不过是其对物理主义和感觉主义所承担的义务的一个例证。

对他自己的两条建议，即用其他真理来补充现代科学，以一种后现代的方式重新认识科学，詹姆士更倾向于哪一条尚不很清楚。第一条建议之明显的优点是，它不要求对科学的组成部分有任何根本的改变，它的全部要求就是承认其真理天生就是有限的和部分的。第二条建议的优点是，它可能导致一种更为恰当的科学，即一种可能支持伦理直觉、自由意志、情感、宗教经验、审美享受、对因果性和其他关系的感受、对现实世界的直接意识和各种非感性知觉（包括心灵知觉）的实在的科学。总之，第二条建议的优点在于，它允许在所有体验到的复杂性中对实在有一种整合的理解。我想，至少是在其更彻底的或后现代的基调中，詹姆士倾向的是这一种方法；而在其更保守的或现代的基调中，他倾向的是第一种方法。

詹姆士的后现代观点特别表现在他关于上帝与道德生活的关系的思想中。从一种现代的观点看，上帝和道德生活在很大程度上是一些可疑的论题。如果一切事物最终都是物理的，如果所有知识都是通过身体的感觉得到的，那么谈论上帝或者是谈论对和错还有什么意义呢？但是，正如詹姆士主张的那样，如果一切都不只是物理的，如果一切事物都有某种个人的或经验的方面，如果以感觉为中介的经验只是人类经验的一小部分，那么谈论上帝、道德以及它们之间的关系，就可能是有意义的。

詹姆士认为，我们每个人都有关于上帝的直接体验，某些人还具有特别生动的宗教经验，但我们所有人都只是在某种层次上体验了上帝。詹姆士指出："对我们的存在的进一步限制陷入了一个完全不同的存在层面（它来自可感的和完全可以理解的世界）。我们称之为神秘的领域，或神奇的领域，或你选择的任何一个领域。……至少对我们基督徒来说，上帝乃是自然的名称。"上帝的存在不只是一个假定，在詹姆士看来，上帝的存在还是一个经验事实。上帝被认为是存在的，因为上帝被领悟到了，即使不是通过五种感觉中的任何一种被领悟的。

詹姆士似乎要证明：即使不存在上帝的经验证明，人们还是有权信仰上帝，而且具有这种信仰是健康的、正常的，在理智上是可辩护的。在他的"信仰的意志"（他很遗憾没有起名为"信仰的权利"）一文中，他得出了这样的结论："如果一个人选择完全舍弃上帝或未来，没有人能阻止他；没有人能超越理性怀疑他是错误的。如果一个人有其他想法并按他想的那样去做，我不认为任何人能证明他是错误的。每一个人都必然按照他认为最合适的方式去做，而且，如果他错了，对他更不利。"信仰上帝是合法的，这部分地是因为，它不能被证明为是假的。

但是，信仰上帝的权利还来自这样一个事实，即它有或者可能有积极的用处。信仰一定的上帝——一个和我们一起为了善而劳作的有限的上帝的概念，在我们当中激发了一种十分有用的"狂热情绪"（strenuous mood）。"这种狂热情绪的能量如此之深地贯穿于我们自然人的各种可能性之中，以致即使没有信仰上帝的形而上学依据或传统依据，人们仍可能简单地假设一种生活艰辛的借口，并避免这种狂热之最强烈的可能性的存在的游戏。每一种能量和忍耐，每一种勇气和对付生活之恶的能力，都在那些具有宗教信仰的人当中得到了释放。因此，在人类历史的战场上，这种狂热型的性格意志总是比随和型的性格意志要持久，而且，宗教将把非宗教逼至绝境。"信仰一种上帝之所以是有用的乃是因为，生活富有挑战和意义，人的健康成长提供了必要的资力（wherewithal）。

詹姆士决没有把他的信仰上帝在理性上是可以辩护的和有用的观点，与信仰上帝在彻底经验的基础上是正当的观点联系起来。他从没有明确地说，信仰上帝在理性上是可辩护的和有用的（正常的和健康的），上帝在某种程度上乃是每个人的经验的一个组成部分。如果他这样说的话，那么詹姆士在"信仰的意志"中对上帝存在的主要论证的判断当然也就不会像现在这样广泛传播。事实上，詹姆士关于上帝存在的主要"论证"（如果人们想用这个语词的话）乃是基于对上帝的直接经验的一个复杂论证。

詹姆士的世界观中包括了上帝这一事实本身，并没有使这种世界观成为后现代的。实际上，许多思想家都会假定，他对上帝的容纳表明，他在某种程度上一直是前现代的。使他对上帝的思考成为后现代的乃是他对上帝的特殊理解。詹姆士得出结论说，上帝不是全能的，上帝在整体上也不是超验的，而且上帝是不受人的活动影响的。在拒斥上帝的全能、绝对超验和冷漠性的同时，詹姆士也拒斥了前现代有神论的三个主要信条。

詹姆士似乎从未想到过怀疑上帝的善是可以理解的。詹姆士认为否认恶的存在是不可能的，如果世界上存在着恶，那么对它的解释必然表明上帝控制事件之有限的能力。他写道："我相信，唯一名副其实的上帝必定是有限的。"他在《多元的宇宙》中指出："摆脱悖论和困惑的唯一途径，乃是一种一贯慎思的一元论的宇宙（它经受了神秘的'堕落'，即从实在堕入现象，从真理堕入谬误，从完美堕入缺憾，简言之，堕入恶）。我认为，摆脱所有这一切的唯一途径，就是坦陈多元论的观点，并假定超人的意识（上帝），尽管它可能是巨大的，本身就有外部的环境，而结果则是有限的。"如果上帝是无所不包的，如果上帝对发生的一切事情的每一个细节负责，那么人们就必然会认为上帝对整个人类历史的所有原罪或罪恶负责。上帝在世界上活动，但上帝不是唯一的活动者。

在对上帝的有限力量以及诸如我们自己这些非神的存在的相关力量作出这种明确肯定的同时，与传统有神论相反，詹姆士还强调了上帝在世界上的包容性。他拒斥了那种黑格尔式的先验的一元论，这种观点认为上帝没有力量在世界上产生各种影响。詹姆士决没有否认上帝在某些方面是先验的，但他同时相信上帝是内在的。如果上帝完全是先验的，上帝就既不会被体验到，也不会发生作用。詹姆士写道："先验论者喜欢'灵魂至上'这个语词，但作为一个规则，他们在一种理智主义的意义上使用它，只用来表明一个交流的中介。'上帝'是一种因果的动因，也是一种交流的中介，这就是我想强调的方面。"上帝不仅在世界之上，上帝就在世界之中。

詹姆士的后现代上帝观的最后一个特点是，上帝是受各种非神存在的自由作用影响的。古典神学家一直认为，上帝是冷漠的，即缺乏回应世界的感情。坚持上帝可能受难，因而可能感受，就是肯定上帝在某种意义上是被依赖的，因为感受者是依赖于感受的对象的，而且依赖性一直被认为是低于自足性的。但是，詹姆士推论说，如果人类不能影响神的生活，如果上帝对人的决定、活动和感觉漠不关心，那么任何东西最终都是毫无意义的。在"什么使得生活富有意义?"一文中,他写道:"我承认我不明白,为什么一种无形的世界秩序的真实存在不能部分地依赖于个人的回应(我们任何一个人都可以提出这种宗教要求)。总之,上帝自身可以从我们的忠诚中汲取生命的力量并增进真实的存在。就我自己而言,我不知道这种生活的血汗和悲剧意味着什么,如果它们意味着这其中的任何一种东西的话。"如果我们的所作所为对这个唯一永恒的存在没有产生某种影响,那么我们最终所做的一切都是毫无意义的。与其在古典有神论的模式之后把上帝想象为完全自足的,詹姆士宁愿认为上帝"可以从我们的忠诚中汲取生命的力量"。上帝影响着世界,而且也受到世界的影响。

(译自 David Ray Griffin ed. , *Founders of Constructive Post Modern Philosophy*, State University of New York Press, 1993.)

生态学和文化：一种过程的研究方法*

［美］J.麦克丹尼尔

　　"过程哲学"是一个用来表示 20 世纪下半叶在西方出现的、并受惠于晚近哲学家和数学家阿尔弗雷德·诺斯·怀特海（Alfred North White-head）的宇宙论的各种哲学观点的名称。在怀特海哲学的基础上，许多过程哲学家坚持以下六种共同的观念。我一开始就提到它们，目的是为进一步的讨论搭建舞台。

　　第一，过程哲学家把宇宙想象为一个内在相关的和进化的整体，它具有银河的和地球的多个层面，其中，人类起着一种很小的、但却是创造性的作用。人类乃是这个更大的生活之网的组成部分，而不是游离于它的。第二，过程哲学家强调，一切现实都"显现在"一切他物（others）之中，因此，正如事物有其自身的特性一样，它们内在地是由它物构成的。例如，在物质世界中，没有自包（self - contained）的实有；或者在人类世界中，没有皮包的自我（skin - encapsulated egos）；相反，有的只是关系中的实有和共同体中的人。第三，过程哲学家强调，宇宙本身是一个生成和变化的过程。因此，所有活的存在（包括人类）在任何两个瞬间决不可能是完全一样的。根据这种观点，实在本身更像是一个动词而不是名词。这样，即使显然是固体的东西（如山脉）也以各种细微的方式发生着变化，因而它们正处于（正如它们以前那样）缓慢的变化之中。第四，过程哲学家提出，每一种活的存在——不只是每一个人，而且是每一个动物——都由于一种生存的诱惑以及和周围境况相关的满足而充满了生机。

---

　　* 原载《求是学刊》2004 年第 4 期；中国人民大学复印报刊资料《创新思维》2004 年第 6 期全文转载。

根据这种思维方式，实在既有主观的方面又有客观的方面，即既有看不见的层面又有看得见的层面，它表明，作为一个整体的宇宙是一个主体的共同体，而不只是一个客体的集合。第五，过程哲学家提出，每一种活的存在不仅是通过外在环境的影响和化学刺激而形成的，而且是通过内在感受到的生存以及和周围境况相关的满足的目标——过程哲学家称之为主观目的——而形成的。这些主观目的并不完全趋向于生存，而且趋向于经验中的和谐与强度（intensity），趋向于美。因此，过程哲学家都具有这五种观念。

我们必须在这五种观念之外立刻加上另一个对宗教取向和精神取向的过程哲学家来说十分重要的观念。怀特海在《观念的历险》中提到了它，它似乎更多地是在宇宙中而不是在熵（entropy）当中。在宇宙中似乎也有一个厄洛斯神（Eros），即一种和谐与强度的倾向或欲望，它表现在一切活的事物中，而且除此之外，还表现在宇宙发展各种新的整体的那种倾向中：来自原子的分子，来自分子的活细胞，以及在我们的小行星上来自细胞的组织和来自组织的机体。这种旨在美的倾向或目的不是超自然的（supernatural），而是极自然的（ultra - natural）。在其最深层和最原初的层面上，它乃是宇宙的"道"（the Way）即宇宙的文化。我们人类不是通过逃离这种美的倾向，而是通过认识它、相信它以及与它的合作而在生活中找到我们的"道"的。怀特海用"上帝"这个语词命名了这种更深切的美的倾向，但他也使用过其他一些语词（如厄洛斯神）。在我们这次会议上，我们也可以用宇宙的"道"来讨论这种倾向。

那么，这六种观念对我们分有社会生活有什么意蕴呢？其某些意蕴是伦理的，它们包括这样一种观念，即我们人类和其他活的存在不仅具有一种生物学的亲缘关系（kinship），而且在一定意义上，具有一种主观的或经验的亲缘关系。我们真的是哺乳动物中的哺乳动物，受造物中的受造物，肉身中的肉身，感性存在中的感性存在。我们是一个更大的家庭——生命共同体——中的成员，而且我们不是通过否定这种亲缘关系、而是通过肯定它而成为更完全的人。最终，这种共同体不仅包括生活在现在的一代代人，而且包括先前的一代代人（他们也以多种方式"显现在"我们的经验中）和将来的一代代人。这个家庭是世世代代的。由于在一个更大的生活家庭中的这种分有，我们不仅对其他的人类而且对其他的活的存在，不仅对客体而且对其自身的主体便有了尊重的伦理责任。在和其他的活的存在的关系中，对这些伦理责任的一种认识并不表明我们人类不能使用其他活的存在，但它也不表明，如果我们的文化和生活方式是去占有物的自然，那么我们的文化就应该包括一种尊重和关心生命共同体的一般意义。我们必须和宇宙之更深层的节律（rhythms）一道生活，而不是违背它。我们的方式需要和其他受造物的方式以及宇宙的"道"相符合。

由于这些观念不是偶然的，因此，在我们的时代，某些人便转向了作为文化和生态之间以及东方和西方之间的一座希望之桥的过程哲学。本文的目的是进一步勾画对生态学和文化的一种过程研究方法，以便在我们的会议上将这种研究方法和文化哲学的研究方法进行比较和对比。

我渴望了解文化哲学。如果我写作本文是为了寻找接触点（points of contact）的话，我只能请求我的读者的恩惠（indulgence）。本文分为四个部分：宇宙论、伦理学、精神、文化。

一　宇宙论

我用"宇宙论"表明的不是物理学中的一个特殊的亚学科，而是一种更为一般的自然哲学。从过程哲学的观点看，这样一种哲学不仅是通过来自自然科学的各种洞见，而且是通过人之敬畏和惊叹的经验而得到的，因为他们经验到了被感受到的自然界的在场（the felt presences of the natural world）。这些经验往往在音乐和艺术、绘画和文学中而不是在科学中更好地得到了表达。这种过程哲学旨在提供对自然的这样一种研究方法（即宇宙论），它沟通了自然科学和人文科学之间的鸿沟，把两种观点的智慧联系起来了。怀特海的著作《科学与近代世界》就是来自这两个源泉的生动例证，正如他本人既得益于早先的量子理论、又得益于英国诗人威廉·华兹华斯（William Wordsworth）的自然诗一样。

因此，在宇宙论的层次上，过程哲学提出了关于自然的十二种观念，其中许多观念是和东方观念相契合的，甚至一直被亚伯拉罕（犹太教的、基督教的、伊斯兰教的）传统和西方传统的成员用来解释其自身的核心教义。我已经以一种一般的方式陈述了这些观念中的某些观念，但是在此，让我更详尽地阐述它们。

——作为创造的自然。第一种观念是，自然是一个在银河以及地球层面上的不断的创造过程，人类乃是它的一个整合的部分。在过程哲学中，这种不断的创造性就是宇宙之终极的实在。怀特海称之为创造性，它似乎类似于万物（有机的和无机的、看得见的或看不见的）的"气"（the ch'i）。

——作为看得见的或看不见的自然。第二种观念是，自然包括看不见的层面和看得见的层面，正如在哺乳动物（看不见的）和人脑（看得见的）的感受以及其他意识状态中被证明的那样，而且这两个层面都是同一种创造能量的表达，在这个意义上，它是"自然的"。

——内在的价值和泛经验论。第三种观念是，地球（以及任何地方）上的每一种活的存在都是一个自为的主体而非一个为他的客体，因此，活的存在具有内在的价值并根据其自身唯一的观点（自觉地或不自觉地）经验其环境的某种能力。在此，"活的"这个语词包括了神圣的实在和生命（如单细胞的机体和动物）的各种碳基质（carbon - based）的形式。"活的"更一般地表明了任何一种具有主观性的东西的存在，在其基础之上，它可能以一种自觉的或不自觉的方式说明其周围环境，即以各种新的方式创造性地进行回应。当我们把怀特海的这样一种观点（即自然包括了存在的多个层面，而不只是可见的三度空间）和这种远见结合起来的时候，对"活的"这种理解便开启了这样一种可能性，即存在着多种形式的现实性（精神、活的祖先），它们乃是多个本土社会（indigenous societies）的特点，是共同体之更大的生态学的组成部分。它还以这样一种方式拓宽了"生态学"的意义，即像中国人那样强调天—地—人的关系的一种生态学三一体（ecological trinity）。

——两种整体。第四种观念是这样一种观点，即无机物——如山脉——乃是能量的各种亚原子形式的聚合表达（aggregate expressions），如果不是在一种生物学意义上活着的话，它们至少具有某种无意识地领悟其当下环境的能力。那种一切现实实有都具有说明（无论是自觉地还是不自觉地）其环境的某种能力的观点被称之为泛经验论或泛心理论。为了避免那种认为这暗含了宏观实体（如岩石）也是经验着的主体的观点，过程哲学家在两种自然整体——即那些具有统一的主体性的整体（在其基础上，它们具有自为的实在，如活的细胞、动物）和那些能动现象之聚合表达（aggregrate – expressions of energetic phenomena）的整体（它们具有无意识的领悟能力、但又缺乏统一的主体性）——之间作出了一种区分。

——内在相关性。第五种观念是，一切活的存在在与所有其他活的存在的关系（而非分离）中都有其存在和认同（identities），它表明，一种活的存在（包括每一个星球和动物）的真正的认同，部分地是由它所处的物质环境和文化环境决定的。在一种使人想起佛教的意义上，过程哲学更进一步指出，每一个实有都"显现在"每一个其他的实有中。因此，内在相关性便蕴含了内在存在或内在包容（inter – being or inter – containment）。这意味着，自然中的一切实有完全是生态学的，而且人类本身在共同体中的人（而不是孤立的人）的存在中也是生态学的。在一个过程中，相关的共同体包括了人（或其他活的存在）借以栖息的全部生活之网。它意味着，尊重个别活的存在的内在价值不能脱离对工具价值（积极的或消极的）思考。

——技术。第六种观念是，作为一个整体的宇宙千万年来一直在向高度的内在价值进化，这种进化被等同于高度的经验丰富性的能力，它明显地表现在动物（包括人类）以各种不可预测的和创造性的方式回应新的境况的能力上，即既经验快乐、又经验凡世间的悲哀。

——自然界中的神圣的实在。第七种观念是，自然的整体是被一种神圣的实在所包含的，这种神圣的实在即包含了"多"的"一"（One – embracing – many）——它被不同地称为上帝、安拉、佛、天——以一种持续的方式影响着全部自然，即作为一种内在的诱惑趋向于个别活的存在中的满足，并作为一种更一般的诱惑趋向于作为一个整体的进化中的新的秩序形式和新质。在本文的最后一部分我将提出，这种神圣的实在还可以被称为宇宙的文化或宇宙的"道"。我将把这种神圣的实在称为上帝。

——非超自然主义。第八种观念是，这种神圣的诱惑并没有阻碍物理学和化学所理解的自然的因果运作，它表明，在其他事物中，它最好是被理解为极自然的而非超自然的，这导致某些过程哲学家把过程哲学说成了自然主义有神论的一种形式。

——神圣的移情（Empathy）。第九种观念是，这个包含了"多"的"一"不仅以一种非强制的方式影响着全部自然，而且以一种持续的方式通过自然发生作用，因此，它移情地分有了存在之所有形式的经验和所有活的存在的快乐与悲哀。

——上帝中的悲剧。第十种观念是，由于这种移情，这个包含了"多"的"一"不仅通过个别活的存在的经验而得到了丰富，而且通过居住在这个星球上的多种生命得到了丰富，因此，生物学多样性的一种偶然的灭绝对地球神圣的生命本身来说乃是一个悲剧。

——作为反对创造的偶然暴力的罪。第十一种观念是，由于自然本身在所有层次上都是创造的，便存在着一些在进化本身当中、在人和其他活的存在以及存在的各种形式的互动中发生的事情，它们乃是悲剧性的，即使对上帝来说也是如此。这就导致过程哲学家把罪定义为反对创造的偶然暴力，甚至上帝也会蒙难。

——共同创造。第十二种观念是，人类作为受造物中的受造物可以通过和那种旨在完美的生活的神圣诱惑的合作来阻止这些悲剧，而且这种回应乃是他们在生命中的真正天职（true vocation）。在过程哲学家那里，自然的整体是历史的或进化的，而且未来不是前定的，甚至不是由上帝前定的。未来所发生的事情取决于人类和其他活的存在现在作出的各种决定。

二　伦理学

所有十二种观念对生态学都有意义。所有活的存在都有内在价值的观念包含了这样一种观点，即人类对其他家养的和野生的受造物（如动物）负有道德义务。它同时表明，各种经济体制和政策应该将其目的确定为在一种生态学上相回应的关系中促进人的福祉，而不是为了其自身的原因促进经济增长；而且人类共同体在它们与生命的其他形式和自然系统之富有成效的合作中实现了其繁荣，并且当它们在一定范围内受到限制时，为其他活的存在的生息（habitats）开辟了空间。这并不表明任何一种活的存在（甚至包括人类）都具有生命的绝对权利，但它表明尊重和关心生命共同体乃是健康的人类共同体的显著特征。内在价值是有等级的观念包括了这样一种观点，即对一只瞪羚施以暴力比剥夺一个细菌的生命在道德上更可疑，即使瞪羚和细菌都有主观性。上帝是通过生物学的多样性而得以丰富的以及上帝是通过反对创造的暴力而受到损害的观念意味着，与生命的各种非人的形式相关的伦理关系不能脱离对上帝的信仰关系。而人和上帝是共同创造的观念则意味着，上帝的真正意志——自然本身在其完美性（fullness）中得到了繁荣——取决于其在人的回应性上的实现。

在实践层次上，所有这些观念都暗示了人类可能受到指导的不同的指南，正如它们发展了其共同体一样。在某些过程哲学家看来，这些指南的最佳表述之一是一份被称为《地球宪章》（Earth Charter）的文件，这是一份 20 世纪后几十年在联合国讨论后出现的国际性文件，它的中文本可以在 http：//www. earthcharter. org/files/charter/charter_ ch. pdf 上找到。

三 精 神

过程哲学认为，人生不只是哲学和伦理学，而且有理解和道德行为。它包括意识（它对每一种活的存在的内在价值是很敏感的）的精神状态、仪式（它有助于人们认识神秘的事物）的各种形式、旨在意识和能量之间以及无意识当中的各种完好的原始模型（archetypes）的整合的内在历程、谦卑的认同（人是渺小的，但又被包括在了一些更大的整体中）。在过程哲学中，精神的所有这些形式都是自然的，而且是通常意义上所理解的自然的组成部分。

进而，怀特海的哲学面向了这样一种可能性，即可能有各种形式的移情关系，不仅是在人类和其他人类之间，而且是在人类和生命的各种非人类的形式之间，而且旨在平和的自我（peaceable selfhood）的真正历程完全可以在死后得以继续，直至实现整体性。这些关联和延续应该被证明为是真的，它们也是被更宽泛地理解的自然的组成部分。

最后且最重要的是，从一种过程的观点看，认为精神本身始于人类乃是错误的。每一种活的存在都有其自身唯一的与神圣的实在的关系，而且所有活的存在（实际上是宇宙的整体）都被包括在了更大的神圣的整体之中。其他活的存在是如何经验这种包容的，对人来说是一个神秘的事物。但是，它们是这种包容的组成部分对过程哲学来说却是至关重要的。精神存在不具有正规信念甚或社会伦理，但对这种神圣的包容却有着无言的定调（non - verbal attunements）。这种包容采取了一种对生存（它和相关境况的满足有关）的内在感召的形式。对自然中的许多受造物来说，人更多地是被包含的，渴望满足的生存这种简单的欲望乃是精神的一种形式。

四　文　化

上面提出的这三种观念——宇宙论、伦理学和精神——都是抽象的，而且在一定意义上都是个人主义的。它们可能为个人所利用，即使它们和它们借以生存的更广泛的文化不尽一致。

在一种过程语境中，"文化"这个语词可以用多种不同方式来定义。在一种很一般的意义上，文化只是世界上的一种共同的生活方式，它通过人得到了体现，人们可能以一种个人的方式彼此相识或不相识，而且可能以无数方式完全不同于他人。但他们仍具有共同的感受和回应世界的方式，因为他们受到共同的主观目的和欲望的指导。一个民族可能有一种文化，但一个相邻的民族、一个组织和一个学校也可能有一种文化。在其根基上，"多"（如果不是所有世界宗教的话）才是文化的形式。

那么，什么是共同的感受和回应方式呢？让我们从感受（feeling）这个语词开始讲起。在怀特海的思想中，这个语词的定义是很宽泛的。它是根据一种内在的观点来说明其他事物的方式。共同的感受方式不仅包括共同的情感习惯，而且包括共同的思维方式、想象方式和认识方式。这是因为，在过程哲学中，思维乃是一种感受形式：即对观念的在场的一种感受。想象也是一种感受形式，即对各种潜能（它在现实世界中可能实现，也可能不实现）的一种感受。而且认识也同样是一种感受形式，即对那些可进入感觉的客体的在场的感受。总之，人的心灵的所有活动都是怀特海所说的感受的表达式。我们感受到了其他事物，然后我们进行回应；而且，如此感受他物的"我们"本身就是感受的过程。

和感受相类似，回应（responding）这个语词也必须被很宽泛地定义。回应将不仅包括对当下环境之共同的内在回应（正如在共同的快乐和悲哀中显现的那样），而且包括共同的实践方式（正如在制造工具或建筑房屋或准备食物中显现的那样）。这些物理的活动都是回应的形式，因为它们是对时代的需要和由人所使用的物理资源需要的创造性回应。这表明，当我们看到一个人的物理制品（physical artifacts）时，我们看到了他们在其中借以回应其环境的方式。而且它还表明，他们的文化包括了看得见的和看不见的、想象的和感性的、隐性的和显性的部分。

那么，一种文化是如何被传播的呢？过程哲学家家认为，一种文化是通过许多人所说的教育（正规的和非正规的）被传播的，而教育又可能通过两种学习形式发生。一种是从身体到心灵的学习或通过实践的学习（learning from body – to – mind or learning – by – doing），例如，这种学习出现在各种有意义的仪式和共同体约定的形式中（其中，人们一起共事，在共事中进入了感受和回应的各种共同形式）。在许多社会，这是一种主要的学习形式。人们不是通过研究它或反思它，而是通过参与它和学习它在其文化的智慧中得到了成长。教育的另一种形式可以被称为从心灵到身体的学习（learning from mind – to – body）。这包括听取他人提出的各种观念，并以一种更自觉的和疏远的（distanced）方式反映它们。这就是那种自启蒙运动以来在西方社会一直被着重强调的学习方式。

关于文化的一种过程的研究方法对这两种学习形式都很敏感。一方面，怀特海主义者很严肃地对待这样一种观念，即我们不仅可以通过读书、而且可以通过与他人一道共事来获得关于世界的各种洞见，即允许各种洞见自发地和偶然地涌现。在怀特海的思想中，经验的各种形式之所以得到严肃对待是因为，在因果效应性的模式中，每一个瞬间的经验都始于接受事物的一种活动。对因果效应性的感受形成了人的共同体借以被结合，以及宇宙借以被结合的经验胶质（experiential glue）。当然，怀特海主义者也严肃地对待这样一种观念，即我们可以通过各种更为疏远的方式，通过文本和传说、电影和音乐、艺术和科学的中介来考察它们而接受这些洞见。无论文化怎样传播，事情总是清楚的。正如人们受到教育进入了他们的文化一样，他们也改变了其文化。从一种过程的观点看，通常来说，一种文化就是一种过程中的文化或一种过程中的生活方式。实际上，一种文化就是最深层的"道"。

那么，说一种文化就是一种"道"意味着什么呢？理解它的意义，可能有助于在一种类似于共生（concrescence）的过程的意义上接受一种文化。在怀特海的思想中，一个共生的过程就是许多事物借以被结合进一个瞬间经验的统一体中的活动。来自日常生活的一个例证可能是有帮助的。我们来考察一下一个行走在路上、和牙科医生约会的人。正如我们在行走时那样，我们将感受到我们脚下的土地的存在，而且我们的双腿的运动和我们的步伐是一致的。我们还将感受到其他一些和我们一起在行走的人的存在，我们心灵中的某些观念（作为对我们的反映）的存在，我们希望达到的地点的存在，等等。当然，其中的某些观念可能在我们的意识的前台，某些观念则可能在幕后。我们可能更多地意识到的是我们自身最深处的思想，而非我们移动着的双腿。我们可能消失在我们的思想中。不过，所有这些不同的项目——道路和行人、观念和目标、运动和记忆——都将被结合进我们的经验的统一体当中。这就是怀特海所说的共生，他指的是"多"变成"一"的过程。

这种"多"变成"一"的过程并不意味着世界的消失。世界的统一就在经验的活动之中，它不是世界的一种坍塌，而是世界的一种和谐。例如，正如我们行走在街道上一样，街道还是街道，它表明，如果我们跌倒的话，它会伤害我们。不过，街道仍将被结合进我们的经验之中，这样，街道便真的显现在了我们的经验中，即使它在我们的身体之外。

因此，我们才可能说，在任何一个给定的瞬间，每一个人类都有一种文化，都有一种在世界上的生活方式。这种经验方式既受到那个人的生活的客观条件的影响，也受到指导那个人回应这种条件的主观目的的影响。例如，如果我们赶去赴一个已经迟到了的约会，我们就可能走得很匆忙。这种匆忙并非来自街道，而是来自我们的主观目的。对那个瞬间来说，它就是我们的文化。

因而，它是一种集体的文化，通过它，宇宙的"多"在当下给定的一个历史瞬间变成了"一"。如果我们在第一人称单数的语法类推上想象一个共生的过程，那么一种文化就可以被想象为一个第一人称复数的类推。它不是我的生活方式，而是我们的生活方式。尽管这不应该暗示先有我的生活方式，我们的生活方式是根据大量聚合的个人化的方式而建立的。我们的生活方式乃是构成第一人称单数的组成部分。不存在没有"我们"的"我"，这个第一人称单数可能是健康的或不健康的、建构的或解构的、创造性的或愚钝的、和谐的或失和的、可持续的或不可持续的、正义的或非正义的。无论如何，第一人称复数都是那个在历史上任何一个给定的瞬间中的"我们"，而且它本身就是宇宙在历史之当下的一个集体瞬间中成为"一"的那种方式。

这就提出了宇宙本身是否可能有一种包罗万象的"生成的一"（它超越了个人和地方共同体的个别特质）的问题。如果有一种在街道上行走的个别方式，以及一种具有各种价值和欲望的人的方式，那么是否也有一种作为一个整体的宇宙的方式呢？我在本文中曾暗示，从一种过程的观点看，宇宙实际上具有一种"道"，在许多西方传统中，这种"道"被称为上帝，但这个语词往往过多地暗示了一个与世隔绝的、首先存在然后再作用于世界的实体。或许，中国思想提供了一种更好的或更怀特海式的研究方法。毕竟，怀特海本人批判了各种主词—谓词的思维方式（其中，我们把主词想象为首先存在，然后再有谓词被附加在它们上面）。西方的过程哲学家们往往落入了这一陷阱。他们谈论上帝，似乎上帝首先存在，然后再进入了与宇宙的关系，似乎上帝和宇宙都是名词和动词。那么，用中国的语词来重新设想过程哲学会是什么样子呢？它会把宇宙想象为是由动词中的动词构成的，然后再想象一种深层的生成（其中所有动词都有其存在）吗？它会进一步想象这种深层的生成就是"道"本身吗（这样，作为一个整体的宇宙在其自身的方式中便成了一种能动的和永远变化着的文化）？西方过程哲学家自然会提出这些问题，因为他们在和中国思想家进行讨论。他们想要知道真正传统的中国语词——例如"道"——是否能更好地有助于过程哲学家在其思想的时候更少地成为实体主义者，因而更多地成为怀特海主义者。

总之，事情是很清楚的。在世界的许多地方，占统治地位的文化气质（cultural ethos）既不是怀特海主义的也不是道教的，既不是儒家的也不是马克思主义的，而是消费主义的。在消费主义的文化中，社会生活是围绕无尽的经济发展的目标来组织的，人们倾向于根据金钱来衡量其社会的福祉，这样，经济增长和共同体的福祉便被等同起来了；而且人们是根据和他人在地位和物质财富上的比较来衡量其自身的"幸福"的。这种文化气质是否可能和世界上各种更为传统的存在方式相共存，或者相反，它是否意味着它们的终结，尚不清楚。

过程哲学的希望在于，消费主义的文化可以被改造为一种尊重和关心生命共同体的文化。向着这一目标，过程哲学还充满了这样一种希望，即世界之诸多富有智慧的传统——儒家和道家、马克思主义思想和西方启蒙运动的思想、基督教和犹太教以及伊斯兰教、印度教和佛教——都可能有助于这种尊重。如果这些文化得以凸显的话，那不是因为这个世界转向了过程哲学，而是因为不同文化环境中的人为了发展这种尊重而揭示了其环境中的内在资源。对过程哲学的研究可能有助于这种发展，但它最好是出现在与许多其他思维方式（包括甚至是特别包括中国的思维方式）的一种更大范围的对话当中。我希望本文以某种方式打开这种讨论的大门。

参考文献

［1］Birch, L. Charles and John B. Cobb, Jr. *The Liberation of Life*：*From the Cell to the Community*. Cambridge：Cambridge University Press, 1981.

［2］Cobb, John B., Jr. *Is It Too Late*? A Theology of Ecology. New York：Bruce Publishing Col, 1972.

［3］Grange, Joseph. *Nature*：*An Environmental Cosmology*. Albany：SUNY, 1977.

［4］Griffin, David Ray. "Whitehead's Deeply Ecological Worldview", In *Worldviews and Ecology*：*Religion, Philosophy, and the Environment. Maryknoll*, New York：Orbis Books, 1994, pp. 190—206.

［5］Haught, John. *The Promise of Nature*：*Ecology and Cosmic Purpose*, New York：Paulist Press, 19930.

［6］Howell, Nancy. *A Feminist Cosmology*：*Ecology, Solidarity, and Metaphysics*. New York：Humanity Books, 2000.

［7］McDaniel, Jay. *With Roots and Wings*：*Christianity in an Age of Ecology and Dialogue*. Maryknoll, New York：Orbis Books, 1995.

［8］Moore, Mary Elizabeth. *Ministering with the Earth*. St. Louis, MO：Chalice Press, 1998.

［9］Palmer, Clare. *Environmental Ethics and Process Thinking*. Oxford. Clarendon Press, 1998.

［10］Suchocki, Marjorie Hewitt. "Earthsong, Godsong：Women's Spirituality." Theology Today 45：4（January 1989）：392—402.

（译自杰伊·麦克丹尼尔 2004 年在哈尔滨"全球化背景下的过程哲学和文化哲学"国际学术研讨会上的主题发言。）

科学的世界概念:维也纳学派[*]

[奥]H. 汉恩   O. 纽拉特   R. 卡尔纳普

一 维也纳学派的科学世界概念

1. 历史背景

许多人认为,形而上学思想和神学思想今天不仅在生活中而且在科学中又有所增长,这是一种普遍现象还是一种仅仅局限于某些学派的现象呢? 人们只要看一下大学课程的名称或哲学出版物的标题就很容易证实这种观点。但在今天,与此相反的启蒙精神和反形而上学的实际研究由于日益意识到自己的存在和任务也在不断加强。在某些学派中,以经验为基础的思维方式和对思辨的厌恶由于已经出现的这种新的对立,而比以往任何时候更强烈了。

在经验科学所有分支的研究工作中,这种科学的世界概念的精神都充满了活力。然而只有少数几个主要的思想家对它进行了系统地思考或提倡过它的原则,而且他们很少有人能够把其周围志趣相投的同事聚集成一个学派。尤其是在伟大的经验主义者的传统仍然存在的英国,我们看到人们在致力于反形而上学;罗素和怀特海对逻辑的研究以及对实在的分析已经赢得了国际的重要意义。在美国,人们以极其多样的形式致力于此;在一定意义上,詹姆士也属于这一流派。新俄罗斯显然也在寻求一种科学的世界概念,尽管它还部分地依附于陈旧的唯物主义思潮。在欧洲大陆,尤其是在柏林(莱欣巴哈、彼得楚尔特、格雷林、杜比斯拉夫等)和维也纳,

* 原载《自然科学哲学问题》1989 年第 1 期;另见陈启伟主编《现代西方哲学论著选读》,北京大学出版社 1992 年版。

可以看到人们在沿着科学世界概念的方向集中精力地进行着卓有成效的工作。

维也纳作为这种发展的特别适宜的土壤，从历史上来看是可以理解的。19 世纪下半叶在维也纳，自由主义是长期占统治地位的政治思潮。它的思想界起源于启蒙运动、经验论、功利主义和美国自由贸易运动。在维也纳的自由主义运动中，世界知名的学者们现已占主要的地位，例如翻译了 J. S. 穆勒作品的 T. 冈珀茨（Gompertz）、苏埃斯（Suess）、约德尔（Jodl）等人就曾在这里培养了一种反形而上学的精神。

由于这种启蒙的精神，维也纳在以科学精神进行民众教育方面已经居于主导地位。V. 阿德勒和 F. 约德尔合作创立并推广了民众教育协会；著名历史学家 I. 哈特曼（Hartmann）设立了"通俗大学课程"和"民众学园"，他的全部活动都表现了他的反形而上学态度和唯物主义的历史观。这种精神还激发了"自由学校运动"，这一运动成了今日学校改革的先驱。

E. 马赫（生于 1838 年）曾作为一个大学生和大学编外讲师（1861—1864 年）生活在维也纳这种自由的氛围中。他只是在晚年时回过一次维也纳，当时为他创立了一个归纳科学哲学的专门讲座（1895 年）。马赫特别致力于澄清经验科学（首先是物理学）中的形而上学思想。我们记得他对绝对空间的批判（这一批判使他成了爱因斯坦的先驱），他反对关于物自体和实体概念的形而上学，以及他根据所谓最终要素（即感觉材料）构造科学概念的研究。在某些问题上，科学的发展并没有证明他的观点，例如他对原子论的反对以及期望物理学会通过感觉生理学而得到进展。但他的观点的主要方面在科学的进一步发展中却有着积极的作用。马赫的讲座后来由持明确的经验论观点的 L. 波尔兹曼（Boltzmann）接替（1902—1906 年）。

物理学家马赫和波尔兹曼在哲学讲坛上的活动使我们可以理解，何以人们对那些与物理学基础有关的认识论问题和逻辑问题存在着一种强烈的兴趣。这些关于基础的问题又使人们致力于逻辑的革新。在维也纳，A. 布伦塔诺（Brentano，1874—1880 年任神学系教授，后任哲学系讲师）还从一种完全不同的方面扫清了通往这些目标的道路。作为一个天主教徒，布伦塔诺了解经院哲学，他直接从经院哲学的逻辑和莱布尼茨改造逻辑的努力出发，而撇开了康德和其他构造体系的唯心主义者。布伦塔诺及其学生曾一再明确表示，他们理解博尔扎诺（Bolzano，《科学论》，1837 年）等人为逻辑奠立一种严格的、新的基础所做的努力。特别是 A. 荷夫勒（Hofler，1853—1922 年）在一次讨论会上把布伦塔诺哲学的这一方面提到了一个突出的地位。在这次会议上，由于马赫和波尔兹曼的影响，科学世界概念的拥护者们得到有力的支持。在维也纳大学的哲学学会中，关于物理学基础的问题以及有关的认识论问题和逻辑问题的许多讨论都是在荷夫勒的主持下进行的。哲学学会还出版了《力学经典著作导论》（1899 年）与博尔扎诺的一些论文（由荷夫勒和汉恩编辑，1914 年和 1921 年）。1870—1882 年，年轻的冯·迈农（后任格拉茨大学教授）也在维也纳大学，是布伦塔诺学派的一员。他关于对象的理论（1907 年）与现代关于概念的理论肯定有着某种密切的关系，他的学生 E. 马利（Mally）也从事逻辑斯蒂（logistics）方面的研究。H. 皮切勒（Pichler）的早期著作也属于这一学派。

大约与马赫同时，他的同辈和朋友 J. 波普尔—林克斯（Popper — Lynkeus）也在维也纳工作。除了他在物理和技术上的成就，我们必须提到他的许多（尽管是不系统的）哲学见解（1899 年）及其合理经济计划（《和平时期一般劳动手稿》，1878 年）。他自觉地服务于启蒙精神，这可以从他关于伏尔泰的著作中得到证明。他和维也纳的其他许多社会学家，如 R. 戈特谢德（Goldscheid），都反对形而上学。这在政治经济学领域中也很明显，在维也纳就存在着一种由边际效益学派（C. 门格尔，1871 年）所运用的严格的科学方法，这种方法已在英国、法国、斯堪的纳维亚（但未在德国）扎下根基。马克思主义理论在维也纳也特别受到培植和传播（O. 鲍威尔、R. 希法亭、M. 阿德勒等人）。

特别是从 1900 年以来，来自不同方面的这些影响使得维也纳的许多人经常地、而且是认真地讨论了与经验科学密切相关的更一般的问题。首先是物理学的认识论问题和形而上学问题，如彭加勒的约定主义、杜恒关于物理学理论的目的和结构的观点，以及数学基础问题、公理学问题、逻辑问题，等等。下面列举的是科学史和哲学史的一些主要趋向，它们在维也纳汇合起来，其主要代表的著作在这里都被着重地研究和讨论过：

（1）实证主义和经验主义：休谟、启蒙思想、孔德、J. S. 穆勒、R.

阿芬那留斯、马赫。

（2）经验科学（物理学、几何学的假设等等）的基础、目的和方法，赫尔姆霍茨、黎曼、马赫、彭加勒、恩里克斯、杜恒、波尔兹曼、爱因斯坦。

（3）逻辑斯蒂及其对现实的应用：莱布尼茨、皮亚诺、弗雷格、施略德、罗素、怀特海、维特根斯坦。

（4）公理学：帕什卡、皮亚诺、维拉蒂、皮埃里、希尔伯特。

（5）快乐主义和实证社会学：伊壁鸠鲁、休谟、边沁、J. S. 穆勒、孔德、费尔巴哈、马克思、斯宾塞、缪勒—吕埃、波普尔—林克斯和老门格尔。

2. 以石里克为首的学派

1922 年，M. 石里克应邀从基尔来到维也纳，他的活动完全顺应了维也纳科学氛围的历史发展。他本人最初是个物理学家，他使马赫和波尔兹曼所开创的、并且在一定意义上由具有反形而上学倾向的 A. 施特尔（Stohr）所继承的传统有了新的生命（在维也纳相继有马赫、波尔兹曼、施特尔、石里克；在布拉格有马赫、爱因斯坦、P. 弗兰克）。

这一时期，在石里克周围聚集了一个其成员由各种致力于科学世界概念方向的人联合而成的学派，这种聚集产生了富有成效的相互砥砺。他们当中没有一个是所谓的"纯"哲学家，他们都从事科学的某一专门领域的研究，而且他们来自不同的科学分支，最初都有着不同的哲学态度。但随着时间的推移，他们表现出愈来愈大的一致性；这也是"凡是可说的都可以说清楚"（维特根斯坦）这种特殊的科学态度的一个结果；即使有观点的分歧，取得一致最终也是可能的，所以也是他们所要求的。这越来越清楚地表明，他们的共同目标是一种不仅摆脱了形而上学，而且反对形而上学的观点。

对于人生问题的态度也表现出一种引人注目的一致性，尽管这些问题并不是这一学派讨论的主要问题。因为这些态度比一种纯理论观点乍一看更密切地接近于科学的世界概念。例如，致力于建立一种新的经济关系和社会关系的组织，致力于人类的联合，致力于学校和教育的改革，都和科学的世界概念有着一种内在的联系，这些努力似乎都受到了这一学派成员的欢迎和同情的对待，其中有些成员实际上也在积极地促进这种努力。

维也纳学派并没有把自己局限于作为一个封闭的团体进行集体工作。它也力图与当代富有活力的运动相联系，只要它们能够友好地对待科学的世界概念，并抛弃形而上学和神学。现在，马赫学会就是维也纳学派向广大公众发言的场所。这一学会正如它的纲领声明的那样，希望"促进和传播科学的世界概念。它将组织关于科学世界概念的现状的讲座和出版物，以说明对社会科学和自然科学进行精确研究的意义。这样就会为现代经验主义铸造出思想的工具，这些工具也是塑造公共生活和私人生活所必需的。"通过其名称的选择，这个学会希望表明其基本方向，即摆脱形而上学的科学。但这并不意味着这个学会表示自己与马赫的个别学说有着纲领上的一致性，维也纳学派相信，在与马赫学会的合作中，它满足了时代的一个要求：我们必须为日常生活（不仅是学者的日常生活，而且是一切以某种方式为自觉地重新塑造生活而共同工作的人的日常生活）创造思想工具。在致力于合理改造社会秩序和经济秩序方面表现出来的那种活力，也渗透在建立科学世界概念的运动之中。1928 年 11 月，马赫学会成立，石里克当选为主席，以他为首，维也纳学派全力倾注于科学世界概念领域的工作，这个事实对于维也纳学派的现状具有典型的意义。

石里克和 P. 弗兰克共同编辑了《科学世界概念丛书》，其中主要是维也纳学派成员的著作。

二　科学的世界概念

科学的世界概念的特点并不在于其特有的一些论点，而在于其基本的态度、观点和研究方向。其目的是统一科学。它致力于把个别研究者在不同的科学领域中的成就联系和一致起来。正是出于这一目的，它强调集体的努力，强调那些可以在主体间予以把握的东西，探求一种中立的形式化系统，一种消除了历史语言痕迹的符号系统以及一个总的概念系统。它力求简洁性和明晰性，排斥隐晦玄远和神秘莫测的深奥。科学上没有"深奥的东西"，到处都是表面的东西：全部经验形成了一个复杂的、不能总被概观、而常常只能部分把握的网络。一切都可以为人所理解；而且人是万物的尺度。在这里，科学的世界概念接近于智者派、伊壁鸠鲁派以及一切代表了世俗本质和此岸事物的哲学家，而与柏拉图主义者、毕达哥拉斯派不同。科学的世界概念认为，没有不可解之谜。传统哲学问题的澄清使得我们部分地揭示了它们是一些似是而非的问题（pseudo‑problems），部分地把它们转变为经验问题，从而使它们服从经验科学的判断。哲学工作的任务在于澄清问题和论断，而不在于提出特殊的"哲学的"论断。这种澄清的方法就是逻辑分析方法。关于这种方法，罗素（在《我们关于外部世界的知识》中）指出："通过对数学的批判考察已逐步进入哲学……。我相信，它代表了正如伽利略带给物理学的同样的进步：用零碎的、详细的和可证实的结果来代替许多未经检验的、只能诉诸一定的想象而提出的一般结论。"

逻辑分析的方法从根本上把现代经验主义和实证主义与以前的、更具有生物学—心理学倾向的经验主义和实证主义区别开来了。如果有人断言，"没有上帝"、"世界的始基是无意识的东西"、"生命的本质是隐得来希"，我们并不对他说："你说的是错误的"，而是问他："你的这些陈述有什么意义？"于是，我们就可看出在这两类陈述之间有着明显的界限。一类陈述是经验科学的陈述，其意义可以通过逻辑分析，更确切地说，通过还原为关于经验所予（given）的最简单陈述来确定。另一类陈述，即上面提到的那些陈述，如果人们按照形而上学所指的意义来理解它们的话，则表明是无意义的。当然，人们往往可以把它们重新解释为经验陈述，但这样他们便失去了对形而上学家来说通常是至关重要的感情内容。形而上学家和神学家们相信，因而误以为他们的陈述说了某种东西或指谓了某种事态。然而分析表明，这些陈述并没有说任何东西，而仅仅表达了一定的心境和情感。表达对生活的这些情感可能是一项颇有意义的任务。但这种表达的合适手段是艺术，例如抒情诗和音乐。选择一种理论的形式来代替艺术的手段有一个危险，即把虚无冒充为理论的内容。如果一个形而上学家或神学家要保留这种惯用的语言外衣，那他自己就必须清楚地了解并使人们知道，他并不是在描述，而是在表达；并不是在提出理论或传达知识，而是在写诗歌或讲神话。如果一个神秘主义者声称他有凌驾和超越一切概念的经验，人们无法否认这一点。但这个神秘主义者不可能对这种经验有所说，因为说就意味着用概念来把握和还原到可在科学上加以分类的事实。

科学的世界概念排斥形而上学的哲学，但我们怎样才能说明形而上学之误入迷途呢？这个问题可以从心理学、社会学和逻辑学的几种观点来提出。心理学方面的研究仍处于早期阶段；更深入的说明也许可以在弗洛伊德对心理分析的研究中初见端倪。社会学研究的状况也是如此；我们还应提及"意识形态上层建筑"的理论，但这仍是一个值得进一步研究的有待解决的领域。

有较大进展的是对形而上学迷误的逻辑根源的阐明（尤其是通过罗素和维特根斯坦的著作）。在形而上学理论中，甚至在其问题的提法中，就存在着两个根本的逻辑错误：第一是紧紧地束缚于传统语言的形式，并不了解思维的逻辑成果。例如，普通语言用同样的语言成分即名词既表示事物（"苹果"），又表示性质（"硬的"）、关系（"友谊"）和过程（"睡眠"），因而诱使人们误把功能性的概念当作类乎事物的东西（实在化、实体化）。人们可以引证无数类似的由于语言而导致谬误的例子，对哲学来说，其后果同样是严重的。

形而上学的第二个根本错误在于这样一种观点：即思维或者可以不通过任何经验材料从其自身获得知识，或者至少可以通过对一定事态的推理得到新的内容。然而逻辑研究得出的结论是，一切思维或推理无非是由一些命题到另一些命题的转换，而后者并不包括前者所没有的东西（同语反复的转换）。因此，不可能从"纯思维"发展出一种形而上学。

这样，逻辑分析就不仅在形而上学这个词特有的、经典的意义上克服了它，尤其是经院哲学的形而上学和德国唯心主义体系的形而上学，而且也克服了康德的和现代先天论的隐蔽的形而上学。科学的世界概念不承认有任何源于纯粹理性的无条件的有效的知识，不承认有建立在康德认识论甚或康德前后的一切本体论和形而上学基础上的"先天综合判断"。后面我们还将讨论被康德当作先天知识范例的那些算术判断、几何判断以及物理学的一些根本原则。否定先天综合知识的可能性正是现代经验论的基本论点，科学的世界概念只承认关于各种对象的经验命题以及逻辑和数学的分析命题。

在反对公开的形而上学和隐蔽的先天论的形而上学上，科学世界概念的所有支持者是一致的。除此之外，维也纳学派还坚持这一观点，即认为（批判的）实在论和唯心论关于外部世界和他人心灵的实在性或非实在性的陈述也具有形而上学的特征，因为它们也像旧的形而上学陈述一样受到相同的责难：它们是没有意义的，因为它们是不可证实的、没有内容的。某物只有被组织在总的经验结构中才是"实在的"。

直觉特别被形而上学家强调为知识的源泉。科学的世界概念并不完全否定直觉，然而必须力求为每一直觉知识找到一种合理的根据。寻求者可以用任何方法，但已有的方法必须经得起检验。认为直觉是更高更深刻的认识方式，能够超越感觉经验的内容，并不必受概念思维框架的限制的那种观点则被否定了。

我们已经根据两点规定基本上描述了科学世界概念的特点，第一，它是经验主义的和实证主义的，只有来自经验的知识，这种知识是建立在直接所予的基础之上的。第二，科学的世界概念是以一定的方法即逻辑分析的运用为标志的。科学工作努力的目标是通过将逻辑分析应用于经验材料达到统一科学。既然每一个科学陈述的意义都必须通过还原为关于所予的陈述来说明，那么同样，任何概念（不管它属于科学的哪一个分支）的意义也可以通过逐步还原为其他概念，直到那些与所予直接相关的最低层次的概念来说明。如果这种分析被贯彻到所有概念中去，那么它们就会被安排在一种还原系统、一种"构造系统"之中。对这种构造系统的研究即"构造理论"于是就构成了科学的世界概念运用逻辑分析的框架。这种研究很快就表明，传统的亚里士多德和经院哲学的逻辑完全不适合这一目的。只有现代符号逻辑（数理逻辑）在概念定义和陈述所要求的精确性方面，在使普遍思维推理的直观过程形式化即使之成为一种借助于符号程序自动控制的严格的形式方面获得了成功。对构造理论的研究表明，这种构造系统的最低层次包括自我心理经验和性质的概念，在其之上是物理对象，由此又构成了他人心理，最后是社会科学的对象。不同科学分支的概念在构造系统中的排列今天已经大致有所了解，但仍有很多细节有待于研究。关于总的概念系统的形式之为可能及其梗概既已得到证明，一切陈述和所予的关系以及统一科学的一般结构也就可以认识了。

一个科学的描述只能包括对象的结构（秩序形式），而不包括它们的"本质"。把人们在语言中联系起来的是结构的表达式，这种表达式表达了人们共同具有的知识的内容。主观体验的性质（红、愉悦）本身只能是体验，而不是知识；物理光学只承认在原则上连盲人也能理解的东西。

三　问题的领域

1. 算术基础

在维也纳学派的著作和讨论中，研究了许多来自各个科学分支的不同问题，试图把各个方面的问题系统地联系起来，从而澄清其地位。

算术基础的问题对科学世界概念的发展有着特殊的历史意义，因为它们推动了一种新的逻辑的发展。18 世纪和 19 世纪数学取得了极富成效的发展，这个时期人们对新成果之丰富比对其概念基础的精确考察给予了更多的注意。但是在此之后，如果数学不想失去其结构历来受到赞誉的确定性的话，这种考察就是不可避免的了。当某种矛盾（集合论悖论）产生时，这种考察就更为迫切了。人们不久便认识到，这些矛盾不仅是数学的一个特殊部分遇到的困难，而且是一般的逻辑矛盾或"二律背反"，这些矛盾指出了传统逻辑基础的根本缺陷。排除这些矛盾的任务给逻辑的进一步发展以强有力的推动。在这里，澄清数的概念的努力与从内部改造逻辑的努力汇合在一起了。从莱布尼茨和兰伯特（Lambert）以来，通过更精确的概念和推理过程把握实在，并通过一种模仿数学的符号系统来获得这种精确性的思想曾一再被提出来。继布尔、维恩（Venn）等人之后，弗雷格（1884 年）、施略德（1890 年）和皮亚诺（1895 年）特别研究了这一问题。在这些准备工作的基础上，怀特海和罗素（1910 年）才能够以符号的形式建立起一个连贯的逻辑体系（逻辑斯蒂），从而不仅避免了传统逻辑的矛盾，而且在思想的丰富和实际应用的可能性上远远超过了传统逻辑。他们从这种逻辑体系推导出算术和分析的概念，从而在逻辑上为数学提供了一个牢固的基础。

然而，试图以此来克服算术（和集合论）基础的危机仍有一定的困难，而且迄今还没有发现一种最终的、令人满意的解决。目前在这一领域共有三种互相反对的不同观点，除了罗素和怀特海的"逻辑主义"以外，还有希尔伯特的把算术看作按照一定规则进行公式游戏的"形式主义"和布劳威尔的"直觉主义"。按照直觉主义观点，算术是建立在对二元性和单一性的一种不能进一步归约的直觉基础之上的。维也纳学派以极大的兴趣密切注视着这些争论。我们还不能预见这些争论的最后解决在什么地方；但无论如何，这个解决是与逻辑结构有关的；因此，对科学的世界概念来说，这个问题是很重要的。有些人认为，这三种观点似乎并没有很大区别，他们推测，所有这三种观点的根本特征在未来的发展过程中将日趋接近，而且根据维特根斯坦的具有深远意义的思想，也许在最终的解决办法中会得到统一。

根据罗素和维特根斯坦的研究，数学具有同语反复的性质，维也纳学派也坚持这一观点。应该注意，这种观点不仅是和先天主义和直觉主义相对立的，而且也是和老的经验主义（如 J. S. 穆勒的经验主义）相对立的，这种经验主义试图以某种实验—归纳的方法推出数学和逻辑。

对一般公理方法和性质（完全性、独立性、单型性、明确性，等等）的研究，以及对某些数学分支的公理系统的建立的研究也都是与算术和逻辑问题有联系的。

2. 物理学基础

起初，维也纳学派最有兴趣的是经验科学的方法。由于受到马赫、彭加勒和杜恒思想的鼓舞，他们讨论了通过科学系统特别是公设和公理系统来把握实在的问题。撇开一切经验的应用，一个公理系统首先可以被当作一个蕴含定义的系统；这就是说，在公理中出现的那些概念并不是按其内容而是仅就其相互关系由公理加以规定或者说在某种程度上加以定义的。这种公理系统仅仅由于附加了一些进一步的定义即"坐标定义"才对实在获得了一种意义，这些定义说明了应当把哪些实在的对象当作公理系统的组成部分。正如历史表明的那样，经验科学（它要以一种尽可能统一而简单的概念和判断的网络来描述实在）的发展现在可以两种方式中的一种方式进行，由于新经验的影响而导致的变化既可以在公理中、也可以在坐标定义中找到。这就涉及约定的问题，彭加勒对此作了特别地研究。

公理方法之应用于实在的方法论问题在原则上是科学的任何分支都要考虑的，但这些研究迄今几乎只有在物理学方面取得了成果。这可以从科学历史发展的现阶段的状况得到理解：在概念的精确性和严格性方面，物理学远远走在了其他科学分支前面。

对自然科学主要概念的认识论分析使得它们日益摆脱了从古代就纠缠着它们的形而上学杂质。特别是赫尔姆霍茨、马赫、爱因斯坦等人已经澄清了空间、时间、实体、因果性和或然性的概念，绝对空间和绝对时间的学说已经被相对论否弃，空间和时间不再是绝对的容器，而仅仅是基本过程的有序结构。物质实体已经被原子论和场论所分解。因果性也被剥去了"感应作用"和"必然联系"的拟人化外衣，并被归结为一种条件关系，一种函数坐标。进而，已经出现的统计规律代替了许多被认为具有严格有效性的自然规律。随着量子论的出现，人们甚至怀疑严格的因果规律概念是否可以应用于极小的空—时领域现象。或然性的概念被归结为在经验上可以把握的概念。

由于将公理方法应用于这些问题，经验的成分总是和纯粹约定的成分分离开来，陈述的内容总是和定义分离开来，先天综合判断也就没有地位了。关于世界的知识之所以可能，不是基于人类理性将其形式强加给质料，而是基于质料之以一定方式被赋予秩序。这种秩序的种类和程度不可能预先得知。世界也许可以被安排在比现在远更严格的秩序之中；但同样可能被安排得远更缺乏秩序，而毫不危及知识的可能性。只有对经验科学做愈来愈深入的研究，才能告诉我们世界究竟在什么程度上是有规律的。当然，只有规律性存在，归纳法（即从过去到未来、由此而彼的推论）才是有效的。但这种方法并不是建立在对这种规律性的某种先天假设之上的。任何可以取得成效的领域它都可以应用，无论它是否有充分的根据；但是它永远没有确定性。然而，认识论的反思要求一种归纳推理只要能在经验上得到检验，就应该承认它是有意义的。科学的世界概念并不因为一个研究成果是用一些不充分的、在逻辑上不够明确或在经验上缺乏根据的手段获得的，就摒弃这个成果，但它总是力求用十分清楚的辅助手段进行检验，并要求直接或间接还原到经验。

3. 几何学基础

最近几十年来，在物理学基础问题中，物理空间的问题具有特别重要的意义。高斯（1816 年）、博莱（1823 年）、罗巴切夫斯基（1835 年）等人的研究导致了非欧几里德几何学，使人们认识到迄今一直占统治地位的欧几里德经典几何学体系仅仅是无数体系之一，所有这些体系都具有同样的逻辑根据。这就提出了哪种几何学是实际空间的几何学问题。高斯想要通过测量一个巨大三角形的各条边来解决这一问题，从而使得物理几何学成为一门经验科学，成为物理学的一个分支。尤其是黎曼（1868 年）、赫尔姆霍茨（1868 年）和彭加勒（1904 年）进一步研究了这些问题。彭加勒特别强调了物理几何学和物理学的所有其他分支之间的联系：关于实际空间的性质的问题只能与物理学的整个体系联系起来予以回答。爱因斯坦后来发现了这样一种体系，对这些问题做了有利于某种非欧几里得体系的回答。

由于这种发展，物理几何学越来越清楚地从纯粹的数学几何学中分化出来，后者则通过逻辑分析的进一步发展逐渐地愈来愈被形式化了。首先是被算术化，即被解释为关于一定数系的理论；其次是被公理化，即通过公理系统来表达，这些系统把几何元素（点，等等）当作未被定义的对象，并仅仅确定它们的相互关系；最后，几何学被逻辑化，即被描述为一种关于一定的结构关系的理论。这样，几何学便成了公理方法和一般关系理论应用的最重要的领域，从而对这两种方法的发展给予最有力的推动。这两种方法对逻辑本身的发展，因而对科学的世界概念也具有极其重要的意义。

数学几何学和物理几何学之间的关系自然要导致将公理系统应用于实在的问题，如上所述，这一问题在关于物理学基础更一般的研究中起了重大作用。

4. 生物学和心理学基础问题

形而上学家总是喜欢把生物学当作一个特殊的领域。活力论这种特殊的生命力学说就表明了这一点。这种理论的现代代表人物力图使它从以往模糊、混乱的形式变为一种概念明确的表达，用"显性基因"（莱因克，1899 年）和"隐得来希"（德里施，1905 年）代替了生命力。但是这些概念并没有满足还原为所予的要求，因此科学的世界概念把它们当作形而上学的概念予以排斥。对于提出一种灵魂的干预、"精神在物质中起主导作用"的所谓"精神活力论"也可以这样说。然而，如果人们剖析一下这种形而上学活力论在经验上可以把握的核心，它不过就是这样一种观点，即有机自然界的过程是按照那些不能被归结为物理规律的规律进行的。更精确的分析表明，这一论点等于断言，实在的某些领域并不服从于一种统一的和普遍的规律。

　　不难理解，科学的世界概念在那些已经达到概念精确性的领域比在其他领域，在物理学中比在心理学中更能明确地证明其观点。我们今天在心理学中仍在使用的语言形式有其古代形而上学灵魂观的根源。语言的这些缺陷（形而上学负载和逻辑的矛盾）给心理学概念的形成造成了困难。此外还有某些实际的困难。结果，心理学中迄今使用的大多数概念都没有予以充分地定义，其中有些概念是否有意义，或仅仅由于语言使用而具有虚假的意义，尚不得而知。因此，在这一领域中，几乎一切都还有待于认识论的分析；当然，这里的分析比物理学更困难。行为主义心理学试图通过在一定程度上可以感知的人体的行为来把握心理现象，这在原则的态度上是和科学的世界概念相近的。

5. 社会科学基础

　　正如我们已分别在物理学和数学方面所看到的那样，科学的每一个分支在其发展中迟早会使人认识到，必须对其基础进行认识论的考察，对其概念进行逻辑的分析。这同样适合于社会科学，首先是历史学和经济学。约一百年来，清除形而上学杂质的过程已经在这些领域中进行着。当然，这种净化还没有达到物理学中所达到的那样的程度；另一方面，清除的任务也许还不紧迫。因为甚至在形而上学和神学的全盛时期，形而上学倾向在这里似乎也不特别强大；这也许是由于这些领域里的概念（如战争与和平、进口与出口）比原子和以太等概念更接近于直接感知的缘故。舍弃"民族精神"之类的概念而选择某类个人的集团作为我们的对象并不很困难。具有极不相同的倾向的学者，如魁奈、亚当·斯密、李嘉图、孔德、马克思、门格尔、瓦尔拉斯、缪勒—吕埃都是以经验主义的反形而上学的态度从事研究的。历史学和经济学的对象是人、物及其组织。

四　回顾与展望

　　现代科学世界概念是从研究刚才提到的那些问题发展而来的。我们已经看到物理学最初甚至曾以不充分的或尚不十分明晰的科学工具力图取得明显的成果，并愈来愈感到必须从事方法论的研究。由此就发展了一种形成假说的方法，进而又发展了公理方法和逻辑分析；从而使概念的形成获得了愈来愈大的明晰性和力量。正如我们已经看到的那样，在物理几何学、数学几何学和算术基础研究的发展中也遇到了同样的方法论问题。主要是由于这些原因，就产生了科学的世界概念的代表者们目前特别关注的那些问题。不难理解，为什么在维也纳学派中还可以看到各个成员来自不同的问题领域。这就常常导致了兴趣和观点的区别，这种区别又导致了见解的不同。但是，由于他们都力求精确的表达，力求应用准确的逻辑语言和符号，力求把一个论点的理论内容与纯粹附属的观念明确区分开来，因而使他们的分歧缩小了。这是这个学派的一个特征。共同见解的逐渐增加构成了科学世界概念的核心，把具有较大主观分歧的许多外围人物联系起来了。

回过头来考察，我们现在可以清楚地看出这种与传统哲学相对立的新的科学世界概念的本质。它并不提出特殊的"哲学命题"，而仅仅澄清命题；更确切地说，正如我们在前面讨论不同问题领域时所看到的，是对经验科学命题的澄清。科学世界概念的某些代表根本不愿再用"哲学"这个词来表示他们的工作，以此更强烈地强调与哲学（形而上学）体系的对立。人们可以用任何一个语词来表示这种研究，但这一点是确定无疑的：作为并列于或超越于各门经验科学的一种基础科学或普遍科学的哲学是没有的；除了经验方法以外，没有任何一种方法可以达到真正的知识；经验之外或经验之上的思维领域是不存在的。然而，在科学的世界概念看来，"哲学的"研究工作或"基础的"研究工作仍然很重要，因为科学的概念、命题和方法的逻辑澄清可以使人们从偏见的禁锢中解放出来。逻辑的或认识论的分析并不想给科学研究以任何限制；相反却为科学提供了尽可能充分的形式的可能性，并从中挑选出最适合于每一经验发现的形式（如非欧几何学和相对论）。

科学世界概念的代表坚定地站在单纯人类经验的基础之上，他们满怀信心地开始工作去清除形而上学和神学的千年垃圾，或者像有些人所说的那样，在经历了形而上学的间歇之后，又回复到一个统一的尘世的世界图景，这种世界图景在一定意义上说乃是古代没有神学的魔术信念的基础。

形而上学倾向和神学化倾向今天在许多社团和宗派、著作和杂志以及演讲和大学课程中都颇引人注目。这种倾向的增长似乎是以目前激烈的社会斗争和经济斗争为基础的；一批人坚持社会领域中过时的东西，并维护其内容早已多次被否弃的形式；另一批人（特别是在中欧）却面向现代，反对这些观点而坚持经验科学的立场。这种发展是和现代生产过程的发展相联系的，这一过程愈来愈提高成为机械技术的过程，留给形而上学思想的余地也就愈来愈小了。这种发展也是和广大民众对那些鼓吹传统的形而上学和神学学说的人的立场感到失望相联系的。因此，在许多国家，群众已经比以往任何时候更自觉地反对这些学说，并且与其社会主义立场相联系而倾向于一种注重现世的经验主义观点。在以往的时代，唯物主义是这种观点的表现，现代经验主义已经摆脱了许多不恰当的形式，而在科学的世界概念中得到了一种坚实可靠的形式。

因此，科学的世界概念是和现代生活密切相关的，它当然会受到激烈斗争和敌视的威胁。尽管如此，很多人并没有气馁，而是根据现代社会学的观点，对未来的发展充满了希望。当然，这并不是说科学的世界概念的每一个个别的拥护者都将成为战士。某些自甘寂寞的人将在逻辑的冰峰上过隐居生活；某些人也许甚至不屑与群众为伍，对于不可避免的"通俗化"之扩大感到遗憾。然而，他们的成就在历史的发展上也将占有一席之地。我们看到，科学世界概念的精神正日益渗透于个人生活和公共生活以及学校课程、教育、建筑艺术之中，也有助于按照理性原则改造经济生活和社会生活。科学的世界概念服务于生活，生活也接受这种科学的世界概念。

（译自 O. Neurath：*Empiricism and Sociology*，ed. by M. Neurath and R. S, Cohen，1973.）

罗蒂与新解释学[*]

［美］F. G. 弗杰斯

一 哲学解释学的发展和分化

J. 威兹德姆（Wisdom）认为，维特根斯坦的天才独特地表现在他能够提出这样一些问题："没有'王后'，人们还能下国际象棋吗？它还叫象棋吗？"R. 罗蒂的著作提出的主要问题也可以用类似的方式提出："没有'与实在相符'这种真理观念，人们还能研究哲学吗？它还叫哲学吗？"维特根斯坦和罗蒂的这两对问题是典型的反本质主义的。罗蒂的这种"没有镜像（mirrors）的哲学"的视域和独创性，要求哲学家重新面对哲学探究的本质和目的这样一些基本的问题。

但是，"没有镜像的哲学"未必也是一种"没有眼泪的哲学"。对许多他的批评家来说，罗蒂的著作已经全然成为一种陪衬，使得这一情况相得益彰，即他们可以重新表明对西方形而上学传统的永恒真理的确信。引起这些虔诚反应的预设，不仅早就存在于罗蒂的著作中，而且受到极为细致严格的检验。因为他对形而上学传统的解构性批判表明，一般来说，形而上学传统一直是和"与实在相联系"的种种真理观念，与镜像的隐喻，以及与发现能展现完全属于自然自己的词汇的法则的任务结合在一起的。当尼采、詹姆士、杜威、海德格尔和维特根斯坦这样的哲学家提议我们可以抛弃这些见解时，他们则被指责为相对主义、虚无主义、非理性主义，并可能最终被降低为"不是真正的哲学家"。（许多哲学家，以不同方式

* 原载《哲学译丛》1989 年第 6 期。

受五花八门的本质主义的束缚，对哲学本身会采取这样一种本质主义的态度，这就不足为怪了。）

罗蒂常用"哲学解释学"这一名称来描述他建议的对传统形而上学的不同选择，但在罗蒂的著作中，这个从海德格尔和伽达默尔那里借来的术语却表现出一种显然是实用主义的特色。在这一术语 17 世纪最早的用法中，"解释学"一词用来表示一套有关本文解释的相互关联的假设，最初是关于《圣经》的这种假设，然后又扩展到对任何陌生的或远古的本文的这种假设。这种假设最重要的就是本文的历史性。这种仍为解释学特点的强调历史性的做法，如今在人文科学研究的许多领域已被认为是理所当然的了。尽管如此，不遵循历史主义（historicist）传统的专业哲学家一般认为，解释学研究只起一种辅助作用，他们宁愿在"研究哲学"与研究其历史之间划出有时是十分明显的区别。

解释学的范围和目的明确地由狄尔泰扩大了。在他的著作中，人类理解的解释特征（正如整个"人文科学"显示的那样）完全充满了一种不可避免的历史性，但这种历史性决不是强加一种限制，而恰恰是一种能够使人文科学所达到的对人类现实的理解比自然科学所获得的理解更为深刻的条件。

就欧洲哲学情况而言，解释学研究尽管由于胡塞尔先验现象学的纲要受到暂时阻碍，但还是或多或少地得到持续的发展，通过狄尔泰到海德格尔和伽达默尔得出了黑格尔式的历史主义的结论。然而在英美传统中，由于它一直受到一种不甚热忱的经验主义和基础主义的控制，哲学解释学至多只是间歇地得到了发展。尽管如此，近年来某些哲学家已经开始将解释学的洞见渗透到后实证主义和后基础主义的观点之中，不过这些观点仍然完全受语言学转向的制约。这样，语言哲学家越来越认识到所有概念图式和词汇之不可避免的历史性。尽管解释学近年来正处于全盛时期，或可能正是因为这一点，在其最坚决的拥护者之间的深刻分歧已经开始表面化了。在海德格尔、伽达默尔和罗蒂看来，彻底的解释学方法应该实际上撇开西方形而上学传统中所有最根深蒂固、最主要的种种预设。如果这种解释学现象对整个人类知识和理解来说是主要的话，正如这些哲学家们主张的那样，那么其中狄尔泰关于自然科学和人文科学之间存在着明显区别的观点就将是令人怀疑的了。但在相反的派别中我们发现，C. 泰勒和 H.

德雷弗斯这些当代哲学家企图维护狄尔泰的框架，在其中解释学现象在自然科学中只起着一种非常有限的作用。

无可置疑，许多人重新对解释学感兴趣是由于基础主义认识论之缓慢而痛苦的死亡引起的。关于后者，解释学家的论战似乎只涉及剖析中包括什么的问题，但这原来是一个颇为严重的问题，因为基础主义的废墟中会出现什么，在对其衰落和死亡缺乏一种更令人信服的分析时，这是不可能确定的。

二 "所予"（given）及其批判

在《心和世界秩序》（1929 年）中，C. L. 刘易斯提出了"最古老而最普遍的哲学洞见"之一，他认为："在我们的认知经验中存在着两种要素，即直接材料（如呈现或提供给心的那些感觉材料），以及表示思维活动的形式、构造或解释。"刘易斯把这种人们熟悉的康德关于"所予"及其"解释"之间的区分看作是必然的，以致若"完全掩盖它就可能违背经验之明显的和根本的特征"。当刘易斯提出这些观点时，摩尔和罗素领导的对盎格鲁—撒克逊黑格尔主义的胜利仍处于巩固的过程中，这也许部分地说明了为什么刘易斯能够忽视实际上是对所予的认识论学说进行的贯通论（coherentism）批判的光荣历史。

贯通论反驳的共同思路是（无论是来自 18 世纪的 T. 里德，还是 19 世纪的 T. H. 格林，或是更近代的 W. 塞拉斯对"所予的整个框架"的批判）：我们必须区分知识借以成为可能的因果条件和适当的或认识论的知识权威。后者预设了塞拉斯称为"理性的逻辑空间"内的证明。正如塞拉斯所说："在表示一种认识的（knowing）事件或状态的特征时，我们并不对这一事件或状态给予经验描述，而是把它放在理性和证明的逻辑空间之内，并能够证明人们的观点。"（塞拉斯：《科学、感觉和实在》，第 169 页，1963 年版）根据这种整体论的观点，知识—诉求必然预设一个研究者的共同体。传统经验论的主要错误就在于：从语言使用者的共同体之外寻求某个阿基米德点，作为认识论权威的最终源泉。诉诸所予以及所予和解释之间的区分，正是为了提供这种阿基米德点。

更早以前，里德这个 18 世纪的"思维方式"（way of ideas）的伟大批判家就已经说明了洛克、贝克莱和休谟都一贯倾向于把机械论的、因果解释的问题和认识的证明的问题混为一谈的原因："对人来说，没有哪种偏见比这一设想更自然了，即认为心灵在其活动中与物体有某种类似。因此人们一直倾向于设想，由于物体是通过接近的物体给它的某种刺激或印象而运动的，所以心灵也是通过接近的物体给它的某种刺激或印象来思维和认识的。"（里德：《人的理智能力论文集》，第 100 页，1969 年版）当人们回想起经验心理学本身仍处于孕育阶段，而又不得不在 19 世纪中叶通过心理学的联想主义学派完成其自身痛苦的分娩时，里德的说明似乎很有道理。既然哲学和经验心理学的区别尚未清楚地表现出来，古典经验论者当然也就更愿意尝试把人类知识"建立在"和所予的感觉印象"直接联系"的基础之上。这种设计很适合玻义耳的微粒子科学的精神，以及环绕着牛顿的"实验推理方法"的威望。

　　然而，这种解释仍不足以说明"所予"的"实在论的"直觉在摩尔、罗素、刘易斯和 H. H. 普赖斯（Price）这些 20 世纪哲学家的研究中得到复兴的原因，因为在这一时期，生理心理学和认识论之间的分工（至少就哲学家关心的范围而言）已缓慢地发展。普赖斯的著作《感觉》第一章的标题就是"所予"，书中他一再坚持，他想研究的问题不可能通过生理学得到解决。他说："既然生理学的前提属于那些我们正探究其有效性的前提之列，因此其结论对我们几乎不可能有所帮助。"（普赖斯：《感觉》，第 2 页，1964 年版）他认为，一般来说，就经验主义者和基础主义者而言，"经验科学决不可能比它赖以建立的感觉更可靠。"（同上书，第 1 页）

　　在摩尔、罗素、刘易斯、布罗德、普赖斯和所有其他 20 世纪的基础认识论者看来，说明一个物体发射或折射的刺激视网膜的光线，无助于我们理解这种"所予"，它是被解释为"直接"呈现给意识的某物。但试图概括这种"直接所予"的特征，又总是充满了辩证的危险。对这种精神的或前语言学的所予的标准哲学描述表明了这样一种主张，即它必定是某种"私人的"、"瞬时的"、并"依赖于心的"东西，而且对基础主义答复怀疑论者的策略尤为根本的是这一断言：对这种"所予"的意识被认为是"难以改正的"（incorrigible），即除了言语错误以外，不受一切影响。这就引入了精神与物质之间的中介这一特殊的、需要一种特殊的本体论解释的研究领域。基础认识论者认为，在胡塞尔的现象学中，自然科学和人文科学中的客观知识都需要予以保护，以免受怀疑论、相对主义和历史主义之永恒的威胁。一种对所予加以特殊的本体论的说明，依靠跨越知识对象和认识主体之间所谓的鸿沟，便能做到这一切。

在上述说明中，基础认识论（以及胡塞尔的现象学，但我们不打算在这里研究这一问题）是怎样完完全全坚持笛卡儿哲学的，已经变得更清楚了。对 20 世纪上半叶占统治地位的英美"第一哲学"的描述包括两个十分类似的困难而讨厌的工作，即认识论的任务在于获得所予，与此同时，其补充部分本体论的任务则在于阐释意识和心以外的实在之间的区别。这两项工作完全充满了先验的论据，这些论据理所当然地认为"概念的"东西和"经验的"东西之间有一种极需理论探讨的区别。在进行这种像雅努斯脸（Janus-faced）的两面研究时，研究方法和研究领域是互相界定、互相交错的，如果研究领域是内心的、私人的和对直接呈现给意识的某物的直接理解的领域，简言之，是一种前语言的精神所予或感觉印象，那么其研究方法就必然是笛卡儿哲学的、原子论的、基础主义的和与历史无关的。

这样一来，对前语言的所予的哲学批判就提供了一个相当大的目标，杜威、维特根斯坦、奎因、塞拉斯和罗蒂这些不同作者一致作出反响的共同主题是，对这种私人实体的直接认识不可能提供一种从中可以推出其他经验知识的难以改正的前提。这就是说，在彻底的整体论观点看来，所予的支持者们完全不谈论人类知识和理解的公共领域和历史领域。维特根斯坦对私人语言的批判、赖尔和塞拉斯的反还原主义、罗蒂对消除式唯物主义（eliminative materialism）的辩护，都是由对这些成功前景的类似怀疑——我们关于外部世界和"他人心灵"的知识是"建立"在感官对孤独的笛卡儿式的自我的有效呈现基础上的——引起的。

然而，罗蒂的策略比对杜威的自然主义、奎因的整体论和塞拉斯的反还原主义的简单综合包括了更多的内容。在《哲学和自然之镜》中，为贯通论证据提供了许多新的武器，其中与这里最有关系的就是主张：我们不必完全抛弃"意义"。因为它可能证明，这种前语言的、私人的实体和"纯感觉"或感觉印象一样，还可在对人类行为（包括语言行为）的因果解释中发挥一种潜在的作用。正如英国经验论者为经验心理学的发展铺平了道路一样，沿路而下，某些新的途径（如认知科学的途径）可能发现一个或多个这些有用的概念。一旦人们完全净化了任何一种认识功能的观点（主要的整体论观点），它们的存在就可能被当作理所当然的（place - holders）。否认它们的存在就可能冒预先断定经验研究未来进程的危险。只要人们放弃这一要求，即把关于心与"直接的意识材料"的关系的一种特殊的本体论说明插入（interpose）科学家关于光线刺激视网膜所作的因果描述和语言使用者的表达（包括人类习俗及"理性的逻辑空间"）之间，这些观念在哲学上就可以被认为是无害的（当然，新二元论者不可能从这一判定得到安慰，因为这些"私人的"实体是否会起任何一种解释的作用将取决于经验科学，而不是未经重构的笛卡儿式的形而上学家的那种内省）。这种比较兼容并蓄地看待问题的方式，使得罗蒂通过调和杜威的自然主义、整体论和历史性而具有两种哲学的优点。

三　形而上学困惑的难解之结

基础主义认识论的缓慢死亡是和逻辑经验主义科学哲学的相应衰落并行的，两者的崩溃又导致了各种不同的整体论和解释学之间对继承权的竞争。当前解释学阵营内部的争论，集中在是否应该恢复狄尔泰用解释学对人文科学和自然科学所作的区分上。赞成这种复兴的泰勒忧虑地描述了目前的哲学图景，其中"老一辈的狄尔泰哲学的拥护者——他们多年来担当了抵抗实证自然科学蚕食的重压——在不再反抗一般解释学统治的时候，突然栽倒了"。但是罗蒂却赞扬了这种事态，把它看作是对詹姆士的直觉的洞察（aperçu）即人类的恶魔的踪迹到处可见的证明，泰勒及其解释学同伴德雷弗斯都对这种不受限制的解释学现象的一般化感到犹豫。

德雷弗斯和泰勒的策略的共同旨趣都在于制止"一般解释学的统治"，他们认为，只要把自然科学和人文科学的区分建立在认识论的和本体论的论证基础之上，人们就可以维护人文科学所特有的主题和／或方法。他们还认为，自然科学能展现各种"不涉及具体情况的物理性质"（德雷弗斯）或"绝对的、不依赖于主体的性质"（泰勒），而且两人都论证道，把这种要求强加给人文科学是一个根本的错误。罗蒂承认，这也许是一个根本错误，但只是因为他论证道，企图用这种实在论的或本质论的认识论为自然科学保险，同样是无望的。

泰勒在最新的为狄尔泰所作的辩护中认为，赋予自然科学以一种"绝对要求"是合理的，根据这种要求，"科学的任务在于给世界以一种说明，这种说明独立于它对人类主体可能具有的意义，或在其经验中如何表示它。"泰勒认为，既然把这种需要强加给人文科学是毫无道理的，那么把"绝对的"和"与主体相关的"这两个语词加以区别也就可以作为维护狄尔泰两分法的手段。但是，"绝对要求"是个很难把握的概念。确切地说，给世界作出一种"不以它对人类主体有何意义为转移"这样的说明会是什么样呢？正如戴维森论证的那样，即便某门地球以外的科学（extraterrestrial science）——如果可以认识的话——也必须是能翻译为人类词语的。因此罗蒂得出结论说，这种"绝对要求"似乎有沦落为这样一种无理要求的危险，即认为世界真的独立于人类表述它的各种方式。

泰勒回答道，他的区分不同于康德关于自在之物和为我之物之间的划分，但更接近于17世纪关于第一性质和第二性质的区分。他写道："我不知道，如果没有对我们和我们的感觉能力顺应这个世界的方式进行成功的分类这一重要因素，人们怎么可能解释自然科学在上两个世纪的成功。"但这里所要求的这种分类，确切地说是由摩尔、普赖斯、刘易斯以及所有其他20世纪的基础认识论者提出来的。它要求，在他物当中，恢复一种精神的、前语言学的"所予"，并因此而背上了混淆前面讨论过的因果条件和认识论证明的哲学包袱。而且，第一性质和第二性质的区分引起了所有陈旧的笛卡儿式的难题的复发，这些难题包括"私人的"经验与"公共的"客体的比较、我们关于外部世界的知识、他人的心的问题、常识表（the table of common sense）与粒子物理表的比较，等等。这种第一性质和第二性质的区分，远不是表示一种关于"绝对"与"依赖于主体"的区别，只能进一步系紧形而上学困惑的难题之结（the Gordian knot）。

如果这种诊断是正确的，那么罗蒂提出的疗法尽管是激进的，但却似乎正好是解开这一难解之结所要求的。借助于海德格尔，罗蒂揭示了形而上学实在论最深层的根源之一："我认为，海德格尔的这一说法是正确的，即从'更好地把握'到'更客观的'这一错误推理恰恰是西方形而上学传统的一种古怪推理，但它对这种传统来说却是至关重要的。因此在我看来，为了摆脱这种不根据前提的推理，我们必须试图使我们自己与知识存在于具有表象（它符合客体）的主体之中这种观念保持距离。"罗蒂的论点是，科学实在论（和其他形式的形而上学实在论一道）从关于自然的因果独立性的常识直觉滑入了这样一种无理要求，即人的认识应该在其自身的表象系统中在某种程度上把握这种"独立于心的"实在。关于知识的各种基础主义的、表象的和符合的理论都利用了这种混淆，它们都企图把人的知识建立在某种"与真正的实在相联系"的基础上，按光线刺激视网膜的方式把这种联系模型化。在上述引文中，罗蒂颇为引人注目地描述了这种对西方形而上学传统来说既是"古怪的"又是"很重要的"错误推理。

四 元基础主义的策略

恢复狄尔泰的自然／精神二元论、同时又声称避免了基础主义的这一方案，由于其控制了各种形而上学假定而具有"元基础主义"的称号，仍然是很混乱的。这两种类型的基础主义都寻求在假定的一种"合理性结构"周围设立一些辩证的障碍来抑制探究。这样一来，就可以保护合理性不受唯心主义、怀疑论、相对主义和虚无主义这些非合理的过度行为的干扰。由于对制约自然科学的解释现象的范围作了精心限定，人们因而为达到人文科学的一种彻底的解释学方法留下了更多的活动余地。人文科学一旦这样限定，大量的理智错误（如那些被认为是深嵌于认知科学、人工智能和行为主义心理学中的错误）便可能被揭示为如此之多的"概念混乱"。

元基础主义者认为，一旦人们接受了"科学实在论"，那么保护人类实在免受自然科学的解释性影响就变得更为重要了。因为如果人们认为自然科学的任务就在于揭示赤裸裸的实在的结构，紧随而来的就是对它的控制和操纵，那么似乎更重要的是说明它们对于人类实在的某些更客观的应用在理智上而不仅仅是在道德上乃是误导的。

元基础主义者的策略有明显的长处，因为如果它获得成功，人们将不仅揭示合理性（它培育了自然科学的生长）的基本内核，而且为保护人类事务以防科学主义提供一种基本原理。那时，人的实在周围的方法论障碍只要通过诗人、艺术家或其他真正的人文主义者就可以克服，而且没有任何范畴错误的痛苦。此外，这种策略相伴随的一个必然优点是它的这样一种自信的断言，即人们正加固闸门以防范不合理性——当万物都是一种解释的问题和"怎么都行"（anything goes）的时候，它就会降临——的可怕泛滥。这样，人们一举就完成了既为哲学又为文化的服务！

　　当然，不仅仅是实用主义者难以了解怎样通过这种本质主义的、形而上学的推理来提高人的尊严。以上勾画的元基础主义假定，越来越受到当代各种哲学观点的广泛怀疑。受到这些反思鼓励的研究的这种过度分离（这在美国的大学里特别盛行），尤为杜威所不容。理智领域之附带的保护只服务于增进职业哲学家的这种分离，尤其是当这种分离伴随着一些先天论据的传播时更是如此，这些论据假定了对许多经验研究项目结果的预先判断。当这些研究项目毫无结果或不能实现时（它们有时就是这样），它们将更典型地由于其自身的积重难返而非残余的笛卡儿式的沉思而崩溃。罗蒂的著作由于得到以库恩和费耶阿本德为首的新的科学哲学所提供的有力论据的支持，重复了杜威反对那些想要"堵塞研究之路"的人的口号。

　　这种自由放任主义的态度，经常使罗蒂的批评者把他当作一个相对主义者甚或一个"虚无主义者"。但是这种指责显然是在用未经证明的假定来辩论，这种指责预先假定另一个元基础主义术语，即伦理和道德必须固定在一种"基本本体论"之中。一旦人们抛弃了这一元基础主义的强烈愿望，即用一种陷入二元论和本质主义困境的本体论来说明道德观和科学观之间的非共同性，人们就可以自由地像反自然主义者那样去讨论各种元伦理学问题和规范问题。罗蒂论证的一个主要特点认为，尽管人们抛弃了康德及其追随者认为已经得到的两个支柱，即概念的／经验的和所予的东西同解释之间的区分，但康德所概括的被视为"经验自我"的人和被视为"道德动因"的人之间的重要区分是能够保留下来的。道德的语言对策和科学的语言对策是非共同性的，这并不是因为它们表明了存在的不同领域（例如先验领域和经验领域），而是因为它们是为完全不同的目的服务的不同语汇。那些寻求人的行为因果解释的社会科学家或研究人的意识的生化条件的神经生理学家，迄今还没有真正犯严重的范畴错误。一旦"本体论"和"认识论"被彻底地自然化和历史化，那种认为存在着关于人格之特权的即在逻辑上是私人事实的概念，听起来也就不再那么使人非信不可了。

五　罗蒂的"哲学的终结"

现代主义和后现代主义情感的一个特点在于强调人类社会实践之彻底的历史性，这种态度包括了对欧洲启蒙运动的主要遗产——自然科学崇拜的一种疏远。无疑，启蒙运功的态度在使科学自身从束缚思想的宗教意识形态中解放出来的过程中，曾经起过不可估量的作用。但是"物理学忌妒"（physics envy）——正如它在当代科学实在论的各种变种中偷偷表现的那样——以及和笛卡儿主义与真理符合论的辩证结合，却不再服务于这样一种解放作用了。相反，它现在充其量被理解为一个哲学代理人，起着一种曾经由宗教履行的作用。一种认识论的基础主义正在发挥作用，它提倡的是这样一种幻想，即我们最终可能以一种不受人类利益玷污的方式来把握"真正的实在"。正如宗教原教旨主义者惊慌地回应了受解释学启发的现代主义者对经文的解释一样，罗蒂的非神话化的态度也同样从哲学机构中更逻各斯中心主义的部门中引发了类似的回应。

本文前几节勾画的罗蒂的最新的实用主义变种，并没有确定这种自然/精神的本体论二元论是错误的，甚至认为它是可以任意选择的、可以被搁置一边或"被包裹起来的"（encapsulated）。当我们开始使我们自己远离这种多变的形而上学强烈愿望（它要把社会实践与生活方式"建立在"一种"基本本体论"基础之上）时，与元基础主义者相反，我们并没有因此而提倡虚无主义和非理性主义。如果认为我们是这样，那就是靠买进这样一种秘方为当前的问题进行诡辩，即合理性只能借助于西方形而上学传统的不结果实的、非历史的范畴得到详细说明。相反，使我们自己摆脱陈腐的形而上学图景，不仅不会窒息合理性，甚至能解放它。

如果语言、文化和历史之外不存在一个阿基米德点，这并不表明合理性被宣传和暴力取代了。更确切地说，这就是承认：认识权力和道德权力一样，是完全嵌入受历史制约的语言使用者的共同体之中的。的确，一旦我们把一种外在于人的形而上学在场的实体化需要撇在一边，那么由此而产生的合理性概念对其核心来说就是易错的。道德证明和认识论证明必然是零碎的，事实上也总是如此，而且任何给定的主张也总是可以作废的。

罗蒂的"哲学的终结"这种过火的修辞，无疑助长了哲学共同体中他的许多批判者使用各种强化了的范畴。那些致力于本质主义和形而上学实在论的哲学家们往往过于严肃，以致不能正确评价罗蒂的"哲学的终结"这种修辞中的反讽、嬉笑和偶尔的挖苦。由于过多地使用这种方法，罗蒂的诋毁者们得以用各种简单化的、自我指涉的论证进行反驳，这反而使人忽视了罗蒂观点的严密性和完整性。既然"哲学"这个语词并没有命名一种自然种类，宣布它死了或即将死亡当然也就没有意义。罗蒂著作中的许多论证都指向了这一不可否认的事实。但罗蒂却常常由于接受他们对哲学的本质主义和非历史的定义而上了他的反对者的当。承认关于哲学的这种本质主义解释，就像承认殖民主义者或帝国主义者对什么是真正的爱国主义的解释一样，是一种让步。

在罗蒂的全部著作中，这种过度地运用"哲学的终结"的策略原本只是一种策略上的错误，但对像我这样身处哲学的穷乡僻壤、但又害怕受到更加庸俗的同事的攻击的赞赏者来说，解释和维护这些似乎是明智的宣言，已妨碍了对罗蒂著作的更深刻的评价。人们尚未充分理解的是，这些修辞方法不应被解读为完全反传统的（sheer iconoclsm），相反，它们表达了这样一种深切的希望，即我们可能最终因为观念冲突的接触而受到震动，进入"最初就诱使我们开始思索的广漠无际的陌生世界"。

（译自美国《哲学》杂志 1987 年第 7 期）

社会科学中的合理性问题[*]

[英]R. 特里格

一 科学合理性与民俗方法学

自然科学的威望不仅保证了社会科学已经试图接受它们的方法，而且也导致了科学的合理性标准被假定为唯一的标准。相信科学可以确立一切，并把它以外的一切都当作非科学、因而是不合理的信仰而加以排除，似乎是合理的。但是这种方法在对那些似乎是由完全非科学的信仰所推动的"原始"社会的研究中，引起了很多问题。

P. 温奇（Winch）指出，合理性的标准来自我们所属的文化。当我们认为另一个社会的信仰和实践对我们自己来说是可以理解的时候，我们便试图使之满足于我们的合理性标准。他评论说，我们的文化的合理性概念"深受科学成就和方法的影响"，这种标准把"诸如信仰魔法或占卜实践这些事情都当成了几乎是不合理流动的范式"（《理解原始社会》，第9页）。问题似乎在于，我们是否有权将我们自己的文化标准应用于另一种文化。然而，这恰恰再次唤起了相对主义的幽灵，因为它假定文化是铁板一块的，而且实际上就我们的"文化"中的合理性作出了重要的假定。根据社会学的观察，我们的文化固守科学合理性的严格标准是错误的。否则，占星术的流行就很难解释，甚至科学是否在那些追求合理性的人当中提供了无可挑剔的标准，也是值得怀疑的。在实证主义最流行的时期，很

---

* 原载《国外社会科学》1991 年第 7 期。

多人都用科学方法来把握人类合理性的本质。然而，经验主义一旦受到挑战，合理性也就不再可能成为科学家的专利。因此巨大的危险必然在于，合理性之真正的可能性被否定了。正如我们已经看到的，很多人试图放弃合理性的观念，而代之以承认自然科学的方法可能提供了一种过于严格的模型。事实仍然是，人们还是彼此不同地进行推理，只不过某些人比其他人推理得更好而已。

合理性的问题在两个层次上对社会科学家提出了挑战。一是作为研究对象的人在什么程度上是合理的；二是社会科学家自身的合理性问题。如果科学的合理性被当作模型，社会科学家就可能批评那些完全缺乏这种观念的人（即使他们对它毫不在意），并亲自试图将科学的合理性应用于解释某些社会何以如此依赖于迷信。一旦人们认为科学不过是在构造一套与其他实践并存的实践，社会科学家也就没有任何标准来判断一个社会。这似乎是一种收获，但结果必然是，他们自己的学科不再可能宣称包括了任何一种合理原则的应用。实证主义的后果可能产生一种使人气馁的虚无主义。尽管理解（而非因果解释）似乎可能成为科学之新的目标，但纯粹的理解却是一个具有可疑价值的目标。

这尤为突出地表现在被称之为研究日常活动的"民俗方法学"的某些现象中。当科学的主张被抹杀了的时候，对一个社会科学家来说，剩下的一切便似乎是描述一个社会的参与者如何看待他们的活动。拒绝对社会如何获得其特征的问题作因果解释，以及由此而导致的对任何合理性标准观念的怀疑，只能描述所发现的各种不同观点，并承认社会科学家的观点提供了这样一种例证。民俗方法学家坚持的是一种他们称之为"民俗方法学中立"（ethnomethodological indifference）的政策，当他们研究所谓日常活动的"形式结构"时，他们便把自己限制在描述成员的解释这一任务上。其"中立"的意义是，他们不想在对这些现象的研究中"就其适用性、价值、重要性、必然性、实践性、成功或后果作出全面判断"。换言之，民俗方法学家不想将其自己关于合理性的各种假定输入到他们的描述之中。

其他民俗方法学家坚持认为，民俗方法学"把社会科学视为许多实在中的一种实在"（梅哈恩和伍德：《民俗方法学的实在》，第37页）。他们批评社会科学，理由是它"由于只通过其自身体系的透镜看待其他实在，从而歪曲了它们"。我们必须再次注意到在谈论"许多实在"时所包括的矛盾。可以假定，如果存在着许多实在，我们就必须设想一个包括了所有实在的实在。同样关键的是，如果社会科学被禁止通过其自身体系的透镜看待其他"实在"，那么它的功能是什么呢？问题当然是由于科学的假定不应被武断地强加于各种相异的信仰体系之上而造成的。作者们抱怨道："科学的实在被当作了和所有其他实在进行比较的标准。"

民俗方法学十分认真地对待反映的问题，而且遇到了与知识社会学相类似的问题。然而，无论我们多么需要谨防通过将我们的假定强加于他人来破坏他人的信仰，论证那可能发生的一切，都是很危险的。梅哈恩和伍德指出："不认识你自己，就无法从一种实在的窗口认识其他实在"（同上书，第 31 页）。民俗方法学家必须意识到，他们的任何经验发现和他们正在研究的实在的结果一样，也是他们的"实在"的结果。然而，如果不是已经将其假定用于他们自己的实在，他们就不可能研究它。毫不奇怪，梅哈恩和伍德坚持认为，民俗方法学"并不是一种追求关于世界的真理的方法"（同上书，第 114 页）。相反，它的任务在于考察众多关于世界得以组织（assembled）的方式的看法，包括其自身的看法。

那么，如果这样理解民俗方法学，人们为什么还要实践它呢？梅哈恩和伍德承认，由于反映的问题困扰了很多人，因此已经有人提出应该摒弃全部"经验的言语"。问题在于，任何一个强调它只是众多生活形式中的一种生活形式的学科，能在多大程度上把握世界。对一个特殊的概念框架而言，一旦关于世界的经验被完全相对化了，经验研究就只能被看成一个特殊信仰体系的外围工作（outworking）。它不可能证明它，而且在有人怀疑他们何以应该接受或坚持这种体系、或任何经验研究可能具有什么意义时，很难发现任何答案。经验科学的方法不是作为合理性的范式，而是被降低到了似乎毫无意义的仪式的地位。应该指出，断言自然科学无权垄断真理是一回事，但是抛弃真理、实在和知识这些概念又是另一回事。反对一种关于合理性的狭隘的科学范式是一回事，但拓宽后者（to widen the latter）、因而最严格的社会科学家可能并不比最迷信的部落成员更合理又是另一回事。这种观点的唯一后果是，对社会科学或任何一种理智活动的价值和目的予以彻底的怀疑。

二 作为一种社会实践的合理性

社会科学旨在更全面地理解其他文化。任何一个人如果愿意到另一个社会中生活并试图忘记自己的社会，就可能接受另一个社会的观点。"当土著人"是可能的，而且有许多西方人甚至加入了食人的部落并像他们一样生活的例证。认为某人越是成为一个具有食人欲的人，作为一个人类学家，他或她就越是成功，这也许是荒唐的。完全置身于一个部落并不是社会科学的目的，尽管对一个空想人类学家来说，要求通过实地考察进行参与一直是一服有效的解毒剂。一个人在新几内亚比在牛津可发现更多的关于新几内亚部落的情况，但根本的问题仍然是，一个人如何看待他所获得的关于部落生活的知识。如果社会科学的假定在一开始就作为一个特殊社会的产物被排除，那么人类学就是一门无用的学科。

社会科学家需要以某种超然的态度考察一种文化，但直接的回答将是，他们不会超然对待他们自己的文化。科学超然性的观念本身就是一种特殊的文化假定。然而这种争论似乎是对"那只是你的意见"这种激烈争论的回答。每一种意见都是某个人的意见，而且重要的问题是能否为这种信仰提出充分的理由。西方人把合理性的理想当作一种文化建构，这只能表明，那种貌似合理的讨论不过是在文化上受到制约的各种偏见的展览，西方人从小就喜欢这种智力游戏。在某些社会中的情况可能有利于理性思维发展时，问题在于，这种思维能否声称任何合法性（validity）。对"真理"的理智追求只是一种文化在众多文化中的作用的表达吗？或者，它能否为所有人都应渴望的东西建立各种标准呢？

这个问题是一个和研究其他社会有着特殊关联的问题，而且它提出了一个非常深刻的问题。美国哲学家 R. 罗蒂在谈到哲学本身的目的时提到了这一问题。拒斥经验主义的认识论及其在经验中的确定基础，悬搁了这样一种可能性，即不可能存在一种合理谈话借以产生的全面框架，而可能存在着许多不同种类的谈话。罗蒂用"认识论"和"解释学"这两个术语来描述两种不同的战略，他论述了各种不同的谈话之间是否可能有共同的基础，或实际上是否不可能预设任何"与谈话者相关的学科基础（matrix)"。是否有一种共同的合理性呢？他说："对解释学来说，成为合理的就是希望摆脱认识论（即摆脱这样一种思想，认为存在着一套特殊词语，谈话的一切组成部分均应表诸于该词语中），并希望学会对话者的行话，而不是将其转译为自己的语言。对认识论来说，成为合理的，即去发现一组适当的词语，谈话的一切组成部分均应转译为该组词语，如果要达成一致的话。对认识论来说，谈话是含蓄的研究。对解释学来说，研究是惯常的谈话。"因此，他想"把谈话看作知识在其中被理解的最终境遇之途"。真理不是一种通过我们的观念与实在相符而达到的客观事物，而是一个谈话和互相理解与妥协的问题，如果继续谈论真理确实完全可能的话。尽管没有任何客观真理的观念，他仍感到"保持谈话继续下去"很重要。那么，哲学为什么应保持这种似乎没有意义和价值的任务呢？甚至考虑到"人类的谈话"这一短语的隐喻性质，哲学也似乎被降低到了鸡尾酒会上的闲聊的水平。罗蒂自己的哲学论证的地位如何呢？如果他不想提供合理的论证，就很难看出他为什么写作。如果他想这样做，他本人就必须预设某种合理性的框架。

库恩和后期维特根斯坦对罗蒂的影响是显而易见的。然而，无论我们是在最一般的层次上（即在哲学和认识论的层次上），还是在科学实践的层次上，或是在人类学的层次上讨论合理性的可能性，问题都是一样的。合理性是一种在历史上受到制约的社会实践吗？或者，它能诉诸那些超越于在一个特殊的时空领域中可以被接受的合理性标准吗？

罗蒂通过抛弃经验主义的知识观得出了他的观点，然而，没有基础主义认识论的可靠性，哲学似乎就被抛弃了。部分麻烦在于，经验主义非常依赖于关于世界的这种经验观（它并不利于强调世界本身）。结果，一旦对那些似乎是"原始的"经验的各种理论影响和文化影响得以暴露，就很难恢复任何一种关于世界或实在（它本身似乎并非只是理论或文化的产物）的观念。但是没有这样一种观念，导致某些民俗方法学家放弃民俗方法学的那种绝望很快就会产生。因此，必须有一种客观的、脱离了经验主义预设的实在观，而且，作为一种结果，它和经验科学的方法与发现并无十分密切的关系。后者可能是知识的一个来源，但声称它是唯一的来源无疑会使很多人坚决反对这种关于知识或客观真理的观念。

涉及不同实在的相对主义者只是将不同的文化封闭在自给自足的分隔空间之内，而且，如果许多社会人类学家宁愿强调众多"原始"信仰的非科学性，也许并不奇怪。例如，据说"魔法是一种符号（symbolic）活动，而非一种科学活动"（J. 贝蒂《其他文化》，第 209 页）。因此，要把部落人从非理性的指控中解救出来，他们的活动就不能被解释为祈祷事件发生的方式，而应被解释为表示他们如何感觉各种事件的方式，并强调其所作所为的表达性和符号性。这样，祈雨舞（rain-dance）就不是被看成一种祈求下雨的无效方式，而是被看成了一种信仰雨的重要性并盼望老天下雨的仪式表达。在一个屡遭旱灾的社会，任何明显的祈雨仪式都会体现这种态度，而且是某些被认为非常重要的东西的有力象征。问题在于，它们是否正是如此，那个社会的成员在其如何才能下雨的信仰中是否可能并非是错误的。即使在西方，在出现干旱时，也可能有许多祈雨者。那些精明的信仰者可能觉得，这种祈祷并不意味着改变世界，而不过是在表达我们最深切的关注。甚至更有可能的是，他们完全不愿意这样做。

人们何以如此轻易地认为祈祷不可能影响世界呢？答案必定在于科学的威望以及科学不能解释的东西就不可能发生这种偏见。这只能是偏见，因为甚至科学家也必须承认，当代科学有其局限。如果相信科学在原则上能够解释一切（即使某些事物永远处于现世的科学家所能达到的范围以外），这是愚蠢的。事情似乎是，凡是现实的都是在科学上可以解释的，但隐伏的困难在于，我们也许永远也不能解释它。如果我们认真地对待人类科学的各种局限，我们就不会如此轻易地将科学与合理性等同起来。当科学不可能在现在或可以预见的将来解释一切的时候，坚持那些在科学上不能证明的信仰就并非必然是不合理的。这并不因此而意味着它自然是合理的，但信仰之各种充足的或不充足的理由无须被限制在当代科学家可能接受的范围之内。反对科学发现也许并不合理，但是受其局限所限制似乎也是不合理的。我们没有理由说地球是平的，但是我们也不会拒绝面对科学一直没能彻底解决的一切。否则就只能是继续效忠于一种狭隘的实证主义。对那些强调一个命题的意义只能通过它可能在科学上得到证实的方法来理解的人的一个持久的批评是，这种信念本身就不可能在科学上得到证实，它从一开始就是作为一个公理提出来的，因此其他人有自由拒绝它。

用维也纳学派的方式把形而上学确定为无意义的，不过是把科学确定为合理性的源泉。它把科学合理性与合理性等同起来了，但其独断主义并未触及这样一个基本的问题，即关于世界的一切非科学信仰是否都能作为不合理的东西而加以排除。

三　信仰与合理性

合理性是一个相对的概念。什么是合理的、可以相信的，取决于我们已经知道些什么。科学家很容易就能把对魔力的原始信仰当作不合理的而予以排除，因为他们具有更多的关于世界的知识。从他们的观点看，这些信仰纯粹是迷信，而且科学家也可能是正确的。然而，有的时候科学家也会冒险宣称他们并不具有的知识。一个科学家可能会发现，不能解释某种场合中祈祷的明显效验，而且不幸的是，所谓祈祷的效验是不能在实验室条件下再现的。然而，这恰恰可能既指向了科学的局限，又指向了祈祷的不足。这是一个极有争议的问题，但这一事实本身就暗示了它不可能通过把某些确定的信仰当作非科学的、因而不是真正的关于世界的信仰而得到解决。这一争论之所以产生正是因为，科学不能说明那些与科学的世界观相抵触的解释形式。用它们不相抵触这种方式来解释它们，是以一种令人吃惊的态度来重新断定科学的至上性的精巧方式。认为冲突是真正必需的，并不会使我们在什么是合理的、可信的问题上迷失方向。科学家可能是正确的，而那些意见相左的人则是错误的。符号论的研究方法不可能揭露错误的信仰和无知，因为一切信仰都是用来表达各种感性态度的。

约翰·贝蒂论证道，"魔法是出于一种境况的活动，是用符号的术语表达一种愿望；而不是关于自然实体之性质的经验知识的应用"。他正确地假定，土著人的魔法不过是一种朴素的科学理论，因为它把我们西方人的科学观输入了一种不相适宜的环境。因此他没有意识到，当他得出结论说它必定是完全不同的时候，他仍在应用科学与非科学的区分。问题不在于土著人的魔法发生在一个没有科学信念的社会，而在于科学与非科学的实际区分不适用于那里。由此当然可能推出，如果只有科学家才能接近实在的本质，那么土著人的实践就不可能被理解为触及实在的概念，尽管这是对那种境况的一种歪曲。

一旦我们承认科学只是获得知识的一种特别有效的方法，我们就有理由希望在其他文化中发现知识。其必然的推论便是，我们也将发现无知。不过，当我们的信念与他们的信念发生冲突时，实在既独立于我们的看法也独立于他们的看法这种观点就具有有益的结果。我们不能肯定我们获得知识的方法总是高于他们的方法，我们也能从他们那里学到一些知识。例如，部落医术中的传统药物有时就能产生实际的疗效。过分地依赖现代外科技术，会使我们无视那些更为简单的社会可能早就知道的许多重要事实。

断言"前科学的"社会由于某种原因不可能具有关于世界的任何知识，但又介入了只有在他们的社会中才有意义的实践，这本身就包含着实证主义区分的应用。然而，尽管一种文化对实在的把握可能是极不全面的，尽管它证明了不可能控制强大的自然力，但仍可能常常是深刻洞见的火花。认为一种信仰不是科学的就是与实在无关的，是一个严重的错误。当我们发现一个依赖于魔法的部落社会时，把我们的理论范畴强加给它是不合适的，即便我们只是想免除对它的不合理的指控。当我们研究公元前五世纪爱奥尼亚早期的哲学和科学时，就出现了类似的情况。很难确定某些信仰究竟是科学的还是形而上学的，因为科学及其经验方法当时尚未明显地区别于人类理性的简单运作。认为德谟克利特的早期原子论是科学的，不过是强加那些当时并未认识到的范畴。从我们的观点看，这里可能有科学的因素，但是强加不合时代的范畴，几乎无助于我们的理解。

总之，社会科学（尤其是社会人类学）面临着其解释的界限。解释一种信仰的社会背景并不等于评价这种信仰本身的合理性，后者超出了社会科学家的职业权限。最后，我们不能回避个人合理性的问题。人们以往在讨论这种问题时，或者生硬地应用当代科学的标准，或者完全拒绝接受应用我们的标准。无论怎样，这一问题一直被视为各种信仰体系之间的一种冲突。因此，社会科学似乎必然会对这些体系的存在提出各种解释。否则，如果我们假定人类在任何地方都差不多，而且面对着和我们同样的实在，我们就可能得出这样的结论，即关于实在的本质，不同的实践展现了不同的信仰。如果不是得益于收集知识和控制世界的各种精确方式，很多人就会非常合理地以各种对我们来说似乎无用的方式作用于这个世界。他们坚持其信仰并不是因为他们生活在与我们不同的世界之中，而是因为他们栖居在与我们同样的世界，但却不具有我们所具有的关于这个世界的知识，尽管他们有时也可能知道一些我们错误地加以拒斥的东西。

（译自 Roger Trigg, *Understanding Social Science*, Oxford, Basil Black-well Publisher Ltd., 1985.）

当代社会中的技术专家体制和技术创新*

［南斯拉夫］M. 马尔科维奇

  人们常常把技术创新自然是有益的因而是合乎需要的当作公理，这是意识形态如何在社会理论中发挥作用的一个范例。关于一种模式比另一种模式具有更低的创新率的命题，似乎是一个纯描述的、价值无涉的命题，但它却模糊地表达了并倾向于引发一种谴责和拒斥的态度。这正是批判的社会理论必须从这样一个问题开始的原因：什么是技术创新？它在社会价值的优先性模式中的地位是什么？这又导致了下面两个问题：技术专家体制的基本价值是什么？社会主义国家的技术创新的社会条件和结果是什么？

一　技术创新的社会意义

  如果我们接受约瑟夫·伯利纳（Joseph Berliner）关于技术创新就是"为了生产一种确定的产品而将一种物理上不同的产品引入企业的生产线或引入一种不同的技术过程"这一定义的话，那么"创新"这个概念就成了完全描述的和价值无涉的。所谓"不同的"，并没有表明这种产品或过程是更好还是更坏。事实上，至少在某些方面，现代工业社会中的许多技术创新都在向更坏的方向转化：汽车不很耐用，建筑和整个城市不够美观，食品不太好吃而且更加有害，武器装备不断增加而且更加危险。

  许多创新之所以一直被引入是因为，至少对某些人来说，它们真的有

---

 * 原载《马克思主义与现实》2011 年第 2 期。

了改进：它们带来了更多的利润、更多的权力进行统治和破坏。但对其他人来说，这些同样的创新却可能意味着恶化而非改善。因此，社会理论家必须在以下三个选项中进行选择：1. 接受占统治地位的社会集团的价值尺度，并至少心照不宣地在它借以产生的那些形式中恰当地证明技术创新。这意味着成为给定的社会结构的一个辩护士。2. 假定一种怀疑的价值无涉的态度，并以一种纯描述的、超然的方式来谈论创新。这就是那些孤立的个别的科学家的立场，他们异化于所有现存的社会力量，并倾向于压制所有感情、所有本能的驱动、直觉的恐惧或偏爱，宁愿把他们的判断当作是以"纯理性"为基础的。3. 假定一种批判的立场，并根据人的需要的观点而非利润或权力或统治的愿望的观点来研究技术创新问题。这就是那些或多或少异化于现存的统治精英（无论是资本家还是政治官僚还是技术专家），并倾向于作为人类的一员来说话的社会学者的立场。

　　第三种立场似乎是最有说服力的。它明确地或直觉地预设了一种批判的哲学人类学，即一种关于真正的人的需要和发展的基本能力的理论。根据这种观点，许多技术创新都可以被批判和拒斥，无论它们可能多么有市场。批判的理由可能包括这样一个事实，即从人的自我发展的观点看，某些技术创新简直没有意义，或者它们创造了不健康的物理环境或社会环境，甚至可能威胁到人类的生存，或者它们的推广和促销需要不断操纵人的情趣、态度和愿望，这本身就包括了一种人的自我解构的危险。

　　那么，在什么条件下，有差别的创新政策比简单一致的政策更能增加总产量呢？一种尝试性的答案至少应该包括以下要素：（a)当新产品满足了更多样的活生生的需要（吃、穿、住，等等）时；（b)当新技术允许为活生生的人的需要生产更多产品时；（c)当新技术创造了各种增加了实现更高层次的需要（如知识、自由、创造性活动、协同性、安全、自然美或艺术美）的可能性的手段时。例如，在一般技术落后的条件中，政治民主就不太可能。

　　在所有其形式中，人的解放的基本条件是从劳累（toil）中解放出来，并逐步增加自由时间——这就预设了技术进步。在大萧条和大丰收的条件下，持久的技术实验和创新的政策似乎并不重要：在前一种情况下，因为总产量最大的政策可能更好地满足更多人最主要的直接需要；在后一种情况中，因为超出了基本需要之一定层次的满足，人们发展了一些更高层次的、不可能以一种纯技术的方式来满足的需要，如自我实现、文化发展和政治参与。

二　技术专家体制及其基本价值

离开了约翰·肯尼斯·加尔布雷斯（John Kenneth Galbraith）所说的"技术专家体制"，就不可能恰当地理解现代技术的全部问题。技术专家体制借以运作的社会背景，其组织和官方接受的意识形态在西方资本主义社会和东方后资本主义社会中似乎完全不同，但令人惊讶的是，技术专家体制的基本目标和价值在所有现存的社会模式中实际上又很相像。

在私人公司中，技术专家体制有好几个层次。代表股东的董事会具有名义上的权力，但它们在大多数情况下却是经理的被动工具。决定实际上是专家、律师、审计人员、设计人员和公关人员的事。公司的总经理或多或少可以对这些人施加压力，并可能明显地影响他们的决定：因而，经理把持着大多数权力。

联盟政府的机构内也有专家治国论者。他们不同于政府中的另外两种人：一是职业政治家，他们没有任何专业知识，但却在不同政治职务中度过其一生，爬上了国家等级制的阶梯；二是那些缺乏专业知识和长期的政治经验，但又具有人格、抱负、权力欲、一般的组织才能的人，以及在某些情况下韦伯所说的那种超凡魅力的人（charisma）。

资本主义国家和社会主义国家中的明确倾向，是把像麦克纳马拉（McNamara）、埃哈德（Erhard）、莫勒（Maurer）、基辛格（Kissinger）这样的大量专家引入政府和国家机构，他们既有一般的科学文化和专业知识，又有组织、控制和一般计划方面的特殊知识。属于技术专家体制的那些个人的基本实践态度，在所有国家和所有组织中都很相像。

技术专家工作的条件在不同国家是不同的。在美国，它享有来自股东和国家机构的明显自主性。在英国也是如此。用查尔斯·A. 格罗斯兰德（Charles A. Grosland）的话来说，甚至在那些已经国有化了的经济分支中，公用公司中的技术专家"直到现在也不曾在任何真正意义上对议会负责，他们的作用被限制在了间歇的、零碎的和大量无效的事后批评上"。（格罗斯兰德：《现代社会中的公司》，哈佛大学出版社 1959 年版，

第 268 页）

在印度、锡兰（今斯里兰卡——译注）和某些非洲国家，公共企业处于国家的控制之下。各个相应的部门考察它们的预算和支出，评论各项策略，质疑经理，维持比独断专行的技术专家体制可能允许的更低的价格和更高的工资。

在像苏联这样的制度中，有两个外在干预的主要源泉：一是国家计划机构，二是共产党。一个大的私人公司的许多功能，如市场分析、确定价格、采取各种步骤确保原材料的供应、吸引经过训练的和专业化的人才，是由国家来执行的。而一个苏联公司的组织比一个私人公司则要简单得多。不存在可比的部门，如销售、经营、公关、生产计划或采办。主要的精力放在了不同于计划功能的生产和管理上。

在俄国革命后的很长一个时期，苏联公司的大多数经理都是可靠的、忠诚的，而且往往是一些没有受过训练的党的官员。大多数苏联企业中的顶层位置现在是由工程师占据的，而且正如在任何一种技术专家体制中一样，他们尽可能多地在为自主和独立决定的权力而奋斗。

党和国家的官员们十分尖锐地批判了技术治国论的倾向，并指责那些更具有独立精神的经理像高于法律的"封建领主"那样行事。在 20 世纪 50 年代，弗拉基米尔·杜丁切夫（Vladimir Dudintsev）的著名小说《不只靠面包》（*Not by Bread Alone*）就指责一名大型钢铁企业的官僚对一个青年天才投资者毫无兴趣，后来又公开敌视他。这篇小说能够发表这一事实也许不仅应该通过斯大林去世后苏联文化中的明显解冻来说明，而且应该通过小说中的所有批判矛头都指向了工厂的官僚这一事实来说明。一个地方的党的官员实际上帮助了这个不幸的投资者，以致正义和理性最后胜利了。

另一方面，官僚对这种先例有着十分混杂的感情。一旦普通人开始公开抨击那些"统治者"（*natchlstvo*），那么没有一个人能够说出这种批评会在哪里结束。而且，撇开官僚和专家治国论者之间的所有张力和冲突，在抵挡外来批评的时候，他们都有着一种无可争辩的协同态度。

技术专家体制要使这种协同性不受其自主性的任何一种公开展现的危害。而且，正如西方的执行经理对股东和董事会的权威在口头上说得头头是道一样，一个苏联经理也不会浪费任何机会对人民、国家和党公开承认他的义务。但是，这只是一个公开的仪式而已。在实践中，他和巨大的、日益增长的权威是一致的。事实上，这正是东欧国家经济改革和部分非集中化的整个潮流的本质，它意味着与其回到市场，不如从国家到公司的某种有计划的转变。

"技术专家体制"的主要优点在于其专业化的知识、训练有素并熟悉现代的精确的管理方法。然而，其致命弱点在于除了增加生产以外没有任何目标。

那些坚持认为金钱利益不是技术专家体制的最强动力的人可能是正确的。确实，经理们对金钱和他们的薪金水平远非是漠不关心的，但可以保证的是，他们自身收入的最大化并不只是、甚至不是其主要的动机。如果他们开始在意他们自己的人格回归而不是股东的利润的话，那么整个工业体系就可能坍塌。

那么，人们倾向于认同的公司的目标是什么呢？作为一个公司的顶层官员，经理的基本价值是什么呢？加尔布雷思提到了以下四个目标（加尔布雷斯：《新工业国家》，纽约，1968年版，第186页）：第一个目标是适当的利润水平。和私人资本家相反，目标不是利润最大化，因为这可能是危险的，而且可能导致忽视其他目标。相反，目标是"以一种稳定的方式产生的安全的利润水平，它充分满足了股东和董事会，并给经理带来了必要的自主性"。这一目标一点也不新，而且对技术专家体制来说，它是工具性的和次要的。第二个重要目标是增长，即产量的扩大。这和所有参与者（所有者和经理）的个人利益和金钱利益是完全一致的。更重要的是，扩大意味着更多的工作、更多的责任、更多的促进和更多的权力。第三个目标是一个更一般的特征，即对公司的利益以及作为一个整体的国家的利益的认同。这里应该注意的是，首先，根本的逻辑是不变的："有益于通用汽车公司（General Motor）的就是有益于美国的"；其次，公司的利益和整个国家被还原成了经济增长。第四个重要目标是技术创新，它乃是增长的前提并带来了一种特殊的威望。科学研究当中、其富有成果的应用当中的成功，是一种可以评价的社会成就。因而，技术进步是一种公认的社会价值。

加尔布雷思从这一分析中得出的结论是，安全的利润水平和最大的增长率与税收的条款是一致的，因为必要的投资乃是技术专家体制的主要目标。这些目标之十足的空洞性是引人注目的。人们在它们当中发现了两个主要成分。一是"安全的利润水平"，换言之，维护一种事态，其中对资本的纯粹占有确保了利润。曾经有过这样一个时期，其中至少一小部分资本是通过其所有者的劳动创造的。他的想象、能力、意志力和组织感有助于促进他的资本的增长。但是今天，"安全的利润水平"对那些无须做任何事情，而且在大多数情况下对他们拥有股票的那些企业的发展没有丝毫想法的人来说就意味着利润。提供给他们利润只是因为他们恰巧占有了过去的人的一定量的劳动，以货币的形式被对象化了，这很难是一种可以接受的社会目标。

第二个成分是增长、扩大和创新。这完全可以接受为次要的、工具的目标。但是，什么是主要的目标呢？技术增长的目的是什么呢？技术过去是、现在是、将来仍然是一种手段，但要达到什么目的呢？

技术专家体制不能回答这样一个问题：技术的终极目标是什么？技术的目标就是技术本身的增长，听起来并无多少信息甚或多少理智。显然，现代技术不仅生产了大型汽车、超音速喷气机、舒适的公寓、良好的学校、抵抗多种疾病的药物、为了防止未来的饥荒而生产食品的足够"知识"，它还为我们带来了核武器、大量的广告以及威胁个人隐私权利的窃听设备。

技术增长意味着更加有效的武器吗？技术增长允诺在未来更加商业化吗（不仅在报纸和电视上，而且在一首交响乐的各个乐章之间，在一出歌剧的两段咏叹调之间，在一部小说的各个页码之间）？更多的技术不仅意味着联邦调查局（FBI）将知道每个人在想些什么，而且意味着每个女孩将知道她的男朋友的一举一动，每个丈夫将能听到他的妻子的每一句话。

这些问题表明了技术专家体制的意识形态破产，它想要获得所有权力，但又不为人的回归提供任何东西。由于其自身的原因，技术的增长是无意义的和危险的。

如果技术专家体制有任何哲学的话，那它就是一种彻底的虚无主义的哲学和一种完全没有社会责任的哲学。

三　社会主义中的技术创新

在谈到社会主义国家技术创新的条件和意蕴时，我们必须十分清楚两种完全不同的模式之间的区别：

苏联模式可以被描述为国家主义，因为计划、指导和控制的整个过程在国家的手中。整个制度之基本的弱点不仅在于它过于集中化了这样一个事实，而且在于根据马克思和恩格斯的经典定义，中央权力机构具有国家的全部特点。它服务于官僚统治精英的利益，并为了维护既定的社会结构而使用暴力。工人的自由结社——在马克思看来，它构成了新的社会组织的基础——是不允许的。计划是严格的、迂腐的（pedantic），并作为任务强加给了工人的集体。在这样一种计划忽视并压制了首创精神的程度上，它必然是浪费的。在这种情况中，显然要求变革和快速的反应。巨大而愚笨的权威机构，以一种十分缓慢和无效的方式反抗来自底层的任何信息和建议。

苏联比许多资本主义国家进步得更快这一事实，不是因为国家主义的内在优势，而是由于某些非常的条件：1. 巨大的财政手段集中在官僚机构的手中。决定投资新技术或新的科学研究往往占用了大量时间，但是一旦作出决定，官僚就会大规模地行动并坚持不懈，以致它很快赶了上来。苏联投资其资源的意志，使得一个新的领域（如应用研究、管理的计算机化、和平应用核能或空间项目）中的迅速突破成为可能。2. 在人文领域中习惯性地怀疑知识分子的同时，苏联官僚建立了对实证科学和技术的一种崇拜。主要的科学家和经理享有的社会地位是很高的。科学院院士受到公众的由衷钦佩。提供给创新的物质回报确实很有限，但另一方面，所有收入都受到了限制，而顶级科学家的薪水却比其他社会集团都要高。3. 苏联工人的社会地位并没有根本的改变。一切都是以工人的名义来做的，但即使在企业层次上，工人也很少有机会参与决策。然而，他们却把新社会接受为自己的社会并为其成就而骄傲。这样一种态度有好几个理由。第一，工人的生活标准一直在稳步提高。这在哪里都是一样，但他们把这种提高看作社会主义的结果。第二，俄国人的爱国主义仍然是一种强大的整合力量。第三，俄国工人没有意识到任何其他可能性，并认为他们的社会就是这种形式的社会主义。甚至在他们受苦的程度上,他们也把苦难当作了自然的和不可逃避的。因此,他们的异化并不具有资本主义社会中的许多工人所特有的那种冷漠和模糊的、累加的愤怒的主观层面。结果,他们更能发挥首创精神,并比他们以外的任何人更能引入各种小的技术创新。4. 俄国工人的一般教育水平自革命以来有了很大提高。苏联制度在为大众教育和文化扩展提供大量的补助和必要的集中方面是相对成功的。

第二种模式即南斯拉夫模式是国家主义和自治的结合。这种模式的特征是,企业层次上生产过程的管理在工人和经理手中,而在更广泛的层次上它又在官僚的手中。官僚决定了基本的经济工具,如金融政策、税收、收入、关键的价格、对基础设施和工业的新分支的资本投资、援助不发达地区,等等。它还通过适当的立法决定了工人委员会借以能够自由运行的一般框架。但是,工人委员会决定了企业的一般政策,决定了净收入的分配以及与其他企业合并或分化的可能性。它们还控制了技术经理并有权替换经理。在工人真正使用他们的各项新权利的程度上,他们的社会地位有时支撑了一种持续的变化。他们不再是一个商品了,他们的收入不是他们的劳动的固定价格了,但却在功能上取决于作为一个整体的企业的生产率,而且没有限制总量,这样他们就可以以小时或剩余收入的形式得到收入。因此,他们直接地、在物质上对作为一个整体的企业的成就感兴趣。

在社会上和政治上,这种模式比国家主义具有明显优势。在维护社会化的经济、教育和卫生并限制社会差别的同时,它解放了社会的所有微观单位中的巨大的首创精神和能量。国家在经济中的作用的减少,自然是由所有其他领域(教育、科学、文化、大众传媒、政治生活)中的干预和控制的减少相伴随的。这正是在南斯拉夫人(和大多数其他社会主义国家相比)有着更大的动力和自由这一直接印象的原因。

然而,关于技术创新,图画却更为模糊。在这种模式的基本哲学中,存在着某种矛盾心理。一方面,马克思的人道主义的重要性在官方理论中得到了充分的认识,这表明了对满足人的需要、决策的民主化、废除巨大的经济差别的关注。但在实践中,所有经济活动都是市场取向的和激烈竞争的。存在着一种忘却了所有人道主义要素并遵循成功原则、利润原则和适者生存原则的强烈倾向。自 1965 年以来,当经济改革被引入的时候,两种对立的观点出现了。一种观点赞成自由放任,即消除"政治"企业

（1945—1965 年间，不仅为了提高生活水平，而且由于政治的理由，建立了一些工厂。这些工厂被称为"政治工厂"），取消援助不发达地区的联盟基金，并减少经典的社会主义的福利项目。它把一种高水平的失业当作了一个不能在当下的未来解决的问题。另一种观点则坚持工人的协同性，坚持必须对市场经济之令人失望的结果进行政治修正，坚持减少国内发达地区和不发达地区之间的鸿沟。技术进步的重要性显然被认识到了，但只是加上了各种限定，而且是在一种更宽泛的社会关系之中。

更加市场取向的政策把效率和技术进步放了在社会价值的顶层，而这种观点（它是比马克思主义更为经典的自由主义）甚至是和技术很不一致的。效率和现代化有时要求整合巨大的系统并废除民族主义的障碍，它们还要求有能力的和有见识的经理。然而，在南斯拉夫，自由主义的拥护者往往是那些狂热的民族主义者，他们抵制作为一个整体的联盟框架内的任何一种形式的经济整合。作为政治官僚，在有了残存的既得利益之后，他们十分敌视所谓的技术治国论倾向，并注意雇用那些首先是忠诚、其次才是能力和见识的经理。

南斯拉夫模式中的技术创新的问题，必须根据各种有利因素和不利因素的复杂整体来考察。属于有利因素的有：1. 南斯拉夫经济的竞争性；为了能够生存并提高企业在市场中的地位，新产品和新的、更好的技术过程是必需的。2. 众多生产者之自由的首创精神。3. 企业之很大的自主性，因而在提出新项目的过程中没有外在障碍。4. 对技术创新的物质刺激比国家主义模式中的物质刺激更大，尽管它们受到了累进税（progressive taxation）和大多数人温和的平均主义心态的限制。5. 对他国经济之惊人的全面开放。一方面，南斯拉夫的进口比它的出口更多，而且在外贸中经常缺乏平衡（1969 年，南斯拉夫的进口比出口高出 620 万美元。1970 年，贸易赤字增加到 1.2 亿美元）；另一方面，南斯拉夫的经理们更容易和外商合作，更容易旅行并购买各国技术领域提供的最好的特许品。6. 科学领域中公认的组织和政策有利于应用研究，并指导协会和企业的合作。大多数南斯拉夫的科学协会都是有其自身的自治组织的自由的、独立的单位。它们既不属于国家，也不属于大学或科学院。这对技术创新来说是一个十分有利的条件。7. 某些大学也和大企业密切相关，例如，尼什大学和电子工业，波尔冶金学院和那一地区的铜矿。在回报来自企业的支持时，大学为它们组织实践训练和专业化研究，因而有一种日益增长的改革大学、使它们和经济企业发生更密切联系的倾向。8. 最后，尽管在某些方面是可悲的，但技术创新的动机性因素之一是普通南斯拉夫人（他们日益成为消费的人）的当前心态。在克服了物质苦难之后，他们有了相反的选择：他们多次旅游并有机会在国内外观光和购买外国产品。因而，他们对南斯拉夫经济实现现代化并引入新生事物施加了经常的压力。

在那些最不利于技术创新的因素中，人们可能提到以下一些因素：1. 在有益于无数小的创新的同时，财政手段的非集中化使得作为一个整体的国民经济在一些新的领域中未能造成必要的突破。事实上，几乎没有一个领域目前能在作为一个整体的南斯拉夫造成一种强大的、集中的努力。2. 每一个共和国中的自给自足倾向是另一个不利因素。例如，南斯拉夫在每个共和国都建立了钢铁厂，其中的每一个钢铁厂产量都少于 200万吨，这似乎是可租性（rentability）的最低技术界限。而且，濒临亚德里亚海的每一个共和国都有自己的港口，但其中的任何一个港口甚至没有一个接近可租性的最低界限。3. 主要政治干部和经济干部的一般科技文化水平并不令人满意，而且同样适用于大多数工厂经理。因此，尽管他们有着引进创新的强烈动机，但却没有能力作出良好的选择。他们的决定要么来得很晚，要么在成本上包括了一些错误。目前南斯拉夫模式中的一个基本缺陷，就是它没有为选拔最好的干部提供一种良好机制。4. 官僚精英的存在总是以各种方式阻碍一个社会的生产力的充分发展。在苏联模式中，官僚干预得太多，而且是以一种在经济上远非合理的方式进行干预。在南斯拉夫模式中，官僚则无所事事，不能保证令人满意的经济合理性水平。事实上，它没有运用手中的所有权力并正式谴责"行政干预"。这就造成了这样一种幻想，即南斯拉夫社会已经实现了自治，而且如果有任何官僚的话，它至少不是清晰可见的。然而，两种模式之间的区别不在于官僚手中的垄断权力的在场或缺失（presence or absence），而在运用权力的方法。南斯拉夫的官僚以一种更加理智的、心态开放的和灵活的方式进行统治。它不是运用野蛮的暴力和意识形态灌输的最原始的形式，而是应用一种更为老练的奖惩办法，往往给人以那些被统治者是自由的印象，并使他们日后成为负责任的。从技术创新的观点看，这里有两件事情是不利的。一是在国家层面上需要迅速行动的地方经常耽搁。作为一个整体的社会缺乏创造的、能动的、勤奋的、民主的领袖，而且仍给人以它组织得不好这样一种印象。另一方面，官僚之被动的在场，阻挠了经济自组织（self - organization）的某些自然过程。

这种模式对简单的国家主义的优势，在所有那些减少国家干预和党的控制具有一种直接有利的和解放的效果的领域中，在教育、社会科学和人文科学、文化、大众传媒以及各种社会组织的政治生活中，更加明显。

尽管技术专家体制在资本主义和社会主义中具有某些共同特征，但它在其中运作的社会条件和政治条件显然是不同的，而且它在社会主义的两种不同模式中获得的条件也有明显的区别。一种批判的社会哲学（它试图构建一个在历史上理想的社会的轮廓），必须考虑到通过不同类型的社会组织为技术进步提供各种可能性。但它必须时刻铭记，技术考量最终必须服从于人道主义考量。

（译自 M. Markovic, *From Affluence to Praxis*, Ann Arbor, The University of Michigan Press, 1974.）

附录:曲跃厚论(译)著一览表

1. 《重新考察资本主义国家》,《国外社会科学》1986年第10期。

2. 《逻辑实证主义的历史》,《哲学译丛》1987年第2期。

3. 《宝剑锋从磨砺出:读〈葛兰西传〉》,《博览群书》1987年第4期。

4. 《教育哲学的目的》,《国外社会科学》1987年第10期。

5. 《科学的世界概念:维也纳学派》,《自然科学哲学问题》1989年第1期。

6. 《组织发展:系统变化还是文化变化》,《国外政治学》1989年第2期。

7. 《和平理论研究的哲学基础》,《国外社会科学》1989年第4期。

8. 《社会科学哲学》,生活·读书·新知三联书店1989年版。

9. 《罗蒂与新解释学》,《哲学译丛》1989年第6期。

10. 《社会科学中的合理性问题》,《国外社会科学》1991年第7期。

11. 《无家可归:美国人的梦魇》,《国外社会科学》1991年第12期。

12. 《战后西方社会科学的发展及其原因和特点》,《社会科学动态》(武汉)1992年第5期。

13. 《西方哲学史上的直觉观述评》,《社会科学动态》(武汉)1992年第11期。

14. 《毛泽东军事教育思想的形成和发展》,《理论与现代化》(天津)1992年第12期。

15. 《论常识、科学和形而上学之间的关系》,《国外社会科学》1993年第10期。

16. 《南斯拉夫实践派的历史和理论》,重庆出版社1993年版。

17.《毛泽东对中国革命战争规律的认识》，《固原师专学报》1994年第1期。

18.《艾耶尔在哲学史上的地位》（上），《哲学译丛》1994年第3期。

19.《艾耶尔在哲学史上的地位》（下），《哲学译丛》1994年第4期。

20.《深入研究中国特色社会主义行动规律》，《理论与现代化》（天津）1994年第6期。

21.《国家的主权和安全高于一切》，《南京政治学院学报》1995年第3期。

22.《后现代哲学与科学哲学》，《国外社会科学》1995年第4期（中国人民大学复印报刊资料《外国哲学》1995年第7期全文转载）。

23.《皮尔斯哲学中的"信念"概念》，《国外社会科学》1995年第11期（中国人民大学复印报刊资料《外国哲学》1996年第1期全文转载）。

24.《坚定不移地把思想政治建设摆在军校建设的首位》，《中国高等教育》1996年第4期。

25.《后现代科学哲学导论》，《国外社会科学》1997年第5期（中国人民大学复印报刊资料《外国哲学》1997年第11期全文转载）。

26.《二十世纪过程神学发展概观》，《国外社会科学》1998年第4期（中国人民大学复印报刊资料《宗教》1998年第5期全文转载）。

27.《从脑科学研究看直觉思维》，《理论与现代化》（天津）1998年第5期。

28.《过程神学：一个引导性的说明》，中央编译出版社1999年版。

29.《政治理论课教学应坚持逻辑与历史的统一》，《思想政治教育研究》2000年第1期。

30.《从建设性后现代哲学的观点看作为一种本体论的泛经验论》，《哲学译丛》2000年第2期（中国人民大学复印报刊资料《外国哲学》2002年第6期全文转载）。

31.《国有企业改革和发展的一个重要课题》，《税收与经济》（天津）2000年第2期。

32. 《科布的后现代生态经济思想》，《国外社会科学》2000 年第 6 期。

33. 《当代中国的马克思主义军事理论》，天津社会科学院出版社论文集 2000 年版。

34. 《评格里芬的后现代人权观》，《理论与现代化》2001 年第 3 期（中国人民大学复印报刊资料《政治学》2001 年第 4 期全文转载，获全军院校政治理论研究优秀成果二等奖）。

35. 《论后现代人权观》，《国外社会科学》2001 年第 6 期。

36. 《起步阶段中的过程神学研究》，《哲学动态》2001 年第 12 期。

37. 《怀特海的过程哲学及其当代意义》，《求是学刊》（哈尔滨）2002 年第 1 期。

38. 《论经济学和生态学之间的张力》，《国外社会科学》2002 年第 4 期（《新华文摘》2002 年第 12 期全文转载）。

39. 《基督教能为后现代世界作出贡献吗》，《世界哲学》2002 年第 5 期（中国人民大学复印报刊资料《宗教》2002 年第 6 期全文转载）。

40. 《詹姆士论后现代科学与宗教》，《世界哲学》2002 年第 5 期。

41. 《哈茨霍恩的后现代宗教观》，《世界哲学》2002 年第 5 期。

42. 《过程哲学：当代哲学的一个新生长点》，《哲学动态》2002 年第 8 期。

43. 《他人与我们的苦难同样使上帝伤心》，《天风》（上海）2002 年第 9 期。

44. 《超越解构：建设性后现代主义的奠基者》，中央编译出版社 2002 年版。

45. 《怀特海哲学术语简释》，《世界哲学》2003 年第 1 期。

46. 《怀特海思想与当代中国的相关性》，《世界哲学》2003 年第 1 期（中国人民大学复印报刊资料《新思路》2003 年第 2 期全文转载）。

47. 《怀特海哲学和建设性后现代主义》，《世界哲学》2003 年第 1 期。

48. 《分离式的或整合式的过程女权主义》，《国外社会科学》2003 年第 1 期。

49. 《一个宗教哲学家对恐怖主义的反思》，《国外社会科学》2003

年第 2 期。

50.《西方女权主义的后现代走向》,《文景》（上海）2003 年第 3
期。

51.《走向一个可持续的社会》,广西师范大学出版社文集 2003 年
版。

52.《后现代的多元文化与教育》,广西师范大学出版社文集 2003 年
版。

53.《后现代公共政策》,社会科学文献出版社 2003 年版。

54.《论过程哲学》,《清华大学学报》2004 年第 2 期。

55.《生态学和文化：一种过程的研究方法》,《求是学刊》2004 年
第 4 期（中国人民大学复印报刊资料《创新思维》2004 年第 6 期全文转
载）。

56.《走向一种后现代教育哲学》,《哲学研究》2004 年第 5 期（中
国人民大学复印报刊资料《教育学》2004 年第 8 期全文转载,获首届中
国人民解放军政治理论研究优秀成果二等奖）。

57.《马克思与怀特海》,《求是学刊》2004 年第 6 期。

58.《构建和谐人格》,《求是学刊》2006 年第 2 期。

59.《全球帝国主义与重构的后现代主义》,《世界哲学》2006 年第 4
期。

60.《从马克思主义哲学观点看科学发展观》,《理论与现代化》（天
津）2006 年第 5 期。

61.《学习胡主席军队建设重要论述》（参编）,总后勤部政治部 2007
年版。

62.《过程哲学的硬核学说及其神学旨趣》,《求是学刊》2007 年第 4
期。

63.《怀特海的道德哲学》,《求是学刊》2007 年第 4 期。

64.《过程哲学视域中的邓小平理论》,《中国过程研究第二辑》,中
国社会科学出版社 2007 年版。

65.《军队政治工作学科专业理论述要》,《后勤指挥学院学报》2008
年第 2 期。

66.《深入学习胡主席军队建设重要论述》（执笔）,《光明日报》

2008 年 5 月 13 日（获第二届中国人民解放军政治理论研究优秀成果一等奖）。

67.《论构建当代革命军人核心价值观》，《后勤指挥学院学报》2008 年第 6 期。

68.《加强我军核心价值观建设的思考》，《光明日报》2008 年 9 月 25 日。

69.《理解马克思》，中国人民大学出版社 2008 年版。

70.《强化我军官兵精神支柱的思想武器》（执笔），《光明日报》2008 年 3 月 27 日。

71.《实践：南斯拉夫哲学和社会科学方法论文选》，黑龙江大学出版社 2010 年版。

72.《马克思主义中国化教程》（参编），解放军出版社 2010 年版。

73.《党的三大作风溯源》，《军队党的生活》2010 年第 7 期。

74.《军队后勤领导干部教育培训研究》，《后勤学术》2010 年第 9 期。

75.《中国共产党 90 年创新实录》（副主编），解放军出版社 2011 年版（获首届解放军出版奖图书奖、第三届中国人民解放军政治理论研究优秀成果二等奖）。

76.《思想方法与工作方法》（参编），国防大学出版社 2011 年版。

77.《当代的马克思》，黑龙江大学出版社 2011 年版。

78.《当代社会中的技术专家体制和创新》，《马克思主义与现实》2011 年第 2 期。

79.《胡锦涛总书记七一讲话的重大意义》，《后勤学院学报》2011 年第 5 期。

80.《马克思主义经典著作的魅力》，《解放军理论学习》2011 年第 6 期。

81.《党的军事后勤指导理论的与时俱进》，学习出版社论文集 2011 年版（分别入选全国和全军纪念中国共产党成立 90 周年理论研讨会）。

82.《始终不渝走和平发展道路》，国防大学出版社论文集 2011 年版。

83. 《经典的魅力》，《解放军报》2011 年 9 月 13 日。

84. 《民心与军心的融合》，《宁夏日报》2011 年 10 月 9 日。

85. 《关于过程宗教哲学的几个问题》，《中国过程研究第三辑》黑龙江大学出版社 2011 年版。

86. 《引领未来共创美好的伟大纲领》，《光明日报》2011 年 12 月 8 日。

87. 《马克思主义中国化基本经验探析》，《马克思主义哲学论丛第四辑》，社会科学出版社 2012 年版。

88. 《宗教、科学和自然主义》，《求是学刊》2012 年第 2 期（中国人民大学复印报刊资料《科学技术哲学》2012 年第 8 期全文转载）。

89. 《从历史发展的过程看坚定共同理想》，《思想理论教育导刊》2012 年第 6 期。

90. 《从富裕到实践》，黑龙江大学出版社 2012 年版。

91. 《走和平发展道路 当履行使命先锋》，《中国军队政治工作》2012 年第 12 期。

92. 《国防和军队建设的科学指南》，《后勤学院学报》2013 年第 1 期。

93. 《批判的实践和实践的批判》，《后勤学院学报》2013 年第 3 期。

94. 《军事教育如何突围》，《光明日报》2013 年 11 月 18 日。

95. 《胡锦涛国防和军队建设思想学习纲要》（参编），总政治部编 2013 年版。

96. 《后现代哲学概论》（参编），首都师范大学出版社 2013 年版。

97. 《强军之路：加快全面建设现代后勤》（参编），湖南教育出版社 2014 年版。

98. 《实践：马尔科维奇哲学的鲜明特质》，《苏州大学学报》2014 年第 4 期（《新华文摘》2014 年第 24 期摘要转载）。

99. 《习近平系列重要讲话的哲学底蕴》，《中国特色社会主义研究》2014 年第 5 期（中国人民大学复印报刊资料《中国特色社会主义》2005 年第 1 期全文转载，获第四届中国人民解放军政治理论研究优秀成果一等奖）。

100.《东欧新马克思主义研究方法探析》，《学术交流》（哈尔滨）2015 年第 1 期。

101.《底线思维：全面深化改革的方法论》，《南京政治学院学报》2015 年第 1 期。

102.《中国共产党军事指导理论教程》（主编），解放军出版社 2015 年版。

103.《怀特海科学与哲学论文集》，首都师范大学出版社 2017 年版。

后　记

　　本文集的出版，得益于父母的养育、党和人民的培养、老师的栽培、各级领导的关爱、同事和朋友的帮助以及妻女和亲人的支持，我无以用语言表达对他们的感激之情。

　　我从大学毕业即参加工作之日起，在军队院校政治理论教员岗位上一干就是30多年，在两个单位担任教研室副主任、主任共18年时间。我的本职工作是教书育人，我直接或间接地培养了无数学生，撰写、翻译和发表了100多部篇（部）著作、译著、教材、论文、译文。我做了许多党和人民及军队建设需要我做的事情，也做了许多自己愿意做、能够做、能做好的事情。我深知自己的能力水平有限，但我努力过、奋斗过，我对自己的一生知恩知足、无怨无悔。

　　需要说明的，一是书中的大多数论文、译文是我独立完成的，个别论文是我和王治河等人合作完成的，个别译文是由我交由他人翻译、并由我精心校对和最终定稿的；二是这些论文和译文基本保持原样、未作修改，只是在体例上作了一些统一和调整的工作。

　　本书的出版，要特别感谢中央军委后勤保障部干部轮训大队王锦秋大队长、范小伟政委和中国社会科学出版社哲学编辑室冯春凤主任的大力支持。

曲跃厚
2017 年 1 月于北京